COLLECTION TEL

Paul Schilder

L'Image du Corps

Étude des forces constructives de la psyché

TRADUIT DE L'ANGLAIS
PAR FRANÇOIS GANTHERET
ET PAULE TRUFFERT
AVANT-PROPOS ET BIBLIOGRAPHIE
DES TRAVAUX DE P. SCHILDER
PAR FRANÇOIS GANTHERET

Gallimard

Titre original :

THE IMAGE AND APPEARANCE OF THE HUMAN BODY

AVANT-PROPOS

Paul Ferdinand Schilder est né à Vienne le 15 février 1886. Son père meurt en 1890, et il est élevé par sa mère qui, dit-il, l'adorait. Il s'oriente très tôt vers la médecine, tout en poursuivant des études de philosophie. La conjonction de ces deux disciplines l'amène rapidement à aborder la psychiatrie; il prend connaissance des travaux de Freud, mais, à cette époque, il y est réfractaire. En 1909, il reçoit le titre de docteur en médecine de l'Université de Vienne et devient assistant de Gabriel Anton à Halle, puis de Flechsig à Leipzig. Cette orientation neurologique se concrétise bientôt dans la publication de ses travaux sur l' Encephalitis periaxialis diffusa, *ou « maladie de Schilder », qui le fait mondialement connaître.*

Il s'intéresse, cependant, de plus en plus à la psychologie des profondeurs et fait paraître en 1914 une étude sur le symbolisme dans la schizophrénie où l'on peut noter déjà certains points d'accord avec les formulations freudiennes.

Il est mobilisé en 1914, mais la guerre ne l'empêche pas de continuer à travailler — ses amis notent tous que Schilder était homme à trouver en n'importe quelle circonstance le temps de réfléchir et de travailler —, et il approfondit ses connaissances en philosophie. C'est tout particulièrement à la phénoménologie husserlienne qu'il s'intéresse et, en 1922, il recevra le titre de docteur en philosophie.

De 1918 à 1929, il travaille à la clinique de l'Université de Vienne, sous la direction de Julius von Wagner-Jauregg, d'abord comme assistant de celui-ci, puis, en 1921, comme Privatdozent*; en 1925, il est nommé professeur. Wagner-*

Jauregg porte les appréciations les plus élogieuses sur les qualités de chercheur scientifique de Schilder, mais n'approuve pas une orientation qui va devenir de plus en plus psychanalytique. Cette orientation sépare progressivement les deux hommes, et Otto Pötzl, qui succède à Wagner-Jauregg dans la chaire de l'Institut psychiatrique de Vienne, déclare dans une de ses premières leçons : « Je dois reconnaître qu'il y a un homme qui devrait être ici à ma place : Paul Schilder. »

A Vienne, en effet, Schilder est devenu de plus en plus proche de Freud. Celui-ci l'encourage et, bien qu'il ne fût pas analysé, l'invite en 1919 à faire partie de la Société psychanalytique de Vienne. En mars 1920, Schilder y présente sa première communication, sur l'identification.

En 1928, Schilder est invité par Adolphe Meyer aux États-Unis, à la Henry Phipps Psychiatric Clinic, pour y enseigner pendant trois mois. L'accueil chaleureux qu'il y reçoit, une certaine communauté de vues avec les orientations du moment de la psychiatrie américaine, les difficultés enfin, à Vienne, de ses rapports avec Wagner-Jauregg l'incitent à accepter en 1930 le poste de clinical director *à la section psychiatrique du Bellevue Hospital. Il est, peu après, nommé* research professor of psychiatry *au Collège de Médecine de l'Université de New York.*

Il pourra, là, poursuivre son inlassable travail de recherche et donner libre cours à sa vocation de pédagogue. C'est un leitmotiv de ses contemporains, que leur admiration devant la disponibilité de Schilder, la qualité de son accueil et de son écoute. Cette admiration va d'ailleurs aussi bien au clinicien — capable d'établir un contact direct et chaleureux avec les patients —, qu'au professeur, toujours prêt à de longs dialogues avec ses élèves.

Dès 1930, Schilder collabore avec Lauretta Bender. Elle deviendra sa femme en 1937 ; leurs amis évoquent l'image d'une famille exceptionnellement unie et heureuse. Mais, le 7 décembre 1940, sortant de la clinique où Lauretta Bender venait d'accoucher de leur troisième enfant, Paul Schilder est renversé par une voiture et meurt quelques heures plus tard.

*Le champ couvert par les intérêts de Schilder est démesurément vaste. F. Wittels parle d'*almost incomprehensible fertility of mind, *une fécondité intellectuelle quasi inconcevable. Freud lui fit le reproche de travailler « dans de trop vastes* *dimensions ». Il n'est que de parcourir sa bibliographie pour éprouver quelque vertige, non seulement devant la quantité des sujets abordés, mais aussi devant la diversité des directions explorées : neurologie; psychiatrie; psychanalyse; psychothérapie; psychopathologie; sociologie; criminologie; pédagogie; psychologie génétique; épistémologie générale... Et on pourrait encore allonger la liste.*

A y bien regarder, cependant, cet apparent foisonnement s'organise. Ce que semble poursuivre inlassablement Schilder, par de laborieuses et rigoureuses étapes, c'est l'éclaircissement, la mise en discours d'une articulation entre le biologique, le psychologique et le social. En cela, le présent ouvrage est un excellent échantillon de cette démarche, dans sa division même en trois parties, dans l'examen d'une même notion — celle d'image du corps — sous ces trois éclairages. Pour Schilder, il y a une « base biologique » de l'image du corps, qui en fournit les matériaux; c'est la libido qui confère à ces matériaux une structure et une signification; enfin il existe une interaction sociale des images du corps, qui les informe en retour.

C'est surtout sur la première de ces articulations, entre biologique et psychologique, que Schilder a mis l'accent, dans la majorité de ses travaux. Il semble poursuivre un projet unique et incessant, celui d'embrasser et d'unifier les déterminants chez l'individu et, partant, les voies de connaissance. S'il ne le peut immédiatement, il table sur l'avenir : les cas organiques ont un substrat psychogène, dit-il, les cas dits fonctionnels un fondement organique actuellement non décelable.

La seconde de ces articulations, celle qui unit le psychologique et le social, se révèle dans une série d'articles à partir de 1937 (« Relations entre désorganisations sociales et individuelles », « La névrose sociale », « Organisation sociale et psychothérapie »...) Il faut bien dire qu'en 1935, dans l'ouvrage qu'on va lire, elle n'est qu'esquissée. Le titre de la troisième partie, « Sociologie de l'image du corps », est discutable : c'est d'une, interpsychologie qu'il s'agit, ou, peut-être plus exactement des aspects relationnels de la fantasmatique inconsciente. En cela, elle n'est pas une sociologie au sens strict.

Nous ne chercherons pas à analyser un livre qui se suffit à lui-même. Il convient pourtant de souligner qu'en tout ce qui concerne l'image du corps, dans son appréhension psychanalytique, le travail de Schilder reste original et neuf. Le concept d'image du corps est d'usage courant en clinique psychanalytique : nombreux sont les auteurs qui y font appel, le plus souvent d'ailleurs en appui à une compréhension de la psychose, ou de la psychanalyse de l'enfant, autrement dit lorsque les étapes de l'organisation du moi, ou les niveaux de sa désorganisation, renvoient le plus clairement au « moi corporel ». Mais cette utilisation du concept d'image du corps reste statique depuis Schilder. Aucun développement neuf n'y a été apporté. Comme on le verra à la lecture de cet ouvrage, il n'est rien, dans les travaux français ou étrangers qui font appel, de façon accessoire ou plus rarement fondamentale, à l'image du corps, qui ne soit déjà élaboré et amplement développé par Schilder.

Si l'on s'interroge sur les motifs d'une telle stagnation, on peut penser que le concept d'image du corps, issu d'une clinique plus « phénoménologique » que proprement psychanalytique, devient encombrant dans une théorie qui lui fait place : ou bien il peut être totalement absent, ou bien — comme c'est le cas chez Schilder — se faire omniprésent et jouer le rôle d'un concept fondateur. Il est possible de parler de tout en termes d'image du corps : c'est-à-dire, peut-être, de parler sans cesse, métaphoriquement, d'autre chose. C'est du moins ainsi que s'expriment les réticences d'un certain nombre de psychanalystes devant le travail de Schilder et ses implications théoriques : risque d' « aplatissement » de la théorie freudienne, assujettissement abusif à une référence corporelle, dont le corrélat serait la disparition de certaines polarités fondamentales.

Ceci amène tout naturellement à la question des rapports entre les conceptions de Schilder et la théorie freudienne. Schilder se déclare en accord avec l'ensemble des formulations de Freud mais marque en certains points des écarts qui, on va le voir, ne sont pas insignifiants.

Il n'y a pas, pour Schilder, de distinction radicale entre processus primaire et processus secondaire, mais passage fluide entre les deux. Tout processus psychique est vérification et, parmi les différentes expériences, par essais et erreurs, sont retenues et organisées en processus secondaire celles qui se sont avérées opérantes. Du même coup, l'inconscient perd son sceau de radicale hétérogénéité au préconscient-conscient, pour devenir le réservoir de toutes les expériences possibles ; il n'est pas étonnant que Schilder en propose un « élargissement » dans le concept de « sphère », qui semble englober pour lui Ics et Pcs.

L'épreuve de réalité semble jouer là le rôle séparateur dévolu par Freud à la censure; et dans le même temps s'estompent la référence centrale au désir et l'idée même d'une compulsion de répétition. Schilder se déclare en effet opposé à l'hypothèse freudienne d'un instinct de mort. Pulsions et désirs ne sauraient viser que plus de satisfaction et n'être par conséquent que créatifs et inventifs; il ne saurait y avoir de tendance à une égalisation des tensions. Et, s'il existe bien des aspects destructeurs dans la mise en jeu et en scène des pulsions et des désirs, c'est dans la seule mesure où il faut bien détruire pour construire, destructurer pour restructurer.

Il faut bien dire, cependant, qu'un tel exposé sommaire des conceptions théoriques de Schilder prend un tour caricatural; ce n'est que rarement que Schilder marque ses positions doctrinales; dans sa référence à la clinique, qui constitue l'essentiel de ses travaux, on ne retrouve pas aussi clairement ces positions.

Deux filiations théoriques valent d'être mentionnées, pour leur constante présence dans l'œuvre de Schilder. La première est explicite : il s'agit de la Gestaltpsychologie, *dont Schilder s'est toujours réclamé, en s'en démarquant toutefois sur quelques points. Ce sont des* Gestalten, *des formes, qui, pour Schilder constituent, transversalement, l'unité commune aux faits organiques et aux phénomènes psychiques, et lui permettent d'en établir l'identité. Il prend cependant quelque distance par rapport à la* Gestaltpsychologie *classique de Köhler et de Koffka, en refusant l'idée d'une rigidité des configurations et de la seule action des facteurs internes à la* Gestalt *dans son évolution. Pour Schilder, l'essentiel de la* Gestaltpsychologie *est à retenir, mais inséré dans une psychologie dynamique qui fait toute leur place aux facteurs externes de transformation.*

La seconde attache théorique de Schilder, rarement expressément nommée, mais toujours en filigrane dans son œuvre, est la phénoménologie husserlienne. La philosophie fut, rappelons-le, le premier domaine d'investigation extra-médical de Schilder, et en ce début du siècle, en pays germanique, la philosophie moderne, c'est d'abord l'œuvre de Husserl. Il en reste, très perceptible, une très fine notation clinique, qu'on appréciera en tout ce qui concerne les sensations et impressions corporelles. Mais surtout la centralité du corps et de l'expérience corporelle dans la phénoménologie, l'importance de l'image de l'autre et du corps de l'autre, dans la constitution du moi, se retrouve dans l'œuvre de Schilder.

*Pour l'ensemble de ses positions théoriques et doctrinales, Schilder est revendiqué comme un précurseur par les psychanalystes américains de l'école de Hartmann (*Ego Psychology). *C'est, pourrions-nous dire, presque paradoxalement. Car ce qui ressort des conceptions de Schilder à travers ses exposés cliniques, ce n'est pas tant l'idée d'un moi autonome et organisateur, cohérent avec la réalité, l'idée d'un moi-adaptation, que celle d'un moi corporel objet des pulsions, proche de ce que Freud désigne lorsque, dans* Le moi et le ça, *il aborde la question du corps : pas seulement un moi « en surface » de l'appareil psychique, mais projection d'une surface ; en dernière analyse, projection de l'image corporelle. Et un moi qui, selon la célèbre métaphore du cavalier et de la monture, doit, s'il ne veut pas se séparer de celle-ci (le ça), aller où elle le lui assigne.*

Nous souhaitons, par ces quelques indications, marquer sommairement les points d'articulation et d'opposition de la pensée de Schilder avec certaines grandes théories et doctrines inspiratrices. Que l'on nous permette, pour terminer, une remarque plus personnelle. Il ne nous semble pas — même si, manifestement, lui-même l'exprime ainsi — que la tentative de Schilder s'inscrive parmi les nombreux essais d'un monisme dont la vocation serait de réunir le biologique et le psychologique. Sa démarche véritable est bien plutôt un essai de liaison, d'articulation entre deux ordres de réalité : réalité matérielle, dont participe la physiologie, et ordre de réalité visé par la psychanalyse, à savoir le champ de l'inconscient et du désir. Fondements physiologiques, structure libidinale de l'image du corps : entre les deux, l'effort de Schilder est de « parler » le plus soigneusement possible comment peut s'effectuer cette reprise, comment se construit cette métaphore. En cela, sa tentative nous paraît étonnamment moderne et représente une pièce maîtresse à verser au dossier de la recherche psychanalytique contemporaine.

François Gantheret

BIBLIOGRAPHIE
DES TRAVAUX DE P. SCHILDER*

ABRÉVIATIONS DÉSIGNANT LES PRINCIPAUX PÉRIODIQUES OU OUVRAGES COLLECTIFS

Al = *Almanach.*
ANP = *Archives of Neurology and Psychiatry.*
ANPC = *Archives of Neurology and Psychiatry Chicago.*
AP = *Archivs für Psychiatrie uns Nervenkrankheiten.*
ASP = *Journal of Abnormal and Social Psychology.*
AZP = *Allgemeine Zeitschrift für Psychiatrie.*
Ch. P. T. = Bender, L., *Child Psychiatric Techniques*, Springfield, Thomas, 1952.
Im = *Imago.*
J. crim. psychopath = *Journal of Criminal Psychopathology.*
JNMD = *Journal of Nervous and Mental Disease.*
KW = *Klinische Wochenschrift*
MH = *Mental Hygiene.*
Med. Klin. = *Medizinische Klinik.*
MPN = *Monatschrift für Psychiatrie und Neurologie.*
Neurol. Zbl. = *Neurologische Zeitblatt.*
NMDMS = *Nervous and Mental Disease, monograph series.*
NMDPC = *Nervous and Mental Disease, publishing company.*
Ops = *American Journal of Orthopsychiatry.*
P = *American Journal of Psychiatry.*

* Compte tenu de la difficulté à réunir les éléments — très dispersés — de cette bibliographie, nous ne saurions affirmer qu'elle est absolument complète. Nous avons cependant des raisons de croire que les articles qui pourraient n'y pas figurer ne sont pas nombreux et ne comptent pas parmi les travaux importants de Schilder. (F. G.)

Psa. T-CF = Lorand, S. (ed.), *Psychoanalysis today*, N.Y, Covici-Friede, 1933.

Psa. T-IUP = Lorand, S. (ed.), *Psychoanalysis today*, N.Y., IUP., 1944.

R = *Psychoanalytic Review*.

Soc. = *American Journal of Sociology*.

Soc. Psych. = *Journal of Social Psychology*.

WKW = *Wiener Klinische Wochenschrift*

WMW = *Wiener Medizinische Wochenschrift*.

Z = *Internationale Zeitschrift für ärtzliche Psychoanalyse*.

ZKF = *Zeitschrift für Kinderforschung*.

ZNP = *Zeitschrift für die gesamte Neurologie und Psychiatrie*.

ZPt .= *Zentralblatt für Psychotherapie und ihre Grenzgebiete einschliesslich der medizinischen Psychologie und psychischen Hygiene*.

ZSW = *Zeitschrift für Sexualwissenschaft*.

I. OUVRAGES

1914

Selbstbewusstsein und Persönnlichkeitsbewusstsein; eine psychopathologische Studie (Conscience de soi et conscience de la personnalité; une étude psychopathologique) (Monographien aus der Gesamtgebiete der Neurologie und Psychiatrie; édité par Alzheimer, A. et Lewandowski, M.), Berlin, J. Springer, 1914, 298 p.

1918

Wahn und Erkenntnis, eine psychopathologische Studie (Folie et connaissance; étude psychopathologique), Berlin, J. Springer, 1918, 115 p.

1923

Das Körperschema. Ein Beitrag zur Lehre vom Bewusstsein des eigenen Körpers (Le schéma corporel. Contribution à l'étude de la conscience du corps propre), Berlin, J. Springer, 1923, 92 p.

Seele und Leben. Grunsätzliche zur Psychologie der Schizophrenie und Paraphrenie, zur Psychoanalyse und zur Psychologie überhaupt (L'esprit et la vie. Considérations fondamentales sur la psychologie de la schizophrénie et de la paraphrénie, et sur la psychanalyse et la psychologie en général), Berlin, J. Springer, 1923, 200 p.

1924

Medizinische Psychologie für Artze und Psychologen (Psychologie médicale à l'usage des médecins et psychologues), Berlin, J. Springer, 1924, XIX + 355 p. Trad. angl. : *Medical Psychology*, N.Y., IUP, 1953, 428 p.

1925

Entwurf zu einer Psychiatrie auf psychoanalytischer Grundlage (Esquisse d'une psychiatrie fondée sur la psychanalyse), Leipzig, Intern. Psych. Verlag, 1925, 208 p. Trad. angl. : *Introduction to a Psychoanalytic Psychiatry*, N.Y. et Wash., NMDMS, n° 50; NMDPC, 1928, IX + 178 p.

1926

Avec Kauders, O. : *Lehrbuch der Hypnose* (Traité sur l'hypnose), Vienne, Berlin, J. Springer, 1926, 110 p. Trad. angl. : *Hypnosis*, N.Y., Wash., NMDMS, n° 46; NMDPC, 1927, 118 p.

Avec Höpler, E. : *Suggestion und Strafrechtswissenschaft* (Suggestion et Criminologie), Vienne, Hölder, Pichler, Tempsky, 1926, 89 p.

Uber das Wesen der Hypnose (La nature de l'hypnose), Berlin, Springer, 1926, 32 p. Trad. angl. : *The Nature of Hypnosis*, N.Y., I.V.P., 1956, 204 p.

1927

Avec Hoff, H. : *Die Lagereflexe der Menschen; klinische Untersuchungen über Haltungs — und Stellreflexe und verwandte Phänomene* (Les réflexes de localisation chez l'homme. Recherches cliniques sur les réflexes d'attitude et de mouvement et les phénomènes associés), Vienne, J. Springer, 1927, 182 p.

1928

Gedanken zur Naturphilosophie (Réflexions sur la philosophie de la Nature), Vienne, J. Springer, 1928, 127 p.

1930

Studien zur Psychologie und Symptomatologie der Progressiven Paralysie (Études sur la psychologie et la symptomatologie dans les paralysies progressives), Berlin, S. Karger, 1930, III + 176 p. Trad. angl. résumée et commentée : *Studies concerning the Psychology and Symptomatology of General Paresis*, Organ. Path. Thought, 519-580.

1931

Brain and Personality; Studies on the Psychological Aspects of Cerebral Neuropathology and the Neuropsychiatrics Aspects of the Motility of the Schizophrenics (Cerveau et personnalité; Études sur les aspects psychologiques de la neuropathologie cérébrale et sur les aspects neuropsychiatriques de la motilité des schizophrènes), N.Y., NMDNS, n° 53; NMDPC, 1931, V + 136 p.

1935

The Image and Appearance of the Human Body: Studies in the Constructive Energies of the Psyche (L'image du corps; Études sur les forces constructives de la Psyché), Londres, K. Paul,

Trench, Trubner, 1935, 353 p.; N.Y., IUP., 1950, 353 p. Trad. française : le présent ouvrage.

1938

Psychotherapy (Psychothérapie), N.Y., W. W. Norton, 1938, x + 344 p.; Londres, Trench, Trubner, 1938, 344 p.; Revu et complété par Bender, L., N.Y., Norton, 1951, XIII + 396 p.

1942

Goals and Desires of Man; A Psychological Survey of Life (Les buts et désirs humains; un point de vue psychologique sur la vie). Publié sous les auspices du Comité à la mémoire de P. Schilder et édité sous la direction du Dr Lauretta Bender (Mme P. Schilder), N.Y., Columbia Univ. Press, 1942, XIII + 305 p.

Mind: Perception and Thought in their Constructive Aspects (L'esprit : aspects constructifs de la perception et de la pensée), N.Y., Columbia Univ. Press, 1942, XIII + 432 p.

1948

Aufgabe der Psychologie. Eine Geschichte ihrer Probleme (La tâche de la psychologie; une histoire de ses problèmes), Vienne, Springer, 1948.

1951

Psychoanalysis, Man and Society (La psychanalyse, l'homme et la société), N.Y., Norton, 1951, 382 p.

II. OUVRAGES COLLECTIFS

1925

In Schwarz, O. : *Psychogenese und Psychotherapie organischer Symptome* (Psychogenèse et Psychothérapie des symptômes organiques), Vienne, Springer, 1925, 481 p.; Barcelone, Labor, 1932 :

Das Liebeseeleproblem vom Standpunkt naturwissenschaftlicher Psychologie (Le problème de l'amour du point de vue des sciences naturelles), pp. 30-69.

1931

In *Manic-Depressive Psychosis* (La Psychose maniaco-dépressive), Baltimore, Williams et Wilkins, 1931 :

The motility of manic-depressive psychosis (La motilité dans les psychoses maniaco-dépressives), pp. 304-312.

1933

The Meaning of Neurosis and Psychosis (La signification des névroses et psychoses), Psa. T-CF, pp. 176-191. Sous le titre *Neuroses and Psychoses* (Névroses et Psychoses) : Psa. T-IUP, pp. 249-260.

Neuroses following Head and Brain Injuries (Névroses consécutives à des traumatismes crâniens et cérébraux), in Brock, S. : *Injuries of the Brain and spinal Cord and their Coverings* (Lésions du cerveau, de la moelle et de leurs enveloppes), pp. 298-328.

Psychoanalysis and Criminology (Psychanalyse et criminologie), Psa. T-CF, pp. 349-364; avec le titre : *Problems of crime* (Problèmes du crime), Psa. T-IUP, pp. 342-353.

1952

In *Child Psychiatric Techniques* (Technique de Psychiatrie infantile) de Bender, L., Springfield, Thomas, 1952 :

The Art of Children and the Problem of modern Art (L'art enfantin et le problème de l'art moderne), pp. 303-312.

Theories of Art and its Relation to the Psychology and the Psychopathology (Théories sur l'Art et sur ses rapports avec la Psychologie et la Psychopathologie), pp. 104-118.

1956

In *Psychopathology of Children with organic Brain Disorders* (Psychopathologie des enfants souffrant de troubles cérébraux d'origine organique), de Bender, L., Springfield, Ill., Thomas, 1956 :

Psychiatric Problems in the organic Brain Disorders of Children (Problèmes psychiatriques des enfants atteints de troubles cérébraux organiques), pp. 38-65.

III. ARTICLES

1912

Ueber autokinetische Empfindungen (Les sensations autokinétiques), in *Arch. ges. Psychol.*, 1912, *25* : 36-37.

1913

Ueber das Selbstbewusstsein und seine Störungen (La conscience de soi et ses troubles), ZNP, 1913, *20* : 511-550.

1914

Avec Weidner, H. : *Zur Kenntnis symbolähnlicher Bildungen im Rahmen der Schizophrenie* (Étude des formations dites symboliques dans la schizophrénie). Travail de la clinique de Neurologie et de Psychiatrie de l'Université de Leipzig sous la direction du Pr Flechsig, ZNP, 1914, *26* : 201-245.

1918

Gesichtspunkte zur allgemeine Psychiatrie (Points de vue sur une Psychiatrie générale), AP, 1918, *59* : 699-712.

1919

Avec Bauer : *Ueber einige psycophysiologische Mechanismen funktioneller Neurosen* (De quelques mécanismes psychophysiologiques dans les névroses fonctionnelles), in *Dtsch. Z. Nervenheilk.*, 1919, *64* : 279-299.

Projektion eigener Defekte in Trugwahrnehmungen (Projection de manques propres au sujet dans les hallucinations), in *Neurol. Zbl.*, 1919.

Psychogene Parästhesien (Paresthésies psychogènes), in *Dtsch. Z. Nervenheilk.*, 1919, *64* : 221-233.

Avec Herschmann, H. : *Traüme der Melancholiker* (Les rêves des mélancoliques), ZNP, 1919, *53;* 1920, *58* : 130-160.

1920

Ueber Gedankenentwicklung (Du développement de la pensée), ZNP, 1920, *59* : 250-263; trad. angl. résumée et commentée: *On the development of Thoughts*, in *Organ Path. Thought*, 497-518.

Ueber Hallüzinationen (Les hallucinations), WKW, 1920, *33* : 53-54; ZNP, 1920, *59* : 169-198.

Ueber Identifizierung und Gedankenentwicklunq (L'identification et le développement de la pensée), ZNP, 1920, *59.*

Ueber Identifizierung auf Grund der Analyse eines Falles von Homosexualität; ein Beitrag zur Frage der Aufbaues der Persönnlichkeit (De l'identification, à la lumière de l'analyse d'un cas d'homosexualité; contribution au problème de la structure de la personnalité), ZNP, 1920, *59* : 217-249.

Ueber monokuläre Polyopsie bei Hysterie (La polyopsie monoculaire chez l'hystérique), in *Dtsch Z. Nervenheilk.*, 1920, *66* : 250-260.

Studien über Bewegungsstörungen (Études sur les troubles moteurs), in ZNP., 1920, *61* : 203.

1921

Avec Gerstmann, J. : *Zur Frage der Katalepsie* (Contribution à l'étude de la catalepsie), in *Med. Klin.*, 1921, *17* : 193-194.

Avec Gerstmann, J. : *Zur Frage der Mikrographie* (Contribution à l'étude de la micrographie), ZNP, 1921, *67* : 347-355.

Ueber die kausale Bedeutung des durch Psychoanalyse gewonnenen Materiales (La signification causale du matériel obtenu par la Psychanalyse), WKW, 1921, *34* : 355.

Zur Kenntnis der Zwangsantriebe (Étude des impulsions obsessionnelles), ZNP, 1921, *65* : 368-372.

Zur Theorie der Entfremdung der Wahrnehmungswelt (Sur la théorie du dépaysement dans le monde perceptif), AZP, 1921, *7* : 487-488.

Vorstudien zu einer Psychologie der Manie (Études préliminaires pour une psychologie de la manie), ANP, 1921, *68* : 90-135.

Critique de Rettig, H. : *Die physikalische Formel der Seele* (Conception physicaliste de l'esprit), Z, 1921, *7* : 97.

Critique de Stier, E. : *Ueber Ohnmachten und ohnmachtsähnliche Anfälle bei Kinder und ihre Beziehungen zu Hysterie und Epilepsie* (Les évanouissements et les chutes avec perte de connaissance chez les enfants et leurs rapports avec l'hystérie et l'épilepsie), Z, 1921, *7* : 98.

1922

Bemerkungen über die Psychologie des paralytischen Grössenwahnes (Observations sur la mégalomanie paralytique), ZNP, 1922, *74* : 1-4.

Einige Bemerkungen über der Problemsphäre: Cortex, Stammganglien, Psyche, Neurose (Quelques remarques sur l'ensemble des problèmes concernant le cortex, les ganglions de la base, la psyché et la névrose), ZNP, 1922, *74:* 454-481.

Zur Pathologie des Ichideals (Sur la pathologie de l'idéal du moi), Z, 1922, *8:* 322-325.

Psychologie der Manie (Psychologie de la manie), WMW, 1922, *72:* 38.

Zur Psychophysiologie der Muskelspannungen bei Geisteskranken (Sur la psychophysiologie des tensions musculaires chez les malades mentaux), in *Med. Klin.*, 1922, *18:* 990-991.

Ueber eine Psychose Staroperation (A propos d'une psychose apparue à la suite d'une opération de la cataracte), Z, 1922, *8:* 35-44.

Das Unbewusste (L'inconscient), ZNP, 1922, *80:* 96-116.

Critique de Kretschmer, E. : *Körperbau und Charakter* (Structure du corps et caractère), Z, 1922, *8:* 79-84.

1923

Die Angstneurose (La névrose d'angoisse), WMW, 1923, *73:* 1609-1613.

Aufhebung der retrograden Amnesie eines wiederbelebten Erhängten durch Hypnose (Levée de l'amnésie rétrograde par l'hypnose chez un patient réanimé après pendaison), in *Med. Klin.*, 1923, *19:* 604-606.

Ueber elementare Halluzinationen des Bewegungssehens (Des hallucinations élémentaires dans la perception des mouvements), ZNP, 1923, *80:* 424-431.

Entwurf zu einer Psychologie der Schizophrenie und Paraphrenie (Esquisse d'une psychologie de la schizophrénie et de la paraphrénie), in *Dtsch. Med. Wschr.*, 1923, *49:* 1433-1435.

Zur Frage der Telepathie (Sur la question de la télépathie), in *Zschr. krim. Psychol.*, 1923, *14:* 176.

Zur Lehre der Persönnlichkeitsbewusstsein (Contribution à l'étude de la conscience de la personnalité), Z, 1923, *9:* 509-510.

Partial Amnesia cured by Hypnosis (Amnésie partielle levée par l'hypnose), in *Med. Klin.*, 1923, *19:* 604-606.

Zur Psychologie epileptischer Ausnahmzustände — mit besonderer Berücksichtigung des Gedächtnisses (Sur la psychologie des états oniroïdes épileptiques, avec des considérations particulières sur le problème de la mémoire), ZNP, 1923, *81:* 174-180; AZP, 1924, *80:* 33-39.

1924

Der Ichkreis. Ein phänomenologischer Versuch (Le cercle moïque : essai phénoménologique), ZNP, 1924, *92:* 644-654.

Avec Hartmann, H. : *Zur Klinik und Psychologie der Amentia*

(Clinique et psychologie de la démence), ZNP, 1924, *92:* 531-596.
Zur Lehre von der Amnesie Epileptischer, von der Schlafmittelhypnose und vom Gedächtnis (Sur la théorie de l'amnésie chez l'épileptique, de l'hypnose sous somnifères et de la mémoire), AP, 1924, *72:* 326-240.
Zur Lehre von der Hypochondrie (Sur la théorie de l'hypocondrie), MPN, 1924, *56:* 142-152.
Ueber der Wirkungswert psychischer Erlebnisse und über die Vielheit der Quellgebiete der psychischen Energie (A propos de la valeur probatoire des expériences psychiques et de la multiplicité des sources de l'énergie psychique), AP, 1924, *70:* 1-15.

1925
Avec Kauders, O. : *Einseitige Sinnestäuschungen mehrerer Sinne* (Erreurs perceptives unilatérales dans plusieurs organes des sens), in *Jb. Psychiat. Neurol.*, 1925, *44:* 203-210.
Grundgedanken der Psychoanalyse (Éléments fondamentaux de la psychanalyse), ZKF, 1925, *30:* 203-228.
Avec Hartmann, H. : *Hypnoseversuche an Paralytikern* (Expériences hypnotiques chez des paralysés), *Jb. Psychiat. Neurol.*, 1925, *44:* 194-202.
Hypnosis combined with Narcotics (Hypnose combinée avec des narcotiques), WKW, 1925, *38:* 1213-1214.
Probleme der klinische Psychiatrie (Problèmes de la psychiatrie clinique), ZKF, 1925, *30:* 203-228.
Problems in the Technique of Psychoanalysis (Problèmes techniques de psychanalyse), ZKF, 1925, *30* : 203-228; *Med. Klin.*, 1925, *21:* 77-80.
Die Psychoanalyse in der allgemeinen ärtzlichen Praxis (La psychanalyse dans la pratique de médecine générale), *Mitt. d. Volksgesundheitsamtes*, Vienne, 1925, *6:* 275-277.
Zur Psychologie der progressiven Paralyse (Psychologie de la paralysie progressive), ZNP, 1925, *95:* 612-622.
Avec Hartmann, H. : *Zur Psychologie Schädelverletzter* (Sur la psychologie de l'amputé), AP, 1925, *75:* 287-300; *76:* 766-784.
Ueber Schlafsmittelhypnose (Sur l'hypnose sous somnifères), WKW, 1925, *38:* 1213-1214.
« Abstract » de Birnbaum, K. : *Die Psychoanalyse vom Standpunkte der klinischen Psychiatrie* (La psychanalyse du point de vue de la psychiatrie clinique), J. crim. psychopath. 1925, *6:* 470-471.
Critique de Birnbaum, K. : *Ibid.*, Z, 1925, *11:* 236-237.

1926
Avec Sugar, N. : *Zur Lehre von den schizophrenen Sprachstörungen* (Contribution à l'étude des destructions du langage chez les schizophrènes), ZNP, 1926, *104:* 689-714.
Avec Pollak, E. : *Zur Lehre von den Sprachantrieben* (Contribution à l'étude des impulsions verbales), ZNP, 1926, *104:* 480-503.

Zur Naturphilosophie (De la philosophie de la nature), Im, 1926, *12:* 117-125.
Psychoanalyse und Eidetik (Psychanalyse et eidétique), ZSW, 1926, *13:* 56-61.
Religionpsychologische Probleme in psychiatrischer Beleuchtung (Les problèmes psychologiques religieux à la lumière de la psychiatrie), in *Religionspsychol.*, 1926, *1:* 15-27.
Selbstbeobachtung und Hypochondrie (Autoobservation et hypocondrie), AI, 1926 : 190-197 (repris in *Entwurf einer Psychiatrie auf psychoanalytischer Grundlage*, 1925).
Critique de Driesch, H. : *Grundprobleme der Psychologie* (Problèmes fondamentaux de la psychologie), Im, 1926, *12:* 524-525.

1927

Avec Weissmann, M. : *Atherisierung Geisteskranker* (Etherisation des malades mentaux), ZNP, 1927, *110:* 779-792.
Discussion on Lay Analysis (Discussion sur l'analyse profane), J. crim. psychopath. 1927, *8:* 246-247.
Diskussion der « Laienanalyse » (id.), Z, 1927, *13:* 212.
Der gegenwärtige Stand der Neurosenlehre (État actuel de la théorie des névroses), KW, 1927, *6:* 49-52.
Ueber Gleichsgewichts-Störungen (Sur les troubles de l'équilibre), in *Jb. Psychiat. Neurol.*, 1927, *45:* 161-168.
Avec Hartmann, H. : *Körperinneres und Körperschema* (Intérieur du corps et schéma corporel), ZNP, 1927, *109:* 666-675.
Psychische Symptome bei Mittel- und Zwischenhirnerkrankung (Symptômes psychiques dans les lésions du mésencéphale et du diencéphale), WKW, 1927, *40:* 1147-1148.
Ueber Stellungnahme Todkranker (L'attitude mentale chez les malades condamnés), in *Med. Klin.*, 1927, *23:* 784-786.
Welche sind die Indikationen für Psychoanalyse? (Quelles sont les indications de la psychanalyse?), in *Vienna Med. Seminar*, 1927 : 395.
Zentrale Bewegungsstörungen mit besonderer Berücksichtigung der Sprache (Troubles du mouvement d'origine centrale, en considérant particulièrement le langage), WMW, 1927, *77:* 635-666; 668-671.
Notiz über Gewichtsschätzungen (Note sur l'appréciation du poids), in ZNP, 1927, *109:* 676.

1928

Der Begriff der Demenz (La conception de la démence), WMW, 1928, *78:* 936-938.
Kurze Bemerkung über die Mittellinie (Brèves remarques sur la ligne médiane), in *Nervenartz*, 1928, *1:* 726-729.
Avec Isakower, O. : *Optischraümliche Agnosie und Agraphie* (Agnosie et agraphie optico-spatiales), ZNP, 1928, *113:* 102-142.
Avec Hoff, H. : *Phänomen des kleinen Fingers* (Le phénomène du petit doigt), in *Dtsch. Med. Wschr.*, 1928, *54:* 1200.

Die praktische Bedeutung der Psychoanalyse (Importance pratique de la psychanalyse), in *Jahresk. ärtz. Fortbild*, 1928, *19* (5) : 28-58.
Die Problematik der Individualpsychologie (Problématique de la psychologie individuelle), Actes du IIIe Congrès de Psychothérapie Baden-Baden, 1928, 20-22 avr., ZPt, 1928, *1:* 207-208; 461-462.
Psychologie der Schizophrenie vom psychoanalytischen Standpunkt (Psychologie de la Schizophrénie d'un point de vue psychanalytique,) ANP, 1928, *112:* 279-282.
Ueber Psychosen bei kortikaler Enzephalitis (Des psychoses dans les encéphalites corticales), JPN, 1928, *37:* 293-302.
Avec Stengel, E. : *Schmerzasymbolie* (Asymbolie à la douleur), ZNP, 1928, *113:* 143-158.
Das Zerstückelungsmotiv (Le motif de démembrement), ZPt, 1928, *1:* 23-28.

1929
Amerikanische Psychiatrie (La psychiatrie américaine), in *Nervenarzt*, 1929, *2:* 476-482.
Conditioned Reflexes (Les réflexes conditionnés), ANP, 1929, *22:* 425-443.
On Homosexuality (De l'homosexualité), R. 1929, *26:* 377-389.
Ueber das Hypnose-Erlebnis der Schizophrenen (De l'expérience hypnotique des schizophrènes), ZNP, 1929, *120:* 700-708.
Avec Klein, E. : *The Japanese Illusion and the Postural Model of the Body* (L'illusion japonaise et le modèle postural du corps), JNMD, 1929, *70:* 241-263.
Eine neue Tastaüschung und ihre Beziehung zum Körperschema (Une nouvelle illusion tactile et sa relation au schéma corporel), in *Z. Sinnesphysiol.*, 1929, *60:* 284-289.
The Somatic Basis of the Neurosis (Le fondement somatique de la névrose), JNMD, 1929, *70:* 502-519.
Avec Eisinger, K. : *Traüme bei Labyrinthläsionen* (Les rêves dans les lésions labyrinthiques), MPN, 1929, *73:* 314-330.
Welche wirklichen Fortschritte hat die medizinische Psychologie seit Lotze gemacht? (Quels sont les progrès réels de la psychologie médicale depuis Lotze?), ZPt, 1929, *2:* 601-612.
Posture, with Special Reference to the Cerebellum (La posture, particulièrement dans sa relation au cervelet), in ANP, 1929, *22:* 1116.
Zur Kenntnis der Psychosen bei chronischer Encephalitis epidemica (Contribution à l'étude des psychoses chez les patients atteints d'encéphalite épidémique chronique), in ZNP, 1929, *118:* 327.

1930
Beobachtungen an leichten Hemiparesen (Observations de cas légers d'hémiparésie), in *Dtsch Z. Nervenheilk.*, 1930, *112:* 95-104.

Clinical Note on the Convergence Reaction, especially in Alcoholics (Note clinique sur la réaction de convergence, en particulier chez les alcooliques), JNMD, 1930, *71:* 732-734.
Ueber Komplexe (Des complexes), Actes du XIe Congrès de Psychologie expérimentale, 1930 : 136-150.
Avec Parker, S. : *Das Körperschema im Lift* (Le schéma corporel dans les expériences d'ascenseur), ZNP, 1930, *128:* 777-784.
Avec Stengel, E. : *Das Krankheitsbild des Schmerzasymbolie* (Le syndrome d'asymbolie à la douleur), ZNP, 1930, *129:* 250-280.
Neurasthenic-Hypochondriac Character (Le caractère neurasthénique-hypocondriaque), in *Med. Rev. of Reviews*, 1930, *36:* 164-176.
Avec Oedegaard, O. : *Turning Tendancy and Conjugate Deviation* (Tendance à la rotation et déviation conjuguée), JNMD, 1930, *71:* 260-267.
Avec Bender, L. : *Unconditionned and Conditionned Reactions to Pain in Schizophrenia* (Réactions inconditionnées et conditionnées à la douleur dans la schizophrénie), P, 1930, *10:* 365-384.
The Unity of the Body, Sadism and Dizziness (Unité du corps, sadisme et vertige), R, 1930, *17:* 114-122.
Vestibulo-Optik und Körperschema in der Alkoholhalluzinose (Phénomènes vestibulo-optiques et schéma corporel dans l'hallucinose alcoolique), ZNP, 1930, *128:* 784-791.
Yellow and Blue (Jaune et bleu), R, 1930, *17:* 123-125.

1931

Fingeragnosie, Fingerapraxie, Fingeraphasie (Agnosie, apraxie et aphasie digitales), in *Nervenartz*, 1931, *4:* 625-629.
Ueber Neurasthenie (De la neurasthénie), Z, 1931, *17:* 368-378.
Notes on the Psychopathology of Pain in Neuroses and Psychoses (Notes sur la psychopathologie de la douleur dans les névroses et les psychoses), R, 1931, *18:* 1-22.
Principles of Psychotherapy in Psychoses (Principes de psychothérapie dans les psychoses), *Psychiat. Q.*, 1931, *5:* 423-431.
Organic Problems in Child Guidance (Problèmes organiques en guidance infantile), in MH, 1931, *15:* 480.

1932

Einige Bemerkungen über Zeitproblem (Quelques remarques sur le problème du temps), in *Nervenartz*, 1932, *5:* 360-365.
Scope of Psychotherapy in Schizophrenia (Limites de la psychothérapie dans la schizophrénie), P, 1932, *11:* 1181-1188.

1933

Experiments on Imagination, After-Images and Hallucinations (Expériences sur l'imagination, les post-images et les hallucinations), P, 1933, *13:* 597-611.
Das Körperbild und die Socialpsychologie (L'image du corps et la psychologie sociale), Im, 1933, *19 :* 367-376.
Notes on Psychogenic Depression and Melancholia (Notes sur la

dépression psychogène et la mélancolie), R, 1933, *20* : 10-18.
Psychoanalyse und Biologie (Psychanalyse et biologie), Im, 1933, *19* : 168-197.
The Vestibular Apparatus in Neurosis and Psychosis (L'appareil vestibulaire dans la névrose et la psychose), JNMD, 1933, *78* : 137-161.
Critique de Bühler, C. : *Der menschlische Lebenslauf als psychologisches Problem* (Le cours de la vie comme problème psychologique), Im, 1933, *19* : 567-573.

1934
Avec Wechsler, D. : *The attitudes of children toward death* (Les attitudes des enfants envers la mort), *J. Genet. Psychol.*, 1934, *45* : 406-**451**; repris in Bender, L. : *Agression, Hostility and Anxiety in Children*, Springfield, Ill., Thomas, 1953 : 40-65.
Clinical Studies on Particular Types of Depressive Psychoses; their Differental Diagnosis from Schizophrenic Pictures and some Remarks on the Psychology of Depressions (Études cliniques de types particuliers de psychoses dépressives; leur diagnostic différentiel par rapport aux formes schizophréniques, avec quelques remarques sur la psychologie des dépressions), JNMD, 1934, *80* : 501-527; 658-683.
Erwiderung zu der Arbeit von Klaus Conrad « Das Körperschema, eine kritische Studie und der Versuch einer Revision ». Zugleich eine Studie über die konstruktiven seelischen Kräfte (Réponse à l'article de Klaus Conrad : « Le schéma corporel, une étude critique et l'essai d'une révision », et études des forces psychiques constructives), ZNP, 1934, *149* : 583-589.
Localization of the Body-Image (Postural Model of Body) (Localisation dans l'image du corps — modèle postural du corps), in *Proc. Ass. Res. Nerv. Dis.*, 1934, *13* : 466-484.
Personnality in the Light of Psychoanalysis (La personnalité à la lumière de la psychanalyse), in *Proc. Ass. Res. Nerv. Dis.*, 1934, *14* : 264-277; R, 1935, *22* : 36-48.
Psychic Disturbances after Head Injuries (Troubles psychiques après des traumatismes crâniens), P, 1934, *91* : 155-188.
Zur Psychopathologie alltäglicher telepathischer Erscheinungen. Bemerkungen zu dem Aufsatz von I. Hollos (Sur la psychopathologie des phénomènes télépathiques de la vie quotidienne. Remarques sur l'article de I. Hollos), Im, 1934, *20* : 219-224; repris in Devereux, G. : *Psychoanalysis and the Occult* (Psychanalyse et occultisme), N.Y., IUP, 1953 : 204-209.
Self-Consciousness and Optic Imagination in a Case of Depression (Conscience de soi et imagination optique dans un cas de dépression), R, 1934, *21* : 316-328.
The Somato-Psyche in the Psychiatry and Social Psychology (La somato-psyché en psychiatrie et en psychologie sociale), ASP, 1934, *29* : 314-327.
Space, Time and Perception (Espace, temps et perception), in *Psyche*, Londres, 1934, *14* : 124-138.

Avec Wechsler, D. : *Was weiss das Kind vom Körperinneren?* (Que sait l'enfant de l'intérieur du corps ?), Z, 1934, *20* : 93-97; repris et traduit : *What do Children know about the Interior of the Body?*, J. crim. psychopath., 1934, *16* : 355-360; repris sous le même titre in Bender, L. : *A Dynamic Psychopathology of Childhood*, Springfield, Ill., Thomas, 1954, 80-84.

« Abstract » de Schneider, K. : *Psychiatrische Vorlesungen für Artze* (Leçons de psychiatrie à l'usage des médecins), Z, 1934, *20* : 395.

Critique de Bovet, T. : *Philosophische Grundprobleme der Medizin* (Problèmes philosophiques fondamentaux de la médecine), Im, 1934, *20* : 377.

Critique de Brunswick, E. : *Wahrnehmung und Gegenstandswelt* (Perception et monde des objets), Im, 1934, *20* : 500.

Critique de Bühler, C. : *Drei Generationen im Jugendtagebuch* (Trois générations vues à travers les journaux intimes d'adolescents), Im, 1934, *20* : 377.

Critique de Wolff, G. : *Leben und Erkennen* (Vie et connaissance), Im, 1934, *20* : 380-381.

1935

Avec Parker, S. : *Acoustic Imagination and Acoustic Hallucination* (Imagination acoustique et hallucination acoustique), ANP, 1935, *34* : 744-757.

Psychoanalyse und bedingte Reflexe (Psychanalyse et réflexes conditionnés), Im, 1935, *21* : 50-66; trad. : *Psychoanalysis and Conditioned Reflexes*, R, 1937, *24* : 1-17.

Psychoanalysis and Philosophy (Psychanalyse et philosophie), R, 1935, *22* : 274-287.

Psychoanalysis of Space (Psychanalyse de l'espace), J, 1935, *16* : 274-295; trad. : *Psychoanalyse des Raumes*, Im, 1936, *22* : 61-80.

Avec Abeles, M. : *Psychogenic Loss of Personal Identity : Amnesia* (Perte d'origine psychogène de l'identité personnelle), ANPC, 1935, *34* : 587-604.

Psychopathologie der Zeit (Psychopathologie du temps), Im, 1935, *21* : 261-278; trad. : *Psychopathology of time*, JNMD, 1936, *83* : 530-546.

Reaction Types resembling Functional Psychoses in Childhood on the Basis of an Organic Inferiority of the Brain (Types de réactions faisant penser à des psychoses fonctionnelles de l'enfance, et ayant pour origine un déficit organique cérébral), MH, 1935, *19* : 439-446.

Critique de Koffka, K. : *Principles of Gestalt Psychology* (Principes de la psychologie de la forme), J. crim. psychopath., 1935, *16* : 79-84.

1936

The Analysis of the Ideologies as a Psychotherapeutic Method (L'analyse des idéologies en tant que méthode thérapeutique), P, 1936, *93* : 601-617.

The Attitude of Murderers toward Death (Attitude des meurtriers envers la mort), ASP, 1936, *31* : 348-363.

Avec Bender, L. : *Form as a Principle in the Play of Children* (La forme comme principe d'organisation dans le jeu enfantin), in *J. Genet. Psychol.*, 1936, *49* : 254-261; repris in Ch. P.T. : 31-38.

Zur Psychoanalyse der Geometrie, Arithmetik und Physik (Psychanalyse de la géométrie, de l'arithmétique et de la physique), Im, 1936, *22* : 389-395.

Remarks on the Psychophysiology of the Skin (Remarques sur la psychophysiologie de la peau), R, 1936, *23* : 274-285.

Avec Bender, L.; Keiser, S. : *Studies in aggressiveness* (Études sur l'agressivité), in *Genetic Psychol. Monograph*, 1936, *18*(5-6) : 357-564.

Language and the Constructive Energies of the Psyche (Le langage et les énergies constructives de la psyché), in *Scientia*, Bologne, 1936, *59* : 149-158; 204-211; repris in Bender, L. : *A Dynamic Psychopathology of Childhood*, Springfield, Ill., Thomas, 1954 : 3-15.

1937

Avec Curran, F. J. : *Experiments in Repetition and Recall* (Expériences sur la répétition et le rappel), in *J. Genet. Psychol.*, 1937, *51* : 163-187.

Health as a Psychic Experience (La santé comme expérience psychique), ANPC, 1937, *37* : 1322-1337.

Zur Psychoanalyse der Benzhedrinwirkung (Psychanalyse des effets de la benzhédrine), Z, 1937, *23* : 536-539; trad. : *The Psychological Effect of Benzedrine Sulfate*, JNMD, 1938, *87* : 584-587.

The Psychological Implications of Motor Development in Children (Implications psychologiques du développement moteur chez l'enfant), in *Child. Res. Clin.*, oct. 1937 : 38-59; repris in Bender, L. : *Psychopathology of Children with Organic Brain Disorders*, Springfield, Ill., Thomas, 1956 : 3-25.

The Psychotherapeutic Approach to Medicine (Abord psychothérapeutique de la médecine), R, 1937, *24* : 264-275.

The Relationship between Social and Personal Disorganization (Relation entre les désorganisations sociales et individuelles), in *Soc.*, 1937, *42* : 832-839; trad. : *Die Beziehung zwischen sozialer und persönlicher Desorganization*, Al, 1938 : 84-95.

Sich-anklammern und Gleichgewicht (Préhension et équilibre), Z, 1937, *23* : 313-317; trad. : *The Relations between Clinging and Equilibrium*, J. crim. psychopath., 1939, *20* : 58-63.

Avec Bender, L. : *Suicidal Preoccupations and Attempts in Children* (Idées et tentatives de suicide chez les enfants), Ops, 1937, *7* : 225-234.

1938

The Child and the Symbol (L'enfant et le symbole), in *Scientia*,

Milan, 1938, *64* : 21-26; repris in Bender, L. : *A Dynamic Psychopathology of Childhood*, Springfield, Ill., Thomas, 1954 : 3-15.

The Organic Background of Obsessions and Compulsions (Fondement organique des obsessions et compulsions), P, 1938, *94* : 1397-1416.

Avec Bender, L.; Curran, F. J. : *Organization of Memory Traces in the Korsakoff Syndrome* (Organisation des traces mnésiques dans le syndrome de Korsakoff), ANP, 1938, *39* : 482-487.

Psychoanalytic Remarks on « Alice in Wonderland » and Lewis Carroll, JNMD, 1938, *87* : 159-168; repris in Bender, L. : *A Dynamic Psychopathology of Childhood*, Springfield, Ill., Thomas, 1954 : 210-218.

Avec Orenstein, L. : *Psychological Considerations of the Insulin Treatment in Schizophrenia*, JNMD, 1938, *88* : 397-413; 644-660.

The Social Neurosis (La névrose sociale), R, 1938, *25* : 1-19.

Avec Schilder, L. : Critique de Haalke, M. : *Alli's Son* (Le fils d'Ali), R, 1938, *25* : 271-274.

Critique de Healy, H. : *Personnality in Formation and Action* (La personnalité en formation et en action), J. crim. psychopath., 1938, *19* : 510-511.

1939

The Concept of Hysteria (Le concept d'hystérie), P, 1939, *95* : 1389-1413.

The Mental Hygiene of the Medical Student (Hygiène mentale de l'étudiant en médecine), in *Med. Bull. N.Y. College of Medicine*, 1939, *4* : 68-70.

Notes on the Psychology of the Metrazol Treatment of Schizophrenia (Notes sur le traitement au métrazol dans la schizophrénie), JNMD, 1939, *89* : 133-144.

The Psychology of Schizophrenia (La psychologie de la schizophrénie), R, 1939, *26* : 380-398.

Results and Problems of Group Psychotherapy in Severe Neuroses (Résultats et problèmes de la psychothérapie de groupe dans les névroses graves), MH, 1939, *23* : 87-89.

Theoretical Aspects of the Art Work in Bellevue Hospital (Aspects théoriques de l'art-thérapie à l'hôpital Bellevue N.Y.), Direction, 1939, *2* : 2-3.

The Treatment of Depersonnalization (Le traitement de la dépersonnalisation), in *Bull. N.Y. Acad. Med.*, 1939, *15* : 258-272.

Critique de Renquist-Reenpää, Y. : *Allgemeine Sinnesphysiologie* (Psychophysiologie universelle), Z, 1939, *24* : 186.

1940

Avec Curran, F. J. : *Constructive Approach to Problems of Childhood and Adolescence* (Approche constructive des problèmes de l'enfance et de l'adolescence), in *J. Crim. Psychopath.*, 1940, *2* : 125-142; 305-320.

Cultural Patterns and Constructive Psychology (Modèles culturels et psychologie constructive), R, 1940, *27* : 159-176.
The Cure of Criminals and Prevention of Crime (Traitement des criminels et prévention du crime), in *J. Crim. Psychopath.*, 1940, *2* : 149-161.
Avec Bender, L. : *Impulsions : Specific Disorder of the Behavior of Children* (Les impulsions, trouble spécifique du comportement chez les enfants), ANPC, 1940, *44* : 990-1008.
The Influence of Psychoanalysis on Psychiatry in America (L'influence de la psychanalyse sur la psychiatrie en Amérique), Q, 1940, *9* : 216-228.
Introductory Remarks on Group (Remarques introductives sur les groupes), in *Soc. Psych.*, 1940, *12* : 85-100.
Psychiatric Aspects of Old Age and Aging (Aspects psychiatriques de la vieillesse et de la sénescence), Ops, 1940, *10* : 62-69.
Psychoanalysis of Economics (Psychanalyse de l'économie politique), R, 1940, *27* : 401-420.
Psychology and Physiology (Psychologie et physiologie), in *J. Genet. Psychol.*, 1940, *23* : 329-341.
Social Organization and Psychotherapy (Organisation sociale et psychothérapie), Ops, 1940, *10* : 911-926.
The Structure of Obsessions and Compulsions (La structure des obsessions et des compulsions), Ops, 1940, *3* : 549-560.
Vita and Bibliography of Paul Schilder (Vie et bibliographie de P. Schilder), in *J. Crim. Psychopath.*, 1940, *2* : 221-234.

1941

Differential Diagnosis of Hysterical Tremor (Diagnostic différentiel du tremblement hystérique), ANP, 1941, *45* : 517-519.
Avec Bender, L. : *Mannerisms as Organic Motility Syndrome* (Le maniérisme comme syndrome organique moteur), in *Confinia neurologica*, 1941, *3* : 321-330.
The Psychogenesis of Alcoholism (La psychogenèse de l'alcoolisme), in *Quart. J. Studies of Alcohol*, 1941, *2* : 277-293.
Psychotherapy (Psychothérapie), in Wortis, S. B. : *Present Trends in Neuropsychiatric Research*, P, 1941, *97* : 791-793.
Types of Anxiety Neuroses (Types de névroses d'angoisse), J. crim. psychopath., 1941, *22* : 209-228.

1942

Avec Levine, E. L. : *Abstract Art as an Expression of Human Problems* (L'art abstrait comme expression des problèmes humains), JNMD, 1942, *95* : 1-10.
The Body Image in Dreams (L'image du corps dans les rêves), R, 1942, *29* : 113-126.
Avec Levine, A. : *The Catatonic Pupil* (L'élève catatonique), JNMD, 1942, *96* : 1-12.
On Rotting (*De la pourriture*), R, 1942, *29* : 46-49.
The Sociological Implications of Neuroses (Les implications socio-

logiques des névroses), in *Soc. Psych.*, 1942, *15* : 3-21.
Success and Failure (Succès et échec), R, 1942, *29* : 353-372.

1944
Congenital Alexia and its Relation to Optic Perception (Alexie congénitale et sa relation à la perception optique), in *J. Genet. Psychol.*, 1944, *65* : 67-68.

1951
Avec Bender, L. : *Graphic Art as a Special Ability in Children with Reading Disability* (L'art graphique, don particulier chez les enfants souffrant de troubles de la lecture), in *Clin. Path.*, 1951, *12* : 147-156.

PRÉFACE DE L'AUTEUR

Il y a bien des années que les problèmes dont traite ce livre retiennent mon attention. Ce qui a d'abord éveillé mon intérêt, ce sont des observations cliniques sur des lésions cérébrales entraînant des confusions entre la droite et la gauche. Ces recherches m'ont amené à publier, en 1923, une brève étude sur le Körperschema *(schéma corporel). J'y envisageais les mécanismes du système nerveux central qui président à l'édification de cette image spatiale que chacun porte en soi. Je voyais clairement dès cette époque qu'une telle étude ne saurait se fonder seulement sur la physiologie et la neuro-pathologie, mais devait aussi faire appel à la psychologie. J'écrivais : « Ce serait une erreur de s'imaginer que la phénoménologie et la psychanalyse peuvent ou doivent être séparées de la pathologie du cerveau. Il me semble que la théorie de l'organisme pourrait et devrait être incorporée dans une doctrine psychologique qui voie la vie et la personnalité comme une unité. » J'ai donc, pour élucider des problèmes qui relèvent de la pathologie du cerveau, utilisé les apports de la psychanalyse, concernant les mécanismes psychiques. En revanche, l'étude des mécanismes du cerveau dans la perception et l'action m'a aidé à aller plus loin dans la compréhension des attitudes psychologiques. J'ai toujours été convaincu qu'il n'existe pas de hiatus entre l'organique et le fonctionnel. L'esprit et la personnalité sont des entités agissantes au même titre que l'organisme. Les processus psychiques ont des racines communes avec les autres processus dont l'organisme est le siège. J'ai découvert par la suite que mon opinion rejoint les meilleures traditions de la psychiatrie américaine, qu'illus-*

trent les travaux d'Adolphe Meyer, de William A. White et de Smith Ely Jelliffe, et que cette façon de voir est aussi inhérente à la doctrine psychanalytique. Ainsi conçue, la psychologie est nécessairement une psychobiologie (pour reprendre le terme d'Adolphe Meyer), qu'on peut aussi appeler une Naturwissenschaftliche Psychologie.

Il me semble aussi que les psychologues gestaltistes partent d'une position similaire. Pour cette école, la Gestalt *est dans le monde extérieur, et elle est aussi dans les processus physico-chimiques qui sont en corrélation avec les processus psychiques dans lesquels les principes de la* Gestalt *apparaissent. Une telle psychologie doit nécessairement mettre l'accent sur l'action, et ne considérera pas l'organisme dans ses aspects psychiques et somatiques comme une entité théorique dotée de qualités purement perceptives (perceptions, imaginations et pensées). Elle présentera perception et action, impression et expression comme formant une unité et l'*insight *et l'action seront vues dans leur étroite relation. L'action humaine, dont le sens a été méconnu par la philosophie de Bergson et artificiellement séparée par Kant en raison pratique et raison pure, est ainsi restaurée dans sa pleine dignité. On le verra aisément, le pragmatisme de James et l'instrumentalisme de John Dewey expriment en termes de philosophie le même principe. D'ailleurs j'étais déjà dans mes publications antérieures (par exemple dans* Ideen zur Naturphilosophie*) plus proche de la ligne philosophique américaine que je ne m'en doutais à l'époque. Ce courant de philosophie et de psychologie biologique organismique part d'une attitude réaliste naïve et ne s'embarrasse pas de doutes sur la réalité du monde extérieur. Ses représentants estiment que leur position de départ est non seulement suffisamment étayée par la spéculation philosophique et le raisonnement, mais aussi amplement justifiée par l'approche concrète des problèmes que pose le comportement humain.*

En Allemagne, la pensée philosophique a pris une autre direction. Beaucoup de philosophes et de psychologues allemands sont devenus sensibles à une psychologie qui n'est pas Naturwissenschaftliche, *une psychologie beaucoup plus importante appelée* Geisteschaftliche, *qui traite des problèmes centraux de l'histoire, de la morale et de la personnalité humaine en général. Pour ma part, je ne puis voir aucune différence fondamentale entre deux perspectives dont l'une ouvre sur les problèmes de la* personnalité et du comportement, l'autre sur la structure de la nature. Dans l'une et l'autre, les entités et les séquences caractéristiques sont l'objet de la recherche. Et la science s'efforce, dans une sphère comme dans l'autre, de découvrir les unités essentielles, leur structure, leur genèse et leurs connexions plus ou moins typiques. Dans la nature, de nouvelles qualités, de nouvelles entités, de nouvelles configurations émergent continuellement. Chaque nouveau composé chimique est doté de qualités qui ne pouvaient être toutes complètement prévues et qui forment une nouvelle unité ou Gestalt. Pour le monde organique, c'est C. Lloyd Morgan qui a montré qu'il y a « évolution émergente », création perpétuelle d'entités organiques imprévues. La création ainsi comprise est une qualité générale de l'existence et elle s'exerce en permanence dans le monde de l'inanimé comme dans le monde de l'animé.

Dans cet ouvrage, je me suis proposé de sonder plus avant la nature du processus de création et, comme Lloyd Morgan pour le monde organique, j'ai voulu montrer dans le monde psychique, et l'effort constructif, et les entités nouvelles qu'il crée. Dans la sphère psychique, l'évolution émergente et les Gestalten ne sont pas purement des données qui nous sont offertes comme un cadeau ; il faut lutter pour les obtenir. Elles ne sont pas Gegebenheiten *mais* Errungenheiten. S'inscrit très bien dans cette perspective l'idée que la philosophie et la psychologie devraient être considérées comme essentiellement identiques, à ceci près que la philosophie a une tâche supplémentaire : accorder aux données de la psychologie les autres enseignements de l'expérience.

C'est à partir de cette attitude générale que j'ai cherché mes réponses dans une étude attentive des faits que nous livre la pathologie du cerveau, et aussi dans la psychologie. Ma méthode est totalement empirique ou, pour employer un mot discrédité, relève du psychologisme. Mais la psychologie, au sens où nous l'entendons, signifie observation scrupuleuse des données empiriques de la vie psychique. Et pas plus l'intuition que le raisonnement ne doivent passer cette limite. La psychologie se donne aussi pour tâche de trouver la corrélation entre les expériences internes et les expériences concernant le monde extérieur et le corps. Une psychologie qui ne profite pas des conquêtes de Freud et de la psychanalyse se prive d'un nombre incalculable d'expériences importantes. Qu'on n'en déduise pas *que j'accepte globalement la théorie psychanalytique. Je n'accepte pas, par exemple, ce principe qui est à la base de la démarche de Freud : à savoir que nos désirs tendent à nous ramener à un état antérieur et, qui plus est, à un état de repos. Je suis pour ma part sensible au caractère créatif, constructif des forces psychiques et je me refuse à mettre l'idée de régression au centre d'une théorie du comportement humain. Il me semble également que Freud est passé à côté des principes de l'évolution émergente ou, pour mieux dire, de l'évolution constructive, qui mène à la création de nouvelles unités et configurations.*

Il est clair que les remarques qui vont suivre ne sont qu'un programme de recherches. Je ne crois pas pouvoir montrer autre chose dans le cadre limité de ce livre que la voie par laquelle, à mon avis, on pourrait aborder le problème pour trouver la solution. Ce livre n'est rien d'autre qu'une recherche empirique sur l' « image » du corps humain. Voilà certainement un des problèmes centraux de la psychologie. Wernicke l'avait bien vu quand il parlait de « somato-psyché », mais il distinguait deux autres sphères dont je ne traiterai pas ici : l'orientation par rapport au monde extérieur (allopsyché) et l'orientation par rapport au soi interne (autopsyché). On ne peut prétendre brosser, même sommairement, un premier tableau général de l'image du corps humain, si les deux autres sphères de l'expérience humaine n'ont pas été soigneusement examinées. Je sais donc très bien que ma tentative reste incomplète. Elle n'aborde qu'une partie du grand domaine de la psychologie et de la philosophie empiriques.

Mais étant donné que ce livre s'est, par ailleurs, donné une perspective très générale, il m'a été nécessaire de rechercher un matériel empirique hors de la pathologie du cerveau et de la psychologie. J'ai tenté de rendre mon livre aussi accessible que possible au lecteur qui n'a pas de commerce particulier avec les faits de la neuro-pathologie et de la psychanalyse, et j'ai ajouté une brève interprétation des faits fondamentaux qui y sont utilisés. J'espère qu'ainsi mon livre sera compréhensible pour ceux qui sont extérieurs au cercle étroit des neurologues, des psychologues et des philosophes, auxquels, avant tout, il s'adresse.

P. S.

New York, janvier 1935.

Introduction

L'image du corps humain, c'est l'image de notre propre corps que nous formons dans notre esprit, autrement dit la façon dont notre corps nous apparaît à nous-mêmes. Des sensations nous sont données; nous pouvons voir certaines parties de la surface du corps; nous avons des impressions tactiles, thermiques et douloureuses; d'autres sensations viennent des muscles et de leurs gaines, et renseignent sur la déformation du muscle; des sensations nous viennent de l'innervation des muscles (sens énergétique, von Frey); des sensations enfin nous parviennent des viscères. Par-delà ces sensations, nous éprouvons de façon directe qu'il y a une unité du corps. Cette unité est perçue, mais elle est plus qu'une perception. Nous disons qu'elle est un schéma de notre corps, ou schéma corporel, ou encore, comme le fait Head, pour bien rendre l'importance qu'a ici la connaissance de la position du corps, un modèle postural du corps. Le schéma corporel est l'image tridimensionnelle que chacun a de soi-même. Nous pouvons aussi l'appeler « image du corps », terme bien fait pour montrer qu'il y a ici autre chose que sensation pure et simple, et autre chose qu'imagination : un « apparaître » à soi-même du corps; terme qui indique aussi que, bien que passant par les sens, ce n'est pas là pure perception; et, bien que contenant des images mentales et des représentations, ce n'est pas là pure représentation. Head écrit : « Mais, outre qu'il a la fonction d'un organe d'attention locale, le cortex sensoriel a aussi pour fonction d'emmagasiner les impressions passées. Celles-ci peuvent parvenir à la conscience sous forme d'images, mais plus souvent elles restent hors de son champ. Elles forment des modèles organisés de nous-mêmes que nous pouvons appeler des "schémas". Ces schémas modifient les impressions amenées par les influx sensoriels afférents, de telle manière que la sensation finale de position ou de localisation, au moment où elle parvient à la conscience, est chargée d'une relation à quelque chose qui s'est passé auparavant. Quand une lésion du cortex détruit ces schémas, il devient impossible de reconnaître la posture ou de localiser un attouchement sur la peau pour toute la partie du corps atteinte par la lésion. »

Déjà auparavant, Head notait : « L'image, qu'elle soit visuelle ou motrice, n'est pas l'étalon fondamental auquel il faut mesurer tous les changements posturaux. Chaque changement reconnaissable entre dans la conscience déjà chargé de sa relation à quelque chose qui s'est passé avant, exactement comme, sur le compteur d'un taxi, la distance nous est représentée déjà transformée en francs et en centimes. De sorte que le produit final de tous les essais qui visent à apprécier la posture ou le mouvement passif, parvient à la conscience comme un changement postural déjà étalonné.

« Pour désigner ce standard auquel sont mesurés, avant d'entrer dans la conscience, tous les changements de posture, nous proposons le mot "schéma". Comme nous changeons perpétuellement de position, nous sommes toujours en train de construire un modèle postural de nous-mêmes en constante transformation. Chaque nouvelle posture ou mouvement vient s'enregistrer sur ce schéma plastique, et l'activité corticale met en relation avec lui chaque nouveau groupe de sensations évoquées par la posture nouvelle. Il s'ensuit une connaissance immédiate de la posture, dès que cette relation est établie.

« L'un de mes patients a perdu sa jambe gauche quelque temps avant l'apparition d'une lésion cérébrale qui a détruit en lui la possibilité d'une connaissance de la posture. A la suite de son amputation, il a eu, comme c'est si fréquemment le cas, un fantôme de la jambe droite, pied et jambe, qu'il sentait bouger. Mais la lésion cérébrale a fait cesser immédiatement ces mouvements. L'attaque qui abolit la connaissance posturale détruit en même temps le membre fantôme.

« De la même façon, la localisation d'un attouchement sur la peau a besoin d'une référence à un autre "schéma", car un patient peut être capable d'indiquer correctement, soit en le nommant, soit en le montrant sur un diagramme ou encore sur une autre personne, l'endroit exact où il vient d'être touché ou piqué avec une épingle, et en même temps ne pouvoir reconnaître la position dans l'espace du membre qui vient d'être touché. Cette faculté de localisation est manifestement tributaire d'un autre schéma ou modèle de la surface du corps, qui lui aussi peut être détruit par une lésion corticale. Le patient se plaint alors de n'avoir aucune idée de l'endroit où il a été touché. Il a eu connaissance d'un contact, mais il ne peut dire en quel point ce contact s'est produit.

« C'est à l'existence de ces schémas que nous devons le pouvoir de prolonger notre connaissance de la posture, du mouvement et de la localisation au-delà des limites de notre corps, par exemple à l'extrémité d'un instrument que nous tenons dans la main. Sans cette faculté, et les schémas qui la procurent, il ne nous servirait à rien de tâter le sol du bout d'un bâton, nous ne pourrions nous servir d'une cuiller à moins d'avoir les yeux fixés sur l'assiette. Tout ce qui participe des mouvements conscients de notre corps est ajouté au modèle que nous avons de nous-même et fait désormais partie de ces schémas : le pouvoir de localisation peut s'étendre chez une femme jusqu'à la plume de son chapeau. »

L'amputation de la jambe peut entraîner l'apparition d'un fantôme; l'individu sent toujours sa jambe et il a la vive impression qu'elle est toujours à sa place. Il arrive aussi qu'il oublie qu'il l'a perdue, et il tombe. Ce fantôme, cette image de la jambe est l'expression du schéma corporel.

Sur quel appareil cérébral reposent ces phénomènes? Quelle est la base physiologique de cette connaissance que nous avons de notre corps? L'examen nous montrera qu'il s'agit d'un appareil compliqué. Nous nous trouverons devant le problème général de savoir de quelle façon l'image du corps reflète la structure du corps. Quel est le rapport entre l'anatomie et le modèle postural, et la connaissance que nous avons de notre corps? Il se peut qu'il y ait dans notre image du corps plus que nous n'en savons consciemment sur notre corps.

Mais le corps n'a pas seulement un extérieur. Il a aussi un intérieur. Que savons-nous de l'intérieur du corps?

Quelle est la structure psychologique de la connaissance du corps? Nous avons là une unité et une unité très naturelle. Qu'est-ce qui, dans cette unité, est donné par l'expérience? Et qu'est-ce qu'une *Gestalt*, qu'est-ce qu'une forme qui est donnée originellement? Le modèle postural est-il construit à partir de sensations et de souvenirs, ou y a-t-il quelque chose au-delà des sensations? Une sensation quelconque peut-elle avoir une signification interne tant qu'elle n'est pas rapportée au modèle postural du corps? La psychologie moderne pose ce problème en termes de totalités qui sont plus que la somme de leurs parties, en opposition à des « *Und* »-assemblages

(« et »-assemblages) de parties additionnées les unes aux autres. La mélodie est plus que les sons séparés qui la composent ou, pour reprendre les termes de Köhler : « L'impression exacte que donne une image optique, le caractère spécifique d'un motif musical, le sens d'une phrase, contiennent plus que la somme des points colorés, des sensations sonores et des valeurs sémantiques des mots. La même *Gestalt* spatiale (forme, configuration) peut apparaître dans d'autres couleurs et en un autre endroit, le même motif musical dans différentes hauteurs de ton; par conséquent les éléments absolus ne constituent pas la nature spécifique de la structure totale... Les structures qui ont des qualités spécifiques en tant que totalités et qu'on peut par conséquent considérer à bon droit comme des unités, sont désignées par le terme de « *Gestalt* [1] ».

« Sur ce point nous posons un postulat fondamental : faire participer les fonctions organiques — qui entrent en corrélation avec les fonctions psychiques supérieures —, des qualités fonctionnelles caractéristiques de l'expérience psychique, et par conséquent considérer les processus organiques comme des *Gestalten*... Koffka a récemment renforcé cette idée et il voudrait, avec Wertheimer, que les processus psychiques centraux ne soient pas considérés comme la somme d'irritations simples, autrement dit comme des assemblages, mais comme des processus ayant une forme totale. » Ainsi, la *Gestalt* est une expérience immédiate et, pour Wertheimer, Köhler et Koffka, elle est parfaite et complète de par une nécessité issue de la pure perception, et née comme Athena de la tête de Zeus. Köhler va même jusqu'à supposer qu'il y a des *Gestalten* physiques, et il a tenté de montrer que, dans le domaine de la physique aussi, il existe des qualités caractéristiques de systèmes totaux. « Quand les pressions partielles de deux solutions d'ions sont différentes, ces deux solutions forment (quand elles sont en communication osmotique) une totalité, qui possède des propriétés électriques caractéristiques qu'on ne saurait déduire des propriétés de chaque partie, mais qui au contraire les déterminent en retour (à une constante additive près). » Peut-être apprendrons-nous quelque chose de ce problème fondamental de la psychologie en étudiant la *Gestalt* humaine, l'image du corps au sens défini plus haut.

Dès qu'on se penche sur le problème du modèle postural, on se trouve immédiatement devant la vieille question :

1. Köhler W., *Gestalt Psychology*, p. 1.

« Comment déterminons-nous la localisation de nos sensations? Comment rapportons-nous l'impression isolée à ce tout, à cette unité qu'est notre corps? »

Notre étude est avant tout une étude de l'image du corps qui se situe, dans le champ général de la vie psychique, sur le versant perceptif. Mais il n'est pas de perceptions qui ne soient directionnelles, et qui ne trouvent pas en même temps à s'exprimer : pas de perception sans action. Chaque perception est grosse d'influx efférents. Mais une formule comme celle-ci ne suffit pas encore à bien montrer que perception et expression forment une unité qui ne peut être divisée en ses parties que par une analyse artificielle. Quelle est la relation entre le modèle postural et l'action?

Nous avons donc rejeté l'idée selon laquelle il y aurait des perceptions indépendantes des actions. Voir avec un œil immobile, dont les muscles internes et externes ne fonctionnent pas, ce ne serait pas réellement voir; et ce ne serait plus voir du tout si, en même temps, le corps était complètement immobilisé. Si l'œil est immobile, alors c'est la tête qui bouge, et si les deux sont paralysés, c'est le corps qui bouge. Même dans les cas de paralysie totale, des impulsions de bouger subsistent, tant que dure la vie. Les perceptions ne sont élaborées que sur la base de la motilité et de ses influx. Nous savons donc d'avance que les changements dans la motilité au sens le plus large auront une influence déterminante sur la structure du modèle postural.

L'étude de l'image du corps nous placera nécessairement devant ce problème central pour la psychologie : quelle est la relation entre les impressions de nos sens et nos mouvements, ou la motilité en général. Percevoir ou imaginer un objet, ou élaborer la perception d'un objet, ce n'est pas agir purement et simplement comme un appareil perceptif. Il y a toujours une personnalité qui éprouve la perception : un mode propre de percevoir. Nous nous sentons poussés à répondre à la perception par une action, ce que nous faisons d'ailleurs parfois. Nous sommes, en d'autres termes, des êtres affectifs, des personnalités, et une personnalité est un système d'actions et de tendances aux actions. Nous pouvons nous attendre à découvrir de fortes émotions concernant notre corps. Nous l'aimons. Nous sommes narcissiques. La topographie du modèle postural du corps sera la base des attitudes affectives de l'individu à l'égard de son corps. La connaissance qu'il en aura sera tributaire des courants érotiques répandus dans le corps et, inversement, elle les influencera. Les zones érogènes joueront un rôle d'élection dans le modèle postural du corps.

Le modèle postural du corps est-il une entité statique, fixe, ou bien une entité changeante, en croissance, en développement? Je compte montrer qu'il est en perpétuelle autoconstruction et autodestruction interne. Il est vivant dans ce processus continuel de différenciation et d'intégration. En l'examinant, nous étudierons le sens de l'idée de développement appliquée aux structures psychiques.

Certaines expériences en pathologie montrent clairement que, quand nous ne pouvons plus repérer la gauche et la droite sur notre propre corps, nous ne pouvons plus le faire non plus sur le corps des autres. Le modèle postural du corps est donc lié au modèle postural du corps des autres. Il y a des rapports entre les modèles posturaux. Nous avons une « expérience » des images du corps des autres, étroitement intriquée avec l'expérience de notre propre image du corps. Exactement comme nos émotions et nos actions sont inséparables de notre image du corps, les émotions et les actions des autres sont inséparables de leur corps. L'étude du modèle postural du corps est indispensable à un approfondissement de la psychologie sociale.

Nous avons devant nous un large éventail de problèmes. Leur solution est une tâche qui dépasse le pouvoir du chercheur isolé. Je ne crois pas que les problèmes de la psychologie et de la philosophie puissent être résolus par des méthodes *a priori*. Nous avons besoin du contact continuel avec l'inépuisable monde de la réalité. On peut aborder cette réalité avec des théories et des idées dont la valeur sera mesurable aux perspectives nouvelles qu'elles ouvriront, aux faits nouveaux qu'elles dégageront. Quand une hypothèse psychologique nous mène à des résultats comme ceux-ci, sa valeur relative est suffisamment prouvée. Mais si elle nous mène droit dans la réalité, elle en ressortira changée, enrichie, et capable de susciter de nouvelles tentatives. Théories et idées, par conséquent, ne peuvent être que des phases transitoires sur l'asymptote qui nous approche de la réalité.

PREMIÈRE PARTIE

Le fondement physiologique de l'image du corps

1. *Les données tactiles et posturales et leur relation à l'image du corps.*

Comme on l'a vu, Head souligne que, l'image visuelle restant intacte, quand le sens de la posture est atteint, l'individu est capable de désigner le point précis du bras où il a été touché — à supposer que la localisation tactile ne soit pas troublée; mais que si, entre-temps, son bras a été déplacé, il désignera ce point non pas sur son bras à l'endroit où il se trouve maintenant, mais dans le vide, à l'endroit où il se trouvait au moment de l'attouchement; le déplacement du bras n'a pas été enregistré. C'est dire que Head considère les données posturales comme la base du modèle postural du corps. Il existe un standard postural, auquel sont confrontées toutes les perceptions nouvelles. L'hypotonie, la flaccidité qu'on observe dans les lésions corticales, qui induisent un trouble de la sensibilité, Head les met en relation directe avec un trouble du modèle postural du corps.

Mes propres expériences confirment bien les observations de Head, en ceci qu'il existe effectivement des cas où le patient peut localiser correctement un attouchement sur son bras, tout en étant incapable de déterminer la position de son bras dans l'espace; mais je ne peux suivre Head jusqu'à voir là une preuve que le modèle postural serait fondé sur la posture. J'estime qu'au contraire cette observation prouve l'existence d'une image optique du corps, à laquelle la perception est rapportée. Cela suffit déjà à montrer l'importance de l'élément visuel dans le modèle postural du corps.

Je rappellerai ici une observation que j'ai publiée il y a

quelques années [1]. Le cas se résumait ainsi : apoplexie d'origine syphilitique; hémiplégie typique grave du côté droit; paresthésies du visage, troubles de la sensibilité à la chaleur, au chatouillement, au courant faradique, et du sens postural; par contre, appréciation correcte des poids. Tendance aux expériences hallucinatoires, par exemple, impression que la main bouge; même tendance dans la sphère tactile. Polyesthésie (multiplication des sensations) pour les sensations tactiles thermiques et douloureuses sur le côté droit : un seul stimulus est ressenti deux ou plusieurs fois. Déplacement de la localisation de ces sensations multipliées vers les extrémités du corps (sensations distalisées); intervalle entre les sensations multipliées provoquées par un seul stimulus variant de quatre à dix secondes. Les sensations supplémentaires sont des sensations tactiles vagues. Tendances à la polyesthésie dans la sensibilité profonde également. Sensations de la partie par ailleurs saine du corps transférées au côté atteint, après un délai variant de quatre à dix secondes; aucun changement de la qualité des sensations pendant ce transfert. Ce transfert permet des sensations de chaleur sur le côté droit, que ce côté ne peut aucunement sentir directement. Ces sensations du côté droit, qui proviennent d'un transfert du côté gauche, sont suivies d'une ou plusieurs sensations après-coup. Discrimination (différenciation de deux attouchements simultanés) bonne sur le côté droit, mais troubles graves de la localisation, ces troubles n'étant d'ailleurs pas absolument constants et dépendant grandement de la fatigue.

Cette patiente ne pouvait reconnaître les objets placés dans sa main droite. Elle avait probablement une lésion allant de la capsule interne au cortex de la circonvolution frontale ascendante et du lobe pariétal. Le thalamus n'était sans doute que très légèrement touché. Il y a, on l'a vu, transfert des sensations de chaleur du côté sain sur le côté atteint qui est incapable de sentir la chaleur par lui-même; on peut attribuer ce transfert aux parties optiques indemnes du modèle postural du corps. Nous rencontrons ici pour la première fois l'intéressant phénomène d'allochirie ou alloesthésie qu'Obersteiner a été le premier à décrire. Les sensations sont transférées d'un côté sur l'autre et vice versa. La patiente sent correctement un attouchement sur son côté gauche, mais cette sensation est suivie d'une autre sur le côté droit. C'est un véritable transfert des sensations du côté sain (le gauche) sur le côté atteint (le droit). Certes, le côté atteint est parfois

1 Cf. Appendice, cas 1.

le siège de sensations tactiles kinesthésiques spontanées (hallucinations), mais celles-ci sont irrégulières, et en tout cas ce côté n'a jamais de sensations thermiques directes. Je ne connais que deux autres cas (signalés par Brown-Sequard et Hammond) montrant, comme celui-ci, un transfert des sensations du côté sain sur le côté malade; généralement, c'est du côté malade sur le côté sain que se fait le transfert.

Ce qui suit pourra éclairer le pourquoi de ce transfert des sensations d'un hémicorps sur l'autre. Pour Brown et Stewart, un même stimulus provoque une sensation différente en chacun des points du corps (« caractère »). En outre, pour chaque point du corps, toutes les sensations tactiles auraient une qualité commune spécifique, une individualité, qu'ont aussi les sensations douloureuses et thermiques. Mais même s'il en est ainsi, cette individualité de chacun des points du corps n'est pas suffisante pour leur localisation. Chaque attouchement doit en plus avoir une position topique particulière sur la surface du corps : ce qu'on peut appeler le facteur positionnel. On peut estimer superflue la distinction que font Brown et Stewart entre individualité et caractère; mais ce qui est hors de doute, c'est que le facteur positionnel est absolument différent des facteurs d'individualité et de caractère. Il y a certainement une très grande similarité entre deux points symétriques de la surface du corps du point de vue de l'individualité et du caractère; on peut supposer qu'il existe des liens physiologiques très étroits entre les points symétriques. Je commenterai plus loin la preuve expérimentale qu'en donnent les intéressantes découvertes de Dusser de Barenne. Mais quant à leurs liens psychologiques, nous en sommes déjà assurés. Volkmann a prouvé que quand on exerce le pouvoir de localisation sur un des côtés du corps, il y a également un progrès dans l'hémicorps opposé. Nous savons que tout attouchement provoque une image mentale du point du corps touché : ces images optiques jouent certainement un très grand rôle dans la localisation.

Dans les expériences de Klein et Schilder, l'image optique était un petit cercle autour du point touché. Mais cette impression consciente limitée et apparemment déconnectée était pour la localisation un indice très important. Elle seule permettait de déterminer la position d'un doigt dans l'espace, position dont autrement on ne savait rien. Il faut donc en conclure qu'elle avait contribué à fournir une « représentation optique » de l'espace autour du point touché, alors qu'il n'y avait aucune image optique consciente du doigt et de sa position dans l'espace. Nous en venons donc à postuler que les images optiques qui sont dans notre conscience ne sont qu'une petite partie des facteurs en jeu dans la sphère psychique. Nous ne pouvons dire s'il s'agit au niveau inconscient d'images ou seulement de vestiges somatiques. C'est un problème que nous retrouverons plus loin. Mais ce que nous savons, c'est que tout attouchement déclenche une diversité de processus mentaux qui viennent l'associer à nos autres expériences. Tout semble indiquer que le *Localzeichen* (signe de localisation), n'est pas donné avec la sensation elle-même, mais qu'il lui est ajouté.

Dans le cas cité plus haut, la patiente peut distinguer deux points de sa peau proches l'un de l'autre; mais elle est incapable de les localiser correctement. Notons cependant qu'en général elle localise correctement un attouchement sur la pointe du sein. Il existe certainement des points particuliers de la peau qui sont fortement individualisés et caractérisés et qui se laissent aisément associer à la partie optique du modèle postural du corps. Le défaut de localisation n'est pas dû à un déficit du sens postural. La patiente est également incapable de localiser sur son tronc, et de montrer la position relative d'un point touché sur son bras ou sa jambe. Head a déjà montré qu'il y a des schémas qui nous renseignent sur le rapport des différentes parties du corps entre elles. Nous pouvons faire une première récapitulation :

1. Le sens postural joue un rôle dans la connaissance que nous avons de notre corps.
2. La faculté de localisation joue un rôle dans la connaissance que nous avons de l'interrelation des différentes parties de la surface de notre corps.
3. Il y a une image optique du corps qui est indépendante des images tactiles.
4. Il existe un lien physiologique et psychologique entre les parties symétriques du corps.
5. La similarité tactile des points symétriques est renforcée par la perception et l'imagination optique.
6. Les images et perceptions optiques conscientes ne constituent qu'une faible partie des éléments en jeu dans la sphère optique.
7. La localisation des images et impressions tactiles est un processus indépendant de la simple perception du toucher.

2. *La localisation cutanée et la partie optique de l'image du corps.*

Le point 7 demande quelques précisions. On ne peut contester Lotze quand il dit que la localisation n'est pas donnée avec la perception en tant que telle. A juste titre, il fait valoir la différence qualitative entre les sensations, et soutient que toute sensation qualitativement bien caractérisée entraîne la représentation visuelle de la position dans l'espace. Mais il incline à penser que ces différences qualitatives sont attribuables aux sensations associées. Pour nous, les remarques qui précèdent le montrent, nous croyons à des différences qualitatives primaires. Lotze se trompe aussi quand il croit que les sensations différenciées incitent l'esprit à produire des représentations spatiales. Il n'existe pas de perception primaire de l'espace. Lotze commet là la même erreur que Kant. La localisation s'élabore à partir des impressions optiques et kinesthésiques en rapportant l'impression isolée au modèle postural du corps. Mais le modèle postural du corps est le produit des possibilités de création de *Gestalten* de notre psyché. Il faut, pour mieux le comprendre, savoir ce que c'est que la partie optique du modèle postural du corps.

Goldstein et Gelb décrivent un cas dit de cécité mentale perceptive : absence presque totale de perceptions optiques même très simples, par exemple d'une ligne droite; incapacité de voir un mouvement. Ce cas présente d'ailleurs d'autres troubles que ceux de la sphère optique; retenons seulement que Goldstein et Gelb parlent dans ce cas de « perte des images optiques » et, dans un cas similaire (cas S), « d'altération grave des images optiques ». Il me semble pour ma part qu'on ne peut pas parler de « perte » ou de « troubles graves » des images optiques. Dans ces cas d'agnosie optique (cécité mentale), on constate généralement que les représentations optiques existent toujours, mais qu'elles ne peuvent pas être utilisées comme elles le seraient normalement. Naturellement, si elles existent, c'est autrement. Une représentation optique qui ne peut être utilisée est certainement différente d'une représentation optique qui est à la disposition de l'individu. Il peut y avoir au surplus dans ces cas des différences de structure. On peut difficilement parler ici de représentations optiques agnosiques étant donné que les représentations des personnes normales montrent des caractéristiques très proches de celles que présente la perception troublée dans l'agnosie optique. Il semble que nous n'ayons besoin, pour nous représenter un objet de façon signifiante, que de quelques-unes de ses parties, qui même peuvent être distordues. Au surplus, il est hors de doute que la majorité des images optiques des personnes normales n'arrivent jamais à la pleine lumière de la conscience. Nous ne savons pas s'il existe des images « inconscientes » au sens psychique ou si ces images optiques se conservent dans un inconscient « organique », lequel, je le montrerai plus loin, n'a qu'un vague écho dans la vie psychique. Quoi qu'il en soit, je ne puis croire qu'il y ait jamais perte complète des images optiques.

Les deux patients de Goldstein et Gelb commettent moins d'erreurs dans les expériences où ils gardent les yeux ouverts et peuvent regarder le membre qu'on leur demande de bouger. L'un d'eux est incapable d'amorcer un mouvement s'il n'a pas de perception optique ou une contraction musculaire. Dans le cas S, la contraction musculaire est absente, et la vue du membre est indispensable à l'amorce du mouvement. Aucun signe, dans ces deux cas, d'ataxie. On peut en conclure qu'il n'y a pas, au sens étroit, de troubles de la sensibilité tactile et posturale. Pourtant, le premier patient, en particulier, montre un trouble assez grave de la localisation tactile et de la perception des configurations tactiles. Le contact de l'eau ne lui dit pas si c'est son doigt seulement ou son bras tout entier qui est plongé dans l'eau. Il montre un trouble important de la discrimination et commet de graves erreurs de localisation. Il ne peut localiser correctement qu'en s'aidant d'une série de contractions musculaires *(Fastzuckungen)*. Il procède par petites contractions rapides d'un grand nombre de muscles pour se rapprocher du point touché.

Goldstein et Gelb considèrent que les attouchements ne déclenchent pas de réponse primaire dans la sphère optique, contrairement à ce que pense Wundt. Ils font valoir que les aveugles emploient des méthodes semblables à celles de ce patient pour localiser sur leur corps, bien qu'avec le temps ils puissent remplacer les contractions musculaires par des représentations kinesthésiques. Je ne pense pas que Goldstein et Gelb soient autorisés à tirer une conclusion aussi générale d'une observation qui jusqu'à présent est restée isolée. Il est pour le moins probable que chez la majorité des individus normaux les images optiques suivent immédiatement la perception tactile, comme l'a postulé Wundt (p. 279, *loc. cit.*). L'organisme peut avoir plusieurs moyens à sa disposition pour localiser une impression tactile; l'impression tactile peut déclencher l'image optique directement ou par l'intermédiaire des impressions kinesthésiques; celles-ci peuvent suivre l'image optique; les unes ou les autres peuvent suffire à la localisation. Reconnaissons en tout cas quelle précieuse contribution nous ont apportée Goldstein et Gelb en nous montrant combien les impressions optiques sont importantes pour la localisation. Autre point important, c'est ce fait que le choix d'un membre pour amorcer un mouvement ne reste possible que quand la sphère optique n'est pas trop gravement atteinte et quand l'image corporelle de la sphère optique n'est pas trop altérée. On retiendra aussi que le *Localzeichen* dépend certainement d'un processus qui associe l'impression isolée à l'ensemble des impressions de l'image du corps.

Goldstein et Gelb nous ont encore appris que l'image du corps et en particulier ses constituants optiques, est nécessaire à l'amorce d'un mouvement; qu'il y a en tout cas un facteur optique dans le modèle postural du corps sans lequel la localisation tactile est impossible. Mais les expériences kinesthésiques peuvent suppléer aux facteurs optiques. Le patient Sch. arrive à localiser à peu près un attouchement par une série d'essais musculaires. Il construit l'image du corps par ses contractions musculaires successives. Elles sont plus ou moins volontaires. Les stimuli optiques comme les stimuli kinesthésiques sont reliés au niveau supérieur de l'activité corticale. Dans l'expérience dite de l'illusion japonaise, les mains sont croisées et les doigts entrelacés de façon telle que l'impression optique devient fort complexe et la gnosie optique ne suffit plus à démêler la situation. L'illusion japonaise nous frappe d'une agnosie optique concernant notre corps. Pour bouger un doigt donné, il nous faut avoir recours à des renseignements tactiles et kinesthésiques supplémentaires. Pour nous repérer sur notre corps, nous faisons appel aux impressions tactiles et kinesthésiques quand les impressions optiques n'y suffisent pas. On voit combien d'activités sont nécessaires pour parvenir à une orientation sur le corps propre, un repérage indispensable à toute localisation.

3. *Autres remarques sur le système de localisation.*

Après s'être sectionné des nerfs périphériques, Head a observé sur lui-même, une fois revenue la sensibilité protopathique, primitive, un trouble grave de la localisation. Mais ce trouble n'allait jamais jusqu'à lui faire localiser à gauche les sensations provoquées à droite. Il faut que le fonctionnement des nerfs périphériques soit indemne, pour garantir une localisation précise des stimuli. Cette garantie est très étroitement tributaire de la structure anatomique. Fuchs note des cas de paresthésies et de douleurs contralatérales consécutives à une lésion des nerfs périphériques. Il appelle ce trouble « alloparalgie ». Mais de nombreuses observations, d'Oppenheim, Weygandt, Mann et Förster, prouvent que ce transfert contralatéral ne signifie, dans ces cas, pas grand-chose. Straüssler a montré que quand il y a lésion des nerfs périphériques, n'importe quelle irritation sur n'importe quelle partie du corps déclenche des sensations douloureuses dans la région de la lésion. J'ai moi-même fait des observations similaires.

Nous ne savons pas ce qui provoque une hyperexcitabilité dans la région de ces lésions des nerfs périphériques. Il semble que chaque nerf en activité attire les autres irritations; nous aurions affaire là à des principes semblables à ceux qu'à dégagés Uchtomski, à savoir qu'une irritation peut devenir dominante et attirer toutes les autres irritations de degré moindre. Uchtomski a étudié ce phénomène non sur la périphérie, mais sur des processus plus centraux, comme par exemple le réflexe spinal à la chaleur chez la grenouille. Mais il est probable que ce principe vaut pour tout l'ensemble du système nerveux et quand il joue, par conséquent, cela ne nous apprend rien sur la localisation. Ce qui en tout cas est remarquable, c'est que les paresthésies puissent si aisément devenir contralatérales. Étant donné que les cas sur lesquels portent les observations de Fuchs sont probablement du domaine de la causalgie (sensation douloureuse persistante consécutive à des lésions périphériques), laquelle est maintenant considérée comme liée à un trouble sympathique, nous pourrons prendre pour théorie que les connexions entre les points symétriques des deux hémicorps proviennent du sympathique. Nous ne pouvons dire si cette connexion dépasse la moelle épinière. Mais souvenons-nous que les phénomènes vaso-moteurs sont également souvent symétriques. Il ne faut jamais considérer le système nerveux isolément; il faut tenir compte des vaisseaux sanguins, et bien savoir que le lien entre le système nerveux et les autres structures est certainement très étroit.

Nous sommes mieux renseignés sur les mécanismes spinaux qui peuvent troubler l'alloesthésie [1]. Mott a publié des obser-

1. On emploie le terme d'alloesthésie quand un stimulus appliqué sur un côté du corps provoque une sensation sur l'hémicorps opposé. Les sensations alloesthésiques peuvent être symétriques ou non. Contrairement à Obersteiner, qui emploie indistinctement dans tous les cas le terme d'allochirie, Jones réserve ce dernier aux cas d'origine psychogène; pour désigner les cas d'origine organique, il emploie le terme d'alloesthésie. Mais tous ces phénomènes de confusion de la

vations sur l'alloesthésie après hémisection de la moelle épinière de singes. Sur des chiens, Dusser de Barenne a provoqué une hyperexcitabilité locale d'un côté d'un segment de la moelle par l'application de strychnine et sectionné du même côté les voies de passage médullaires au-dessus du segment strychninisé. Le chien sent alors des paresthésies continuelles dans le segment contralatéral à la section. Il sent aussi sur le côté strychninisé les stimuli appliqués sur l'autre côté. Mais il suffit qu'il y ait une distance de plus de trois segments entre l'endroit strychninisé et l'hémisection pour que des phénomènes subjectifs se manifestent des deux côtés. Quand l'intervalle est moindre, il n'y a que des sensations alloesthésiques du côté contralatéral à l'opération. Ces expériences nous laissent supposer que l'hypersensibilité associée au blocage dirige les influx sensoriels sur les points symétriques. On peut supposer que sous l'effet de l'hémisection, les impressions sensorielles arrivant au modèle postural sont insuffisantes et qu'elles sont transportées sur l'hémicorps qui a la meilleure sensibilité tactile. Mais contre cette interprétation, il y a le fait que, quand la distance est de plus de trois segments, l'irritation se produit sur le côté normal du corps aussi bien que sur le côté lésé. Il semble par conséquent que les points symétriques du corps soient aussi reliés l'un à l'autre anatomiquement, bien que généralement cette liaison n'entre pas en action. Ce n'est que si l'excitation est quantitativement augmentée et si la conduction centripète est lésée que les influx passent par une voie qui, autrement, reste fermée. Il semble que, dès qu'il y a changement de la situation générale, nous devions abandonner nos idées rigides sur les rapports anatomie-fonction. Beaucoup de passages sont utilisables qui, normalement, ne fonctionnent pas. La fonction, dans une grande mesure, dépend de la situation donnée et non pas des passages, si toutefois l'on considère un passage comme une entité définie et anatomique[1].

Pour les chiens de Dusser de Barenne, il s'agit apparem-

droite et de la gauche, qu'ils soient organiques ou psychogènes, ont beaucoup en commun, je le montrerai plus loin; de sorte qu'il n'y a pas lieu de trop marquer de différence entre allochirie (qui serait strictement symétrique) et alloesthésie. D'une manière générale, nous adopterons la nomenclature de Jones.

1. C'est un des aspects du problème bien connu dit de la *Schaltung*, de l'« aiguillage ». Magnus et son équipe, Goldstein, Hoff et Schilder, ont à maintes reprises attiré l'attention sur l'importance de la *Schaltung* dans la sphère motrice. Förster a montré que différents passages peuvent servir à la conduction de la douleur, et que les uns ou les autres sont utilisés selon la situation. La fonction se sert de l'anatomie. C'est, sous une autre forme, les mêmes principes que ceux qui sont contenus dans la théorie de la *Gestalt* et dans celle du behaviorisme. Pour ces deux théories, l'unité, c'est la situation; l'anatomie ne lui est que coordonnée.

ment d'une paresthésie, qui est transférée d'un côté sur l'autre, et il est plus que probable également que l'attouchement auquel l'animal réagit a une qualité particulière. La pathologie humaine nous permet d'étudier de plus près ce problème. Dans les cas de tabès dorsal, une hypoesthésie de moyen degré s'accompagne souvent de sensations après-coup, localisées généralement en un point plus distal que le point irrité. Cette sensation secondaire est souvent symétriquement transférée sur l'hémicorps opposé; elle est plus faible, et vacillante. Ces cas présentent également des paresthésies spontanées. La sensation peut être transférée indifféremment de la droite sur la gauche ou inversement. Il s'agit d'irradiation des sensations primitives sur les points symétriques. Ces cas ne sont pas rares dans le tabès.

Tout ceci nous amène à conclure qu'il y a des mécanismes spinaux qui mettent en connexion chaque paire de points symétriques du corps. Nous dirons aussi que cette connexion primitive concerne spécialement les sensations de type très primitif [1].

Exactement de la même manière qu'il y a des liaisons entre points sensoriels symétriques par la moelle épinière, il y a aussi des liaisons entre les innervations spinales motrices des deux côtés. Selon Axel Owre, dans les sections transversales incomplètes de la moelle épinière, quand il y a une paraplégie en flexion, il y a souvent un réflexe de double flexion en réponse à une irritation unilatérale. Dans les lésions transversales complètes, on trouve : réponses réflexes généralisées, réflexe de double flexion, contraction des muscles abdominaux, évacuation de la vessie et transpiration surabondante, le tout comme réponse à une irritation unilatérale [2].

1. Dans le tabès, les sensations après-coup sont très souvent déplacées. Des irritations simples peuvent être senties comme des mouvements d'allée et venue aux tracés compliqués. Une ligne droite tracée sur la peau sera souvent sentie comme une courbe; Stein, Weizsäcker et Stengel ont fait des observations du même ordre. Des lésions de la sensibilité, au niveau de la moelle ou des centres, peuvent entraîner quantité d'autres changements importants dans la perception des *Gestalten* sur la peau. Pour moi, je tiens que les sensations primitives sont toujours déplacées, dans la sphère optique comme dans la sphère tactile. On peut observer (Bromberg et Schilder), chez les individus normaux, des phénomènes absolument identiques à ceux que l'on observe dans les lésions centrales de la sensibilité : ceci quand on étudie les effets après-coup des sensations tactiles, ce qu'on néglige de faire, généralement.

2. Leibowitz a étudié l'irritation contralatérale de la plante du pied. Chez environ un tiers des sujets normaux, on peut observer, du côté non irrité, une légère flexion plantaire et supination du pied, avec abduction du petit orteil et flexion plantaire des orteils latéraux. Le réflexe plantaire n'est certainement pas uniquement spinal; Leibowitz dit avec raison qu'il est souvent associé au réflexe d'extension croisée.

Le modèle postural du corps est lui aussi en partie tributaire de mécanismes spinaux. La liaison entre points symétriques ne représente naturellement qu'un des aspects de la fonction de l'appareil spinal et de ses influx, aspect qui rend possible la corrélation des différents influx sensoriels concernant la localisation et la motilité. J'ai déjà dit que, dans le tabès, un attouchement peut être senti en deux points différents, localisés différemment, et qu'il y a très souvent des sensations après-coup mouvantes. Kramer cite un cas d'allocsthésie consécutive à une lésion apoplectique dans le bulbe rachidien; les stimuli thermiques et douloureux, qui étaient perçus sous forme d'attouchements sur le côté lésé, étaient transférés sur le côté sain sous forme de sensations de piqûre, de chaleur ou sous forme de paresthésies. Il est possible et même probable que dans ce cas également le transfert contralatéral soit dû à des mécanismes spinaux; mais on peut aussi l'attribuer à un blocage.

Un autre cas, toujours présenté par Kramer, nous permettra de sonder plus profondément ce problème. C'est un cas d'hémiplégie du côté gauche avec troubles de la sensibilité et hémianopsie homolatérale. Le patient n'était pas conscient d'être paralysé. Le côté gauche était complètement scotomisé. La tête — et les yeux — étaient continuellement tournés vers la droite. Il y avait tendance très nette à l'euphorie, mais pas de confusion ni de troubles de la mémoire. Dans ce cas, il n'y a pas de doute qu'il s'agit d'une lésion corticale. Il est bien probable que le même mécanisme qui empêche le patient de connaître son hémiplégie et qui lui permet d'ignorer son côté gauche, est aussi responsable du transfert des sensations d'un côté sur l'autre. Le patient, qui veut ignorer un côté entier de son corps, transpose ses sensations — qu'il est bien obligé de connaître — sur l'autre côté. Ce cas prouve au moins une chose, c'est qu'il y a des couches corticales qui sont très importantes pour la construction de l'image du corps et pour la distinction droite-gauche. J'ai dit que ce patient ne voulait pas percevoir un côté de son corps. Est-ce là une tendance pleinement consciente? Je ne le pense pas : ce serait plutôt un besoin instinctif d'ignorer une partie du corps parce qu'elle est devenue inutile. Ce serait donc un processus de refoulement. Si cette interprétation est correcte, elle pourrait nous permettre d'expliquer le phénomène par les seules méthodes psychologiques. Mais nous ne devons pas oublier que les processus dits purement psychiques sont en même temps des processus organiques, qui ont un caractère et une complexité propres. Il n'y a pas de processus psychique qui ne mette en jeu des mécanismes cérébraux; mais des mécanismes cérébraux différents des mécanismes dits purement organiques, lesquels ne font que se refléter dans la sphère psychique. L'encéphalite provoque dans un cerveau non développé une destruction qui entraîne une énorme intensification des activités motrices; il n'y a pas seulement chez ces enfants intensification de la motilité, mais aussi des influx moteurs eux-mêmes. La vie psychique se construit à différents niveaux qui sont reliés à différents plans d'organisation dans le cerveau. La volonté joue peut-être aussi un certain rôle dans le cas de non-perception de l'image du corps cité par Kramer; et, là encore, l'attitude psychique particulière est associée à une lésion organique massive du cerveau. Mais si nous voulons mieux cerner l'important problème psychologique qui nous occupe ici, il nous va falloir maintenant analyser une série de cas présentant les mêmes phénomènes.

4. *Méconnaissance de troubles des fonctions somatiques (anosognosie*[1]*) et de parties de l'image corporelle (asomatognosie).*

Certaines personnes ne réalisent pas qu'elles sont aveugles, sourdes ou paralysées. Anton a le premier attiré l'attention sur ces phénomènes de non-perception de déficiences, et a montré qu'ils ont un rapport avec certaines lésions localisées du cerveau qui font que tout un groupe d'expériences est exclu du champ de la conscience. Une partie de la vie psychique est amputée. Redlich et Bonvicini, qui ont étudié très minutieusement un cas de cécité corticale, ont noté chez leur patient un changement psychique général d'un type particulier. Il n'y avait pas de démence, mais l'attitude générale était très semblable à celle d'un syndrome de Korsakoff, dans lequel la mémoire est perturbée. Ils pensent que les cas de ce genre ne sont pas dus à une lésion cérébrale localisée, mais à une altération plus générale de la fonction corticale. Albrecht se range à l'opinion d'Anton, et Pötzl essaie de trouver un moyen terme entre ces deux conceptions.

Commençons par l'étude de ces hémiplégiques qui se comportent comme s'ils n'étaient pas paralysés. Ils prétendent que leur bras paralysé est aussi valide que l'autre, et qu'ils peuvent marcher normalement. Quand on leur demande de lever les deux bras, ils ne lèvent, naturellement, que le bras valide, mais n'en prétendent pas moins qu'ils ont levé les

1. D'après Babinski. C'est-à-dire : agnosie du déficit *(nosos)*.

deux. Quand on leur demande de tendre seulement la main ou le bras paralysé, ils font ces gestes avec le côté sain, mais restent convaincus qu'ils ont obéi à la consigne. Certains ignorent complètement leur côté paralysé; si on essaie d'attirer leur attention sur ce côté, ils opposent une totale indifférence. D'autres ne considèrent pas leurs jambes paralysées comme des parties de leur propre corps (ceci dans un des cas d'Anton et dans les deux cas de Pötzl). Notons qu'il s'agit presque toujours d'une paralysie du côté gauche; c'est un fait que Babinski, entre autres, a souligné.

Pötzl présente un cas d'hémiplégie du côté gauche avec hémianesthésie complète du même côté. Le sens de l'orientation, la parole, la mémoire et l'attention sont intacts. Le patient délire souvent pendant la nuit; il se comporte comme s'il ignorait tout de son hémiplégie, ou comme s'il en avait tout oublié. Il se livre tout le temps au même manège : il essaie de se lever, constate qu'il ne le peut pas, recommence un quart d'heure plus tard. Son côté paralysé lui donne l'impression de fonctionner normalement. Pötzl, après de nombreuses expériences, conclut que ce sont les mouvements passifs des membres paralysés qui provoquent ces sensations de mouvement, mais sans atteindre la conscience. Le patient refuse de regarder son côté gauche paralysé. Si on lui place le bras gauche devant les yeux, il prétend que c'est le bras de quelqu'un d'autre, « probablement celui du malade d'à côté », ou bien : « Je ne sais pas d'où ça vient, c'est long, c'est mort, c'est mou comme un serpent. » Dans son délire, il traite son bras paralysé de grand, gros serpent. Souvent aussi il croit que quelqu'un est couché à côté de lui, à sa gauche, quelqu'un qui essaie de le pousser à bas du lit. Quand on lui demande de bouger le côté gauche, il reste immobile ou bouge le bras droit, puis prétend qu'il vient de bouger le gauche. L'autopsie révélera la destruction de la capsule interne et des lésions du lobule marginal supérieur. Pötzl présente un second cas : le patient sent son bras gauche comme étranger et séparé de lui. Lui aussi exécute avec la main droite ce qu'on lui demande de faire avec la main gauche; il existe une hémianopsie du côté gauche. L'autopsie montrera un ramollissement superficiel du lobe pariétal droit, des lésions du lobe occipital et un important ramollissement du thalamus droit, avec aussi des lésions, plus petites, du pédoncule droit.

Pötzl signale que, dans le premier cas, le sujet avait tendance à détourner son regard vers la droite. Dans un autre cas, étudié par Kramer, c'est non seulement les yeux, mais la tête et le corps tout entier qui se tournent continuellement vers la droite. On voit par là les impulsions motrices se conformer à l'attitude générale de rejet total du côté gauche et de la paralysie, et se diriger du seul côté que le patient reconnaît pour sien. Dans la majorité des cas étudiés jusqu'à présent on a observé des troubles de la sensibilité pour le côté paralysé. Pinéas observe que les conclusions des autopsies ne sont pas concordantes et que c'est presque toute la partie du cerveau postérieure au gyrus central qui semble être concernée. Pour Pötzl, il faut, semble-t-il, qu'il y ait double lésion : du thalamus optique et du lobe pariétal. Certes, dans la majorité des cas observés, il s'agit d'une hémiplégie, partielle ou totale, du côté gauche, mais il faut se garder de trop généraliser. J'ai personnellement observé un cas d'hémiplégie grave du côté droit avec des troubles de la sensibilité de type cortical. La malade contemplait fréquemment sa jambe ou son bras paralysés et disait qu'ils n'étaient pas les siens, ou bien qu'ils étaient cassés; ou encore enflés. Il s'agit donc bien d'un cas de méconnaissance de l'hémiplégie droite et du côté droit du corps, à ceci près que la patiente ne refuse pas de regarder son côté paralysé, et que, même, elle y porte de l'intérêt (cf. Appendice, cas 1).

Pourquoi ces malades s'obstinent-ils à nier leur paralysie? Pourquoi se désintéressent-ils d'une moitié de leur corps? Ces questions nous ramènent à celle des niveaux psychiques que j'ai évoquée plus haut. Il arrive que l'on veuille oublier une déficience, que l'on veuille effacer l'idée que l'on est infirme; mais la conscience de la déficience revient sans cesse comme un tourment et nous pouvons parler alors de niveau psychique conscient. Il est clair que dans les cas que nous venons d'évoquer ce mécanisme n'intervient pas. Mais un effort persévérant peut mener à l'oubli réel, et entre alors en jeu un mécanisme dans lequel l'attitude consciente tire de l'« inconscient » un support suffisant; là aussi, on trouve un motif psychique nettement marqué, et parfaitement compréhensible. Ce motif inconscient peut aussi apparaître sans avoir été précédé du désir conscient. Nous pouvons dans tous ces cas parler de niveau psychique inconscient. Pour ceux que j'ai évoqués ci-dessus, il ne s'agissait probablement pas du niveau psychique inconscient. Pour trouver le désir inconscient, il faudrait chercher dans des cas où une hystérie s'est surajoutée. L'hystérie est la maladie dans laquelle le désir inconscient amène un changement dans la perception et le fonctionnement du corps. Nous étudierons plus loin les observations de Jones sur des cas de ce genre.

Il peut y avoir un mécanisme de l'oubli fondé sur des

troubles organiques de la mémoire. Les malades dits de Korsakoff, qui sont incapables de se rappeler des événements récents, chassent tout particulièrement de leur conscience les événements pénibles. C'est un mécanisme de défense sur une base organique. Betlheim et Hartmann ont montré que l'incapacité de rappeler à la mémoire des expériences d'ordre sexuel est particulièrement prononcée. J'ajouterai que les malades de Korsakoff atteints de polynévrite oublient aussi souvent qu'ils sont paralysés. Il s'agit, dans ces paralysies périphériques, d'un phénomène très semblable à celui de la non-perception d'une extrémité hémiplégique. Redlich et Bonvicini sont donc autorisés à supposer que les phénomènes qui nous occupent peuvent être déclenchés par un mécanisme de ce genre. Ce mécanisme serait apparenté à celui du désir inconscient. Mais il y a pourtant quelque chose de différent : le désir inconscient est beaucoup plus profondément enraciné quand il est fondé sur une lésion organique. C'est pourquoi je parlerai plutôt d'un refoulement organique [1] ou des effets de l'inconscient organique. Mais tout ceci n'autorise pas à conclure, comme le font Redlich et Bonvicini, que tous les cas d'asomatognomie sont produits par des mécanismes de ce type.

Remarquons que le refoulement organique inconscient se combine très souvent avec des changements de l'humeur. Les patients présentent un type d'euphorie particulier, avec tendance aux jeux de mots. Il s'agit d'une attitude psychique greffée sur les changements corporels. C'est un dérangement général du mécanisme cérébral qui se reflète dans l'attitude psychique. Cette attitude est similaire — sans leur être identique — aux attitudes « inconscientes », dites de caractère purement psychique. Mais il y a autre chose dans les cas qui nous occupent ici. On peut y trouver une attitude psychique plus ou moins similaire à celle des malades dits de Korsakoff, mais qui est due non pas à une altération plus ou moins générale de la fonction corticale, mais à une lésion localisée. Elle ne s'exprime que par rapport à un membre particulier, une partie du corps précise. En d'autres termes, il s'agit là d'un mécanisme focal et d'un refoulement organique focal. C'est une façon de voir à laquelle j'attribue une grande importance. L'expression « refoulement organique » dit assez qu'il s'agit d'un phénomène qui, à un niveau organique, reproduit ce qui se passe dans d'autres refoulements au niveau

1. J'ai introduit ce terme dans une étude sur les traumatismes crâniens (Schilder et Hartmann).

dit purement psychique. Ce refoulement organique focalisé, comme tout refoulement organique en général, entraîne très souvent des attitudes psychiques qui sont partiellement identiques à celles qu'induit le refoulement psychique. C'est une illustration de la profonde communauté entre la vie psychique et la fonction organique. Tout changement dans la fonction organique peut déclencher des mécanismes psychiques qui sont apparentés à cette fonction. Et c'est ce pouvoir de réflexion dans la sphère psychique qui nous aidera à comprendre la fonction organique dans son essence.

Je veux souligner que dans la majorité des cas, les structures psychiques liées au refoulement organique, qu'il soit général ou focal, ont le caractère d'un besoin aveugle encore plus primitif que le désir inconscient. Nous traitons ici de principes qui ne sont pas limités au problème qui nous occupe, qu'il faut au contraire appliquer à tout le champ des activités cérébrales. Le besoin organique instinctif typique de l'hyperkinésie pose des problèmes similaires [1] — hyperkinésie au niveau cortical comme dans l'aphasie sensorielle, ou bien hyperkinésie au niveau sous-cortical comme dans la post-encéphalite — mais qui déjà soulèvent de nouvelles questions. Il existe une hyperkinésie de structure encore plus primitive, comme dans l'attaque épileptique. Même les lésions rachidiennes peuvent mener à un accroissement des impulsions. On peut aller jusqu'à se demander si le besoin organique n'a pas même des niveaux qui son en dehors du système nerveux; ainsi, la question peut se poser, d'un besoin de l'organisme en général, en relation avec sa croissance. Ces niveaux profonds, en tout cas, ne se reflètent pas dans la conscience. Mais nous n'insisterons pas sur l'aspect philosophique du problème; nous nous bornerons à poser que le besoin organique, et le refoulement organique, sont probablement structurés à des niveaux multiples, et que même le besoin organique focal et son refoulement ne sont pas les niveaux les plus profonds de la relation entre les fonctions psychologiques et la vie organique.

Étant donné que c'est fondamentalement le même phénomène qui joue dans les désirs et attitudes aux différents niveaux, nous ne pouvons compter trouver toutes ces fonctions isolées les unes des autres. L'attitude organique focale déclenche, comme nous l'avons vu, des désirs inconscients et même des désirs conscients. Il en va de même pour l'attitude organique générale. Le patient qui a besoin d'oublier une moitié de son corps ajoutera rapidement un désir inconscient

1 Cf mon étude sur les problèmes d'ordre organique en guidance infantile

et conscient au besoin primitif. Les attitudes des niveaux les plus profonds provoquent celles qui se situent à des niveaux moins profonds. On peut même se demander si les attitudes organiques profondes n'entraînent pas avec elles des attitudes psychosexuelles spécifiques! L'hypermotilité de l'épileptique et du postencéphalitique ne s'exprime pas seulement dans des besoins d'actions, elle donne aussi à ces besoins une coloration psychosexuelle toute particulière. L'enfant postencéphalitique devient destructeur et sadique, et dans l'état postcritique épileptique on voit apparaître la violence destructrice à la fois sous une forme générale et dans une direction spécifique. La question se pose, par conséquent, de savoir quelles attitudes psychosexuelles particulières sont liées au refoulement focal d'une moitié du corps ou de certaines de ses parties. Mais il est vrai aussi que l'on peut poser le problème d'un point de vue opposé. J'ai déjà dit que le désir conscient provoque très souvent des tendances inconscientes qui lui correspondent, qu'il fait surgir de l'inconscient des attitudes qui lui sont similaires. Mais là encore, il est bien certain que ces attitudes conscientes et inconscientes ne se produisent pas « en l'air ». Elles se situent dans le corps, déclenchent des activités organiques et peuvent être liées aux processus d'attitudes généralisées et focales. Les quatre types d'attitudes sont par conséquent étroitement intriqués, et chaque attitude contient des traces des trois autres types. Ce qui nous intéresse ici, c'est la non-perception psychogène d'une moitié du corps; autrement dit, et selon Jones, les phénomènes d'achirie et d'allochirie pures. Mais je voudrais bien préciser ici encore que nous touchons à un problème beaucoup plus vaste.

Dans les remarques qui précèdent, j'ai insisté sur l'étroite relation qui existe entre perception et action. Chaque perception est liée à une attitude, et a sa motilité propre. Pötzl a noté que très souvent les patients qui ne perçoivent pas une moitié de leur corps ont tendance à en détourner leur regard. Mais ce n'est certainement pas toujours le cas; ce n'est pas le cas, par exemple, pour quatre des patients étudiés par Pinéas. Dans un seul de ses cas, le premier, il note une déviation conjuguée vers la droite; et il faut remarquer que ce sujet ne présente pas seulement une alloesthésie aux impressions tactiles, mais qu'aussi il voit à sa droite les objets qui lui sont présentés à sa gauche, de même qu'il sent dans sa main droite les objets que l'on place dans sa main gauche. Dans ce cas, l'alloesthésie optique se combine avec l'alloesthésie tactile. Je reste moi-même convaincu du rôle important que jouent les impulsions motrices vers la droite dans la non-perception du côté gauche; j'ai, en effet, avec Hoff, observé que toute déviation conjuguée entraîne des impulsions de tout le corps à se tourner vers le côté de la déviation. Cependant la patiente que j'ai personnellement étudiée, cas de non-perception du côté droit cité plus haut, reste absolument libre de regarder son côté droit.

Avant de tenter d'interpréter ces observations contradictoires, je voudrais attirer l'attention sur un cas important (cf. Appendice, cas 3)[1]. Dans ce cas, on note une tendance marquée au transfert vers la droite du côté gauche du corps. La jambe gauche était souvent croisée sur la droite. Le patient avait comme perdu toute connaissance et tout usage de son côté gauche. Il ne se servait pratiquement jamais de son bras gauche; quand on le touchait sur le côté gauche il disait qu'on l'avait touché sur le côté droit, tout en étant capable de désigner correctement l'endroit touché. Dans ce cas, donc, l'alloesthésie n'était pas fondée sur un réel transfert des sensations, mais sur la perte de l'appréciation du côté gauche, déporté par les impulsions motrices sur le côté droit.

J'en conclus donc que l'alloesthésie peut dépendre soit d'un transfert des sensations, soit du transfert d'une partie du schéma corporel. La sensation peut même, dans ce dernier cas, se situer au bon endroit. Les impulsions motrices qui tendent à faire pivoter le corps autour de son axe longitudinal ont, selon Hoff et moi-même, et aussi Gerstmann, l'un de leurs centres dans le lobe pariéto-occipital. Plus précisément, disons que la lésion du lobe pariéto-occipital (probablement l'aire 19 de Brodmann en particulier) intensifie les impulsions posturales du corps à tourner autour de son axe longitudinal. Dans tous les cas où l'on observe une impulsion « tournante » de cette sorte, le modèle postural du corps l'accompagne, ou, pour parler plus généralement, les impulsions à tourner autour de l'axe longitudinal modifient dans le même sens le modèle postural du corps. Pötzl expose un point de vue similaire. Mais une question se pose aussitôt : pourquoi les impulsions motrices restent-elles inchangées dans certains cas d'alloesthésie et de méconnaissances? Il semble qu'il faille faire une distinction entre un type plus sensoriel, qu'illustre le premier des cas cités ci-dessus, et le type dans lequel les impulsions motrices déportent du côté malade sur le côté sain le modèle postural du corps, et, avec lui, les

1. Herrmann et Pötzl ont étudié de près le problème de l'alloesthésie optique; elle serait en étroite relation avec l'alloesthésie tactile.

sensations. La non-perception d'une moitié du corps peut aussi n'entraîner qu'une tendance motrice à détourner le regard, et il peut même n'y avoir qu'une tendance interne, sans tendance motrice, à ne pas tenir compte des impressions venant de ce côté. Il ne faut pas oublier que l'alloesthésie et la non-perception de la paralysie d'une moitié du corps ne sont pas des phénomènes identiques; ils ne sont que liés l'un à l'autre.

5. *Alloesthésie, non-perception, droite et gauche; synesthésie dans le schéma corporel.*

Nous pouvons maintenant enregistrer les points suivants :

1° L'alloesthésie peut dépendre des connexions anatomiques entre les parties symétriques du corps.

2° Il peut s'agir d'une connexion dans la moelle épinière.

3° Le blocage du passage normal et le trop-plein jouent très probablement un rôle important.

4° L'alloesthésie peut aussi probablement dépendre d'une connexion anatomique à des niveaux plus élevés.

5° Le transfert de sensations peut être un phénomène partiel dans la méconnaissance d'une partie du corps.

6° Le transfert des sensations peut être, mais pas nécessairement, en connexion avec des impulsions motrices.

7° Le rejet des impressions reçues sur une moitié du corps et la non-perception d'une moitié du corps n'entraînent pas nécessairement le transfert des impulsions sur l'autre moitié du corps.

8° Ce transfert peut dépendre de mécanismes du type dit purement psychique (conscients ou inconscients), mais il peut aussi dépendre de mécanismes organiques (refoulements organiques), qui sont apparentés aux mécanismes psychologiques.

9° Ce mécanisme de refoulement organique peut être un mécanisme général (Korsakoff), mais peut aussi reposer sur des lésions focales.

10° Le refoulement organique peut entraîner soit la négation de l'hémiplégie (anosognosie de Babinski), soit l'ignorance totale du côté paralysé; soit enfin des illusions et des distorsions dans la perception de ce côté.

11° Dans la majorité de ces cas, on observe des troubles de la sensibilité, signe d'une lésion grave de l'appareil sensoriel; mais, au surplus, on observe un trouble du mécanisme pariétal, dont dépend le modèle postural tactile du corps.

Ce commentaire resterait incomplet si nous ne tentions pas de comprendre pourquoi, dans la majorité des cas, c'est le côté gauche du corps qui est affecté. Pour Hauptmann, le modèle postural du corps serait localisé principalement dans l'hémisphère gauche; de ce point de vue, l'hémisphère gauche aurait l'ascendant sur le droit. Mais les cas que nous avons étudiés jusqu'à présent présentaient une lésion située du côté droit, et ces cas désignent au contraire les centres situés à droite, en rapport avec le côté gauche du corps. Si la théorie de Hauptmann était correcte, l'anosognosie droite devrait s'accompagner d'une anosognosie plus faible du côté gauche. Mais il n'en est rien dans le cas présenté. On peut supposer que seuls les centres de l'hémisphère droit ont une relation suffisamment étroite avec les activités émotionnelles centrales. Hirschl a développé l'idée, admise également par Pötzl[1], que l'hémisphère droit aurait une influence particulière sur les fonctions végétatives. Mais cette hypothèse n'est pas étayée par un matériel suffisant. C'est donc vers une interprétation plus psychologique qu'il nous faut nous tourner.

Il semble que les êtres humains se servent généralement davantage du côté droit de leur corps que du gauche. Ce côté n'est pas seulement le plus fort, il est aussi le plus « adroit »; et, également, les impulsions toniques y sont plus fortes. Tout l'ensemble de nos impulsions motrices ont une prédilection pour la droite. Quand on tend les deux bras devant soi en fermant les yeux, le bras droit se place généralement plus haut que le gauche. Les réflexes du cou sont plus forts à droite qu'à gauche. Le chasseur perdu dans le désert ou le brouillard, qui tourne en rond et se retrouve à son point de départ, aura généralement décrit un cercle vers la droite. Si on vous fait croiser les mains et doigts et qu'on vous demande de bouger tel ou tel des cinq doigts, il vous est beaucoup plus facile de bouger celui de la main droite que celui de la main gauche. Il y a en sorte une tendance physiologique à négliger le côté gauche du corps. Cette tendance est certainement l'expression de différences physiologiques dans l'appareil décrit. Il n'est sans doute pas aisé de la contrarier, et la plupart des lésions focales n'y parviennent pas. Une lésion focale qui se conjugue à la tendance physiologique à négliger le côté gauche du corps amènera le tableau de non-perception du côté gauche. Signalons, à ce propos, que la non-perception du bras gauche semble plus fréquente que la non-perception de la jambe gauche. Nous sentons presque

1 Dans son livre sur la *Worttaubheit* (surdité verbale).

tous la supériorité de notre bras droit beaucoup plus que nous ne sentons la supériorité de notre jambe droite, à supposer d'ailleurs que nous sentions une supériorité quelconque d'une jambe sur l'autre. La non-perception focale du côté gauche du corps est par conséquent l'exagération d'une attitude générale qui nous est normale. On voit donc que des lésions focales peuvent amener à s'exprimer plus nettement des attitudes psychiques qui sont normales et générales.

De toute façon, nous avons affaire dans ces cas à une altération de l'appareil cortical et de la partie corticale tactile de l'image du corps. Cette dernière expression ne doit pas nous induire en erreur. Ma patiente, celle qui ne percevait pas le côté droit de son corps, disait de son bras : il n'est pas le même, il est enflé. La modification de l'impression tactile amène un changement concomitant dans la sphère optique. Ce n'est pas que le schéma corporel ait deux parties distinctes, l'une optique et l'autre tactile; il est, par essence, une synesthésie. Mais nous ne devons pas oublier que toute sensation est généralement synesthésique. Ce qui signifie qu'il n'existe pas d'isolation primaire entre les différentes sensations. S'il y a isolation, elle est secondaire. Ce n'est qu'avec quelque difficulté que nous parvenons à distinguer qu'une partie de ce que nous percevons est fait d'impressions optiques. La synesthésie, par conséquent, est la situation normale; toute sensation isolée est le produit d'une analyse. Dans le schéma corporel, les données tactiles-kinesthésiques et les données optiques ne peuvent être séparées les unes des autres que par des méthodes artificielles. Ce que nous avons étudié, ce sont les changements dans l'unité du modèle postural du corps amenés par un changement des sensations dans la sphère tactile et optique. Le système nerveux agit comme un tout par rapport à la situation globale. L'unité de perception est l'objet qui se présente par les sens et par *tous* les sens. La perception est synesthésique; et le corps lui aussi, en tant qu'objet, se présente à tous les sens.

6. *Quelques remarques sur la relation entre schéma corporel et mouvements tactiles-kinesthésiques.*

Nous n'avons pas encore abordé certains problèmes relatifs au modèle postural tactile du corps. J'ai décrit les réactions de deux sujets (voir Appendice) qui, très souvent, ne pouvaient distinguer entre un mouvement que je faisais faire à l'un de leur membre et un mouvement de ma main sur leur peau. Il semble par conséquent qu'une perception donnée n'ait aucune qualité définie qui la caractérise comme provenant d'un mouvement sur la peau ou d'un mouvement passif d'un membre. Seules les circonstances et la structure du modèle postural du corps déterminent l'élaboration d'un stimulus significatif. Selon von Frey, il n'existe pas de sensations profondes pour les articulations, et seule la configuration spéciale des stimuli cutanés provoque en nous la perception des mouvements passifs des membres. Il reste que c'est le modèle postural de l'image du corps qui détermine la localisation des membres dans l'espace, la position relative de deux stimuli, et aussi la différenciation entre un mouvement sur la peau et le mouvement passif d'un membre : ce qui nous place aussitôt devant un nouveau problème. Dans le premier cas que je présente en index, la patiente ne perçoit pas les mouvements sur sa peau. Ce qu'elle sent à la place, c'est un attouchement unique, ou bien plusieurs attouchements simultanés; c'est parfois seulement que, comme je viens de le dire, elle sent, au lieu du mouvement sur sa peau, un mouvement dans les articulations. Si donc les mouvements ne semblent prendre leur signification qu'en fonction du modèle postural du corps, il est très probable qu'il existe aussi un appareil plus primitif, appareil qui doit être intact pour qu'un mouvement soit perçu. On pourrait déjà comparer la non-perception du mouvement dans la sphère tactile à la non-perception du mouvement dans la sphère optique, observée par Pötzl et Redlich et par Goldstein et Gelb.

7. *Agnosie concernant l'image du corps (autotopoagnosie); agnosie digitale.*

La pathologie nous montre des cas où il ne saurait s'agir de troubles tactiles ou optiques, mais où c'est le modèle postural en tant que tel qui est altéré. Les patients de cette catégorie sont incapables de s'exécuter correctement quand on leur demande de désigner telle ou telle partie de leur corps. Pick décrit un premier cas de ce genre : il demande à la patiente de montrer son oreille gauche, elle la cherche sur la table; ce n'est qu'après plusieurs essais qu'elle réussit à se toucher l'oreille. Il lui demande de montrer son œil gauche, elle le cherche, ne le trouve pas et dit : « Je ne sais pas, j'ai dû le perdre. » Il lui demande de montrer ses mains, elle les cherche sur la table et dit : « Mon Dieu! elles n'y sont pas. Je les ai perdues; mais elles doivent bien être quelque part. » Elle a aussi perdu le sens de la droite et de la gauche; elle ne sait plus si son corps a un côté droit et un côté gauche. Le mouvement l'aide à s'orienter. Le repérage sur la tête et le dos, parties du corps qui restent généralement hors du champ de la perception optique, est extrêmement mauvais. La plupart des cas étudiés par Pick présentent une altération diffuse du cerveau.

Il en va de même pour les sujets étudiés par Rosenberg, qui centre ses observations sur les difficultés qu'ont ce genre de malades à différencier la droite et la gauche et surtout sur l'extension de ce trouble aux gestes et aux actions. L'un des patients de Pick ne parvenait pas à saisir correctement les objets. Il portait la main soit trop en retrait, soit trop à droite, soit trop à gauche. Pick montre que ces troubles de la localisation sont dus à une lésion bilatérale du lobe pariétal, ce que confirment les observations d'Anton et de Hartmann.

Pötzl a observé un cas où la difficulté de choisir entre la droite et la gauche était due à une lésion du lobe pariétal inférieur gauche. La patiente ne savait pas distinguer sa main droite de sa main gauche. Elle se trompait également quand on lui demandait de se déplacer vers la droite ou vers la gauche. « La confusion entre la droite et la gauche, écrit Pötzl, ne peut dans ce cas être considérée, *stricto sensu*, comme un trouble moteur ou purement sensoriel. Elle apparaît comme une transformation continuelle de déficiences sensorielles en déficiences motrices, en passant par des troubles particuliers des sensations qui n'apparaissent que quand la patiente doit choisir d'exécuter une action soit avec la main droite, soit avec la main gauche. Dans des accès de caractère plus amnésique, elle se déclare incapable de sentir laquelle est sa main gauche et laquelle sa droite. Elle a oublié, dit-elle. A l'extrême, dans les moments où son trouble prend le caractère d'une paralysie passagère, qui peut affecter aussi bien la main droite que la gauche, elle se déclare incapable de mouvoir sa main. L'accès passé, elle parvient à réaliser de la main droite comme de la gauche les mouvements demandés, et dit : "L'endroit où était ma main m'est venu dans la tête, et ça a fait passer la paralysie." Entre ces deux réactions extrêmes, il lui arrive, en même temps qu'elle confond la droite et la gauche, de ressentir une lourdeur dans la main. Dans son ensemble, le trouble évoque assez la paralysie de la préhension typique de certaines apraxies (Liepmann), mais en diffère en ce qu'il est nettement lié à la confusion droite-gauche, alors que la paralysie des apraxiques ne se manifeste que quand on leur demande de choisir un objet précis parmi d'autres. »

Mais l'exemple le plus net d'un trouble du modèle postural du corps, on le trouve dans l'agnosie digitale décrite par Gerstmann. Les malades atteints de ce trouble sont incapables de reconnaître et de nommer les doigts de la main; incapables également d'indiquer un doigt qu'on leur nomme. Ils ont les mêmes difficultés pour les mains et les doigts d'autrui. Ce trouble est toujours lié à une difficulté du sujet à reconnaître la droite et la gauche sur son corps, une difficulté à écrire (agraphie) et des difficultés à calculer (acalculie). Ce syndrome n'est pas très rare : j'ai moi-même pu en observer trois cas, qui s'ajoutent à ceux présentés dans les deux premières publications de Gerstmann. Il y a toujours des difficultés d'actions liées aux difficultés dans une perception. Il est remarquable qu'aucun de ces sujets ne montre de difficulté particulière à percevoir les autres parties du corps. Pötzl et Herrmann localisent ce syndrome dans la région située entre le gyrus angularis et la seconde circonvolution occipitale. Lange décrit un cas avec une localisation similaire : des lésions dans l'hémisphère gauche. Seul le cas présenté par Pötzl et Herrmann présente une tumeur du côté droit; mais il faut dire que le patient était ambidextre. Nous pouvons donc tirer de l'ensemble de ces exemples une conclusion générale : qu'il existe bien une supériorité de l'hémisphère gauche sur le droit, supériorité qui concerne aussi le modèle postural du corps, ou en tout cas les doigts dans le modèle postural.

Je viens de dire que l'agnosie digitale s'accompagne toujours d'agraphie (incapacité d'écrire indépendante de la sensibilité et de la motilité des doigts, lesquelles restent intactes). Nous pourrions attribuer cette connexion à la nécessité, pour écrire, de connaître ses doigts, et supposer que, pour que l'écriture soit normale, il faut que le modèle postural du corps soit intact; mais il est aussi pour le moins possible que les deux troubles soient localisés dans des parties du cerveau qui sont proches l'une de l'autre. Quant à la connexion entre l'agnosie digitale et l'acalculie, elle pourrait être due au fait que les opérations mathématiques primitives se font d'abord en comptant sur les doigts[1]. Mais je ne pense pas

1. Tous les ouvrages sur la pensée primitive relèvent que les nombres, les systèmes de numération et les manières de compter sont toujours conçus par référence à des parties du corps. En Nouvelle-Guinée britannique, par exemple, on compte de la façon suivante (Lévy-Bruhl, *La Mentalité primitive*) :

1. *monou:* petit doigt de la main gauche;

qu'il s'agisse vraiment de connexions psychologiques. Il est bien plus probable qu'il existe entre l'agnosie des doigts, l'écriture, et le calcul, des similarités internes, d'où leur localisation dans des parties du cerveau proches les unes des autres. On sait en effet que, dans le cerveau, les fonctions qui présentent quelque homologie interne ont généralement des localisations voisines. L'aire corticale sensorielle a une organisation très semblable à l'aire motrice, et les points moteur et sensoriel correspondant à telle ou telle partie du corps sont proches l'un de l'autre.

Lange estime que nous avons affaire dans l'agnosie digitale à un trouble général de la perception de la direction. Pourtant, ces patients perçoivent très bien les autres directions, et l'espace en général. Dans la lecture, par exemple, ils n'ont aucune difficulté. Je ne pense pas, par conséquent, que cette théorie de Lange soit confirmée dans les faits. Pourquoi alors, s'agissant d'autres parties du corps, les troubles du modèle postural sont-ils si rares? C'est peut-être que l'agnosie digitale dépend d'un point particulier (du cerveau) qui peut être endommagé isolément. Il est possible que les autres parties du modèle postural soient en relation avec d'autres parties du cerveau, pour lesquelles il ne saurait y avoir de lésion isolée. Dans les cas d'apraxie, il est assurément presque impossible de déterminer s'il existe également une agnosie touchant ces parties du corps. L'agnosie digitale pourrait donc être due à une localisation particulière de

2. *reere:* annulaire;
3. *kaupu:* majeur;
4. *morere:* index;
5. *aira:* pouce;
6. *ankora:* poignet;
7. *mirika mako:* avant-bras;
8. *na:* coude;
9. *ara:* épaule;
10. *ano:* cou;
11. *ame:* sein gauche;
12. *unkari:* poitrine;
13. *amenekai:* sein droit;
14. *ano:* côté droit du cou, etc.

Remarquons que les orteils ne figurent pas dans la plupart de ces systèmes. N'oublions pas que les doigts de la main sont particulièrement mobiles. Le système ci-dessus n'utilise que les parties du corps que la main peut atteindre facilement. Nous verrons plus loin que, dans la construction de l'image du corps, les doigts et la main sont de véritables outils qui nous servent à explorer notre corps. L'idée de multiplicité est probablement liée au fait que nous faisons perpétuellement de multiples découvertes sur notre corps. Les doigts ne sont pas seulement des parties saillantes du corps; c'est par eux, surtout, que passent nos intentions. Ils sont, en quelque sorte, parmi les premiers objets sur lesquels nous agissions. Mais je ne prétends pas épuiser par ces quelques remarques hâtives le problème des systèmes de numération.

cette partie précise (les doigts) du modèle postural du corps.

L'autre interprétation possible serait que les doigts sont particulièrement difficiles à différencier. Freeman a montré que les enfants n'apprennent qu'assez tard à connaître parfaitement leurs doigts, et à les utiliser. La gnosie digitale serait la fonction la plus compliquée dans la reconnaissance du corps et pourrait par conséquent être plus facilement perturbée que toute autre fonction. Quoi qu'il en soit, il est certainement légitime de parler de localisation du modèle postural du corps et de reconnaître une fois de plus que ce modèle postural a son accès spécifique à la motilité. Ce qui nous importe ici, ce sont les agnosies véritables, non pas celles qui concernent une impression sensorielle particulière, mais celles qui concernent un objet d'une importance toute spéciale, l'image du corps.

8. *Aspects relationnels de l'image du corps.*

Dans tous les cas de perturbation du modèle postural du corps, on observe que les patients ont aussi des difficultés à reconnaître les différentes parties du corps des autres, à désigner sur le corps d'autrui la gauche et la droite, à distinguer les différents doigts.

C'est donc que le modèle postural de chaque être humain est en rapport avec celui des autres et que, quand nous ne sommes pas capables de percevoir correctement notre propre corps, nous ne sommes pas non plus capables de percevoir correctement le corps d'autrui. On peut se demander si les difficultés à percevoir ce dernier ne primeraient pas les difficultés à percevoir le corps propre. Encore faudrait-il savoir comment ceci peut se concilier avec le fait que nous avons davantage de données concernant notre propre corps. Au surplus, les troubles sont généralement plus accentués pour le corps propre que pour le corps des autres; il est certain aussi que les phénomènes de non-perception sont limités au corps propre. On a enfin tout lieu de croire qu'une difficulté à percevoir le corps propre précède dans le temps la difficulté à percevoir le corps des autres. Mais tout ceci n'enlève rien à la profonde relation entre les modèles posturaux des êtres humains entre eux. Au-delà des modèles posturaux, il arrive aussi que certains sujets, ne percevant pas le côté gauche du corps, ne perçoivent pas non plus la gauche dans l'espace.

Pinéas a publié une observation sur ce point. Elle concerne une patiente atteinte de démence sénile (troubles de la mémoire, désorientation dans l'espace et le temps), avec troubles particuliers de l'action, difficulté à lire les mots (alexie verbale), agraphie totale, incapacité de construire de petites figures et structures (apraxie constructive), agnosie digitale, acalculie, non-perception totale du côté gauche du corps et de la gauche dans l'espace, et troubles connexes dans la distinction de la droite et de la gauche. La patiente comprend très bien tout ce qu'implique le mot gauche; elle sait qu'il existe une oreille droite; de même pour les yeux, les jambes et les bras. Elle est incapable de désigner le bras droit ou l'oreille droite d'une personne assise en face d'elle. Elle souffre aussi d'alloesthésie. Je ne pense pas que le trouble dans la perception du côté gauche de l'espace procède directement de l'altération du modèle postural du corps. S'il en était ainsi, comment expliquer pourquoi la majorité des alloesthésies ne s'accompagnent pas de troubles de l'orientation dans l'espace? L'orientation dans l'espace est une fonction indépendante, qui n'a de lien qu'avec l'orientation gauche-droite sur le corps, et qui sollicite probablement un appareil cérébral différent. Certes, ces fonctions sont liées entre elles et ont beaucoup d'éléments en commun, mais elles n'en sont pas moins des fonctions indépendantes. Herrmann nous a montré un cas où la perception de l'espace était seule perturbée, tout spécialement en ce qui concerne l'union de la droite et de la gauche. Nous en venons à la conclusion générale qu'il y a beaucoup de fonctions spécifiques dans le cerveau, qui dépendent chacune d'un appareil également spécifique. Qu'à l'intérieur de cette structure spécifique, il existe des connexions, cela ne fait aucun doute. Mais il reste que les phénomènes sont, à la base du moins, relativement indépendants les uns des autres.

9. *L'apraxie et l'agnosie dans leur rapport avec le schéma corporel.*

Quand nous n'avons de notre propre corps qu'une connaissance incomplète et erronée, toutes les actions qui nécessitent cette connaissance particulière sont également erronées. L'image du corps nous est essentielle pour amorcer tous nos mouvements : et tout particulièrement quand il s'agit d'actions dirigées sur notre propre corps. Tout trouble gnosique et perceptif entraînera généralement un changement dans l'action. Nous avons maintes fois souligné l'étroite relation entre l'aspect perceptif de notre vie psychique (l'aspect afférent-impressif) et nos activités motrices (l'aspect efférent-expressif). Par conséquent, des changements périphériques dans la sensibilité doivent entraîner des perturbations dans les actes; et il en va de même pour les troubles centraux, comme les agnosies, qui eux aussi entraînent des perturbations de l'action.

Dans un cas décrit par Isakower et moi-même, le patient souffrait d'une agnosie optique et avait des difficultés à différencier ses doigts. Toutes actions mettant en jeu ses doigts étaient par suite maladroites et erronées. Mais ce trouble dans la praxie diffère de ce que nous appelons ordinairement apraxie. Pötzl, entre autres, affirme que l'agnosie digitale est dans son essence une apraxie digitale. Je ne puis me ranger à ce point de vue. C'est Liepmann qui a introduit le terme apraxie dans la littérature scientifique. C'est un trait caractéristique de l'apraxique qu'il sait ce qu'il doit faire; il en a une connaissance théorique intégrale et dans certains cas peut l'exprimer par des mots, ou, dans d'autres cas, par des gestes utilisant les parties de son corps non concernées par l'apraxie. Ses facultés perceptives et cognitives sont, du moins on le suppose, intactes.

On ne peut parler d'apraxie que quand ce trouble n'est pas dû à une parésie, une tension ou un trouble de la coordination. Si on demande à un apraxique de craquer une allumette et d'allumer une bougie, il prendra par exemple la boîte d'allumettes entre ses doigts, pressée entre le pouce et l'index, bien qu'il sache très bien comment l'on doit se servir de cet objet. Si on lui montre comment faire en ouvrant la boîte devant lui, il n'en tirera pas profit. Quand enfin il parvient à saisir une allumette, il la frotte mollement sur la partie large de la boîte; si on lui tend une allumette enflammée, il est incapable de l'approcher de la bougie. Si on lui tend une allumette non enflammée, il essaiera par exemple d'allumer la bougie tout en sachant très bien que son allumette n'a pas de flamme.

Des troubles de cet ordre peuvent n'affecter qu'une moitié du corps. L'apraxie est l'incapacité d'employer, pour agir, la connaissance que l'on a des objets, bien que cette connaissance puisse s'exprimer par les mots, ou par des actes opérés avec des membres non concernés. Alors que l'agnosie digitale est relativement rare, et que d'autres agnosies isolées sont tout à fait exceptionnelles [1], l'incapacité d'user, pour agir,

1. Engerth a décrit des cas présentant une autotopoagnosie de la face, associée à une agnosie digitale.

de la connaissance que l'on a de son propre corps (image du corps) est assez commune. Des patients qui peuvent manipuler des objets sans difficulté manifeste sont par contre incapables de désigner des parties de leur corps, d'exécuter des gestes expressifs : faire un signe d'adieu avec la main, prêter serment, menacer; incapables de mimer des actes sur des objets imaginaires : faire semblant, par exemple, d'attraper une mouche inexistante. Mais le plus difficile est encore pour eux de trouver l'emplacement de leur nez et de leurs yeux. Il s'agit bien pour ces sujets d'un trouble dans l'accomplissement d'actes dirigés sur leur propre personne. De même que Liepmann appelle toute cette catégorie d'actes, actes réfléchis, j'appellerai une apraxie de ce type, « apraxie réflexive ». Beaucoup de ces apraxiques sont incapables de montrer, quand on le leur demande, leur bras droit ou leur bras gauche, bien qu'ils sachent parfaitement quel est le côté droit de leur corps, et quel est le côté gauche. Quand on leur demande de bouger tel bras, ils bougent souvent les deux simultanément; ou bien ils font du côté opposé à celui qu'on leur indique, des mouvements dits associés.

Il existe un type particulier de mouvements associés contralatéraux qui ont beaucoup de points communs avec les mouvements volontaires et qui en cela diffèrent d'une autre catégorie de mouvements associés, d'origine différente. Ces mécanismes deviennent particulièrement clairs quand on demande au sujet d'éxécuter des mouvements isolés avec les doigts. Même dans les cas prononcés les patients sont capables de désigner par leur nom leurs différents doigts, mais incapables de bouger à volonté tel ou tel doigt : ils bougeront un autre doigt et souvent un doigt de l'autre main, soit simultanément, soit même seulement du mauvais côté. J'ai donné à ce phénomène le nom d'« apraxie digitale ».

Toutes les autres formes d'apraxie s'accompagnent presque automatiquement d'apraxie digitale. Les apraxies s'appliquant aux objets s'accompagnent presque invariablement d'apraxie réflexive, dans laquelle l'apraxie digitale et la confusion droite-gauche sont toujours dominantes. Dans les cas d'apraxie réflexive en voie de disparition progressive, c'est toujours l'apraxie digitale qui se maintient en dernier lieu; et c'est elle qui presque toujours apparaît la première dans les apraxies naissantes. Elle a donc une importante signification dans le diagnostic.

L'apraxie digitale ne doit pas être confondue avec les difficultés à effectuer des mouvements isolés des doigts que l'on observe dans la paralysie ou dans les troubles extra-pyramidaux. Chez les choréiques, le phénomène pourrait prêter à confusion, mais on pourra néanmoins faire aisément la différence. Nous dirons donc que l'apraxie réflexive est la contrepartie apraxique de l'agnosie concernant l'image du corps. On peut même aller plus loin et dire que la tendance assez fréquente des apraxiques à ne pas faire usage dans leurs gestes d'un côté de leur corps est la contrepartie de sa non-perception. Il y a certainement des cas dans lesquels le trouble est plus fort d'un côté que de l'autre, comme, par exemple, dans un cas que j'ai décrit ailleurs, où le patient se trompait surtout dans les mouvements qu'on lui demandait de faire avec la main gauche; l'apraxie était nettement plus importante à gauche. Schlesinger a observé un cas d'apraxie constructive dans lequel le patient était capable de bouger un doigt particulier, mais incapable d'imiter les positions des doigts : le trouble était plus marqué pour une main que pour l'autre.

Je n'ai pas encore suffisamment détaillé les troubles propres à de nombreux cas d'apraxie réflexive. Les sujets sont incapables d'opérer un transfert d'un côté à l'autre du corps. Ils éprouvent une difficulté toute particulière à désigner leur oreille ou leur œil gauche avec leur main droite et vice versa. Pick et Rosenberg ont particulièrement étudié cette question.

Dans le modèle postural du corps, la ligne médiane joue certainement un rôle particulier. Il est également certain que la ligne médiane de la tête est différente de celle des autres parties du corps. Des patients qui ne parviennent pas à franchir la ligne médiane dans la région de la tête sont parfaitement capables de désigner leur genou gauche avec leur main droite et vice versa. La ligne médiane psychologique et la ligne médiane géométrique ne sont certainement pas identiques. La ligne médiane du corps, naturellement, se prolonge dans l'espace extérieur : la difficulté ou l'incapacité de saisir avec une main un objet situé de l'autre côté de la ligne médiane peut parfois jouer pour l'espace extérieur comme pour le corps, et il peut même arriver, comme dans l'un des cas étudiés par Herrmann, qu'elle ne joue que pour l'espace extérieur. Je répète que cet espace et l'image du corps sont certainement en liaison réciproque, mais que chacun est en rapport avec des fonctions séparées du cerveau. Le sujet décrit par Herrmann présentait une lésion pariéto-occipitale.

Notons que les apraxiques éprouvent sur le corps des autres, dans les gestes de saisie, les mêmes difficultés qu'ils éprouvent sur leur propre corps. Là encore, nous retrouvons le principe des relations, sur le plan de l'image du corps, entre soi et autrui : relations qui s'expriment très clairement chez ces apraxiques; si vous leur demandez de se toucher le nez, un œil, une oreille, très souvent ils toucheront les vôtres. Mais là encore, le trouble est davantage marqué pour les gestes accomplis sur leur propre corps. J'ai pu observer une patiente montrant des symptômes d'aphasie sensorielle complétée d'une forte apraxie concernant les mouvements dirigés sur son propre corps. Elle était incapable d'imiter les gestes croisés. Elle désignait souvent mon nez, mes yeux, mes oreilles au lieu des siens, mais se trompait beaucoup moins souvent dans l'autre sens. Si je lui demandais de me montrer son œil, elle dirigeait d'abord son doigt jusqu'au niveau de la ligne médiane, s'arrêtait, et de là allait jusqu'à l'œil. Une fois, au lieu de me montrer son œil, elle plaça le doigt sur l'arête de mon nez. Elle avait toujours tendance à arrêter son geste soit sur sa propre ligne médiane soit sur la mienne, sans bien différencier les deux. Au-dessous de la tête, son geste traversait très aisément la ligne médiane et avait même tendance à aller trop loin du côté opposé. Cette patiente réagissait très faiblement à la douleur dans la partie supérieure du corps. L'observation montre que les lésions pariétales entraînent des difficultés à accomplir les gestes croisés par rapport à la ligne médiane.

Head a observé dans ses études sur l'aphasie des troubles semblables à ceux que je décris comme typiques de l'apraxie réflexive. Il demandait à ses patients de toucher soit avec la main droite soit avec la main gauche leur oreille ou leur œil droit ou gauche. Beaucoup commettaient des erreurs plus ou moins prononcées. Head estime que ce test requiert une bonne compréhension des mots. Mais les patients font les mêmes fautes quand, assis en face d'eux, on leur demande d'imiter avec la main droite ces mêmes gestes, que l'on fait également avec la main droite; alors que si l'on se place derrière le patient, qui observe les mouvements dans un miroir, il est parfaitement capable de les imiter correctement. Head en déduit que le patient a besoin d'une verbalisation pour imiter les mouvements de quelqu'un qui est assis en face de lui, alors qu'il n'en a pas besoin pour imiter des mouvements qu'il observe dans un miroir. On peut naturellement supposer que certains des patients de Head avaient des difficultés particulières concernant la verbalisation. Mais on ne peut douter que dans la grande majorité des cas ces troubles sont liés à l'incapacité d'utiliser l'image du corps dans l'action.

La difficulté concernant la verbalisation pourrait être un facteur additionnel. Il faut bien savoir en tout cas que plus grande sera la difficulté dans la fonction, plus importantes seront les difficultés dans la verbalisation.

Pötzl remarque qu'un trouble agnosique peut même apparaître comme une aphasie circonscrite. Le mot, certainement, est en relation étroite avec la fonction; et, dans les cas de troubles agnosiques concernant les couleurs, le patient, parfois, n'a de difficultés qu'à les nommer. Quand on observe ces cas pendant plusieurs jours successifs, comme l'a fait Pötzl, on s'aperçoit parfois que, tel jour, la difficulté est de nommer les couleurs, tel autre jour, de les reconnaître. La difficulté à nommer est par conséquent l'expression d'une véritable perturbation dans la fonction, et n'est pas purement aphasique. Goldstein et Gelb, en considérant l'amnésie pour les noms de couleurs comme une difficulté à penser en catégorie distinctes, établissent eux aussi une liaison entre des aphasies localisées et des fonctions spécifiques. Mais il faut distinguer ces troubles des troubles aphasiques. L'hésitation à nommer n'est dans ces cas que l'expression d'un trouble dans une fonction spécifique. Je ne pense donc pas que nous ayons le droit de rapporter le trouble que nous avons décrit ici à une fonction spécifique. Les difficultés de verbalisation n'y sont que l'expression d'une utilisation perturbée de l'image du corps.

10. *Remarques sur l'action humaine.*

Une connaissance approfondie de la structure de l'image du corps mènerait certainement à une conception nouvelle des actions humaines. C'est aux recherches de Liepmann que nous devons le plus grand progrès accompli jusqu'à présent dans la compréhension de l'action humaine. Il a montré que toute action est fondée sur un plan anticipatoire, qui a une structure spécifique. Il ne contient pas seulement le but final mais aussi un aperçu de toutes les actions particulières qui sont nécessaires à sa réalisation. Liepmann parle de *Teilzielvorstellungen* (images de buts partiels). Ce plan général de l'action et chaque détail du plan doivent se traduire par une innervation.

Quand le patient est capable de former son plan général mais incapable de le transformer en action, nous avons affaire à une apraxie. Quand il s'agit d'un désordre dans l'exécution du plan, nous avons affaire à une apraxie idéatoire. C'est alors l'ordre du détail des actes dans le plan qui peut être perturbé. Quand ce sont les exécutions de détail qui sont perturbées, nous avons affaire à une apraxie motrice. Dans ce dernier cas, le trouble peut concerner plus spécialement l'aspect moteur de l'exécution : nous parlons alors d'apraxie motrice de type innervatoire.

Quand Liepmann parle de plan et d'images, le terme image signifie pour lui non seulement ce qui est clairement représenté dans la sphère psychique, mais aussi sa trace organique. Mais ce n'est pas tant la pathologie du mouvement que sa psychologie qui nous intéresse ici. Il est certain que nous formons pour chaque action un plan anticipatoire. Mais il ne faudrait pas croire que ce plan existe dans la pleine lumière de la conscience. Il ne nous est pas donné en images et représentations claires. Quand nous voulons bouger le bras, prendre un objet, craquer une allumette, il est certain que nous n'avons dans l'esprit que très peu d'actions et innervations nécessaires pour accomplir ces actes. Nous n'avons pas clairement à l'esprit quelle partie du corps nous voulons bouger, ni sur quelle partie de l'objet notre action sera dirigée. Le plan du mouvement est donné comme un germe, comme une connaissance psychique non développée, comme une pensée simple dans le sens où l'entend l'école de psychologie de Würtzburg, ou comme une *Bewusstheit* dans la terminologie d'Ach. Il s'agit d'une connaissance dans laquelle les éléments sensoriels jouent un rôle minime ou nul *(Bewusstheiten)*.

Il est très important de noter — du point de vue d'une psychologie générale —, que notre vie psychique ne repose que pour une faible part sur des perceptions et des images pleinement conscientes. Ce qui existe essentiellement, ce sont des projets. Nous sentons une direction psychique, un courant psychique, une intention dirigée vers un but. Nous ne « savons » pas clairement, mais nous avons une notion instinctive de ce à quoi peut nous mener cette intention.

Ces intentions sont bien des directions internes, des pulsions et des tensions dans un champ où il y a d'un côté le moi et de l'autre l'objet. Dans la langage de la psychologie de la *Gestalt*, ce sont des tensions dans un champ psychique. Il est certain que ce germe du plan d'un mouvement ne trouve son développement que pendant l'exécution de l'acte, et que les sensations provoquées par l'acte même auront une influence sur le développement du plan.

On ne peut former ce plan que si l'on a la connaissance de son corps; c'est une nécessité absolue. Je dois toujours avoir la connaissance que j'agis avec mon corps, que je vais devoir amorcer le mouvement avec mon corps, employer telle ou telle de ses parties. Mais le plan doit aussi contenir le but de mes actes : il y a toujours un objet vers lequel l'action est dirigée. Ce but peut être le corps lui-même ou un objet du monde extérieur. Pour agir, il nous faut savoir quelque chose de la qualité de l'objet que vise notre intention; et il nous faut aussi savoir par quel moyen nous voulons approcher l'objet. Est donc incluse dans le plan l'image du membre ou de la partie du corps qui doit accomplir le mouvement. Nous ne pouvons guère dire s'il s'agit d'une image claire; il est certain en tout cas, la pathologie le prouve, qu'une connaissance intellectuelle est insuffisante. (Les apraxiques, nous l'avons vu, savent ce qu'ils doivent faire, mais ne peuvent le faire.) Mais ce pourrait être une pensée vivante, une *Bewusstheit*, au sens que j'ai précisé plus haut. Les patients de Goldstein et Gelb, présentant de graves perturbations dans le développement des représentations optiques, étaient incapables d'amorcer un mouvement.

On peut dire qu'une perception optique, ou une image optique, semble indispensable à l'amorce d'un mouvement : mais il ne faut pas entendre « image » au sens pleinement conscient. Beaucoup de gens n'ont pas d'images optiques au sens propre, mais sont pourtant capables d'amorcer un mouvement, même les yeux fermés. Mais les individus normaux qui n'ont pas d'images optiques ont du moins des pensées optiques, ou ce que j'appellerais des représentations optiques subliminales, ou une « pensée optique vivante ». L. J. Martin attache une importance particulière aux impressions et images kinesthésiques, mais considère aussi que, au moins pour l'amorce du mouvement, les représentations optiques jouent un rôle important. Nous savons aussi qu'une fois un mouvement amorcé, il a besoin de moins d'images pour se poursuivre. Mais peut-on dire qu'il n'y en aura plus? Je ne le crois pas. Il doit en rester des traces, et je doute que ces traces ne donnent pas lieu à des représentations psychiques. Je pense au contraire qu'elles sont présentes dans la psyché sous forme de *Bewusstheiten* primitives, de germes, de représentations qui pourraient être développés. Qu'une image optique ne soit pas présente n'empêche pas qu'elle puisse au moins exister en réserve. Pour G. E. Müller, la plupart des êtres humains peuvent employer pour le mouvement, soit des représentations optiques, soit des représentations motrices; ce sont les circonstances qui en dictent le choix.

Mais pour l'amorce de tout mouvement, en tout cas, il

semble que l'image optique soit d'une importance toute particulière. Dans le cas que présentent Goldstein et Gelb, elles peuvent être partiellement remplacées par des impressions kinesthésiques. Dans l'illusion japonaise (mains croisées et doigts enchevêtrés), qui rend l'image optique trop compliquée pour servir de repère, la construction d'un modèle postural correct, qui nous est nécessaire pour amorcer le mouvement d'un doigt donné, se fait par de petits mouvements d'essai. D'une façon générale, l'amorce de tout mouvement est dépendante du modèle du corps, et il semble que les différentes sources du schéma corporel puissent être interchangeables, au moins dans une certaine mesure. C'est aussi le corps tout entier qui se prépare à cette amorce du mouvement, et c'est à ce stade préparatoire du mouvement qu'apparaîtra le choix d'un plan pour l'action. Selon Goldstein, ce choix dépend principalement des impressions et représentations optiques. Mais il se fait toujours en relation étroite avec le modèle total du corps.

Dans le plan du mouvement, il doit y avoir aussi la connaissance de son but, pour tous les mouvements du moins qui ne sont pas purement expressifs. Toute action est dirigée vers quelque chose. L'objet peut en être vu, touché; il peut être donné dans des représentations optiques, tactiles ou acoustiques; ou même par des images « en réserve ». Selon les principes généraux que nous avons déjà posés, il n'existe pas de sensations isolées. Nous sommes toujours dirigés vers des objets qui nous sont donnés avec l'ensemble de leurs qualités, optiques, tactiles, acoustiques. Ces qualités peuvent être fournies par des perceptions, ou par des images, ou par des images en réserve. Ceci posé, on peut se demander si le plan d'un mouvement peut jamais exister sans une tendance motrice.

Nous retrouvons ici le principe général selon lequel tout ce qui se passe dans le champ sensoriel s'accompagne d'une motilité spécifique. Le germe du plan et le plan lui-même auront une tendance particulière à se transformer en un mouvement complet. Nous ne savons pas encore très bien dans quelle mesure le moyen et le type d'un mouvement sont donnés avec son plan. Nous ne savons pas non plus quelle partie du projet est mise en acte après l'amorce du mouvement. Mais je pense que tout ce qui se passe dans le champ organique du mouvement ne peut manquer de se refléter dans la conscience.

Selon L. J. Martin, les images ne jouent plus qu'un faible rôle une fois que le mouvement est amorcé. Quand nous commençons un mouvement, nous devons d'abord décider de quel côté nous voulons l'accomplir. Si l'image du corps est perturbée, nous ne sommes pas capables de faire la distinction qui s'impose et nous amorcerons notre mouvement du mauvais côté. Mais même si nous sommes capables de penser correctement le bon côté, cela n'implique pas nécessairement que nous soyons capables de transformer notre connaissance en un acte correct; nous l'avons vu, le choix du muscle ou du membre adéquat dépend aussi du modèle postural du corps. On sait que nombre de jeunes recrues ne savent pas distinguer correctement leur gauche de leur droite. Ce n'est pas qu'ils en ignorent la différence; c'est qu'ils ne sont pas capables de transposer ce qu'ils savent dans leurs actes.

Mes propres observations et celles de Goldstein montrent de nombreux cas où les patients éprouvent beaucoup plus de difficultés à employer le côté du corps et le membre adéquats quand ils n'agissent pas sous la tension d'un objet placé dans leur champ visuel. Nombreux sont les patients qui peuvent manipuler correctement un objet avec l'une ou l'autre main, mais qui échouent à montrer le doigt droit ou gauche. Une jeune recrue peut se tromper quand on lui demande de tourner la tête vers la gauche ou vers la droite, mais se trompera beaucoup moins quand on lui demandera de faire un geste quelconque par rapport à un objet situé à gauche ou à droite dans son champ visuel.

Les sujets normaux étudiés par L. J. Martin étaient souvent perturbés au commencement d'un mouvement par des images et intentions concernant l'autre partie du corps. Un sujet gaucher à qui elle demandait de bouger la main ou la jambe droite avait souvent au commencement du mouvement la tentation de lever les extrémités gauches sous l'influence de ses représentations kinesthésiques. Puis l'image visuelle corrigeait l'impulsion sensorielle. Je dois ici encore mentionner les effets de l'illusion japonaise; on se trompe souvent dans l'esquisse du mouvement, mais on se corrige à l'aide de sensations tactiles et kinesthésiques. Nous pouvons conclure de tout ceci que le commencement d'un mouvement est un processus très actif. Le membre avec lequel le mouvement doit être amorcé ne s'offre pas spontanément; il faut le trouver, et un processus actif d'essais probatoires s'instaure, dans lequel tous les modes de perception peuvent être employés, selon les circonstances [1].

1. Je cite le plus souvent l'illusion dite japonaise, mais on peut former d'autres figures compliquées de ce genre, par exemple en croisant, d'abord les deux coudes (c'est-à-dire en posant l'un par-dessus l'autre), puis les mains, et enfin les doigts

L'étude de l'amorce du mouvement nous ouvre des perspectives sur l'activité psychique. La connaissance de l'existence d'un membre et de ses usages ne nous est pas donnée par un processus physiologique. Ce que nous avons au départ, c'est une connaissance vague, générale. La localisation dite absolue montre clairement l'existence de cette connaissance; si, dans la position de l'illusion japonaise, on touche un doigt, l'image optique nette apparaît liée à une zone de sensation tactile. Nous savons quel point de l'espace a été touché, mais rien ne nous dit de quelle façon cette sensation et l'espace représenté doivent être mis en connexion avec le reste du corps. Ce point semble flotter dans l'espace. Et pourtant, nous savons d'une certaine façon *(Bewusstheit)* qu'il appartient à notre propre corps et que nous parviendrons à établir la relation exacte. Il y a évolution par conséquent d'une connaissance vague à une perception concrète jusqu'à ce que soit atteint l'*insight* sensoriel final. C'est un processus très actif qu'on peut considérer comme une méthode par essais et erreurs. Mais n'oublions pas qu'il s'agit d'un choix : utiliser chaque nouvelle donnée de l'expérience et voir si elle convient; et si elle ne convient pas, la rejeter. C'est un choix actif, psychique, qui n'est possible que si de nouvelles expériences naissent continuellement du contact avec l'objet, qui est ici le corps lui-même. Les observations de Goldstein et Gelb et de Klein et Schilder sur l'illusion japonaise devraient suffire à justifier le rejet de toute théorie qui suppose que des unités d'expériences complexes, des *Gestalten*, flottent dans l'esprit. Ces observations contredisent les théories gestaltistes du genre de celles de Wertheimer, de Köhler et de Koffka. L'expérience est un processus actif. Wertheimer, Köhler, Koffka admettent que les *Gestalten* se développent, mais ils

et les pouces. On demande au sujet dans cette position de bouger tel doigt, qu'on lui désignera sans le toucher; très souvent, il se trompe; il bouge soit le doigt le plus proche du doigt désigné, soit le même doigt de l'autre main. Par contre, si on touche le doigt qu'on lui demande de bouger, le sujet ne commettra pas d'erreurs. Les erreurs sont plus fréquentes pour la main gauche que pour la main droite, pour les troisième et quatrième doigts que pour les autres. Nous avons, avec Klein, découvert que l'image du corps demande à être reconstruite dès que, comme par exemple dans ces positions doublement croisées, les sensations tactiles et optiques ont perdu leur netteté de structure. On constate facilement, par des méthodes introspectives, qu'il y a tout un travail ininterrompu d'essais, de tâtonnements, de choix. Tous les doigts n'ont pas la même mobilité; moins ils sont mobiles et plus il est difficile, dans ces postures croisées, de les repérer et de leur faire amorcer un mouvement. Plus un membre est mobile, plus son image optique est claire. Quand il n'y a pas une structure claire dans les sensations optiques et kinesthésiques, les doigts semblent cesser d'appartenir au corps tant que le modèle postural n'est pas reconstruit. Remarquons que les troisième et quatrième doigts sont aussi les plus atteints dans l'agnosie digitale.

pensent que ces développements se font par les forces et les lois internes de la *Gestalt.* Nos observations n'indiquent rien d'un développement qui serait purement interne, elles montrent un développement qui n'est possible que par un contact continuel avec l'expérience. L'expérience en soi n'est pas une entité toute faite, elle est modelée par une activité probatoire. Nos observations infirment également les théories gestaltistes de Meinong et de son école.

Pour Meinong, la *Gestalt* serait faite d'impressions d'un ordre inférieur. Le processus structural de la *Gestaltung* y ajoute quelque chose. Les contenus premiers subsistent dans une unité nouvelle. Il parle de *fundierender Inhalt* (contenus fondamentaux). Mais les expériences citées plus haut montrent que la *Gestalt* et l'*insight* dans notre corps se développent par l'addition active d'expériences nouvelles; celles-ci ne font pas que s'ajouter aux expériences antérieures : elles éveillent une connaissance vague, générale, à un niveau qui ne contient plus telle quelle l'expérience plus ancienne. Celle-ci, par conséquent, n'est pas *fundierender Inhalt*, elle est la première apparence embryonnaire de ce qui plus tard est développé et amené à pleine existence. C'est, à mon sens, plus qu'une métaphore. Mais ce que je veux seulement faire ressortir ici, c'est que la structure embryonnaire ne se retrouve plus dans la structure de l'organisme arrivé à son plein développement. Elle n'existe plus que comme histoire, comme passé, comme matrice.

Meinong et son école ont certainement raison de parler de production pour la forme achevée. Mais ils ont négligé le fait qu'il n'y a pas seulement production, mais complète reconstruction. Ils ont aussi négligé de considérer le travail psychique actif qui s'accomplit continuellement dans ce processus constructif et productif. Tout le processus dans son ensemble est conduit par des contacts continuels avec la réalité qui rendent possible l'achèvement de la forme. Nous ne possédons pas tel quel le modèle postural du corps qui nous est nécessaire pour amorcer un mouvement. Il nous faut l'acquérir par un processus actif qui consiste à amener de nouveaux éléments de la réalité à portée de l'activité psychique. Ce qui en résulte, la *Gestalt*, est par conséquent le résultat d'une activité interne *et* d'une action. Les contractions musculaires signalées par Goldstein et Gelb, les mouvements d'essai dans l'illusion japonaise, prouvent sans conteste que nous avons affaire à une réelle activité et que toute activité a à voir avec les innervations et la motilité.

Ce processus actif détermine en premier lieu quel côté

doit agir, mais il reste ensuite à déterminer quel membre, et quelle partie du membre devra agir; en même temps il devra tenir compte de la relation du membre au corps tout entier. Ce n'est que par un effort continuel que ces possibilités sont données. Il est clair que le choix d'un membre pour une action est le premier acte de l'action dans son ensemble. Dans la continuation de l'action, l'appareil cortical et sous-cortical de la motilité joue un rôle important. On voit ici clairement émerger le principe selon lequel ce sont les images et représentations qui font le mouvement et lui donnent sa signification.

Nous ne savons pas grand-chose des processus psychiques qui entrent en jeu une fois que le mouvement est amorcé. Il est probable que ce sont alors les régulations sensorimotrices qui jouent le rôle le plus important. Ou, en d'autres termes, disons qu'il s'agit alors d'une fonction organique, qui ne se reflète que vaguement dans la conscience. Néanmoins une certaine connaissance des directions générales de l'espace dans lequel le mouvement est décrit demeure certainement indispensable. La difficulté à formuler clairement la direction d'un mouvement repose sur ce fait psychologique, que le facteur le plus important dans tout mouvement est la tension interne entre son but et son commencement. On peut dire que tout mouvement dépend des structures qui s'échelonnent entre son commencement et sa fin. Comme L. J. Martin l'a observé sur des sujets normaux, une fois un mouvement amorcé, il n'y a plus autant de représentations. Le mouvement en soi provoque continuellement des sensations nouvelles d'ordre kinesthésique et tactile qui entrent dans le champ de tension et se changent elles-mêmes en tensions.

Du point de vue psychologique, les tensions et énergies au commencement d'un mouvement sont naturellement complètement différentes de celles qui se situent ailleurs dans le développement du mouvement. La chute de l'énergie a une structure complexe et chaque mouvement particulier a sa mélodie propre. Un même mouvement peut avoir des buts très variés. Ce peut être un but dans le monde extérieur dans l'espace du dehors, mais aussi dans le corps. Le but peut être d'atteindre un point particulier, ou d'agir sur un objet particulier.

Certains faits pathologiques, sur lesquels je ne puis m'étendre ici, m'incitent à conclure que l'espace psychologique circonscrit au corps est différent de l'espace psychologique extérieur. L'espace psychologique dans son ensemble manque, par conséquent, d'homogénéité. L'espace extérieur et l'espace corporel diffèrent dans leur structure. On observe en pathologie des cas où le sujet est incapable de situer correctement un point dans le monde extérieur alors qu'il peut localiser correctement des points de son propre corps, en s'aidant de mouvements et actes divers[1].

11. *Résumé et récapitulation sur l'apraxie, l'agnosie et les représentations de mouvement.*

Quand la direction d'un mouvement est déterminée, l'acte doit encore être adapté à l'objet que vise le mouvement. Pour manier cet objet, il est nécessaire de le connaître. Quand une agnosie ou quelque autre trouble ne permet pas une perception claire de l'objet, il y aura nécessairement quelque chose de manqué dans l'acte qui le vise. Mais l'apraxie, qui rend le sujet incapable de manipuler correctement l'objet, n'altère pas la connaissance qu'il en a. Il est extrêmement difficile de distinguer entre troubles de la perception — agnosies en particulier —, et troubles de l'action. C'est une difficulté sur laquelle insiste Heilbronner, par exemple. Ce que l'on sait, c'est qu'une pleine perception n'est possible que quand la manipulation de l'objet perçu est possible. Tout le sens de notre exposé tend à montrer que la connaissance et la perception ne sont pas le produit d'une attitude passive, mais qu'elles sont acquises par un processus très actif, dans lequel la motilité joue son rôle.

L'ensemble du problème reste, naturellement, incompréhensible, si nous prenons la motilité comme une unité indifférenciée : elle possède des niveaux très différents. L'apraxie laisse intacte une grande partie de la motilité à un autre niveau : sans cela, aucune perception valable ne serait possible. Même l'impossibilité d'agir au niveau supérieur n'altérera

1. J'avais d'abord écrit : « Le plan du mouvement peut être correct, et correcte aussi la perception de l'espace, sans que celle-ci puisse être utilisée correctement dans l'action. Ces malades ne parviennent pas à saisir un objet bien qu'ils aient pu déterminer correctement où il se trouve; de même pour un point de leur corps. J'ai personnellement observé avec Pötzl un de ces cas; il n'y avait pas d'autres troubles apraxiques; il ne s'agissait pas d'erreurs optiques; les erreurs étaient plus fortes pour la main droite que pour la main gauche. Il semble que la perception de l'espace ait besoin de se transformer en praxie, et que cette praxie puisse être perturbée sans qu'il y ait aucun trouble de la perception proprement dite... Dans certains cas observés (Balint), l'erreur ne peut être prévenue que par des actes dirigés sur un point du monde extérieur; par contre, il n'y a aucune difficulté à désigner un point sur le corps... Tout ceci nous amène à conclure que l'espace corporel et l'espace psychologique extérieur sont différents, du point de vue de la praxie. »

que de façon délimitée la connaissance que nous avons des objets. Par certains côtés, la structure du manque de connaissance dû à l'apraxie diffère de la structure du manque de connaissance dû à l'agnosie. Grünbaum a souligné les difficultés qu'éprouvent les apraxiques dans leurs fonctions cognitives. Pick, Pötzl et moi-même avons aussi relevé qu'une action erronée est rarement reconnue comme telle. Quand notre langue « fourche », souvent nous ne nous en apercevons pas et nous ne comprenons pas ce qui fait rire nos auditeurs. Cela va même plus loin et l'on peut dire que le fait même qu'une action est erronée provoque une inhibition de nos fonctions cognitives. Entraînés par le flot de l'action, nous négligeons la connaissance théorique que nous avons de l'objet. Ce n'est qu'une nouvelle illustration du principe général qui nous occupe, à savoir que toute action entraîne avec elle un changement spécifique dans la fonction cognitive et que toute fonction cognitive entraîne avec elle une action.

L'action peut être dirigée soit sur le corps de quelqu'un d'autre, soit vers et sur un objet précis. Étant donné que la connaissance que nous avons de notre corps est une fonction gnosique différente de celle qui vise les objets, un individu peut se tromper dans les actions qu'il dirige sur son propre corps tout en restant capable d'agir correctement sur les autres objets. En d'autres termes, l'achèvement d'un mouvement qui a son but sur notre corps est dépendant de la connaissance du modèle postural du corps et de la possibilité de faire usage de cette connaissance dans l'action. Il est évident que les mouvements qui sont dirigés sur le corps propre sont psychologiquement, et par conséquent physiologiquement aussi, différents des mouvements qui concernent les autres objets. Il est vrai que nous ne connaissons pas d'exemple où l'usage de la connaissance des objets serait perturbé alors que l'usage de la connaissance du corps serait préservé. La fonction la plus vulnérable, c'est l'usage de la connaissance du corps pour des actes dirigés vers ce corps. On peut dire que, du point de vue biologique, ce sont les actions dirigées sur les objets qui sont les plus importantes. C'est en quelque sorte la fonction la plus vitale. Naturellement, il est aussi important pour un individu de pouvoir trouver un point de son corps qui lui fait mal, mais, là, des mécanismes primitifs d'un niveau inférieur viennent à la rescousse. Il est pour chacun d'importance vitale de pouvoir trouver sa bouche mais, en cas d'erreur, l'orientation correcte du mouvement finit par être trouvée avec l'aide d'une correction tactile immédiate; ainsi, le corps offre de lui-même, par un afflux multiple de sensations, la possibilité de corriger les actions erronées dirigées sur lui. L'image du corps, qui joue un rôle important dans tout mouvement, a par conséquent une importance toute particulière quand le sujet dirige un mouvement sur son propre corps.

Il n'entre pas dans le cadre de cette étude générale de l'action humaine d'étudier les divers types d'apraxie. Je signalerai pourtant que dans l'apraxie motrice de Liepmann il s'agit de difficultés à user de la connaissance des objets, et que, quand cette difficulté a une influence perturbante sur le développement du plan ultérieur du mouvement et sur le développement de la structuration en un tout du mouvement isolé, nous parlons d'apraxie idéatoire. Cette remarque est importante dans la mesure où elle nous ramène à l'idée qu'une action se développe à partir d'un germe sous l'influence directrice des sensations immédiates, des régulations sensorimotrices et de leur réflexion dans la conscience, jusqu'à atteindre sa structure définitive. C'est ce qu'on peut observer dans toute fonction psychique. Il y a toujours développement d'un état embryonnaire à la maturité. Ce développement dans son ensemble n'est pas le seul fruit d'une impulsion interne, mais il est guidé par la perception, la sensation, les sensations médiées par la motilité, et par le contact immédiat avec la réalité.

Il est hors de doute que, dans ce développement de la mélodie motrice, la motilité en soi joue un rôle important, particulièrement durant tout le temps où la tension interne mène de l'amorce du mouvement à son but. Nous savons qu'on trouve dans de nombreux cas des aberrations dans les impulsions motrices elles-mêmes; elles peuvent être dues à des lésions striopallidales où à des lésions des fonctions corticales. Mais tout cela n'a guère d'importance pour le problème qui nous occupe. Notre but est de montrer qu'il n'existe pas d'action dans laquelle le modèle postural du corps ne joue un rôle de premier ordre. Nous sommes déjà parvenus à dégager l'interaction continuelle qui lie perception, gnosie, *insight*, connaissance et motilité au sens le plus large. Nous savons maintenant qu'il y a un germe à tout mouvement, que le plan d'un mouvement est représenté au départ comme une tendance générale, qu'il se développe activement, par une activité psychique marquée et par l'introduction d'expériences renouvelées jusqu'à sa forme finale.

Le mouvement fini est sans doute une forme complète, mais là encore il serait erroné de croire que cette forme soit donnée de façon passive, qu'elle se développe indépendamment de motifs internes, et que les stades antérieurs du développement restent contenus dans cette forme finie comme les parties d'un tout. L'étude de l'action humaine nous confirme par conséquent dans l'idée qu'une *Gestalt* doit être acquise, et créée, et produite à la fois par des activités internes et externes.

On s'est beaucoup intéressé en un temps aux représentations des mouvements et au rôle qu'elles peuvent jouer dans nos actes. Tout notre exposé montre clairement la vanité de toute tentative de fonder la psychologie de l'action sur la représentation du mouvement. Des expériences de Kanner et moi-même ont montré que la majorité des individus a d'énormes difficultés à s'imaginer en mouvement. Voici quelques-unes de nos notes :

La première consigne était : « Imaginez-vous en train de fermer le poing. »

W. Un doigt blanc, irréel, sans poids, « fantomatique », se tend, fait d'étranges mouvements en cherchant à se fermer comme un poing en même temps que les vrais doigts sont sentis à leur emplacement normal. Dans une seconde tentative, W. sent son poing détaché de son corps, un peu plus petit qu'un poing normal et anormalement mobile.

X. commence correctement. Puis le bras disparaît et la main est comme tranchée. X. la lève, et la fait se fermer : elle en sent les tendons. « Je voyais le poing devant moi comme une image sur un écran : sans épaisseur. »

Y. voit ses doigts se plier très lentement, arriver à angle droit avec la paume et il pense qu'ils ne pourront pas aller plus loin. Il a des sensations kinesthésiques très fortes dans les articulations des phalanges. Sans le savoir, il a exécuté réellement la moitié du mouvement qu'il imaginait. Dans une seconde tentative, il éprouve une difficulté très particulière : dans quelque direction qu'il imagine bouger sa main, il a l'impression qu'on éprouve généralement la première fois dans l'illusion japonaise.

Z. voit sa main s'abaisser par petits sauts spasmodiques, former un petit poing et, derrière, elle voit l'ombre d'une main plus grande.

La consigne suivante était : « Imaginez-vous en train de tendre le bras. »

X. a une impression de lourdeur et de tension extrême dans le bras. Il voit son bras se tendre devant lui, puis sur le côté, et éprouve des sensations kinesthésiques dans son vrai bras immobile. Les mouvements semblent normaux. Quand le bras est tendu, la main et les doigts semblent anormalement grands. Y. est incapable d'imaginer aucun mouvement du bras. Pour Z. le mouvement est imaginé normalement, mais vers la fin le bras devient anormalement long.

Qu'il puisse être si difficile d'imaginer des mouvements que l'on accomplit soi-même est un fait très remarquable, et ces expériences prouvent absolument que ni les représentations optiques ni les représentations kinesthésiques ne peuvent être la base du mouvement humain. Celui-ci est au-delà des énormes différences individuelles d'imagination. C'est une structure d'un ordre différent. Il contient un plan, une direction, et il a une signification, qui place le corps en relation plus étroite soit avec un objet extérieur soit avec une partie de lui-même.

12. *Mouvements expressifs et réflexes.*

Jusqu'à présent, je n'ai traité que des actes volontaires, en négligeant toutes les autres formes de l'activité humaine. Il y a par exemple toute la catégorie des mouvements qui sont l'expression d'émotions. Ceux-là restent souvent intacts dans l'apraxie, alors que le patient est incapable de les mimer volontairement. Sans doute, les mouvements d'expression étaient-ils jadis dirigés vers le monde, ou sur le corps, exactement comme le sont les expressions volontaires; c'est le nœud même des théories de Darwin sur l'expression des émotions. L'étude de l'action volontaire hautement développée nous aide à comprendre l'action primitive. Dans les mouvements expressifs de colère, nous sommes orientés contre la personne qui nous met en colère. Ce peut être une personne réelle ou imaginaire. Pour qu'il y ait expression et émotion, il est indispensable que le sujet ne soit pas complètement isolé; il lui faut un entourage, une communauté réelle ou imaginaire. Il est plus difficile de comprendre les mouvements dits réflexes. Dans les apraxies, on observe souvent que les réflexes primitifs de succion et de préhension persistent alors que l'activité à un niveau supérieur est impossible. Une apraxie qui touche l'acte de fermer les yeux n'altère pas le réflexe de clignement et même souvent l'accroît; des patients qui sont incapables de localiser des attouchements sur leur peau en désignant le point touché restent pourtant capables de se gratter au bon endroit quand ils éprouvent une démangeaison ou de repousser de la main quelque chose qui leur fait mal.

V. Henri parle de localisation réflexe et l'attribue à une fonction spinale. Nous sommes loin de savoir quelle est exactement la partie du système nerveux central qui agit dans ces mouvements réflexes, mais il est presque certain qu'il ne s'agit pas de mécanismes spinaux. L'état actuel de la psychologie ne nous permet pas de sonder plus profondément ces actions dites réflexes; mais des considérations générales, que j'ai exposées dans ma *Psychologie médicale*, nous laissent au moins supposer que l'acte réflexe est très semblable à l'acte pleinement volontaire; et qu'en tout cas il peut être mieux compris si nous choisissons de le considérer comme la simplification d'un acte volontaire qui d'une façon ou d'une autre serait tombé à un niveau plus bas de conscience. L'acte volontaire ne se construit pas à partir d'actes réflexes plus primitifs, il emploie les actes réflexes qui sont une partie d'un tout, formé de nombreuses parties différentes. Même dans la localisation réflexe, l'individu doit concevoir de quelque façon que quelque chose se passe dans son propre corps, qu'il doit le bouger, qu'une action de son corps est nécessaire, et que l'action doit atteindre un point précis. Tout ceci nous montre assez l'importance de l'image du corps dans toute action humaine.

13. *Le fantôme.*

Le phénomène du fantôme chez les amputés est l'une des manifestations les plus évidentes du modèle postural du corps. Pour que ce phénomène ait lieu, il faut, semble-t-il, qu'il y ait eu amputation soudaine. Il existe des fantômes du bras, de la jambe et aussi des seins et de la verge. C'est Weir-Mitchell qui a observé le premier ce phénomène. La plupart des observateurs notent que le fantôme est principalement représenté par des sensations tactiles et kinesthésiques. Mais j'ai personnellement remarqué qu'il s'accompagne toujours d'images visuelles. Au début, c'est-à-dire peu après l'amputation, le fantôme a généralement la forme du membre perdu, mais, avec les années, il change de forme et certaines de ses parties disparaissent. C'est ainsi que dans un fantôme du bras, avec les années, la main se rapproche du coude et que même, dans les cas extrêmes, elle se branche directement sur le moignon. La main peut aussi devenir plus petite, comme une main d'enfant. Il en va de même pour le fantôme de la jambe. La position du fantôme est souvent rigide et, selon

Katz et Riese, c'est souvent celle qu'occupait le membre amputé au moment même de l'amputation. Tout se passe comme si le fantôme essayait de perpétuer le dernier instant où le membre réel existait encore.

Le fantôme a ses lois propres. Par exemple, quand le bras est dirigé vers un objet dur, le fantôme le traverse. Il peut même traverser le corps du patient, comme dans l'un des cas que j'ai observés. Dans un autre, le patient, amputé de la jambe, avait un fantôme complet, avec le pied, les malléoles, les orteils, le talon; par la suite, le talon disparut. Nous pouvons dire avec certitude que tous ces processus de formation du fantôme, de disparition de certaines de ses parties, de « greffe » directe de la main et du pied fantômes sur le moignon, sont des processus centraux. Tous ces faits pourront nous aider à mieux comprendre la structure du modèle postural du corps.

Étant donné que c'est la main et le pied fantômes qui persistent le plus longtemps et qui montrent la plus grande résistance aux transformations, on peut en conclure que leurs représentations psychologiques doivent être différentes des représentations psychologiques des autres parties du corps. La main nous apporte plus de sensations que toute autre partie du corps; mais il serait plus juste de dire qu'elle est la partie du bras qui est en relation la plus étroite avec le monde extérieur, qui a les contacts les plus divers avec les objets. Les autres parties du bras ne connaissent, comparativement à la main, que peu des expériences variées que peut donner le contact avec les objets. On dira donc que le modèle postural du corps est tout particulièrement développé par le contact avec le monde extérieur et que les parties du corps qui ont les contacts les plus variés et les plus étroits avec la réalité sont aussi les plus importantes. C'est par le pied que nous avons les contacts les plus intimes avec la terre. Il semble que les contacts de la partie antérieure de l'orteil soient plus variés que les contacts du talon, ce qui nous explique pourquoi, dans le fantôme de la jambe, c'est, comme je l'ai observé, le talon qui disparaît le premier.

On se demande encore quel rôle jouent les paresthésies dans l'élaboration du fantôme. Avant d'entrer dans ces considérations, je voudrais donner quelques détails sur l'observation d'un cas : le sujet avait été amputé, à la suite d'un accident de voiture, des deux dernières phalanges du majeur et de l'annulaire de la main gauche : opération suivie de douleurs vives, avec l'impression tactile très nette que les deux doigts sectionnés étaient repliés de façon pénible au niveau de la première jointure. Paresthésies, et douleurs, étaient très marquées. La perception tactile s'accompagnait presque toujours d'images optiques. Puis les douleurs cessèrent mais le fantôme persista, avec cette différence que les doigts fantômes n'étaient plus repliés mais étalés normalement. Là encore, plus les paresthésies étaient fortes, plus le modèle postural tactile et optique des doigts était net. Les moignons des doigts amputés étaient généralement sentis à leur place normale, mais comme recouverts de la peau qui normalement recouvre le bout du doigt. Il y avait donc pour chaque amputation un fantôme de doigt, comme un doigt normal mais plus petit et plus fin. Le sujet sentait aussi parfois à la place de chaque moignon un bout de doigt avec l'ongle, celui-ci très douloureux. Au cours des mois, paresthésies et fantômes disparurent simultanément. Le fantôme du doigt avait été un phénomène sensoriel vivace. Ensuite, cette base sensorielle disparue, le sujet avait fréquemment tendance à oublier qu'il avait perdu ses doigts.

Nous avons donc deux phénomènes distincts : le fantôme et l'oubli de l'infirmité. Le fantôme dépend clairement des paresthésies. Il n'est donc pas étonnant que la cocaïne ait le pouvoir de le faire disparaître, comme l'ont montré Pitres, Souques et Poisot. Gallinek et Förster ont aussi obtenu la disparition du fantôme par des interventions périphériques. Adler et Hoff ont atténué la perception du fantôme par des applications d'éthylchloride sur le moignon. Il reste que les phénomènes périphériques ne peuvent fournir une explication suffisante de l'image du corps telle qu'elle apparaît dans le fantôme. Il faut noter que dans les expériences d'Adler et de Hoff, l'application d'éthylchloride sur une partie du corps avait aussi une influence sur la partie symétrique dans le modèle postural du corps. Il est certain que pour interpréter des phénomènes de cet ordre, il faut d'abord admettre que l'image du corps et le fantôme dépendent d'un mécanisme cérébral complexe. Paresthésies et sensations périphériques ne sont par conséquent que des facteurs activateurs. J'ai souvent posé comme un principe général, qu'il n'y a pas lieu de se demander si un phénomène est périphérique ou central, mais plutôt, dans le cas présent par exemple, de se poser la question : « Quels sont, dans un fantôme, les composants périphériques; et quels en sont les composants centraux? » Je repousse tout point de vue qui opposerait l'un à l'autre centre et périphérie.

Il peut aussi exister des fantômes sans amputation. Mayer-Gross a observé un fantôme apparu à la suite d'une déchirure complète des nerfs du plexus brachial et d'une lésion transversale de la moelle épinière. Zador a réussi à provoquer un fantôme dans le bras gauche d'un poliomyélitique par application de la bande d'Esmarch. Mais on peut se demander en quoi ces fantômes « artificiels », c'est-à-dire sans amputation, peuvent ressembler aux fantômes « spontanés », qui viennent remplacer un membre amputé. Il est très facile de provoquer chez des sujets normaux des images plus ou moins vives de leurs propres extrémités. Les notes de Kanner et moi-même reproduites plus haut montrent la grande variété des imaginations individuelles. Certes, un membre simplement imaginé peut lui aussi être plus petit que le membre réel. Quand un sujet normal tente d'imaginer l'un de ses membres en mouvement alors qu'il est en réalité immobile, on peut observer des phénomènes qui rappellent en bien des points les fantômes. Mais il reste que les fantômes « véritables » sont d'un autre ordre.

Head signale un cas de disparition du fantôme à la suite d'une opération du cerveau. Mais autant que je sache, il n'existe pas de rapport détaillé sur ce cas.

Mais une question se pose : que signifient réellement ces fantômes? Pourquoi le fantôme se rétrécit-il? Katz l'explique par un retour des expériences infantiles du corps propre. Je suis convaincu que de nombreux cas justifient cette interprétation. Mais l'observation que je viens de résumer plus haut, concernant le sujet amputé de deux doigts, pourrait au moins suggérer une autre interprétation : les paresthésies marquent en quelque sorte la limite du schéma corporel. Les points du corps dotés de sensations fortes sont toujours les repères à partir desquels le modèle postural du corps est tracé. Le modèle doit donc adapter à cet espace limité sa tendance à avoir un doigt complet et c'est pourquoi nous avons une image plus petite du corps.

Des expériences de psychologie générale nous laissent penser que le modèle postural du corps est présent en nous dans sa forme originelle. Cette forme originelle s'établit à partir des transformations continuelles qui font passer du modèle postural de l'enfant à celui de l'adulte. Mais l'une des caractéristiques les plus importantes de la vie psychique est sa tendance à multiplier les images et à les varier à chaque multiplication. Cette règle générale vaut aussi pour le modèle postural du corps. Par jeu, nous le faisons se rétrécir, devenir lilliputien ou géant. Nous disposons par conséquent d'un nombre presque illimité d'images corporelles. On peut supposer que l'individu amputé s'efforce, d'une façon qu'on pourrait dire plus ou moins ludique, de trouver celle qui peut lui servir.

Quand le fantôme est petit, il peut être ramené par hypnose à sa taille normale. L'hypnose peut aussi ramener à sa place normale une main fantôme venue se greffer sur le moignon (Betlheim). L'idée qu'il existe un « patron [1] » du modèle postural du corps, activé par les sensations périphériques, peut nous aider à comprendre ce phénomène. Mais quand nous parlons de « patron », nous ne devons pas oublier que les « patrons » psychologiques ne sont pas quelque chose de statique, mais une tendance et une fonction. Le « patron » de l'image du corps est fait de processus qui s'établissent et s'assemblent, avec l'aide des sensations et perceptions, les processus émotionnels étant la force et la source d'énergie de ces processus constructifs, qu'ils dirigent.

Nous sommes accoutumés à posséder un corps complet. Le fantôme d'un amputé est par conséquent la réactivation par les forces émotionnelles d'un patron perceptif donné. La grande variété des fantômes s'explique par le fait que les réactions émotionnelles des individus à l'égard de leur propre corps sont également très variées. Pour un sujet observé par Betlheim, le bras droit, amputé, subsistait quelque part, et lui serait rendu un jour ou l'autre. Ce sont là des phénomènes très semblables à ceux que l'on observe dans les cas de non-perception où les patients ont l'impression que leurs membres, du côté paralysé, sont encore valides, qu'ils sont quelque part, ailleurs. Citons ici un cas intéressant décrit par Kogerer : une femme de cinquante-huit ans qui, sept ans auparavant, à la suite d'une infection microbienne du majeur de la main droite, avait subi une série d'opérations, puis l'amputation du doigt. Sept ans plus tard, donc, la patiente a l'impression que sa main droite est placée près de l'épaule. Elle ressent des douleurs pénibles aux divers endroits où ont été faites les opérations anciennes, en particulier celles qui ont suivi la première énucléation. Ces opérations avaient été faites sous narcose. Kogerer interprète correctement ce phénomène en disant que, de toutes les opérations que cette personne a jadis subies, c'est de celles où elle avait craint qu'on ne lui coupe le doigt qu'elle souffre encore.

Il est clair que la formation d'un fantôme dépend grandement des facteurs émotionnels et de la situation vécue. La façon dont le schéma corporel est construit et apparaît dans le fantôme a probablement une signification générale. C'est un modèle de la façon dont la vie psychique en général est

1. Dans le texte, *pattern* (N. d. T.).

vécue. Quelque chose se passe au niveau périphérique du corps; mais c'est seulement par l'interaction entre la périphérie et le centre que l'ensemble prend son aspect définitif. Cette interaction est déterminée par la multiplication « ludique » des expériences psychiques, qui, pour prendre forme, utilisent sans cesse les expériences concrètes. Mais la signification réelle, le sens réel d'une expérience est dû aux attitudes émotionnelles ou, en d'autres termes, à la situation vécue. C'est notre propre corps et son image qui sont naturellement l'objet des plus fortes émotions. A la suite d'une amputation, l'individu doit faire face à une situation nouvelle, mais, comme il y répugne, il s'efforce au contraire de restaurer l'intégrité de son corps. Selon Riese, le fantôme est l'expression d'une difficulté du sujet à s'adapter à la privation brutale d'une partie périphérique importante de son corps. Jusqu'à présent, nous avons montré le fantôme comme s'il restait toujours immobile. Mais beaucoup de sujets ont l'impression qu'il peut se mouvoir spontanément, ou qu'ils peuvent le remuer à volonté.

Dans un cas que j'ai moi-même observé (amputation de la jambe au haut de la cuisse) le sujet, chaque fois qu'il bougeait sa jambe valide, sentait sa jambe fantôme bouger aussi, de la même façon. Et cette impression s'accompagnait de mouvements réels des muscles du moignon; ceux-ci étaient toujours très actifs, mais l'impression de mouvement du fantôme n'était pourtant pas due à ces mouvements du moignon; en effet, les mouvements des orteils et du pied du coté valide étaient aussi transmis au fantôme; et quand c'était une innervation de la partie supérieure de la cuisse valide qui était transmise au fantôme, les contractions des muscles du moignon ne coïncidaient pas avec les mouvements ressentis dans le fantôme. Quand le patient voulait bouger volontairement le fantôme, c'était sa jambe valide qui bougeait à la place.

Ces mouvements associés ne sont pas signalés par tous les observateurs. Katz et E. Meyer, par exemple, n'en parlent pas. Dans l'un des cas que j'ai observés, à chaque mouvement du bras valide, le fantôme serrait le poing. Nous savons depuis Curschmann que la plupart des amputés exécutent des mouvements associés du membre valide correspondant quand on leur demande de bouger le fantôme : l'effort demandé provoquerait des mouvements associés contralatéraux symétriques. Ceci nous montre à nouveau l'étroite relation des deux côtés du corps, du point de vue de la motilité. Les mouvements associés, contralatéraux, symétriques, sont basés sur des connexions et appareils anatomiques dont le centre est probablement situé dans les ganglions de la base du cerveau. Tout effort tendant à l'accomplissement d'un mouvement provoquera le mouvement associé symétrique, comme Curschmann l'a montré. Mais, pour interpréter le transfert du mouvement du côté valide au fantôme, il faut admettre que c'est aussi le plan du mouvement et sa mélodie kinétique corticale qui sont transférés symétriquement au fantôme. Les mouvements dans le moigon, et il y en a toujours, peuvent apporter à ces impressions la coloration vive d'une véritable sensation; mais ils ne sont certainement pas responsables de la forme que prend le mouvement dans le fantôme, étant donné que souvent ils ne lui correspondent pas. Ce n'est pas ici le lieu d'évoquer la question des *Innervation-Empfindungen* (sensations provoquées par un influx d'origine centrale). Ce vieux problème très discuté a été résolu par la négative.

La pathologie montre clairement que nous construisons un plan de nos mouvements, que nous développons ce plan par l'apport continuel de nos expériences concrètes, que le plan en tant que tel est déjà le commencement de l'activité motrice, et que l'activité motrice naît d'une intention de notre orientation vers un but, qui se manifeste dans le mouvement réel. Quand l'amputé essaie de bouger son fantôme, il a un plan de mouvement *(Bewegungsentwurf)*. L'activité motrice trouve issue dans le mouvement contralatéral. C'est l'ensemble de la structure du fantôme qui décidera de la façon dont les nombreuses expériences motrices et cénesthésiques éprouvées dans le moignon et le côté contralatéral donneront au plan du mouvement la réalité et la vivacité d'une impression de mouvement.

Katz n'a pas prêté une attention suffisante à ce qui se passe quand on imagine que l'on bouge un membre qui, dans la réalité, reste immobile (voir les notes citées plus haut). Les phénomènes qu'éprouvent les sujets normaux dans ces membres imaginaires ressemblent de près à ce qu'éprouvent les amputés : si l'on observe de grandes différences individuelles dans la manière d'imaginer, on trouve cependant là aussi des tensions musculaires dans le membre réel; ces tensions provoquent des sensations musculaires qui, probablement, jouent un rôle semblable, dans l'élaboration du mouvement imaginé, à celui que jouent les sensations que donnent à l'amputé les mouvements de son moignon. Les mouvements du moignon des amputés n'ont jusqu'à présent pas assez retenu l'attention des observateurs. Le moignon est perpétuellement le siège de mouvements irréguliers et de contractions musculaires; l'amputé n'en a pas pleinement conscience. Il est incapable de contrôler les innervations de son moignon, parce que celui-ci n'a pas de contact immédiat avec la réalité. Ces mouvements du moignon sont par conséquent l'expression de tendances posturales qui, n'étant pas dirigées sur un but situé dans le monde extérieur, ne sont plus coordonnées. Seul le contact avec le monde extérieur fournit les sensations régulatrices nécessaires.

14. *Perturbation psychogène de la perception de l'image du corps et allochirie. Leur rapport avec les changements organiques.*

Quand des changements organiques affectent la perception d'une moitié du corps propre, ce noyau organique devient souvent la base d'une structure nouvelle, psychogène. Ehrenwald nous montre le cas d'une hémiplégique du côté gauche, inconsciente de tout ce qui concerne son hémiplégie, de ses menstruations, de sa vessie (laquelle est atteinte), qui devient de plus en plus hypocondriaque et bientôt prétend que son corps n'existe plus, qu'il a changé, qu'il pourrit. Les gens qui l'entourent ont changé, eux aussi, et des visages jadis familiers lui paraissent maintenant étrangers. Voici donc de nouveau un cas où la frontière entre le corps du sujet et le corps des autres n'est plus clairement distinguée. Un autre patient parle de sa main comme s'il ne s'agissait pas de sa vraie main. Cette main nouvelle est plus grosse et plus lourde que l'ancienne. Il dit aussi qu'il ne peut montrer son bras ancien parce qu'il l'a laissé quelque part et ne sait pas où : qu'après son attaque il avait plusieurs mains, près du genou. Il parle souvent de sa nouvelle main gauche. Ce patient avait également souffert de troubles graves de la sensibilité du côté gauche et d'une parésie sévère de ce même côté. Remarquons qu'il parle souvent de ses deux mains gauches, la nouvelle et l'ancienne. Ce cas rappelle celui de l'amputé de Betlheim, qui dit que le fantôme n'est pas son bras, que son vrai bras est caché quelque part. Il est évident que dans ces deux cas jouent les mêmes mécanismes que dans le phénomène du fantôme; évident aussi qu'il n'y a pas de différence fondamentale entre les mécanismes organiques et psychogènes : ce qui nous amène à l'important problème que posent les phénomènes dits de dyschirie (Jones).

J'ai déjà parlé de l'allochirie d'Obersteiner : un stimulus

appliqué sur un point d'un côté du corps est ressenti en un point symétriquement opposé. Obersteiner, tout en posant que l'origine de ce symptôme n'est pas dans un trouble de l'acuité sensorielle ou de la localisation, estime néanmoins qu'il est très proche de l'alloesthésie qui, elle, est liée à des troubles sensoriels. Alloesthésie signifie transfert des sensations dans des cas organiques où il y a une difficulté de localisation. Jones au contraire insiste sur la différence fondamentale entre ces deux phénomènes. Pour lui, la caractéristique de l'allochirie réside dans le fait que chaque sensation a des qualités particulières qu'il appelle phrictopathiques. Il estime aussi que les impressions sensorielles et de mouvement, dont le patient peut faire état introspectivement, sont totalement différentes de celles qu'on observe dans l'alloesthésie. Il distingue également, parmi les dyschiries, l'allochirie de l'achirie où un côté entier du corps est totalement oblitéré, et de la synchirie, dans laquelle une irritation provoque une sensation sur le côté touché, mais qui s'accompagne d une autre sensation sur le point symétrique.

Il décrit en détail le cas d'un patient qui au début était atteint d'une anesthésie totale du côté droit, avec amnésie complète pour tout ce qui concernait ce côté, pour l'usage de la main droite, par exemple, pour le sens du mot « droitier ». Mais il ne sentait pas son côté gauche comme un tout : il ne se sentait qu'une moitié de corps. Le patient recouvra assez vite la sensibilité du côté droit. Il y avait des persévérations anormales des sensations : une stimulation brève provoquait une sensation qui pouvait durer cinquante ou soixante secondes. Mais la sensation n'arrivait à la conscience qu'avec quatre ou six secondes de retard. Il n'y avait d'ailleurs pas de perception lorsque la conscience était occupée par une autre sensation moins perturbée. Quand on touchait simultanément ce patient sur deux points opposés de son corps, il ne ressentait que l'attouchement du côté gauche. Toute irritation entraînait une réaction motrice immédiate. La sensation s'accompagnait d'une impression désagréable diffuse dans tout le corps. Le patient n'avait pas la sensation que le côté droit du corps lui appartînt, que son côté gauche, par ailleurs normal, pût avoir un prolongement à droite. Il avait l'impression d'avoir deux, et non pas trois dimensions.

Au stade allochirique le côté gauche était normal, mais le côté droit ressenti comme un autre côté gauche, plus habile ou plus inerte. Ce patient avait perdu toute notion qu'il pût exister autre chose que des mains gauches. Toute consigne qu'on lui donnait concernant le côté droit de son corps était exécutée avec le côté gauche, avec une impression d'agir avec le « double » de ce côté gauche. Il ressentait plus vivement un stimulus appliqué sur le côté droit qu'un stimulus appliqué sur l'endroit symétrique du côté gauche. Une irritation du côté droit pouvait aussi provoquer deux sensations, l'une étant de qualité normale, l'autre phrictopathique. Au stade suivant, le côté droit fut ressenti comme à la fois plus personnel et plus indépendant. Ce fut pour le patient un stade pénible. Le côté droit n'était pas ressenti comme un côté particulier, mais quand le patient bougeait les deux bras en même temps, il ne sentait que le mouvement du droit. Une irritation sur le côté droit provoquait deux sensations, l'une à droite et l'autre à gauche, la sensation homolatérale étant phrictopathique.

Jones examine la nature de la dyschirie dans tous ces états. D'après lui, nous avons là un trouble de caractère amnésique, avec incapacité d'associer une sensation donnée aux processus psychiques qui normalement nous aident à déterminer quel côté de notre corps a éprouvé la sensation, trouble qu'il estime indépendant de tout trouble sensoriel. L'allochirie selon lui est basée sur une association anormale entre la sensation éprouvée sur un côté du corps et la remémoration de l'autre côté; ce n'est pas d'un changement dans les sensations qu'il s'agit. Il interprète de même la synchirie : il s'agit d'une dissociation hystérique et non pas d'un simple transfert des sensations d'un côté du corps sur l'autre. Il en arrive à la conclusion que les phénomènes de dyschirie ne sont pas provoqués par des altérations de l'acuité sensorielle, mais par des difficultés à opérer la synthèse chirognosique. C'est une perte de la remémoration concernant un côté du corps.

Comme le montrent les remarques que j'ai faites plus haut, Jones exagère les différences entre allochirie et alloesthésie. Dans l'alloesthésie, les patients transfèrent leurs sensations d'un côté de leur corps sur l'autre. En même temps, le côté gauche perd pour eux toute signification. Pötzl avait raison d'estimer que c'est de gauche à droite que s'opère le transfert. Il est facile de déceler une identité presque totale entre les descriptions que j'ai données de cas organiques et celle de Jones que je viens de résumer. Par contre, il est important de retenir des observations de Jones qu'il ne s'agit pas seulement d'un changement dans les sensations : ce n'est que par référence à l'image du corps que nous pourrons expliquer le phénomène de blocage et de transfert d'un côté du corps sur l'autre.

Jones parle de la synthèse qui nous permet de distinguer

les deux côtés de notre corps. Le fait que les paresthésies (que Jones appelle sensations phrictopathiques) jouent un rôle si important dans les cas psychogènes comme dans les cas organiques est sous ce rapport d'un intérêt tout particulier. J'attire de nouveau l'attention sur ce cas que j'ai moi-même observé, dans lequel les paresthésies et sensations après-coup jouaient un rôle si important. On pourrait presque dire que pour chacun des détails soigneusement décrits par Jones dans ses observations de sujets hystériques, il existe une analogie dans la sphère purement organique. Je ne prétendrai pas que les cas organiques et psychogènes soient identiques dans leur structure, les désordres psychogènes se situant à des niveaux radicalement différents. Par contre, ce sont les mêmes principes fondamentaux qui les régissent. Les « patrons » organiques de l'image du corps dont nous avons examiné plus haut la structure ne sont pas à proprement parler altérés ou détruits dans les cas psychogènes, ils sont simplement inutilisés. L'appareil organique n'est pas sollicité, mais il pourrait fonctionner si les émotions du patient le permettaient. Mais le refoulement psychogène intéresse toujours la sphère organique. Nous ne pouvons pas interpréter autrement les sensations anormales qui accompagnent tous ces cas psychogènes et qui sont si semblables aux paresthésies des cas organiques. Par ailleurs, comme je l'ai dit plus haut, le refoulement organique seconde ceux des processus psychiques qui vont dans la même direction que lui.

Les représentations qui se forment dans la dyschirie rappellent sur bien des points les phénomènes de dépersonnalisation : dans la dépersonnalisation aussi, l'individu a l'impression que tel membre ne lui appartient pas, bien qu'il éprouve des sensations se rapportant à ce membre. C'est la persistance des sensations tactiles qui distingue la dyschirie de l'anesthésie hystérique; mais, qu'il y ait quelque chose de commun entre ces deux symptômes, l'un des cas présentés par Jones, où l'hémianesthésie précédait la dyschirie, le prouve assez. Dans l'anesthésie hystérique, l'individu oublie plus complètement la partie du corps qu'il veut ignorer, parce que la situation vécue l'exige. Il est certain que l'on ne peut comprendre les anesthésies hystériques qu'à partir de la notion de schéma corporel. Janet a montré que les patients frappés d'anesthésie pour un côté de leur corps ont une tendance exagérée à mouvoir leur bras valide. Quand on leur demande de lever le bras anesthésié, ils lèvent les deux bras en même temps, ou seulement le bras valide. On voit, là encore, que le changement dans la perception du corps entraîne des actions qui vont dans le sens de ce changement. C'est un nouvel exemple de la loi générale qui constate l'étroite relation entre la sensibilité et la motilité.

Certes, l'allochirie est un phénomène rare. Mais les autres changements de caractère hystérique dans la perception du corps le sont encore plus; à moins qu'on ne fasse entrer dans cette catégorie les anesthésies hystériques, qui, elles, sont plus fréquentes. Autant que je sache, la littérature scientifique sur ce sujet ne fait état que d'un seul cas, signalé par Pick, de perte de la topognosie du dos.

15. *Tonus musculaire et image du corps. La persistance du tonus.*

Nous n'avons considéré jusqu'à présent, dans notre étude de la construction de l'image du corps, que le rôle de l'appareil sensoriel. Nous avons vu que chaque processus sensoriel a son exutoire dans la motilité et que tout ce qui intervient dans la structure sensorielle du modèle postural du corps a une conséquence sur la motilité. Mais nous n'avons rien dit jusqu'à présent des composants moteurs, importants dans la construction de l'image du corps. Je vais m'attarder ici sur une épreuve que Hoff et moi-même avons introduit dans la psychologie et la psychopathologie. D'autres observateurs, qui ont examiné le même phénomène, en sont venus à des conclusions identiques (Eidelberg, Selling).

On demande au sujet de tendre ses deux bras parallèlement devant lui. Ensuite, on lui fait lever ou baisser l'un des bras à 45° au-dessus ou au-dessous de l'horizontale. Ce peut être, indifféremment, soit l'expérimentateur, soit le sujet lui-même qui baisse ou élève le bras. Le sujet peut avoir les yeux ouverts ou fermés. Au bout de vingt-cinq secondes, on demande au sujet : 1° de fermer les yeux s'il les avait ouverts; 2° d'amener son bras mobile (bras M.) au niveau du bras immobile (bras I.). On constate qu'il n'y a jamais exécution correcte. Si dans la position précédente le bras M. était levé, il vient se placer encore à quelques centimètres plus haut que le bras I.; s'il était baissé, il vient se placer encore à quelques centimètres plus bas que le bras I. Le sujet ne sait pas qu'il commet cette erreur et déclare que ses deux bras sont maintenant au même niveau. Au bout de quelques secondes, le bras M. vient se placer au même niveau que le bras I.; et là encore, le sujet n'est généralement pas conscient de cette nouvelle modification. Au kymographe, on voit que ce deuxième mouvement qui ramène les deux bras au même niveau ne se fait pas uniformément mais par saccades. Nous appelons ce phénomène « phénomène de persistance du tonus ». Il n'est pas dû à une persistance de l'innervation musculaire, car s'il en était ainsi, le bras M. irait au contraire trop loin dans son mouvement. C'est une persistance des impulsions posturales qui tendent à ramener le bras à sa position précédente : une persistance tonique. Le phénomène n'a rien à voir avec une erreur de jugement : si l'on demande au sujet de garder les yeux ouverts pour amener le bras M. au niveau du bras I., puis, ceci fait, de fermer les yeux et de ne plus bouger les bras, le bras M. recommence à monter ou à baisser légèrement comme s'il voulait retrouver sa position précédente; et là encore, le sujet n'en est pas conscient. Il s'agit donc ici d'un phénomène de rémanence musculaire qui tente de restaurer la posture précédente[1].

Remarquons que le sujet n'apprend pas par l'expérience. On peut répéter l'épreuve une douzaine de fois et obtenir toujours les mêmes résultats, même si l'on a averti le sujet de ses erreurs précédentes. Quand l'épreuve est pratiquée yeux ouverts, l'erreur, nous venons de le voir, se reproduit dès que le sujet ferme les yeux. Or, il n'est pas conscient de ce nouveau mouvement du bras M., il est persuadé qu'il n'a pas bougé. Autrement dit, la rémanence musculaire, qui voudrait restaurer la position précédente, et son effet, restent inconscients. Il s'agit donc d'une illusion concernant la posture de nos membres dans l'espace : ce que l'on peut prouver en introduisant une variante dans l'expérience.

Dans cette variante, le sujet est entièrement passif. On amène son bras M. à 45° au-dessus ou au-dessous de l'horizontale, on le laisse dans cette position environ vingt-cinq secondes, puis on le ramène exactement au niveau du bras I. Mais le sujet n'a pas l'impression que ses deux bras sont maintenant au même niveau : il lui semble que son bras M. est de quelques centimètres trop bas, s'il était auparavant

1. On peut comparer à ce phénomène celui dit-de Kohnstamm, qui certainement provient de la persistance de l'innervation musculaire. Quand on appuie le bras contre une paroi, un obstacle quelconque, et qu'on innerve fortement le bras comme pour pousser, si l'obstacle est retiré brusquement, le bras amorce un mouvement dans la direction de l'effort, bien que le sujet n'ait pas eu l'intention de bouger son bras. Si l'obstacle était, avant d'être retiré, situé au-dessus du bras, celui-ci semblera monter tout seul et en même temps devenir plus léger; la position du bras au départ n'influe pas. A 45° au-dessus ou au-dessous de l'horizontale, indifféremment, le bras esquissera le même mouvement de montée. Le phénomène de Kohnstamm est donc bien un résultat de la persistance de l'innervation musculaire (Cf. article de Matthaei.)

levé, de quelques centimètres trop haut, s'il était auparavant baissé. Si, au lieu de ramener le bras M. au même niveau que le bras I., on le laisse, selon sa position précédente, trop haut ou trop bas de quelques centimètres, le sujet a alors l'impression que ses deux bras sont bien au même niveau. C'est ce que nous appelons « persistance sensorielle du tonus ».

Ceci signifie que la position normale du bras M., après que le tonus l'a influencée, est la position dans laquelle la rémanence tonique voudrait ramener le bras. On peut dire encore que le tonus de persistance posturale influence l'image du corps en ce sens qu'il l'attire dans sa direction. Le membre par conséquent est senti dans une position qui est opposée à la direction de l'effort musculaire; ou, pour parler plus généralement, le modèle postural du corps dépend de la rémanence du tonus. Cette formule est d'une importance générale considérable. Le phénomène de persistance posturale concerne tout le corps; il affecte chacun de ses muscles, chacune de ses postures. C'est donc bien un phénomène de signification générale.

J'ai, avec Hoff, montré que le phénomène de persistance tonique appartient au groupe des réflexes posturaux de Magnus et de Kleyn. Nous savons que les phénomènes toniques de cet ordre jouent un rôle considérable dans le maintien de la posture du corps. Quand une personne normale tourne la tête de côté, ses bras dévient du même côté; en même temps, le bras le plus proche du menton s'élève. Le sujet n'en est pas conscient. Il a l'impression que ses deux bras sont restés à la même hauteur. Si le bras le plus proche du menton est ramené au même niveau que l'autre, le sujet a l'impression qu'il est plus bas. Il est vrai que la déviation latérale des bras est partiellement consciente, mais il reste que le sujet a l'impression que ses bras sont moins déviés qu'ils ne le sont en réalité.

Des expériences sur du matériel pathologique ont montré que les mêmes principes sont valables pour les tonus qui ont leur origine dans une irritation vestibulaire, une lésion cérébelleuse et des lésions pariéto-occipitales. Tous ces tonus exercent sur les membres une attraction qui leur fait prendre des positions dont l'individu n'a pas conscience. La posture normale devient alors celle dans laquelle le membre a tendance à se mettre, sous l'influence du tonus. C'est à partir d'elle que toutes les autres postures sont estimées, et le membre est toujours ressenti comme ayant une position opposée à la direction de l'attraction du tonus. J'ai, avec Hoff, montré que chez les sujets atteints de lésions cérébelleuses, existe une tendance à une flexion exagérée du genou du côté atteint, quand ils cherchent à imiter le côté sain. Nous appelons ce phénomène hyperflexion cérébelleuse. Cette hyperflexion entre dans le groupe des changements toniques qui influencent le modèle postural du corps. Le sujet a l'impression de moins plier la jambe qu'il ne le fait réellement et, en position couchée, son genou lui semble plus bas que le genou du côté sain, alors qu'ils sont en réalité tous les deux au même niveau. Il est certain que la tendance à la déviation cérébelleuse, que nous ne pouvons examiner ici plus en détail, a la même influence sur le modèle postural du corps. En résumé, il existe de nombreux types de tonus musculaires capables d'influencer le modèle postural du corps. Les plus importants sont :

1° le tonus vestibulaire;

2° le tonus de déviation cérébelleuse et le tonus d'hyperflexion cérébelleuse;

3° le tonus des réflexes de Magnus et de Kleyn (réflexes d'attitude et de redressement);

4° les changements pariéto-occipitaux dans les réflexes de redressement;

5° le tonus de persistance posturale.

Il me faut préciser qu'il y a des types de tonus qui n'influencent pas l'image du corps. Ce sont le tonus de rigidité extra-pyramidale et le tonus des lésions pyramidales. Il est certain que ces flux toniques qui traversent constamment notre corps changent continuellement la connaissance que nous en avons à chaque instant. Nous sommes perpétuellement soumis à des tendances au redressement. Il sera bon de rappeler ici la théorie de Magnus et de Kleyn concernant les réflexes posturaux et de redressement. Les réflexes d'attitude essaient de maintenir une position qui est importante du point de vue de l'organisme vivant. Certains des réflexes posturaux concernent le maintien de la position debout; d'autres servent à ramener l'être vivant d'une position inconfortable et inhabituelle à une position familière et pratique. Quand on tourne la tête, le corps a tendance à suivre ce mouvement, jusqu'à ce que corps et tête aient de nouveau la même orientation. Quand ce mouvement du corps n'est qu'esquissé, l'individu n'en a pas conscience. Il croit que seule sa tête s'est détournée et ne sait pas que son corps a suivi. Tout se passe comme si l'organisme ne reconnaissait pas la correction qui s'est faite spontanément. Étant donné que le corps, comme je l'ai dit, tend à revenir, par des réflexes posturaux de redressement, à une position confortable, on peut poser d'une manière générale que nous sentons l'image du corps dans une position plus inconfortable qu'elle ne l'est en réalité, de sorte que la tendance à trouver une meilleure position ne disparaît pas.

Un type de réaction qui a été étudié par Wilson, Goldstein, Hoff et moi-même peut illustrer ce problème : la réaction que nous avons appelée « tendance à la pronation ». Quand le sujet tend ses mains devant lui, paumes retournées (supination) et horizontales, et ferme les yeux, ses mains ne restent pas dans cette position de supination, qui est inconfortable. Tous les individus normaux esquissent un mouvement de pronation. Les pouces se relèvent et se tournent vers l'intérieur pour prendre une position plus confortable. Mais, malgré ce geste qui ramène à une position plus confortable (Goldstein), l'individu conserve une impression d'inconfort exagérée et croit que ses mains sont restées plus retournées qu'elles ne le sont en réalité. La supination est, selon Girlich, une acquisition récente, du point de vue philogénétique. Le tonus postural contrecarre la fonction nouvellement acquise, qui tend à maintenir une position inconfortable. Nous savons que le corps humain est constamment sous l'influence d'impulsions qui tentent de le ramener à une certaine position et attitude que nous pouvons appeler normales. Mais ce n'est pas par un raisonnement théorique que nous pouvons découvrir ce que sont cette position et attitude normales; c'est par l'expérience qu'il faut le déterminer. On sait depuis longtemps qu'il existe pour les yeux une position à partir de laquelle d'autres positions peuvent être atteintes sans rotation : c'est à cette position justement que les yeux reviennent constamment. Dans le même ordre d'idées, Skramlik a étudié l'influence de la rotation de la tête sur la perception de la déviation des bras[1]. La posture normale, quand les bras sont pendants, comprend une légère flexion du coude. Le dos de la main est à l'extérieur, les doigts sont en semiflexion. Quand on tend les bras devant soi horizontalement il y a toujours une légère tendance élévatrice, une légère

1. Mais l'interprétation que Skramlik donne de ses expériences est erronée. Il attribue la déviation des bras qui accompagne la rotation de la tête à la prédominance dans la conscience des postures habituelles. Mais il n'a pas vu que ce principe (qui, nous le verrons plus tard, est très important) voudrait que la rotation de la tête entraîne l'impression consciente que le corps dévie du même côté. On s'attendrait donc à voir le sujet, croyant corriger la déviation, faire dévier son buste dans la direction opposée à la rotation; ce qui n'est pas le cas. En réalité, le sujet n'a pas conscience des influx moteurs qui font dévier son corps dans le même sens que sa tête. Il croit que son buste et ses bras sont moins déviés qu'ils ne le sont en réalité et par conséquent, il ne corrige pas assez la déviation. Nous avons ici une illustration du principe général que nous connaissons : le schéma corporel est transposé dans la direction opposée à l'attraction motrice.

tendance également à accentuer la pronation. Il semble que la position parallèle horizontale pour les bras ne soit pas une posture normale. Il y a une tendance motrice à écarter les bras qui échappe à la conscience. Ce n'est que quand les bras forment un angle de 45 à 60° dans le plan horizontal que ces tendances motrices disparaissent. Il semble donc que cette position soit l'une des positions normales.

Nul doute que la position normale de la tête par rapport au corps soit celle où visage et poitrine sont dans un même plan. Tout changement de la position normale de la tête s'accompagne d'impulsions du corps à se tourner du même côté. Mais il est évident que pour chaque nouveau mouvement, il existe une nouvelle position normale; la position normale n'est pas quelque chose de fixé, elle change continuellement selon les tâches particulières que dicte la motilité.

De tout ceci il ressort clairement que le modèle postural du corps diffère souvent de la position réelle qu'occupe le corps. On comprendra que des conditions pathologiques puissent accentuer ce décalage. Nous dirons, en bref, que nombre des changements toniques dans la position des membres ne changent que le corps tel qu'il est réellement et non son image. Il est nécessaire d'examiner pour tout cas pris en particulier jusqu'où peut aller ce décalage, et quels compromis s'installent dans telles ou telles conditions particulières. Mais il ne faut surtout pas oublier qu'un phénomène de régulation intervient constamment. On peut dire d'une manière générale qu'il nous est très difficile de conserver une posture sans aides sensorielles qui concourent à l'orientation de notre corps. Il est relativement aisé de conserver une position quelconque de la main et des doigts, si dans cette position les doigts se touchent. Quand les doigts ne se touchent pas, mais que nous pouvons regarder notre main, nous avons déjà quelque difficulté à garder les doigts immobiles. Mais, dès que nous fermons les yeux, nous sommes incapables de maintenir inchangée la position des doigts et il se produit une abduction, qui est particulièrement marquée pour le petit doigt. Ce phénomène, que Hoff et moi-même appelons le « phénomène du petit doigt », est considérablement accentué dans les atteintes cérébelleuses. Ces mouvements ne parviennent pas à la conscience (même si le sujet s'efforce de les percevoir) et n'ont pas d'influence sur l'image du corps. Si les lésions cérébelleuses intensifient ou accroissent les réflexes posturaux, il doit s'ensuivre qu'elles accroissent aussi le décalage entre la position réelle du corps et son modèle postural. Goldstein signale que les lésions cérébelleuses agrandissent l'image du corps. Mais ce que je voudrais souligner surtout, c'est que l'image du corps change selon l'attraction particulière des muscles concernés, et que ce n'est pas tant d'agrandissement qu'il s'agit, que de distorsion de l'image du corps, existante chez les sujets normaux, mais exagérée dans les atteintes cérébelleuses, dans lesquelles l'attraction du tonus n'est plus freinée [1].

16. *L'influence de la posture habituelle sur le modèle postural.*

Il y a de nombreux autres décalages entre la position réelle du corps et l'image du corps. Beaucoup de mouvements volontaires actifs ne sont pas pris en compte. Skramlik a étudié de près l'illusion dite d'Aristote : quand on croise deux doigts de la main et qu'entre ces deux doigts on place un petit objet, de sorte qu'il touche la face externe d'un doigt et la face interne de l'autre, on a l'impression de sentir deux objets. Skramlik a mis en évidence que tout changement de position de la surface de contact entraîne une illusion quant à la liaison de ces deux points dans l'espace et à la distance qui les sépare. La position et la longueur subjectives de la ligne qui relie ces deux points sont déterminées par deux facteurs : par la relation dans laquelle sont habituellement entre eux les membres qui touchent l'objet, et aussi par la position objective telle qu'elle est représentée dans l'esprit. La combinaison de ces différents facteurs a d'autant plus d'influence que l'on s'éloigne plus de la position normale. Skramlik montre que chaque posture habituelle est si profondément gravée dans notre esprit que les postures qui en diffèrent sont éprouvées comme semblables à cette posture habituelle.

Il est important de noter que ce principe de Skramlik est radicalement différent du principe de distorsion du modèle postural du corps par la rémanence musculaire. Il s'agit en quelque sorte d'un effet après-coup sensoriel. Ces deux principes agissent en sens contraire. Quand la main est en supination, on a l'impression par comparaison avec la posture habituelle, que le côté radial est plus haut qu'il ne l'est en réalité : nous avons là un effet après-coup de la sensation positionnelle normale, et la main semble plus proche de la

1. Le cervelet est un organe qui inhibe certains influx toniques. Goldstein, Hoff et Schilder ont développé cette théorie dans le détail.

position normale qu'elle ne l'est réellement. Mais nous savons que quand il y a une forte tendance à la pronation, dans les lésions cérébelleuses par exemple, la main se met effectivement en pronation, alors que le sujet a l'impression qu'elle est plus proche de la supination. Le modèle postural du corps est distordu dans une position opposée à l'attraction. Ce principe agit en sens contraire de l'effet après-coup de la posture habituelle. Notons que même quand on touche une main en train d'exécuter un mouvement de pronation, le point touché semble déporté du côté opposé à ce mouvement. Mais j'estime, avec Hoff, que ces troubles de la localisation sont fort rares; alors que pour Goldstein, ils sont la règle. Il s'agit probablement d'une situation extrêmement complexe où l'individu tente un compromis entre la localisation absolue qui a été changée par la rémanence tonique dans le membre, et la localisation sur le membre, qui, sans cela, serait restée normale. Il est impossible, dans l'état actuel de nos connaissances, de trancher sur ces problèmes.

Pour en revenir au fondement de l'illusion dite d'Aristote et des illusions similaires décrites par Skramlik, nous pouvons poser en conclusion générale que lorsque nous plaçons nos membres en position inhabituelle, nous n'acceptons pas ce changement; nos impressions le nient, au moins en partie. Nous avons une connaissance théorique de ce changement, mais qui n'affecte pas notre image du corps. Le même principe peut être appliqué à l'illusion japonaise, dans laquelle la connaissance théorique que nous avons de la position de nos mains ne nous aide pas à repérer nos doigts. Tout se passe comme s'il n'y avait rien de particulier dans la position de nos mains, ou comme si nous l'avions oublié; avec cette différence que dans l'illusion japonaise, il y a un obstacle supplémentaire à l'orientation : la complexité de l'image optique. On peut dire, de façon très générale, que les attractions musculaires de type inconscient et les actions volontaires qui placent un membre dans une position par trop différente de sa position habituelle ne sont pas utilisées dans la construction du modèle postural du corps. Il est clair que deux facteurs différents entrent en jeu : l'un de type moteur, l'autre de type sensoriel. Nous avons pris comme exemple du premier facteur la persistance du tonus, qui est un phénomène moteur, alors que le second facteur est fondé sur l'impression concernant la posture habituelle du corps : c'est la persistance d'une impression sensorielle.

17. *L'image du visage. Expériences autoscopiques.*

Que les positions normales soient profondément gravées dans notre esprit, les expériences de Rupp le prouvent. Il a montré que dans l'illusion japonaise la main touchée est très souvent représentée dans une posture normale. L'expérience du croisement exécuté volontairement par le sujet, ou subi passivement, n'est pas complètement acceptée. Ross a fait des expériences sur la perception du visage quand les yeux sont fermés. Quand la tête est tournée de côté, le sujet qui se concentre sur son visage a l'impression qu'il se présente de face, mais aplati. Les yeux aussi semblent regarder de face; le sujet tente d'une manière ou d'une autre de maintenir par un moyen sensoriel la relation normale entre visage et corps. Il semble pourtant qu'il ne puisse complètement ignorer le changement de ses sensations du fait que sa tête est dans une position anormale : c'est ce qui explique cette impression que le visage est aplati. Au surplus, le sujet se transporte en quelque sorte dans le rôle d'un observateur qui le verrait de face. On voit combien tous ces phénomènes peuvent être complexes : il y a tendance au maintien d'une position primaire; il y a aussi la composante optique, qui joue un rôle si important dans la perception du corps. Nous touchons ici pour la première fois à un principe important, à savoir que non seulement nous voyons notre corps de la même façon que nous voyons les objets extérieurs, mais qu'aussi nous nous le représentons comme nous nous représentons un objet extérieur, et que les impressions tactiles suivent cette représentation optique. Nous créons mentalement un point d'observation situé hors de nous et face à nous, et nous nous observons comme si nous observions quelqu'un d'autre. Quand, au lieu de tourner la tête de côté, on la place dans une autre position inhabituelle, par exemple inclinée au maximum vers l'avant, on a très souvent l'impression que le visage est sur un plan horizontal bien qu'il ne le soit pas tout à fait. Le plan horizontal est pour le visage une position favorable à une corrélation simple des impressions. Certaines personnes ont l'impression de se voir d'en haut, comme si elles le pouvaient à travers leur crâne; d'autres ont l'impression que leur visage est raccourci, comme effectivement la perspective le présenterait à un observateur placé en face d'eux. Nous pouvons poser d'une manière générale que, pour percevoir notre corps, nous essayons de restaurer des positions normales et de nous observer comme si nous étions à l'extérieur de nous-même. Et nous le faisons non seulement quand nous regardons, mais aussi quand nous imaginons.

A l'époque de mes recherches sur les phénomènes d'autoscopie (se voir soi-même), j'ai fait une série d'expériences sur des sujets normaux. Je leur demandais de fermer les yeux et de s'imaginer debout ou assis en face d'eux-mêmes. Je leur donnais pour seconde consigne de s'imaginer eux-mêmes, mais sans image optique venant s'ajouter au corps senti. Ils devaient s'imaginer tel qu'on se voit quand on regarde son corps, mais avec en plus le visage. J'en ai conclu que tout le monde peut aisément s'imaginer soi-même. On se représente plutôt comme une photo, quelquefois un peu plus petite que la réalité; et en tout cas, pas très plastique. Elle n'est pas très différente de toutes les autres images que nous sommes capables de nous représenter. Dans l'essai de représentation de soi-même selon la seconde consigne, très souvent un œil mental vient se poster face au sujet et regarde tout le corps; cet œil mental interne n'est pas nécessairement situé hors du corps. Il peut être dedans. Il est comme un organe psychique, qui fait le tour du corps et, de l'intérieur, en voit l'extérieur. Il voit à travers le corps, lequel est en quelque sorte vide, et pourtant il ne voit pas l'intérieur du corps mais sa surface. Cet œil immatériel se déplace selon le point de la surface qui doit être observé. Ces expériences s'accompagnent de l'impression très étrange que le corps est vide. Ceci nous fait toucher pour la première fois au problème de la perception de l'intérieur du corps.

18. *Comment nous percevons la surface externe de notre corps.*

Restons assis ou debout dans le calme et demandons-nous ce que nous sentons (c'est naturellement une perception de caractère plus ou moins vague) et ce que nous savons de notre corps : nous sentons notre peau et nous la sentons de manière différente selon la partie du corps qu'elle recouvre. Nous sentons particulièrement les parties de peau qui sont tendues sur les os; par exemple, sur les mains nous sentons particulièrement les jointures; sur le visage, les pommettes. De plus, évidemment, nous sentons toutes les parties qui sont en contact avec le monde extérieur. Les parties de peau qui touchent le siège sur lequel nous sommes assis, celles qui touchent le sol quand nous sommes debout. Il y a aussi les parties de la peau qui sont en contact avec les vêtements.

Tant que nous ne bougeons pas, toutes ces impressions restent vagues et nous pouvons les ignorer. Au surplus, si nous sommes assis, ce que nous sentons d'abord généralement, c'est moins la peau que la chaise. Après quoi, nous sentons qu'il existe quelque chose entre notre corps et le siège, et, enfin, avec beaucoup d'attention, nous finissons par sentir notre peau. Il en va de même pour la plante des pieds. Nous sentons le sol, puis les semelles et, enfin, la peau.

Lorsque nous parcourons notre corps des yeux, nous n'obtenons, comme Mach l'a minutieusement montré, qu'une image optique assez incomplète de nous-même. Mais d'ordinaire, nous ne sommes pas tant occupés de nous-même; et, pour ces expériences, il est généralement préférable de demander au sujet de fermer les yeux. Une analyse plus serrée des sensations que donne la peau ne tarde pas à amener des révélations surprenantes : il y a de vagues impressions de température; ce sont plus ou moins des impressions de chaleur; mais l'extérieur de la peau n'est pas senti comme une surface lisse, nette; les contours en sont brouillés; il n'y a pas de démarcation nette entre le monde extérieur et le corps. La surface de la peau peut être comparée, dans ce qu'elle a d'indistinct, à ce que Katz appelle la couleur spatiale. (Les couleurs spatiales flottent dans l'espace sans relation définie aux objets.)

Autre fait surprenant, quand un sujet compare ce qu'il sent et perçoit tactilement de son corps, à l'imagination et aux perceptions visuelles qu'il en a, il y trouve un décalage. La peau ressentie est nettement en dessous de la peau perçue visuellement. Il est très intéressant d'étudier les différences entre l'impression que nous donne notre peau et la surface tactile de notre corps, et celle que nous avons dès qu'un objet touche notre peau ou que nous touchons l'objet avec nos mains ou une autre partie du corps. La surface de la peau devient aussitôt lisse, nette, distincte. Les contours tactiles et visuels de la peau sont maintenant superposés. Il est remarquable, du point de vue psychologique, que, bien que nous sentions distinctement l'objet, et notre corps et sa surface, objet et corps ne se touchent pourtant pas tout à fait. Ils ne sont pas fusionnés. Il y a un espace distinct entre eux. Objet et corps sont psychologiquement séparés par un espace intermédiaire.

Observons maintenant ce qui se passe quand on diminue la pression des doigts sur un objet : on sent de moins en moins l'objet et de plus en plus les doigts. Quand les doigts ne font plus qu'effleurer l'objet, celui-ci n'est plus qu'à peine perçu, alors que nous conservons une sensation nette, distincte au bout des doigts. Puis apparaît une sensation étrange, comme si la peau s'enflait à la surface et formait un petit cône, comme si elle se tendait vers l'objet [1].

On peut dire d'une manière générale que nous ne percevons distinctement la surface de notre peau que quand nous sommes en contact avec la réalité et ses objets. Le simple contact avec un objet qui n'a pas d'importance particulière et n'est pas perçu comme tel nous donne déjà la sensation des limites strictes de notre corps. Il y a une différence entre la façon dont la peau est perçue selon que sont ou non perçus simultanément des objets distincts. Cette différence est analogue à la relation entre les couleurs spatiales et les couleurs inscrites dans des surfaces. Les couleurs spatiales flottent sans limites nettes et sans relation distincte avec les objets. Elles sont floconneuses et vagues. On peut les rapporter à des objets, mais de façon incomplète : les objets sont comme recouverts d'une masse colorée indistincte. Mais on peut aussi parvenir à les rapporter clairement à la surface des objets : on a alors des surfaces colorées, uniformes, délimitées. Dans les psychoses, on observe parfois que des perceptions primaires, vagues, de couleurs hallucinatoires dans l'espace, deviennent nettes et distinctes quand elles sont ramenées aux objets. H. Hartmann a observé une patiente qui, dans un premier stade, voyait le rouge feu comme une couleur spatiale, mais qui par la suite liait cette couleur à la colère paternelle et voyait alors une surface colorée rouge dans les yeux de son médecin. Généralement, toutes les impressions qui ne sont pas rapportées à des objets précis et distincts flottent dans l'espace sans limites définies; seule l'expérience immédiate des objets leur donne netteté et précision. C'est là encore un principe général important, et il faut bien noter que même l'aspect tactile de notre corps reste indictinct tant que le corps reste sans contact avec le monde extérieur. Nous ne percevons pas notre corps différemment des autres objets.

Certains points méritent d'être examinés plus en détail. Nous sentons naturellement que la surface indistincte de la peau que nous percevons tactilement est suivie par quelque substance vivante distincte, d'un caractère particulier. Le

1. Linderman a souvent observé des phénomènes de ce genre, mais beaucoup plus marqués, dans les intoxications par le haschich, Beringer dans les intoxications par la mescaline. On peut dire, d'une manière générale, que les états d'intoxication et les changements pathologiques rendent les sujets conscients de phénomènes qui se produisent aussi à l'état normal, mais auxquels alors on ne fait pas attention. Nous avons une tendance naturelle à négliger ce qui se passe dans le champ de nos sensations.

toucher par les doigts nous donne la perception distincte de la peau, suivie de la perception de cette autre substance que comprime une certaine résistance. Il est certain que nous sentons la peau en profondeur. Ce n'est pas très clair pour les doigts; mais quand nous appuyons le dos contre le dossier d'une chaise, nous sentons d'abord la chaise, ensuite, les vêtements et en troisième lieu la surface de la peau; mais la peau a une certaine épaisseur et nous sentons comme une pâte appuyée sur les os. Les qualités physiques de nos tissus ont certainement une grande importance, et c'est la relation entre charpente osseuse et peau qui donnera leur élaboration finale à toutes nos sensations tactiles et à la perception de notre corps. Nous ne sentons pas autant notre corps quand il est au repos que quand il bouge, et que le contact avec la réalité, autrement dit avec les objets, renouvelle constamment nos sensations.

19. *Les orifices du corps.*

J'ai dit plus haut que les parties de la peau qui sont tendues sur les os sont senties de façon privilégiée. Mais les points les plus importants du corps en sont les orifices, et, naturellement, ils sont le siège de sensations très particulières. Quand nous respirons en fermant la bouche, nous éprouvons des sensations particulières dans le nez; mais aussi quand nous respirons bouche ouverte et que nous ne sommes pas conscients de respirer, et même quand nous nous arrêtons de respirer, nous sentons distinctement l'intérieur des narines. Ce qui est important, c'est que nous les sentons près de l'orifice, non pas vraiment au bord des narines mais à environ un centimètre en retrait. A ce niveau, nous sentons ou bien quelque chose de spécifique, ou bien la fraîcheur de l'air. Il en va de même pour la bouche. Nous ne sentons pas notre bouche véritablement au bord des lèvres. La zone sensible est là encore à environ un centimètre en retrait. Quand nous respirons par la bouche, nous sentons l'air sur la voûte du palais mais il semble que nous le sentions aussi dans le tiers antérieur de la cavité buccale. Si nous respirons très profondément, nous sentons l'air au fond de la bouche et même dans la région du sternum : mais pas plus bas que la pointe du sternum et pas plus avant qu'à un ou deux centimètres de la surface. Nous pouvons dire d'une manière générale que les zones les plus sensibles du corps sont situées près de ses orifices, mais à un ou deux centimètres en retrait de la surface. Il est vrai que ces remarques, qui ne s'inspirent que des expériences que l'on peut faire sur son propre corps, restent très incomplètes. Mais elles donnent au moins une indication générale.

L'orifice de l'urètre est lui aussi senti à quelques centimètres en retrait de la surface. Il en va de même pour l'anus. On peut donc dire que dans la réalité psychologique, les orifices du corps sont situés à environ deux centimètres à l'intérieur du corps. Il est naturellement très important de savoir à quel endroit est senti le besoin d'uriner; il est certain qu'il se concentre dans la région psychologique que je viens de déterminer. L'homme le sent dans le gland du pénis, et la femme le sent en retrait du bord réel de l'urètre. Il peut y avoir aussi une sensation secondaire tout près du sphincter, mais, semble-t-il, plus près de la surface que le sphincter n'est en réalité. Quand la vessie est très dilatée, elle donne une sensation de pression que l'on situe elle aussi plus près de la surface de la peau, et qui se prolonge dans une direction parallèle à la peau de l'abdomen. C'est une sensation toute particulière, qui ne suggère pas un sac rempli, mais une lamelle sous la peau. Le besoin de déféquer est lui aussi localisé principalement dans la zone sensible de l'anus telle que je la définis, c'est-à-dire à quelques centimètres en arrière de l'orifice. Cette sensation peut s'étendre sur plusieurs centimètres. Le désir sexuel est localisé dans la région où est sentie l'ouverture de l'urètre, mais il s'étend le long de la surface inférieure du pénis, et, là encore, plus profondément que la peau. Chez les femmes, le désir sexuel n'est pas localisé à l'entrée de la vulve. Il semble que l'excitation sexuelle chez l'homme puisse s'étendre de l'orifice urétral à la région de l'orifice anal. Là encore, la zone sensible est un peu en retrait de la surface de la peau. En quel point de cette ligne qui relie les orifices urétral et anal se fait particulièrement sentir l'excitation sexuelle, c'est probablement un fait d'importance dans la détermination du caractère sexuel d'un individu.

Nous touchons ici à un nouveau principe important, à savoir que le caractère d'un individu s'exprime dans le modèle de son image corporelle. Il est aussi possible de discerner à partir de l'image du corps la force des complexes anaux. Il semble que toutes nos sensations internes soient elles aussi localisées dans cette zone sensible à quelques centimètres sous la surface du corps. La sensation de satisfaction et de bien-être a quelques prolongements lamellaires dans la région de l'estomac. Les maux d'estomac se localisent au départ en ce même point, qui peut se trouver relié au point anal, quand il existe une sensation d'indigestion. Notons que les sensations pathologiques ont tendance à être associées aux points sensibles des orifices : l'un de mes patients, bon observateur, qui souffrait d'urétrite, éprouvait de temps à autre des sensations douloureuses dans la partie inférieure droite du gland. Quand naissait cette sensation pénible de brûlure, il avait l'impression que son organe était tordu, le point douloureux étant déporté vers l'orifice de l'urètre (et, comme toujours, à environ un centimètre sous la peau); autrement dit, le point douloureux devenait en quelque sorte l'orifice de l'urètre. Comme la localisation restait correcte, il s'établissait un compromis, d'où l'impression que le pénis était tordu. L'examen à l'urétroscope révéla en effet une modification pathologique du côté droit de l'urètre, qui disparut après traitement local; disparurent aussi avec le traitement la sensation de brûlure et l'impression que l'organe était tordu.

Cet exemple nous indique donc qu'une forte sensation peut être interprétée comme orifice, les autres sensations devant s'adapter à cet orifice de création pathologique. Cette observation est intéressante en ce qu'elle souligne bien l'importance des points sensibles des orifices du corps. Naturellement, chaque partie du corps a sa psychologie particulière et son assortiment particulier de sensations. Il est certain que les mamelons, même s'ils ne sont pas touchés, marquent des points spéciaux dans la sensation de la surface de notre corps. Il y a sans aucun doute une étroite relation entre ces faits et les zones dites de Head.

Pour Head, les maladies des organes internes provoquent des douleurs et des hyperesthésies dans des segments particuliers, métamériques, de la peau. Mais j'ai observé, dans une série d'expériences, que la douleur n'est généralement pas sentie sur la peau, mais sous la peau, et, là encore, dans cette zone sensible qui est située à un ou deux centimètres en profondeur. Il semble bien que ce soit la zone essentielle dans la perception que nous avons de notre corps. Ce sera l'une des tâches futures des chercheurs d'étudier la symptomatologie des sensations subjectives dans les maladies internes.

Pikler a abordé un important problème en se demandant où exactement nous sentons notre volonté d'agir sur les muscles. Il semble que nous appréciions le poids et la forme de la partie du corps que nous avons l'intention de bouger, et que nous essayions de la bouger comme nous le ferions pour n'importe quel objet. Quand, étant debout, nous levons la jambe, nous avons l'impression de la bouger par le milieu de la cuisse. Quand nous renversons la tête en arrière, le poids qui nous entraîne nous semble situé au niveau de la plus grande circonférence du crâne. Quand nous exécutons une flexion du pied, nous avons l'impression d'avoir voulu bouger, et de bouger effectivement le milieu du pied. Notre volonté semble en quelque sorte dirigée sur le centre de gravité du membre à mouvoir. La volonté n'est pas dirigée sur le muscle, et notre intention de bouger le membre ne tient nullement compte de l'emplacement réel des tendons et des muscles. (Je dois préciser que les expériences de Pikler lui ont suggéré des conclusions différentes.)

20. *La masse pondérale du corps.*

Dans nos tendances au mouvement, nous traitons notre corps comme n'importe quelle autre masse. Nous allons aborder l'important problème du poids du corps et de la façon dont il est perçu. Il convient ici de faire quelques remarques préliminaires sur la perception du poids en général. Je rappellerai à cet effet les recherches de Friedländer. Quand nous tenons dans la main un objet, par exemple un cube de bois ou de métal, et que nous dirigeons notre attention sur cet objet, nous sentons alors son poids. Dès qu'apparaît la représentation, l'objet se remplit comme d'une substance lourde. Même si nous savons que l'objet est fait d'une matière homogène, cette substance n'est pas perçue comme également distribuée dans tout l'objet. C'est comme si elle se faisait plus dense vers le bas; le haut de l'objet est comme vide ou presque vide, la partie de l'objet la plus proche de la main qui le supporte est, elle, remplie d'une substance très dense. Des représentations visuelles symbolisent souvent cette substance : elle est vue parfois comme de l'écume, parfois comme de la poussière ou de la poudre, parfois comme quelque chose de liquide. Si l'on retourne l'objet, la substance reste dans le bas, le sommet étant vide ou à peu près. Nous avons l'impression que l'objet est maintenu en place par un effort actif de notre part, qui colle notre main à lui. Quand la main est soutenue, cette impression reste à peu près la même : il n'y a pas autant d'effort de tension dans le bras, mais toujours la sensation de pression sur la peau. Ce peut être la sensation dans le bras et la main (pression ou tension), ou la perception du poids de l'objet qui domine. De même, sur un plan plus général, il y a à la fois des sensations qui concernent tout le corps et des perceptions qui concernent l'objet, mais, selon les circonstances, ce sont les unes ou les autres qui dominent. Quand on se tient debout, on a l'impression que la masse lourde est concentrée dans les jambes et plus particulièrement dans les pieds. Un autre centre de gravité est situé dans l'abdomen : en position érigée, le poids est ressenti essentiellement dans sa partie inférieure. L'abdomen donne l'impression d'une masse lourde supportée par les fémurs. Il existe encore un autre centre de gravité dans la tête. Beaucoup de personnes sentent une masse lourde vers la base du crâne; le haut du crâne leur paraît plus léger.

Tout cela change si, de la position debout, on passe à la position couchée. La masse lourde descend immédiatement dans le dos. Dans la tête, elle se rapproche de l'occiput. La partie antérieure de l'abdomen semble plus ou moins vide. Beaucoup de personnes ont, de ces masses pondérales, des représentations visuelles, qui montrent bien que le corps est perçu de la même façon que n'importe quelle autre masse. Quand on inspire à fond et qu'on bloque le souffle, on sent immédiatement sa poitrine comme une masse pesante : ce qui semble paradoxal, étant donné que le poids spécifique des poumons est, naturellement, diminué. Mais nous touchons ici à un nouveau point très important : si la poitrine semble plus lourde et comme emplie d'une substance presque solide, c'est parce qu'il y a effort musculaire.

Pour bouger un objet lourd, il nous faut employer nos muscles. Plus il nous faut de force, plus l'objet nous semble lourd. Quand nous maintenons une partie de notre corps en position immobile par un effort musculaire, cette partie du corps paraît immédiatement plus lourde. On peut le constater aisément en bandant tous les muscles d'un bras : il paraît immédiatement plus lourd et plus compact que l'autre. L'impression de lourdeur dans notre corps varie donc avec la tension musculaire que nous lui appliquons, et les membres paralysés donnent par conséquent l'impression d'être plus lourds que des membres valides. Nous dirons donc que nous percevons notre corps comme une masse lourde, et ceci de la même façon que nous percevons une quelconque autre masse. Les paralytiques sentent non seulement plus lourds leurs membres atteints, mais plus lourds aussi les objets posés sur ces membres. Le même principe régit la perception de la lourdeur des objets et de celle de notre corps. Nous sentons nos membres différemment dès qu'ils sont soutenus, parce que la tension musculaire est changée. Nous devrons garder à l'esprit cette notion que la perception de la pesanteur dépend du degré de tension musculaire et des sensations de pression. C'est ce que Hartmann et moi-même avons montré.

C'est là tout ce que nous percevons de l'intérieur de notre corps. Notre corps perçu n'est rien de plus qu'une masse lourde, et les changements dans la perception du corps ne seront souvent que des changements dans la perception de cette masse lourde. J'ai dit plus haut que, quand nous commençons à nous observer, nous avons un sentiment de vide en nous. Beaucoup d'altérations névrotiques et pathologiques dans la perception du corps concernent son poids, qui devient plus lourd ou plus léger; concernent aussi cette substance qui remplit le corps. Sollier et Comar prétendent que certaines personnes sont capables de sentir leurs organes internes, jusque dans leur structure microscopique. Il est certain qu'ils se trompent. On peut admettre que certains sujets qui ont une connaissance scientifique de la structure de leurs organes internes puissent la projeter dans leur corps; mais il reste que nous n'avons aucun moyen de percevoir nos organes internes. Et quand ils deviennent douloureux, la sensation que nous en avons est située dans la zone sensible du corps, c'est-à-dire à environ deux centimètres sous la peau.

Disons quelques mots d'expériences sur les appréciations de poids. Pour Lotmar, dans les atteintes cérébelleuses, les poids sont sous-estimés, du côté de la lésion. Ce phénomène est loin d'être la règle. Holmes n'a observé aucun trouble particulier d'appréciation des poids dans une lésion d'un côté du cervelet; et dans neuf autres cas, les poids étaient au contraire surestimés. Goldstein également signale qu'une irritation du cervelet peut provoquer la surestimation des poids.

Nous avons vu que les lésions cérébelleuses provoquent souvent dans un bras une tendance à monter, autrement dit qu'il faut moins de tension musculaire pour maintenir la position normale du bras; et ce bras semble par conséquent plus léger; un poids posé sur ce bras semblera lui aussi plus léger. Quand au contraire le bras a tendance non pas à monter mais à s'abaisser, comme il arrive aussi parfois dans les lésions du cervelet, le sujet devra opposer une force supplémentaire à la pesanteur; le bras lui-même, et un objet placé sur le bras paraîtront plus lourds. Toute tension tonique sera par conséquent soit ajoutée soit soustraite à la tension musculaire et modifiera la perception de la pesanteur dans le membre et pour un poids placé sur le membre. Toute extrémité du corps qui monte est plus légère, toute extrémité qui s'abaisse est plus lourde; toute extrémité plus légère sous-estime les poids, toute extrémité plus lourde les surestime. Quand, comme dans les expériences de M. H. Fischer, de Wodak, c'est une irritation vestibulaire qui provoque la tendance à monter, on doit s'attendre à des phénomènes similaires. Dans l'expérience de Kohnstamm, également, le bras qui monte est plus léger, et sous-estime aussi les poids, comme l'a montré Mathaei. Il s'agit donc d'une règle générale, d'une grande importance pour la pathologie aussi bien que pour la connaissance de notre propre corps.

21. *L'influence vestibulaire sur la perception du poids du corps.*

Il est clair que l'irritation vestibulaire, qui a une si forte influence sur le tonus, doit immédiatement changer quelque chose à la perception du poids du corps. Mais avant d'aborder ce problème, il sera bon de voir ce qui se passe quand ce sont des forces extérieures qui modifient la pesanteur. Quand on est en avion et que l'avion s'élève, une force puissante comprime le corps contre le siège. De même, dans un ascenseur qui monte, notre corps nous semble plus lourd. Debout, nous sentons cette lourdeur accrue dans les jambes surtout; assis, dans les fesses. On a la même impression en bateau, dans les mouvements ascendants. En avion, quand on descend, le corps paraît immédiatement plus léger; de même dans un ascenseur. En d'autres termes, nous percevons en quelque sorte l'addition ou la soustraction de masses physiques à notre corps. Mais, en outre, les diverses influences de l'appareil vestibulaire sur le tonus musculaire modifient la perception du poids du corps. Voici quelques notes recueillies par Parker et moi-même, qui consignent les impressions de divers sujets dans un ascenseur rapide.

1° Quand l'ascenseur monte, les jambes sont plus lourdes, surtout les pieds. Si on tend les bras devant soi, ils paraissent plus lourds et s'abaissent. Ceci n'est valable que pour le démarrage et disparaît dès que l'ascenseur a acquis une vitesse constante.

2° Quand l'ascenseur s'arrête, les bras montent et sont plus légers. On a l'impression que le corps continue à monter, puis redescend en décrivant une légère courbe vers l'avant et en redevenant plus lourd. L'impression de légèreté du corps au moment précis de l'arrêt s'accompagne de la sensation que le corps s'est allongé; comme si la substance pesante interne se détachait des pieds et voulait sortir du corps par le haut.

3° Après des montées répétées, le mouvement apparent, surtout quand on garde les yeux fermés, persiste, et la masse subjective se déplace vers le haut alors que les jambes ne bougent pas, ou très peu. Quelque chose sort du corps. Tout le corps est affecté d'un léger balancement sans direction particulière. Là encore, c'est comme si quelque chose essayait de sortir du corps, particulièrement de la tête, qui paraît plus grosse.

4° Quand l'ascenseur descend, les bras montent et deviennent plus légers. De même pour tout le corps. Là encore c'est une sensation qui n'accompagne que le démarrage, disparaissant dès que l'ascenseur a acquis une vitesse constante; le corps perd alors sa lourdeur et semble allongé.

5° Quand l'ascenseur s'arrête en descente, les jambes deviennent plus lourdes, mais le reste du corps continue à descendre; plus bas que les pieds on sent deux pieds fantômes, plus légers. En même temps, le corps se raccourcit. Après quoi, le corps revient, en décrivant une légère courbe, à sa position première. Les bras s'abaissent, paraissent plus lourds, puis reviennent à leur position normale, s'allègent.

6° Il peut y avoir une autre sensation après-coup : un fantôme, une masse, descend et le corps se raccourcit. Quand les bras s'abaissent, on a l'impression qu'ils sont plus lourds; et, souvent, qu'ils s'enfoncent dans le corps. Quand les bras s'élèvent, on a l'impression d'être repoussé. La sensation de lourdeur est plus prononcée dans les jambes. Seule l'accélération déclenche ces phénomènes; c'est d'elle aussi que dépend la perception du mouvement. Mach et M. H. Fischer font les mêmes remarques à ce sujet. Comme je l'ai indiqué, corps et bras paraissent plus lourds en vertu des lois d'inertie des corps. Il est très symptomatique qu'en descente (note 4) le corps ne paraisse pas seulement plus léger mais aussi plus long : comme si une partie de la tête ne suivait pas le mouvement et restait à sa place. C'est un effet après-coup de la posture de la tête, et cette sensation après-coup est plus forte que la sensation que donne la posture réelle de la tête : ce qui se passe quand l'ascenseur s'arrête le confirme. Les sensations après-coup sont rapportées au fantôme du corps et non au corps réel. Nous savons où se trouve le corps; nous avons l'impression qu'il n'a pas bougé, ou très peu. Il est remarquable que les impressions tactiles, kinesthésisques et aussi optiques n'aient pas d'influence sur la position subjective de la tête. La sensation qui vient de la plante des pieds donne la notion de l'endroit où ils se trouvent. Les déplacements verticaux entraînent une dissociation dans l'image du corps, telle qu'une partie de la substance qui l'emplit sort du corps dans le sens de la sensation après-coup. Ce phénomène d'évasion de la substance de la tête hors de son contenant a une importance toute particulière. Cette substance qui s'échappe est porteuse de la localisation du moi. Claparède a montré que nous localisons généralement notre moi à la base de l'os frontal, entre les yeux. Nous ajouterons seulement que la sensation après-coup d'origine vestibulaire entraîne avec elle cette localisation du moi : elle est plus importante que l'image du corps construite sur les autres sensations. La longueur subjective du corps étant donnée par la sensation de la plante des pieds et la localisation du moi (qui, comme nous venons de le voir, dépend d'une sensation après-coup vestibulaire), peut donc s'allonger ou se raccourcir. Cette réaction : allongement et raccourcissement du corps selon la dissociation entre les jambes réelles et la tête vestibulaire, est particulièrement claire quand (voir les points 3 et 6 des notes qui précèdent) ce sont des sujets dotés d'un appareil vestibulaire particulièrement sensible qui éprouvent des sensations après-coup. L'impression de balancement du corps sans direction particulière, qui est probablement due à une irritation diffuse de l'appareil vestibulaire, entraîne l'évasion de substance par la tête, laquelle paraît plus grosse. La tête semble aussi plus grosse après une intoxication alcoolique, c'est un phénomène bien connu. L'alcool, on le sait, agit sur l'appareil vestibulaire. Mais la dissociation de l'image du corps sous l'influence de mouvements verticaux accélérés a une signification plus générale. L'irritation vestibulaire que provoquent ces mouvements dissocie des autres les impressions de poids d'origine vestibulaire. Sous l'effet de l'irritation vestibulaire, une partie de la substance du corps, celle qui est localisée dans la tête, devient flottante; elle est comme un fantôme aux contours indistincts. Le centre des autres sensations de pesanteur est situé dans les jambes, du moins en position debout. Quand une partie de la substance corporelle s'évade du corps, celui-ci devient plus léger : comme si une partie du poids du corps était retranchée. Autrement dit, le corps n'est une unité, un tout, que tant qu'il n'y a pas d'irritation particulière dans le champ vestibulaire. Une irritation inhabituelle du nerf vestibulaire dissocie le modèle postural du corps. Pour M. H. Fischer, l'accélération dans le sens vertical affecte les otolithes. Les dissociations décrites plus haut sont probablement dues à une excitation dans cette zone des otolithes. Mais il est plus probable que c'est à une irritation des canaux semi-circulaires qu'est due l'impression de balancement sans direction particulière, et de grossissement de la tête qui s'ensuit.

On déclenche des phénomènes très semblables, affectant le modèle postural du corps, en plaçant un sujet sur un tabouret tournant et en lui faisant décrire des girations dans l'un ou l'autre sens, ou encore en versant dans l'oreille de l'eau chaude ou froide; ces phénomènes n'ont pas été encore suffisamment étudiés. Mais on sait que tout mouvement apparent du corps ou d'une extrémité en extension provoque un déplacement de la substance lourde du corps dans la direction de ce mouvement apparent. Le mouvement apparent entraîne dans son sillage une partie de la substance corporelle. Subsistent un fantôme, et l'autre partie du corps, orientés selon les sensations dominantes du corps, celles particulièrement qui viennent de la plante des pieds. Nous en venons donc à la conclusion que l'appareil otolithique ainsi que les canaux semi-circulaires ont une influence sur la perception de la pesanteur du corps, et que les mouvements apparents vestibulaires entraînent avec eux une partie de la substance lourde. Il y a aussi des parties qui sont plus importantes que d'autres pour l'orientation du corps. Ce sont surtout les parties qui subissent le poids, la plante des pieds en position debout, les fesses en position assise; il faut leur ajouter ce point important de la tête où Claparède situe la localisation du moi.

Nous pouvons sans risque d'erreur associer, du moins partiellement, à cette localisation du moi les muscles oculaires et la position des yeux. Quand les yeux sont en position normale, le moi est dirigé vers l'avant; les sensations réelles, kinesthésiques et tactiles, forment un tout avec les impressions vestibulaires et optiques : toute irritation anormale dans le champ vestibulaire entraîne d'importantes dissociations. Quand nous essayons d'avoir une image de notre corps, nous prenons d'abord des repères, un cadre, dans lequel elle vient s'inscrire. La plante des pieds nous donne le contact avec la terre et la base nécessaire à l'orientation dans l'espace environnant. La tête est le siège de l'estimation des distances (Sherrington). Le centre du Moi, nous l'avons dit, est entre les yeux. Puis les orifices du corps et les parties de la peau qui sont tendues sur les os donnent d'autres indications.

Le cadre de l'image du corps étant ainsi posé, l'image s'élabore ensuite par touches successives.

Ces remarques sont d'une grande importance pour la psychologie de la neurasthénie et de l'hypocondrie. Selon Leidler et Loewy, un grand nombre de névrosés présentent des altérations vestibulaires, qui affectent les sensations de pesanteur du corps, et en particulier l'impression de masse pesante. Les neurasthéniques se plaignent souvent d'avoir quelque chose de flottant dans le corps. Ils disent qu'ils ont des bulles dans la tête et dans les membres. Ils parlent aussi de vide et de mouvements dans la tête, comme si quelque chose était en train de se détacher ou de se dissoudre à l'intérieur. D'ailleurs, comme je l'ai dit, certains sujets normaux ont aussi l'impression que ce qui donne du poids à leur corps n'est pas une substance homogène, mais comme de l'écume. Nous verrons plus loin que la neurasthénie s'accompagne d'une faiblesse particulière du schéma corporel. Dans tous les cas d'irritation vestibulaire par conversion, la structure du modèle du corps est affectée. Nous verrons plus loin quelles tendances favorisent la dissociation de l'image du corps.

22. *La douleur.*

Le problème de la douleur ne peut être compris que dans son rapport avec le schéma corporel. Goldscheider et von Frey se sont longtemps opposés sur cette question. Goldscheider maintient qu'il n'existe pas de voie nerveuse spécifique de la douleur; von Frey, qu'il existe des points spécifiques de la douleur sur la peau. Il est certain qu'il existe sur la peau des points qui sont plus prompts que d'autres à enregistrer les stimuli douloureux. Certains auteurs estiment que l'on ne peut légitimement parler de perception de la douleur, mais seulement de réaction de l'organisme à la douleur. Mais il ne faut pas oublier que pour toute perception, il faut faire la distinction entre l'objet perçu, la sensation en rapport avec cette perception, et enfin la réaction de la personnalité totale à la perception. Dans la réalité, c'est, naturellement, un acte unifié, et il est toujours artificiel de le décomposer. Mais il est toujours nécessaire en psychologie d'en garder l'analyse à l'esprit. Ce schéma général n'est d'ailleurs pas suffisant, étant donné que chaque sensation ne prend son sens et sa signification que par rapport à l'ensemble du corps, de sorte qu'il faudrait y ajouter une décomposition supplémentaire : soit 1° perception; 2° sensation; 3° rapport de la sensation au corps comme un tout (image du corps); 4° réaction de la personnalité totale.

On pourrait naturellement faire encore des subdivisions, particulièrement pour le point 4, mais nous laisserons cela de côté pour le moment. La description de toute expérience doit contenir tous les points de cette division fondamentale, et la relation entre les quatre étapes de la perception en sera une caractéristique fondamentale. Dans la sphère optique, la perception est distante et séparée de la sensation; la sensation en tant que telle (éprouvée dans le corps) ne joue pas un rôle important; il nous faut même une certaine attention pour découvrir que la perception optique s'accompagne d'une sensation : ce n'est pas pour l'expérience de cette sensation que nous utilisons notre corps dans la vision. Dans la réaction de la personnalité totale, la réaction du corps est donc moins importante que les réactions émotionnelles et les fonctions psychiques dites supérieures. Il en va presque de même pour l'ouïe. On peut dire de ces deux groupes d'expériences, optique et acoustique, que la sensation et la perception sont très distantes l'une de l'autre dans l'espace. Dans la sphère tactile, sensation et perception sont plus rapprochées. Le modèle postural du corps joue un rôle beaucoup plus évident. On peut faire entrer l'odorat et le goût dans la même catégorie. Goût et odorat ont une fonction objectivante, mais leurs objets sont, partiellement du moins, à l'intérieur du corps, et par conséquent la réaction de la sphère instinctuelle du corps s'en trouve renforcée. Dans la douleur, l'objet devient comparativement sans importance. Quand nous souffrons physiquement, la qualité de l'objet nous importe moins que la sensation éprouvée. En même temps, objet et sujet se rapprochent au point qu'il devient difficile de les différencier. La sensation, comme telle, a tendance à s'irradier; la cénesthésie joue un rôle très important. Elle détermine la vigoureuse réponse somatique de la personnalité totale. Les émotions dites supérieures jouent un rôle moins important, du moins à l'origine. Rien n'autorise à nier que la sensation de douleur ait une qualité spécifique. Et, dans la mesure où les sensations ont des voies nerveuses qui leur sont spécifiques, il n'y a pas de raison de nier que la douleur ait les siennes, ainsi que son propre appareil terminal.

Nous ne nous demanderons pas ici si Head a tort ou raison de penser que la peau possède deux systèmes de sensibilité, l'un protopathique, l'autre épicritique. Ce serait, selon lui, plutôt du système protopathique que dépendrait la sensation de douleur. Il se peut que tous les nerfs et appareils périphériques soient capables de provoquer la douleur; mais il n'existe probablement pas d'absolue spécificité de l'excitation nerveuse dans aucun appareil perceptif. Je ne pense pas que la théorie ancienne de J. Müller, d'après laquelle il existerait des énergies spécifiques des sens *(specifische Sinnes-Energie)* rende compte des faits. On peut pour le moins supposer que le principe de synesthésie, qui est un phénomène presque universel, vaut non seulement pour le système nerveux central, mais aussi pour les parties plus périphériques de l'appareil perceptif. A qui voudrait ne considérer la douleur que comme une réaction totale et non comme une sensation, on peut rappeler que la lésion du cordon latéral de la moelle épinière provoque indubitablement une perte de la sensibilité à la douleur relativement isolée. Rappelons aussi que la lésion du nerf lui-même crée également une zone d'insensibilité à des stimuli qui autrement provoqueraient la douleur. Par conséquent, on peut attribuer la sensation de douleur à un système déterminé. Pour Achelis, la douleur se définirait avant tout par la réaction qu'elle provoque. Mais là non plus nous ne touchons pas à une caractéristique spécifique de la douleur : j'ai souvent répété que la réponse motrice, ou au moins la tendance à une réponse motrice, est l'une des caractéristiques générales de toute perception. Ce n'est après tout qu'artificiellement que l'on peut séparer la sensibilité de la motilité. Dans toute situation, il y a réponse motrice, et c'est l'un des mérites du behaviorisme que d'avoir mis énergiquement l'accent sur ce fait. Quand on étudie le comportement de l'homme ou d'un organisme quelconque, on trouve toujours en même temps des sensations, des perceptions et des réactions motrices; et le behaviorisme est dans le juste dans la mesure où il fait du comportement l'entité première. Mais le behaviorisme est aussi contraint de reconnaître qu'il y a des stimuli, des changements dans la situation, et que la réponse de l'organisme est à comprendre en tant que réponse. La grande erreur du behaviorisme est de penser pouvoir définir les changements dans la situation autrement qu'en termes de perception. Perception et réponse motrice sont les deux pôles de l'unité comportement. On peut dire, il est vrai, que certaines réponses motrices ne sont qu'incomplètes, ou même ne sont que tendance à une réponse. Mais, quand on étudie un réflexe, rien n'autorise à dire qu'aucune perception ne lui est liée. Les réflexes sont aussi des réponses, comme Sherrington l'a montré. On n'a pas le droit de dire qu'il n'y a pas de perception dans la réponse d'une moelle épinière isolée, dans une préparation spinale. Nous ne savons rien de précis sur la psychologie de réflexes de ce genre. On peut même aller plus loin et demander : Qu'est-ce que la psychologie de la croissance? Qu'est-ce que la psychologie de la réaction d'un tissu? Mais ceci nous entraînerait sur le terrain de la philosophie de la nature, et ce n'est pas ici le lieu de tenter d'étayer des propositions aussi générales. Ces remarques n'ont d'autre but que de bien faire sentir quel est en psychologie mon point de vue général. On ne peut nier en tout cas que dans le domaine qui nous occupe, perception, sensation et réponse motrice forment une unité. La relation entre les différentes parties de ce tout peut varier, la sensation ou la réponse motrice peuvent être très effacées; mais elles seront toujours présentes au moins potentiellement.

Il semble que, comme le toucher, la douleur aussi, même superficielle, soit sentie à un niveau qui est psychologiquement situé en retrait de la surface visible (perçue ou imaginée) du corps. La douleur doit être localisée, et par conséquent reliée à l'organisation de l'image du corps. Les phénomènes d'irradiation sont particulièrement intéressants. Il semble que toute douleur en un point de la surface du corps renforce le modèle postural en ce point, le distorde, avec des impressions d'enflure. Certains faits confirment l'idée que la douleur doit être liée au modèle postural du corps. Il y a des cas pathologiques où la perception de la douleur est apparemment préservée sans que le sujet fasse aucun cas de cette douleur qu'il ressent pourtant. J'ai, avec Stengel, décrit une asymbolie à la douleur. Nos observations portaient d'abord sur une patiente qui n'avait aucune réaction quand on la pinçait, la frappait ou la piquait, même fortement. Par exemple, nous la piquions à plusieurs reprises dans le dos : au début, elle n'avait aucune réaction, puis finissait par se toucher plusieurs fois le dos avec la main droite à l'endroit précis de la piqûre. Nous la pincions au bras, elle retirait son bras, mais mollement et sans rien manifester à notre égard. Nous la frappions sur le cubitus, avec une brosse par exemple, elle ne bougeait pas. Cette patiente était atteinte de logorrhée liée à une aphasie sensorielle; il lui arrivait parfois de dire : « Ça fait mal », mais aussi, souvent, d'offrir d'elle-même son bras aux coups et aux piqûres. Il lui arrivait même de se faire mal volontairement. Ce n'était pas qu'elle se désintéressât de la douleur; au contraire, elle y portait énormément d'intérêt. L'autopsie révéla une petite lésion du lobe frontal et une autre, assez étendue, depuis la circonvolution de

Heschl et la partie supérieure de la première circonvolution temporale jusqu'à la partie inférieure du lobule marginal supérieur et au pli courbe du lobule angulaire, mais de façon beaucoup moins prononcée; le centre de la lésion était nettement situé dans le lobule marginal supérieur.

D'autres cas nous confirmèrent d'ailleurs dans l'opinion que les lésions du lobule marginal supérieur jouent un grand rôle dans la genèse de l'asymbolie à la douleur. Il est plus que probable que dans celle-ci les patients ne peuvent rapporter la douleur à l'image du corps. Soulignons d'ailleurs que cette région du cerveau est très proche de celle dont, d'après nous, dépend la formation du schéma corporel. Notons aussi que ces patients réagissent de façon très incomplète aux situations générales de danger. Nous avons déjà parlé d'une asymbolie aux situations dangereuses. Il est important d'étudier les réactions motrices de ces malades. Ils ont des réactions locales, mais qui restent isolées; une crispation, mais jamais de défense réelle; parfois même, aucune réaction. Il semble que l'asymbolie rende incomplètes les réactions motrices. Dans certains cas, c'en est même le trait principal. Mais même dans ces cas, c'est toujours le fait d'une intégration incomplète de la perception douloureuse qui domine le tableau. Notons que deux des malades que nous avons observés nous ont dit, une fois guéris, qu'ils ne pouvaient se souvenir d'avoir ressenti les effets douloureux des piqûres. Il semble qu'en tout cas, dans les cas de ce genre, la douleur soit déconnectée de l'image du corps et par conséquent de la personnalité. Mais on ne peut en aucun cas assurer que la douleur n'est absolument pas sentie.

J'ai jusqu'à présent laissé de côté deux traits importants; à savoir que les patients s'offrent souvent d'eux-mêmes au stimulus pénible, et que, même, ils se font mal volontairement; dans le cas que je viens de décrire, la malade s'enfonçait des objets dans les yeux et aurait pu se blesser grièvement si nous ne l'en avions empêchée. Il y a là une analogie avec des tendances sado-masochistes. On peut dire aussi que les malades éprouvent de la curiosité pour cette sensation qu'ils ne peuvent percevoir complètement. Ces patients, comme je l'ai dit, sont aussi insensibles aux gestes de menace, et aux situations dangereuses en général. Le danger est, après tout, un danger pour le corps. On pourrait même parler d'une asymbolie au danger. Certains malades ne réagissent pas non plus aux bruits trop forts. Mais dans ces cas aussi, c'est toujours l'absence ou le peu de réaction à la douleur qui est le trait dominant. La douleur en soi signifie danger pour l'organisme. Les mouvements normaux de réaction à la douleur sont une tentative d'échapper à une situation dangereuse. Il est presque certain que l'enfant conçoit la douleur avant de concevoir le danger, et que le danger signifie pour lui quelque chose qui tôt ou tard lui fera mal, et risque par conséquent de porter atteinte à l'unité de l'organisme et de son image. Certains cas dits de surdité verbale pure s'accompagnent d'insensibilité aux bruits trop forts. Il y a là probablement un rapport avec le phénomène que je viens de décrire. Il y a certainement des cas qui sont la contrepartie de ce phénomène, cas dans lesquels la sensibilité à la douleur et au danger est accrue. Je ferai l'hypothèse, dans ces cas, d'une lésion située entre la région de Broca et la région de Wernicke.

Il est certain que l'appareil cortical ne régit pas seul la sensibilité à la douleur. Chez les alcooliques atteints d'obnubilation profonde de la conscience, j'ai, avec Bender, observé un accroissement de la sensibilité à la douleur. Il semble que l'appareil somatique de la conscience ait une influence protectrice et que, quand il est altéré, la réaction à la douleur soit accrue. Bien que la douleur dépende d'un appareil sous-cortical, elle doit aussi être reliée à des activités corticales. L'obscurcissement de la conscience ne fait pas cesser complètement l'activité corticale; on a l'impression que la douleur submerge le corps tout entier.

L'effet de la douleur sur l'image du corps n'a pas jusqu'à présent été suffisamment étudié. La partie du corps sur laquelle la douleur est ressentie draine toute l'attention : c'est là que se concentre la libido (Freud) et les autres parties de l'image du corps perdent de leur importance. Mais, en même temps, la partie douloureuse est isolée, quelque chose la pousse hors de l'image du corps. Quand le corps tout entier est submergé par la douleur, c'est du corps tout entier que le sujet voudrait se débarrasser. Il se pose comme hors de son corps et s'observe. Quand on souffre d'une rage de dents et qu'on est au bord du sommeil, on a parfois le sentiment que l'on se guette soi-même et que la douleur réside dans un autre corps.

23. *Le développement de l'image du corps.*

Notons que les nourrissons ont des réactions très incomplètes à la douleur. Il en va de même pour les animaux (cf. plus loin). Y aurait-il donc des stades du développement ontogénique dans lesquels l'image du corps serait inachevée? Et le fait qu'un organisme réagisse incomplètement à la douleur est-il le signe d'une intégration insuffisante de l'image du corps? Pour tenter de répondre à ces questions, il nous faudra d'abord étudier la structure libidinale du schéma corporel.

Deux facteurs, apparemment, jouent un rôle particulier dans la création de l'image du corps. L'un c'est la douleur, l'autre c'est le contrôle moteur des membres.

Preyer a mis l'accent sur le rôle de la douleur. Il faut bien reconnaître que la douleur nous concerne d'une manière particulière. Bernfeld insiste sur le fait que c'est l'intention qui agit d'abord sur le corps, mais toute sensation contribue à la construction de l'image corporelle. De ce point de vue, il n'y a pas de différence fondamentale entre les diverses sensations. Toutes les sensations sont toujours les sensations d'une personne. Il y a le facteur central du moi avec ses intentions, ses tendances, ses désirs; ce facteur central utilise les sensations et les perceptions.

Beaucoup d'auteurs ont tenté d'attribuer aux sensations qui viennent de l'intérieur du corps une importance décisive dans l'élaboration de l'image du corps. Les auteurs français parlent de cénesthésie; mais il est certain que les sensations venant de l'intérieur du corps n'ont pas de signification interne avant d'être mises en connexion avec l'image du corps. Pas un seul de ces nombreux auteurs français n'a pris la peine d'étudier de près ce que nous savons de l'intérieur de notre corps. Je ne pense pas que cette cénesthésie, ces *Gemeinempfindungen*, jouent un rôle décisif dans la construction de notre moi corporel. Le moi corporel est construit à partir des besoins de la personnalité. Il est vrai que la douleur est de ce point de vue un facteur important : elle nous aide à déterminer ce que nous voulons rapprocher de notre personnalité, du centre de notre moi et ce que nous voulons en éloigner. Cette décision et ce choix doivent être dans un rapport étroit avec les activités motrices. Mais ce qui est vrai de la douleur l'est aussi d'autres sensations. Chaque sensation a sa motilité, comme je ne cesse de le souligner. La sensation porte en elle sa réponse motrice. Il y a par conséquent à la base de notre moi corporel une activité continue, celle qui choisit et rejette. La théorie de Bernfeld trouve ici sa place.

Nietzsche appelle le corps *Herrschaftsgebilde* (création de la volonté de puissance). On peut dire la même chose de l'image du corps. De même que l'expérience visuelle joue un rôle considérable dans notre rapport avec le monde, elle joue aussi un rôle dominant dans la création de l'image du corps. Mais l'expérience visuelle est aussi une expérience active. C'est par des actions et des décisions que nous donnons sa forme finale à notre moi corporel. C'est un processus de développement actif continuel. On ne peut séparer qu'artificiellement, et pour les besoins de l'analyse, les expériences sensorielles des activités internes et des tendances libidinales, qui émanent de la personnalité centrale.

Le développement du schéma corporel se fait, semble-t-il, parallèlement au développement sensorimoteur. Luquet, qui a étudié les dessins d'enfant, parle d'incapacité synthétique chez l'enfant. La chose n'est pas donnée comme un tout. Seuls les détails sont donnés et, du fait de l'absence de relation synthétique, simplement juxtaposés. C'est ainsi que l'enfant placera l'œil près de la tête, le bras près de la jambe, etc. Certes, le dessin est une activité psychique assez complexe. Il est délicat de déterminer si cette incapacité synthétique repose sur des difficultés sensorielles ou simplement sur des incapacités motrices. En tout cas, les dessins que font les enfants les satisfont complètement : ce qui me laisse à penser que la façon dont ils représentent les figures humaines reflète bien leur connaissance et leur expérience sensorielle de l'image du corps. Ils expriment au moins l'image mentale qu'ils ont du corps humain, et l'image du corps est image mentale aussi bien que perception.

Goodenough a également étudié les dessins d'enfant et son matériel est très précieux pour l'étude de ce problème de l'image du corps infantile. C'est surtout la façon dont les enfants dessinent les doigts qui retient l'attention. Parfois ils en mettent trop, parfois ils les dessinent tous sur la même ligne. Il semble qu'il y ait un étroit parallélisme entre le développement visuel et la compréhension de certaines relations dans l'image du corps. Piaget a étudié le développement du sens de la droite et de la gauche chez les enfants. Entre cinq et huit ans, la gauche et la droite n'ont pour eux de signification que par rapport à leur corps. Entre huit et onze ans, ils apprennent à l'appliquer aux autres. Ce n'est qu'après onze ans qu'ils sont capables d'exploiter librement la notion droite-gauche pour les autres, pour les objets dans l'espace et pour eux-mêmes. Piaget distingue trois stades : 1° égocentrisme; 2° socialisation; 3° objectivité complète. Il pense que cette évolution n'est qu'affaire de jugement et de raisonnement, mais je crois distinguer dans ce développement de la notion de droite et de gauche un développement parallèle de l'image du corps. Selon Koffka, un enfant peut ne pas reconnaître une bouche, un doigt, une oreille sur une image, tout en étant capable de les reconnaître sur son propre corps. Il nous semble en tout cas que, du point de vue du développement sensorimoteur, c'est par un effort continuel que l'enfant rassemble en une forme complète ses expériences plus ou moins isolées et fragmentaires. Même une fois rassemblées, les parties ne sont pas en relation aussi étroites avec le tout qu'elles le sont chez l'adulte.

24. *Deux illusions. L'influence de la sphère optique sur l'image du corps.*

Deux illusions peuvent nous aider à mieux comprendre les problèmes dont nous traitons ici :

Voici la première : je tiens une clé devant moi, verticalement. En gardant mon regard fixé sur un point éloigné, j'en ai une vision double. Avec un doigt de ma main libre, je touche le haut de la clé, et je vois ce doigt également en double. Je vois maintenant deux doigts, lesquels touchent tous les deux la clé. Au bout d'un moment, j'ai l'impression vive non seulement de voir deux clés, mais aussi d'en toucher deux. Cette impression est encore plus vive quand j'éxécute une série de petits mouvements avec mon doigt, de façon qu'alternativement je touche et ne touche plus la clé. Avec cette impression tactile double, je garde aussi très vive mon impression visuelle double et j'ai deux doigts qui me semblent aussi vivants, réels, l'un que l'autre. Si je pique un doigt avec une épingle, je sens aussi deux piqûres. Le dédoublement est plus net quand je concentre mon attention sur l'objet que quand je la concentre sur ma sensation.

Dans la même expérience, certains sujets sentent le contact du doigt avec la clé, ou la piqûre, non pas sur les deux doigts qu'ils voient, ou sur l'un des deux, mais en un point qui est situé entre deux, et c'est précisément le point qui serait vu si, au lieu d'avoir créé une vision double, on fixait simplement le doigt. L'image optique des doigt donne alors une impression assez irréelle et fantomatique. Quand je crée une vision double, l'un des deux doigts que je vois est plus consistant que l'autre (lequel serait plutôt comme un fantôme). On sent généralement que, des deux doigts vus, le vrai est celui qui touche la clé. Si l'on couvre la main de façon que les deux doigts soient vus isolés du reste du corps, on sent un doigt vivant mais invisible entre les deux doigts vus, et ceux-ci donnent tous les deux l'impression d'être des fantômes.

Ces phénomènes sont éprouvés par la grande majorité des gens.

Cette expérience montre que l'image optique peut déterminer la sensation tactile et le modèle tactile du corps. Mais le fait que le doigt réel puisse dans certaines conditions être senti entre les deux images optiques inchangées montre que le schéma du corps est déterminé dans certains cas par l'image optique et dans d'autres par la sensation tactile. La structure finale du modèle corporel dépend de la situation globale. C'est elle qui détermine si ce sera le matériel optique ou le matériel tactile qui sera utilisé dans l'image du corps. Mais quelquefois aussi, le matériel optique peut lui-même déterminer l'impression tactile, et, partant, le modèle du corps.

Nous pourrons comparer les résultats de cette première illusion avec ceux de la deuxième expérience, mise au point par Stratton, Wooster et Scholl. Stratton s'était confectionné un masque qui couvrait l'œil gauche et plaçait devant l'œil droit un système spécial de lentilles qui lui donnait une vision renversée dans les deux sens : le haut en bas, le bas en haut, la droite à gauche, la gauche à droite. Pour dormir, il se bandait les deux yeux. Il soutint l'expérience pendant huit jours, soit quatre-vingt-six heures vécues dans un monde renversé. Voici ses notes, publiées par Scholl.

1er jour. « Tout me semble renversé. Je me trompe dans tous mes mouvements, car j'agis instinctivement comme si tout était normal, sans m'adapter à ce que je vois. Mes mains n'arrivent pas à toucher l'objet que je voudrais saisir. Pour prendre un objet situé carrément à ma gauche, je me trompe de main, j'emploie la droite. Tension inhabituelle de l'attention, très fatigante. Je suis tenté d'éviter toute impression désagréable et de ne me servir pour m'orienter que de mes impressions tactiles, du mouvement, et de mes images visuelles d'avant l'expérience. Mais, pour achever l'acte, j'oublie souvent les conditions nouvelles de ma vision. Les images que je conserve d'avant l'expérience interfèrent avec ce que je perçois maintenant. Je localise de deux façons mes bras et mes jambes : je les localise là où je les vois, mais, en arrière-plan, la localisation habituelle subsiste, étroitement liée à mes sensations musculaires et tactiles. Lorsque je touche un objet, cela déclenche une image visuelle qui est celle d'avant l'expérience. La sensation du toucher me vient du côté opposé à celui que j'attendais. Je confonds de même le haut et le bas. J'éprouve de la nervosité et une compression dans le haut de l'estomac qui me donne une légère nausée.

2e jour. « La nervosité subsiste. Mes mouvements intentionnels sont moins difficiles et plus appropriés à mes expériences visuelles actuelles. J'imagine mieux que le premier jour où peuvent être placés des objets qui ne se trouvent pas dans mon champ visuel. Avec un certain effort, j'imagine où se trouvent mes bras et mes jambes, mais pas le reste du corps. Je croise mes mains au-dessus de ma tête et je les bouge : elles disparaissent de mon champ visuel, vers le bas, et le mouvement me donne une sensation de vide dans la poitrine et les épaules. J'ai l'impression que mon corps est debout, normalement, et que c'est le monde extérieur qui est renversé. Le soir, je fais une promenade : je suis incapable de reconnaître les lieux, mais je les revois comme à l'habitude dès que je ferme les yeux.

3e jour. « Je me sens plus à l'aise. Je peux faire le geste d'écrire tout en regardant mes mains sans difficulté. Mais je me trompe encore souvent de main pour prendre un objet situé carrément à ma gauche ou à ma droite. C'est quand la localisation visuelle doit être accompagnée de localisations tactiles et motrices que j'ai le plus de mal à repérer la gauche et la droite. Ce que je regarde de haut me donne la même impression que ce que je regarde ordinairement d'en bas; je me place debout devant la cheminée et je regarde le feu à partir de mon occiput. Quand je touche un objet, je peux maintenant prévoir où je vais ressentir la sensation du toucher; mais je me trompe encore quelquefois. Je peux maintenant imaginer visuellement les parties de mon corps que je ne vois pas, surtout si en même temps je regarde mes bras ou mes jambes. Quand je ferme les yeux, j'ai maintenant des images qui correspondent à la réalité nouvelle de ma vision.

4e jour. « Je n'éprouve plus de troubles somatiques. Au réveil, ayant encore les deux yeux bandés, j'ai imaginé le lavabo et ce qui l'entoure selon mes données d'avant l'expérience mais les mouvements que j'ai faits aveuglément pour m'y rendre ont correspondu à ma vision nouvelle des choses, et étaient donc opposés et à la réalité et à ma vision imaginée. J'ai donc réagi de la manière nouvelle à mon système de repères ancien au lieu de réagir de la manière ancienne à mon système de repères nouveau. Mon erreur la plus fréquente maintenant dans mes mouvements, c'est que j'emploie telle main alors que dans ma vision actuelle des choses, j'aurais dû employer l'autre. En employant la main droite pour ramasser un livre qui était par terre à ma gauche, j'ai découvert par hasard une méthode simple pour choisir la « bonne » main pour ramasser les objets par terre; j'ai employé cette méthode plusieurs fois sans jamais me tromper : si je tape une ou deux fois du pied qui est situé le plus près de l'objet avant de me baisser pour le ramasser, c'est la bonne main qui se tend spontanément vers l'objet. Curieusement, il m'est donc plus facile de trouver le bon pied que la bonne main. Je peux former des objets situés hors de mon champ visuel une image qui s'harmonise à celle des objets que je vois, mais il m'est impossible de les renverser. Il y a maintenant une relation plus nette entre la sensation de toucher et l'image visuelle correspondante. Mes manières de localiser anciennes et nouvelles sont maintenant en compétition. En fermant les yeux, je prends dans chacune de mes mains deux objets de forme différente. J'imagine que je vais voir l'un à droite et l'autre à gauche. Quand j'ouvre les yeux, je constate que je me suis trompé : j'ai la vision opposée. L'impression qu'un objet est droit ou renversé dépend de la direction que je donne à mon intention : si je regarde mes bras ou mes jambes, les objets me paraissent droits. Si je regarde ailleurs que sur mon corps, et en partant de l'image visuelle, préexpérimentale, de mon corps, les choses me paraissent renversées. Elles me paraissent droites quand j'exécute de petits mouvements rapides.

5ᵉ *jour.* « Je me trompe plus rarement de main : je n'ai plus besoin de réfléchir. Quand main et objet sont dans mon champ visuel, je n'ai qu'à diriger mon attention sur l'objet et ma main l'atteint spontanément. Je peux aller et venir en général sans difficulté. Quand j'exécute des mouvements rapides, compliqués, mais qui me sont familiers, j'ai une meilleure perception visuelle, tactile et kinesthésique que quand je suis assis et que je regarde sans bouger ce qui m'entoure. Étant ainsi assis et inactif, j'ai volontairement imaginé ma tête, mes épaules et ma poitrine à mon ancienne manière d'avant l'expérience, par rapport aux objets tels que je les vois dans ma vision nouvelle. Avec un effort, j'ai pu recomposer mon corps tout entier à partir des parties que j'en vois, mais avec l'impression que cette image était forcée. Alors que l'image spontanée des parties non visibles de mon corps que je forme quand je suis assis, comme j'avais l'habitude de le faire avant l'expérience, ne s'adapte pas à la posture actuelle des parties de mon corps que je peux voir. Celles-ci, je les sens à la place où je les vois, mais elles aussi reviennent à l'endroit où j'ai l'habitude de les imaginer dès que je ne les regarde plus. Je me place de façon à voir une de mes jambes et pas l'autre, et j'essaie de les bouger toutes les deux dans la même direction; j'ai l'impression de les bouger dans deux directions opposées.

6e jour. « J'amène mes deux index dans mon champ visuel, le droit étant là où le gauche était auparavant; je peux ressentir un attouchement sur l'un ou sur l'autre, quelquefois même sur les deux. Il suffit d'un mouvement, d'une légère flexion ou redressement du doigt pour que la différenciation devienne nette, sans plus de confusion pour le toucher.

7e jour. « Je suis maintenant très à l'aise dans mon nouvel environnement. Direction des mouvements bonne mais estimation des distances incorrectes. Je sens mieux avec mes doigts quand j'ai les yeux fermés. Si je regarde un de mes membres et que je laisse son image reprendre sa position ancienne, je peux le sentir dans cette position ancienne, mais il me faut pour cela faire un effort et la sensation que j'en ai est assez faible. Par contre, dès que je détourne mon regard de ce membre, je le sens involontairement à sa position ancienne. Mais je suis aussi conscient d'une tendance à le sentir dans sa position nouvelle. Il y a encore bataille entre la localisation ancienne et la nouvelle. Pour les cheveux, et la peau de ma tête, je les sens toujours à leur emplacement ancien; c'est certainement parce que je ne les ai jamais vus autrement. Mais, quand j'avance et recule rapidement mes mains devant mes yeux ouverts, je finis invariablement dans mon mouvement par toucher le sommet de ma tête. Il ne m'est plus alors difficile d'imaginer clairement dans l'espace où se trouve la peau de ma tête par rapport à ma perception visuelle nouvelle. L'étrangeté de ce qui m'entoure disparaît.

8e jour. « Je n'arrive pas encore à incorporer dans mon nouveau système les parties de mon corps que je ne peux pas voir. Pour les autres, les rapports dans lesquels je les place avec ce qui m'entoure restent incertains, et sujets à des changements soudains. Quand je m'attends à être touché en un point de mon corps et que je concentre mon attention sur la nouvelle présentation visuelle de mon corps, que je m'attends donc à être touché en tel ou tel endroit, mon estimation est correcte, je ressens l'attouchement où je l'attendais dans ma nouvelle situation. Immédiatement après, il se produit une sorte d'image après-coup de l'attouchement, de l'autre côté visuel. Quand je ne m'attends pas à être touché, l'image visuelle et l'espace tactile peuvent suivre simultanément le mode ancien et le nouveau, ou bien il n'y a que l'image nouvelle, quoique sans relation réelle de la sensation tactile à cette image. Les parties de mon corps que je ne peux pas voir (front) restent dans le mode ancien de localisation.

Si je touche mon front avec ma main, mon attention est dirigée vers ce point et je peux le localiser sur le mode nouveau. Pour les lèvres, le toucher m'aide moins facilement à les localiser sur le mode nouveau : les deux localisations jouent et s'opposent. Je peux arriver à localiser mes épaules sur le mode nouveau, mais avec la tête trop enfoncée dans les épaules. Tant que je perçois clairement la nouvelle position de mon corps, tout me paraît, verticalement, normal. Mais quand me revient la posture de mon corps d'avant l'expérience, c'est le monde qui m'entoure que je prends comme point de repère. J'ai l'impression d'observer un monde normal d'un corps qui serait tête en bas.

« L'expérience terminée, une fois débarrassé du masque et des lentilles, les choses qui m'entourent me donnent un sentiment bizarre de familiarité. J'ai des mouvements apparents et des nausées comme au premier jour de l'expérience. Je me trompe dans mes mouvements intentionnels, je les dirige dans la direction opposée à mon intention. »

Stratton commente comme suit : les signes locaux *(Localzeichen)* étaient changés. Les sensations tactiles étaient transférées dans un monde visuel autre. Il précise qu'il confondait plus facilement la gauche et la droite que le haut et le bas. L'expérience montre aussi combien les mouvements actifs aident à l'orientation. Scholl et Wooster ont par la suite fait des expériences s'inspirant de celle que je viens de décrire et qui aboutissent à des résultats similaires.

Ces expériences de Stratton, de Scholl et de Wooster nous livrent un matériel important qui montre l'influence des impressions optiques sur le schéma corporel. La nouvelle orientation optique a une influence immédiate sur la connaissance du corps. Par ailleurs, cette connaissance concernant le corps est continuellement modelée et influencée par les impressions optiques anciennes et nouvelles et par la lutte qu'elles mènent les unes contre les autres. Ces expériences montrent aussi qu'en changeant la vision par un procédé quelconque, on peut détruire l'image du corps, mais qu'elle se reconstitue et forme une nouvelle unité. La première expérience, celle de la clé en vision double, et celles de Stratton et de ses successeurs, apportent la preuve indubitable que les impressions optiques ont une influence sur l'image du corps. On comprend mal ce qui empêche Kaila et Bürger-Prinz d'admettre que l'image du corps puisse être modifiée à partir de la sphère optique. Ces deux auteurs ont étudié le modèle postural du corps dans la maladie dite-de Korsakoff. Ils déplorent l'absence d'étude semblable sur les sujets normaux; c'est ignorer une bonne part de la littérature scientifique sur ce sujet. Ils concluent de leurs expériences que les patients atteints de la maladie de Korsakoff, quand on les examine assez longtemps, finissent par commettre des erreurs concernant le modèle du corps. Mais la méthode d'examen qu'ils emploient est très contestable : dans la maladie de Korsakoff, les malades fatigués ne sont plus capables de comprendre ce qu'on leur demande, particulièrement les consignes compliquées des tests de ces deux chercheurs.

Il est remarquable, comme Scholl l'a aussi souligné, que le mouvement nous aide à mieux nous orienter dans l'espace par rapport à notre corps. Nous n'en savons pas grand-chose tant qu'il reste immobile. Le mouvement est un puissant facteur d'unification des différentes parties du corps; par lui, nous nous plaçons dans une relation précise avec le monde extérieur et les objets, et ce n'est que par le contact avec ce monde extérieur que nous parvenons à corréler nos différentes impressions concernant notre corps. La connaissance du corps dépend dans une grande mesure de l'activité. Dans l'expérience de Stratton, on a vu combien les gestes aident à la construction d'un nouveau système de repères. Ces expériences ont une portée générale : elles montrent que le modèle postural du corps n'est pas une entité donnée, mais quelque chose que nous acquérons par une action dirigée et concertée sur le monde. Rappelons ici que c'est aux mêmes conclusions que Klein et moi-même avons été amenés par nos expériences. Le modèle postural du corps est quelque chose qu'il faut construire. C'est une création, non un donné. Ce n'est pas une forme au sens où l'entendent Wertheimer et Köhler, mais la production d'une forme et il n'y a pas de doute que ce processus de structuration n'est possible que par un contact étroit avec le monde extérieur.

Dans l'expérience de Stratton, les expériences optiques nouvelles démantèlent l'unité du corps. Remarquons que, comme il fallait s'y attendre, ce démantèlement de l'image du corps est lié à des sensations de nausée, lesquelles ne sont après tout qu'un vertige d'un genre particulier. Il y a toujours vertige quand les impressions que donnent les sens ne peuvent être unifiées. Il faut ici encore souligner que les changements d'ordre optique troublent la motricité volontaire. Il s'agit là de phénomènes analogues à ceux que l'on éprouve dans l'irritation vestibulaire et également dans le mal de mer : dans ce dernier, outre les irritations vestibulaires, l'impossibilité d'adapter les mouvements à un environnement trop changeant joue un rôle important.

Autre résultat notable de ces expériences : elles confirment que la perception du corps n'est pas très différente de la perception des autres objets. Au surplus, on peut souligner que, comme le dit très justement Scholl, les phénomènes observés dans ces expériences présentent de grandes similitudes avec les phénomènes d'allochirie et d'apraxie.

Une autre observation mérite d'être rapportée : debout, sur un escalator, particulièrement s'il est bondé, on se déplace vers le haut selon un plan incliné, de 30 à 40°; on a la sensation nette que les pieds ne sont pas à angle droit avec les jambes, mais à un angle qui correspond à l'inclinaison de l'escalator, soit 30° à 40°. C'est une impression très vive, qui peut même provoquer des sensations dans les articulations. On ne peut échapper à cette illusion qu'en regardant attentivement ses pieds, pour constater qu'ils sont bien à angle droit avec les jambes. Cette illusion montre clairement que c'est bien la situation optique globale qui détermine l'impression générale que nous donne notre corps. C'est une expérience très significative en ce sens que l'influence optique, dans cette expérience, ne vient pas d'un changement concernant la perception du corps propre, mais de la perception du monde extérieur. Cette expérience prouve aussi clairement que la perception du corps propre n'est nullement plus assurée que celle du monde extérieur. Remarquons que, dans cette expérience, une autre façon d'échapper à l'illusion est de remuer un pied : là encore, le mouvement nous aide à prendre des repères. Ce n'est que par le mouvement et des contacts répétés avec le monde extérieur que nous perfectionnons la connaissance que nous avons de notre corps.

On peut aussi faire une autre remarque de portée plus générale. Certainement, l'image du corps dans sa forme achevée est une unité; mais cette unité n'est pas rigide : elle est modifiable. Il est vrai que tous les sens collaborent continuellement à la création du schéma corporel. Mais ceci ne doit pas nous faire oublier que, comme dans les expériences que nous venons de rapporter, on peut changer les conditions dans un seulement des champs de la perception, par exemple uniquement les données optiques. Il ne faudrait par conséquent pas pousser trop loin la notion d'unité, mais considérer toujours que chaque unité a des parties et des aspects qui sont comparativement indépendants les uns des autres. Nous en venons ainsi au principe de l'indépendance relative des parties, particulièrement dans la perception du corps.

Un autre aspect important, c'est que le lien entre les parties du corps semble assez relâché : il est certain que les membres sont relativement indépendants, les uns par rapport aux autres et par rapport au tronc; et pourtant, même les modifications relativement simples que créent les expériences que nous venons de décrire peuvent entraîner un véritable démembrement psychologique.

25. *L'image du corps dans la conscience crépusculaire et l'influence vestibulaire sur le modèle postural du corps.*

Les perceptions optiques ont donc indubitablement une forte influence sur l'image du corps; et je ne crois pas que l'imagination optique soit moins importante. Dans des expériences déjà anciennes (cf. *Wahn und Erkenntnis*), j'ai montré que les images que nous créons délibérément, concernant notre corps, entraînent des changements dans les sensations réelles. Quand on demande à un sujet d'imaginer qu'il a des mains trois fois plus grosses, il a souvent l'impression que ces mains géantes imaginées sont aussi beaucoup plus lourdes; et cette impression de lourdeur est une sensation effective. Mais nos imaginations, y compris celles que nous formons sur notre corps, ont leurs lois propres. Elles changent sous l'influence des impulsions motrices et des imaginations de mouvements.

J'ai, avec Kanner, publié une série de notes sur des expériences qui montrent que les imaginations de postures non naturelles entraînent des distorsions profondes des représentations optiques du corps. Il suffit d'imaginer que l'on bouge le bras pour provoquer une élongation de l'image mentale du bras; et l'on peut dire d'une manière générale qu'il y a une tendance continuelle de l'image à changer de forme. On appelle ces distorsions des *métamorphopsies*. Il y a aussi une tendance à la multiplication des images (polyopsie). Les proportions de l'image peuvent changer : elle peut devenir plus grande ou plus petite (macropsie et micropsie). Enfin, chaque représentation optique a une tendance spécifique à une désintégration formelle, tendance qui s'accompagne très souvent de phénomènes de mouvement dans l'image.

On peut supposer que ces changements dans les représentations optiques concernant le corps propre peuvent avoir un effet sur l'image du corps; mais étant donné l'afflux continuel des expériences nouvelles venant du corps, cet effet ne sera que limité. Mais les représentations optiques ne diffèrent que quantitativement des impressions optiques. La transition des images aux perceptions est facilitée, dans la conscience crépusculaire, et nous ne percevons alors aucun changement dans l'image du corps qui corresponde aux changements qui se produisent dans la représentation du corps, produit d'une activité représentative délibérée.

Federn a minutieusement décrit les changements dans l'image du corps qui se produisent au moment où nous sombrons dans le sommeil. Souvent, l'image du corps perd alors complètement sa troisième dimension. Elle est distordue dans toutes les directions. La distance entre deux points symétriques peut apparaître beaucoup plus grande que ne le permet la taille réelle du corps. Les dimensions dans l'espace perdent aussi leurs proportions. Parfois, deux ou trois parties du corps étant normalement perçues, le reste du corps devient une masse vague, agrandie ou diminuée. Parfois l'image du corps s'arrête au tronc ou aux genoux; des parties du milieu du corps peuvent aussi disparaître. Les contours du corps peuvent être brouillés dans un secteur, et le corps semble bouger de ce côté. L'image du visage et de la tête est généralement stable; les parties du corps qui sont en contact avec le support également. La forme de la tête peut cependant changer. Federn souligne que les parties du corps qui sont les plus chargées de significations érotiques résistent plus que les autres aux déformations. C'est une question que nous examinerons plus en détail par la suite.

J'ai fait moi-même des observations très semblables à celles de Federn. J'ai observé une patiente qui se sentait, au moment de sombrer dans le sommeil, devenir de plus en plus petite, jusqu'à ne plus mesurer que quelques centimètres. Une autre éprouvait des sensations très semblables au cours d'une intoxication par la nicotine. Les rêves provoquent parfois des changements similaires dans le schéma corporel. Pour Federn, ces changements n'affectent dans certains cas que les jambes ou la tête. Les rêves peuvent aussi modifier la pesanteur du corps. Un rêve peut entraîner la perte de nombreux éléments de l'image du corps, et, également, certaines parties du corps du rêveur peuvent apparaître dans d'autres personnages. L'étude de la structure libidinale du corps nous aidera à mieux comprendre ces phénomènes. Il s'en produit de similaires dans les premiers stades de l'hypnose; J. H. Schultz note chez un patient hypnotisé les impressions suivantes : « Je suis couché dans l'eau. Il y a beaucoup d'eau au-dessus de moi. Mais je peux voir ce qui se passe hors de l'eau. Au-dessus de moi il y a un corps très maigre. Je sais que je suis couché, mais mon corps forme un angle droit. J'ai un grand trou dans la poitrine. Il en sort un long cou, comme un cou d'oie, avec une tête très petite. Le tronc qui porte cette tête sort de mon corps. »

Comme le montrent des recherches que j'ai faites avec Bromberg, ce ne sont pas seulement les images optiques, mais aussi tactiles qui sont susceptibles de changements de ce type. Ces recherches nous ont aussi montré que les effets après-coup tactiles sont régis par des principes très similaires. Il y a également dans toute perception un élément qui tend à faire subir à l'objet perçu des distorsions, des transpositions spatiales, des multiplications. Ces changements doivent ajouter un nouvel élément d'incertitude dans la construction de l'image du corps. Kanner, Bromberg, et moi-même avons aussi montré que les processus de désintégration dans les imaginations et les effets après-coup des sensations sont augmentés quand il y a un changement dans la fonction de l'appareil vestibulaire.

Nous avons étudié plus haut l'influence de l'appareil otolithique sur la perception de la masse pondérale du corps, mais il existe encore d'autres changements importants concernant l'image du corps qui se produisent sous l'influence d'irritations vestibulaires. J'ai observé avec Hoff une patiente qui, au cours d'accès de vertige, avait l'impression que son cou enflait, et que ses extrémités grandissaient. Stein signale le cas d'un patient qui a l'impression que ses pieds s'allongent, d'un autre qui sent que son cou devient de plus en plus long et que sa tête s'envole; ses jambes grandissent en direction du mur. Tout changement dans la conscience peut entraîner une intensification des effets vestibulaires sur le modèle postural. Je ne mentionnerai qu'en passant les rêves de vol, sous l'effet d'une irritation vestibulaire. Il est vrai que dans ces rêves, c'est surtout le poids qui change, mais sa forme peut aussi être modifiée. Les intoxications par la mescaline entraînent un changement dans la conscience et probablement aussi dans l'appareil vestibulaire. Forster note qu'au cours d'une intoxication par la mescaline, il avait l'impression que son côté gauche était extrêmement mince, son côté droit cinq fois plus épais et plus lourd. Ses membres lui semblaient ne pas correspondre les uns aux autres. Zador note les effets sur un sujet d'une expérience identique : il se sentait plus petit, ses jambes raccourcissaient, comme s'il s'étiolait. En fermant les yeux, il avait l'impression qu'il aurait pu rentrer dans un trou de souris. Beringer décrit un cas de schizophrénie avec des phénomènes semblables à ceux que provoque la mescaline : les bras tour à tour s'allongent et se rétrécissent.

J'ai moi-même décrit des cas d'hallucinose alcoolique avec impression de disparition de certaines parties du corps.

Ce sont surtout les impressions d'agrandissement de tout le corps qui peuvent nous donner un aperçu de la complexité de ce problème. R. Klein a observé des agrandissements de ce genre dans des cas d'encéphalite et dans des psychoses. Nemlicher et Sinegubko décrivent un cas d'épilepsie sous-corticale avec macroparesthésie : tous les membres étaient agrandis. Ces deux auteurs réfutent la théorie de Bechtereff et de Ratner pour qui ce phénomène est lié à des changements dans les voies sensorielles, et tentent de l'expliquer par un changement dans les centres végétatifs. Je n'ai pu prendre connaissance des articles en russe de Bechtereff, lequel aurait observé des cas où les patients avaient l'impression de posséder unc multiplicité de membres.

Quoi qu'il en soit, il est certain que l'appareil vestibulaire joue un rôle très important dans l'intégration des expériences sensorielles et, partant, dans la construction de l'image du corps. Nous ne serons pas surpris par conséquent que Bonnier ait pu observer un sujet qui, dans des accès de vertige, avait l'impression d'être deux personnes à la fois. Skworrzoff signale des cas d'irritation vestibulaire entraînant des hallucinations de dédoublement [1].

1. Il semble qu'il y ait dans l'imagination une tendance générale à la multiplication des images. Elle se manifeste dans les effets après-coup des perceptions, dans les répétitions rythmiques. Aux niveaux psychiques supérieurs, elle devient en partie répétition ludique. Une des caractéristiques de la répétition ludique, c'est que les perceptions et les images peuvent se déplacer dans toutes les directions de l'espace, et que les images sont « essayées » dans plusieurs formats. Il semble que l'appareil vestibulaire ait quelque chose à voir avec ce mécanisme psychique très général; c'est par lui que les images nées du jeu rythmique sont adaptées à la situation globale (cf. mon article sur l'appareil vestibulaire dans le *Journal of Nervous and Mental Diseases*).

DEUXIÈME PARTIE

La structure libidinale de l'image du corps

1. *Le narcissisme et l'amour de son propre corps.*

L'intégrité de notre propre corps, Freud l'a montré, est une de nos préoccupations essentielles. Une certaine quantité de libido est liée au corps propre : nous l'appelons libido narcissique. Freud pose que la libido est, au départ, en totalité investie dans le corps : c'est le stade du narcissisme, et nous supposons que l'embryon et le nouveau-né n'ont d'autre libido que narcissique. L'enfant ne s'intéresse qu'à lui-même et nullement au monde extérieur. Le stade du narcissisme (narcissisme primaire) est suivi d'un stade auto-érotique, dans lequel la libido est concentrée sur les parties du corps qui ont une signification érogène particulière. Il y a d'abord la libido auto-érotique orale : l'enfant tire plaisir des excitations qui lui parviennent par la voie buccale; c'est pourquoi, en psychanalyse, on appelle ce stade : cannibalique. L'organisme tente d'incorporer le monde extérieur. Ce monde extérieur n'est-il pas déjà nécessairement présent? Sans doute, mais le petit enfant n'en juge que d'un seul point de vue : peut-il ou non lui donner une satisfaction orale? Mais l'enfant tire aussi plaisir de son activité musculaire comme des sensations qui lui viennent de la peau : il existe un érotisme musculaire et cutané. Déjà aussi à ce stade, il semble que les organes génitaux soient la source d'un plaisir particulier, bien qu'également purement auto-érotique; il faut y ajouter, enfin, des sensations d'origine anale et urétrale.

Un peu plus tard, l'enfant perçoit le monde extérieur et lui accorde une part de son intérêt. Des tendances anales et homosexuelles appliquées aux objets extérieurs peuvent apparaître vers la troisième année. Enfin, en même temps que se développe le complexe d'Œdipe (amour sexuel pour le parent de l'autre sexe et désirs de mort visant le parent de même sexe), les objets (les personnes aimées) s'affirment plus nettement. La conquête du monde extérieur a commencé, et les organes génitaux deviennent la principale zone libidinale du corps. A ce stade du développement, quand l'enfant commence à percevoir clairement le monde extérieur, il peut pleinement se comprendre comme corps distinct de ce monde extérieur; il remodèle son corps en une représentation achevée, et nous avons là le tableau du narcissisme secondaire. Telle est la théorie sur le développement de la libido qu'admet la psychanalyse. La narcissisme est considéré comme un grand réservoir qui déverse une partie de son contenu sur les objets. L'énergie puisée dans ce réservoir peut y être ramenée à tout moment. La théorie psychanalytique est parfaitement claire sur ce point.

Il est plus difficile de la suivre sur le terrain des impulsions sadiques. Les impulsions sadiques sont celles qui tentent de subjuguer l'objet d'amour et — suprême épreuve de force — de lui infliger de la souffrance. Il arrive que l'individu s'identifie à l'objet, qu'il retourne le sadisme contre lui-même, et dans ce cas il y aura masochisme. Il arrive qu'il investisse l'objet du pouvoir suprême d'infliger la souffrance et qu'il tire plaisir d'être complètement en son pouvoir. Le sadisme est une pulsion partielle, un aparté de la sexualité. Les tendances sadiques subissent une évolution; au stade narcissique, le monde extérieur n'a pas de réalité, sadisme et masochisme ne signifient rien. Le stade de la libido orale s'accompagne d'une agressivité qui n'a nul souci de l'existence de l'objet; détruire l'objet est presque un but. Le stade anal et homosexuel est lui aussi doté d'une assez violente agressivité : la destruction de l'objet est à ce stade sans importance et peut même être souhaitée.

Avec le développement du complexe d'Œdipe, l'enfant prend un intérêt véritable à la conservation et même au bien-être de l'objet d'amour. Le sadisme devient une arme pour subjuguer l'objet d'amour et éloigner le rival. Il va dès lors s'allier aux tendances par lesquelles nous essayons de maintenir notre intégrité, et associer la sexualité et les tendances libidinales aux pulsions du moi, qui visent à l'autoconservation. Étant donné qu'il y a toujours en nous une tendance à nous identifier à l'objet d'amour, la tendance sadique s'accompagnera toujours d'une tendance masochiste.

Telle était la théorie de la psychanalyse et de Freud avant la parution d'*Au-delà du principe de plaisir*. Dans ce livre, Freud expose sa conception d'un instinct de mort primaire, d'une tendance à l'autodestruction, ce qu'il nomme masochisme primaire. L'individu travaillerait à sa propre mort si les tendances libidinales ne veillaient à préserver l'intégrité de l'organisme : elles détournent la tendance destructive du sujet sur l'objet, et c'est ainsi qu'apparaît la tendance agressive, l'impulsion sadique. L'instinct de mort, l'instinct destructeur, c'est ce désir du moi qu'on considérait auparavant comme la tendance à l'autoconservation. L'instinct de mort devient effectivement destructeur quand il n'est pas neutralisé par un apport suffisant de libido.

Cette conception ne se laisse assurément pas admettre très facilement. Pour Freud, tout individu veut être l'instrument de sa propre mort et veut surmonter l'énergie de vie à sa manière propre. Mais une question très importante se pose : peut-on identifier agressivité et instinct de mort? Rien n'oblige non plus à admettre l'existence de cet instinct de mort. Mais ce serait sortir du cadre de la présente étude que d'aller plus loin dans la critique de cette conception freudienne tardive. Le sadisme au sens où on l'entend communément serait un composé de pulsions libidinales et de pulsions du moi qui sont insuffisamment neutralisées par les pulsions libidinales. Je me bornerai à dire ici que je n'adopte pas la théorie freudienne concernant l'instinct de mort, l'agressivité et le masochisme primaire; je m'en tiendrai à la première théorie. Le sadisme est un trait d'union entre les pulsions libidinales et les pulsions du moi; ces dernières visent à la conservation du corps, et cette tâche implique la possibilité de saisir les objets, de les porter à la bouche, ce qui déjà suppose un certain degré d'agressivité. Mais l'individu sait que, pour sa propre conservation, pour sa signification, pour son existence, le Tu est nécessaire. La tendance à l'autoconservation est par conséquent liée directement à la tendance à la conservation d'autrui. Dans les pulsions du moi, il y a donc autre chose que de l'agressivité [1]. Elles procurent la nourriture et servent à l'autodéfense [2]. Cette interprétation

1. On ne peut nier que l'agressivité existe. Elle est inhérente au moi. Ce peut être une impulsion destructive, qui peut être dirigée contre soi ou contre les autres. Je parlerai plus loin de la tendance au démembrement, qui peut viser le corps du sujet comme le corps des autres. Mais ces pulsions destructives s'arrêtent en chemin : ce ne sont pas des pulsions de mort. Elles ne sont qu'une phase, à partir de laquelle le moi procède à de nouvelles constructions.

2. J'ai souvent dit que les fonctions qui permettent de saisir, ramper, sucer, sont les fonctions les plus primitives du moi. On sait que l'atteinte des centres

s'accorde très bien avec la théorie de Freud selon laquelle les pulsions du moi sont dans la pleine lumière de la conscience, le moi étant le système qui régit la perception et les représentations conscientes et leurs réponses motrices.

Dans la nouvelle théorie psychanalytique inaugurée par la notion d'instinct de mort, il est difficile de voir la relation entre le moi et les pulsions du moi. La notion d'instinct de mort ne concorde pas avec ce que Freud avait déjà établi, concernant le moi.

Mais revenons au problème du narcissisme, qui touche de si près à ce qui nous occupe dans ce livre. Quel est le rapport entre narcissisme et image du corps? Il ne peut y avoir de libido ou d'énergie des pulsions du moi qui ne se rapporte à un objet quelconque. Nous sommes dans un monde et les objets font partie de ce monde : le fait même de vivre nous oriente sur ce monde. L'être vivant est inséparable de ses attitudes; une attitude est toujours attitude envers quelque chose. Il ne peut exister « en-soi » une énergie de l'attitude. Freud lui-même parle des *Triebrepresentanzen*, des représentations qui sont nécessaires aux pulsions. Nous devons donc toujours nous poser la question suivante : « Quel est l'objet vers lequel est dirigée la pulsion? » La libido narcissique a pour objet l'image du corps. Mais notre corps ne peut exister que comme partie du monde. Tout ce que le présent ouvrage nous a déjà montré indique clairement que nous ne percevons pas notre corps autrement que nous percevons les objets du monde extérieur. On ne peut donc dire que, pour le nouveau-né, seul son corps existe et que le monde n'existe pas. Corps et monde sont éprouvés corrélativement; l'un n'est pas possible sans l'autre. Quand Freud dit qu'au stade narcissique seul le corps est présent, il doit nécessairement faire erreur. Le nouveau-né, et probablement même l'embryon, a un monde. Il est vrai qu'à un niveau aussi primitif la frontière entre monde et corps ne sera pas nettement tracée et qu'il est plus

supérieurs du cerveau peut provoquer leur retour sans la forme primitive dite réflexe. D'après Mayer et Reisch, il s'agirait d'un mécanisme localisé dans le bulbe rachidien. L'exemple bien connu de Gamper prouve en tout cas que le tronc cérébral suffit à assurer les réflexes de succion et de préhension. Mayer et Reisch, rejoignant ce que j'avais dit antérieurement dans mon livre *Psycho-Analytic Psychiatry*, font de ces tendances primitives à saisir et à sucer la base même du Moi. Ils ajoutent avec raison qu'il doit aussi y avoir une tendance primitive de défense contre les influences extérieures, que l'individu ne veut pas subir; de cet ordre est la tendance aux tensions primitives de résistance. J'ai donné ailleurs une interprétation, très semblable à celle-ci, du négativisme du schizophrène, si étroitement lié aux tensions de résistance que Kleist attribue à des lésions du système thalamique, mais qui probablement ont des centres dans la moelle et dans le tronc cérébral.

aisé de dire qu'à ce stade une partie du corps est dans le monde, une partie du monde dans le corps; en d'autres termes, qu'à ce stade, tel que peut le concevoir la pensée adulte, le corps est projeté dans le monde, et le monde introjecté dans le corps.

Mais la physiologie nous a appris, dans la première partie de ce livre, que chez l'adulte aussi il y a des échanges continuels entre corps et monde. On pourrait dire que l'individu est incapable, en fin de compte, d'attribuer une grande partie de ce qu'il éprouve soit au corps, soit au monde. J'ai parlé d'une zone indifférenciée entre le corps et le monde, et j'ai dit qu'au stade narcissique cette zone indifférenciée a sans doute un rôle privilégié. L'image du corps n'est pas donnée mais se développe et se construit. La libido narcissique s'attache successivement à des parties différentes de l'image du corps et, aux différents stades du développement libidinal, le modèle du corps change continuellement.

L'ensemble du schéma corporel se structurera à partir des zones érogènes, et nous devons admettre que l'image du corps se centre, au stade oral, sur la bouche; au stade anal, sur l'anus. Le flux d'énergie libidinale influera fortement sur l'image du corps. Mais il n'y a pas de raison de penser que dans l'érotisme relatif à la surface du corps les activités musculaires n'ont aussi leur rôle à jouer. Nous supposerons que toute action du moi au sens analytique[1], tout acte de saisir, de ramper, de sucer, aura de même une énorme influence sur la structure de l'image du corps. Les sens exerceront une influence sur la motilité, et la motilité sur les sens. En même temps, la motilité est aussi régie par les tendances, les pulsions et les désirs. Il est clair que dans l'élaboration du schéma corporel il y aura une interaction continuelle entre les pulsions du moi et les pulsions libidinales, ou, en d'autres termes, entre le moi et le ça.

2. *Les zones érogènes de l'image du corps.*

Nous commencerons par poser un important principe général. Étant donné que le corps et le monde demandent tous deux à être construits, et que le corps, de ce point de vue,

1. Je préfère réserver le terme « moi-perception » au moi au sens analytique, et le terme « moi » à la personnalité totale, donc lui conserver le sens qu'on lui donne généralement.

n'est pas différent du monde, il faut qu'il y ait une fonction centrale de la personnalité qui ne soit ni du monde ni du corps. Le corps est, par rapport aux fonctions centrales de la personnalité, périphérique. Nous comprenons mieux maintenant les observations de Federn sur le rêve. Le rêve restitue à l'image du corps sa labilité primitive, et dès lors le corps se dilate et se contracte selon les besoins émotionnels. Nous nous demanderons, parce que la question est importante sous ce rapport, comment sont représentées les zones érogènes dans l'image du corps. L'observation montre aisément, nous l'avons déjà souligné, que ce sont les yeux, la bouche, les seins, les organes génitaux, l'urètre et l'anus, qui sont surtout ressentis.

Étant donné que c'est par les orifices de notre corps que nous avons les contacts les plus étroits avec le monde, il n'est pas étonnant qu'ils aient une énorme importance psychologique. C'est par eux que l'air, la nourriture, les produits sexuels pénètrent dans notre corps; c'est par eux que nous éjectons l'urine, les produits sexuels, les excréments et l'air. Ce sont donc autant de points privilégiés dans le modèle postural du corps et, en même temps, ce sont des points érotiquement importants. C'est par les orifices du corps que s'accomplissent les fonctions vitales; et, fait également essentiel, les parties purement sensorielles du modèle postural du corps sont en étroite interrelation avec les structures libidinales, lesquelles sont elles-mêmes en très étroite relation avec les pulsions. Quantité de recherches et d'expériences diverses m'ont clairement montré que tout ce qu'il peut y avoir de particulier dans les structures libidinales se reflète dans la structure du modèle postural du corps. Les individus chez lesquels domine telle ou telle pulsion partielle sentiront comme au centre de leur image du corps tel point du corps, telle zone érogène qui correspond particulièrement à cette pulsion : comme si l'énergie s'amassait en ces points particuliers. Il y aura des lignes d'énergie reliant les différents points érogènes, et la structure de l'image du corps variera selon les tendances psychosexuelles des individus. Quant aux yeux, j'ai déjà dit qu'ils sont toujours une partie privilégiée de l'image du corps, et, au moins symboliquement, un organe récepteur; et la signification symbolique de l'œil, que nous examinerons plus tard, est étroitement liée à cette fonction de l'œil qui en fait un orifice symbolique par lequel le monde pénètre en nous. Il y a une vérité psychologique dans la vieille idée épicurienne selon laquelle les images sortent des objets pour entrer dans nos yeux.

Certaines sensations éprouvées au niveau des zones érogènes sont relativement indépendantes d'autrui et du monde extérieur. Les irritations de l'urètre et de l'anus sont pour une large part de nature endogène. Cela est encore plus vrai pour les organes génitaux, siège d'une tension interne continuelle. Ils sont, Freud insiste sur ce point, une source continue de sensations et de stimulations. Mais, par ailleurs, ces organes génitaux, situés à proximité des organes d'excrétion, sont aussi continuellement irrités. Comme les orifices qui servent à l'excrétion, il faut les nettoyer fréquemment, ce que font, au début de la vie les personnes qui donnent leurs soins à l'enfant, et, plus tard, l'individu lui-même. Toutes les fois qu'un organe est le siège d'une tension interne, il réclame le contact soit de la main soit du monde extérieur. Les organes, d'eux-mêmes, forcent l'individu à un contact perpétuel avec le monde extérieur : et c'est, au moins partiellement, par ces contacts continuellement renouvelés, que nous découvrons notre corps.

Ce que nous venons de dire pour les organes génitaux vaut aussi plus ou moins pour la surface entière du corps. La peau s'irrite facilement, elle est par conséquent un organe excitable. Elle apporte continuellement à l'enfant des sensations qui le poussent à se toucher ou à inciter les personnes de son entourage à le toucher. Comme toutes les parties du corps se salissent spontanément, elles peuvent toutes être le siège de démangeaisons, donc attirer les contacts; lesquels, nous l'avons vu, viennent enrichir l'image du corps, qui ne se développe qu'en s'alimentant des expériences variées que donnent les contacts avec le monde.

Il est très important de noter que c'est avec les mains que nous découvrons une grande partie de notre corps. Les mains en elles-mêmes sont un monde extérieur pour les parties du corps qu'elles touchent. Or, les différentes parties du corps ont plus ou moins de possibilités de se mouvoir et se déplacer les unes par rapport aux autres, et ce fait est de la plus grande importance du point de vue psychologique : les parties du corps que la main peut atteindre facilement diffèrent dans leur structure psychologique de celles qu'elle ne peut atteindre qu'avec difficulté.

Les yeux aussi, nous le savons, jouent un rôle important dans l'élaboration de l'image du corps, et les parties du corps qui sont visibles sont différentes de celles qui ne le sont pas. Mais l'activité propre de l'individu ne suffit pas à construire l'image du corps; les interventions des autres, leurs attouchements, l'intérêt qu'ils portent aux diverses parties de ce corps ont eux aussi une importance énorme dans le développement du modèle postural. Dès que, d'une manière ou d'une autre, une prépondérance est accordée à un des éléments de l'image du corps, l'équilibre interne de celle-ci en est détruit. Disons déjà que l'étude de la neurasthénie et de l'hypocondrie nous sera très précieuse pour comprendre l'image du corps, car, nous le verrons plus loin, ces états entraînent des ruptures dans le modèle postural.

Mais auparavant, revoyons un instant le problème de la douleur, que nous avons déjà étudié, mais d'un point de vue plutôt physiologique. La douleur organique entraîne des changements immédiats dans la structure libidinale du modèle du corps. Toutes les énergies se concentrent sur l'organe douloureux, comme Freud et Ferenczi l'ont montré. Le modèle postural du corps est surchargé de libido narcissique en sa partie douloureuse. Les paresthésies et toutes les formes de malaise corporel ont, naturellement, un effet très semblable à celui de la douleur. Le changement érotique s'accompagne d'un changement perceptif. La main se porte sans cesse sur l'organe douloureux. Quand la douleur n'est pas immédiatement sentie, une pression la provoque. Elle s'accompagne d'une impression de gonflement, de dessèchement ou de moiteur, à l'endroit douloureux (naturellement, ces phénomènes, comme tous ceux dont nous nous occupons ici, ne sont pas purement subjectifs; ils s'accompagnent toujours de changements végétatifs). L'organe douloureux devient le centre d'un nouvel apprentissage du corps. Il reprend à son compte le rôle que jouent ordinairement les zones érogènes. Il n'y a pas tellement de différence, nous le verrons plus loin, entre les dysesthésies des douleurs organiques et les dysesthésies des douleurs psychogènes.

Douleur, dysesthésie, zones érogènes, interventions de la main sur le corps, interventions des autres sur notre corps, intérêt que portent les autres à notre corps, irritations dues au fonctionnement organique, autant de facteurs importants qui jouent leur rôle dans la structuration de l'image du corps.

3. *La neurasthénie.*

La neurasthénie et l'hypocondrie sont des névroses dans lesquelles certaines parties du corps se comportent, Freud, Ferenczi et moi-même l'avons montré, comme si elles étaient autonomes, et comme si elles étaient des organes génitaux. C'est pourquoi il nous importe beaucoup ici de bien comprendre ces états. Je commencerai par résumer une analyse.

E. M. a vingt ans. Il se plaint de perdre la mémoire, et de ne pouvoir s'endormir, déféquer, uriner normalement; il ne peut rien faire de tout cela en présence des autres, ni même, simplement, quand il est conscient d'une présence à proximité. Il a tendance à se masturber dans son sommeil et cela le tracasse beaucoup. Son pénis rétrécit. Il a des pollutions qui l'effraient, de fréquentes érections qui le tourmentent. Il a mauvaise mémoire. Ses extrémités sont glacées. Il ne peut voir des pieds sans être excité, pieds d'homme, de femme, ou même, et surtout, les siens.

Il s'entend très mal avec ses parents. Il déteste sa mère et il en est conscient. Cette mère est un tyran domestique; elle ne parle que de manger; elle répand une atmosphère de discorde et d'énervement. Ses parents ne s'aiment pas. Lui-même n'éprouve aucune tendresse pour ses sœurs, Martha la cadette, de quatre ans plus jeune, et Adèle, la benjamine. D'importants souvenirs concernent la naissance de Martha, mais ils sont inconscients au début de l'analyse. Il a entendu sa mère crier pendant l'accouchement. Il l'a imaginée étendue sur le dos, nue, les jambes écartées; le médecin la torturait, lui grattait les ongles des orteils avec une brosse très dure et lui frottait le visage avec une éponge. Cette naissance ne l'aurait probablement pas tant impressionné si, immédiatement auparavant, il n'avait souffert d'une maladie de peau qui lui donnait de fortes démangeaisons. Il se souvient qu'à l'époque il a vu son père, qui lui-même souffrait de démangeaisons, se gratter le dos avec une brosse. C'est à la suite de cette naissance qu'il a commencé à se masturber. Caché sous le lit, il avait grand-peur d'être pris sur le fait. C'est, en partie, parce qu'il a souvent vu son père, le soir, se masser longuement les pieds que cette partie du corps a pris pour lui tant d'importance. Un autre élément est intervenu dans le développement de sa sexualité : une tumeur des parties génitales (probablement une varicocèle ou une hydrocèle). Sa mère ne cessait d'examiner cette tumeur et il redoutait fort ces inspections. Il avait aussi des fantasmes où il se voyait, comme sa mère dans la scène de l'accouchement, torturé par le docteur. C'est une identification passive féminine à la mère, identification qui signifie naturellement angoisse de castration. Il ne peut se souvenir clairement d'avoir cru à l'époque que les enfants naissent par l'anus, mais cela apparaît très nettement dans ses associations et ses rêves. La vue de poulets morts le remplit de peur; le contact des chats, des chiens, de la volaille lui donne envie de vomir. A cinq ans, il avait grand-peur, quand il allait à la selle, que quelque rat ou poulet mort ne se glisse dans son anus.

Un autre épisode, qui se place au cours de sa septième année, témoigne de la prédominance érotique de la zone anale, laquelle était déjà refoulée à cinq ans et apparaît dès lors par conséquent sous forme de frayeurs relatives à l'anus. Cet épisode, donc, le montre jouant au docteur avec un camarade, qui urine sur lui. Il introduit une épingle dans l'anus de ce camarade, ne parvient pas à la retirer et il est pris de panique. A quatre ou cinq ans déjà, les pieds nus d'une fillette l'avaient fort intéressé et il avait joué à faire semblant de les opérer. La zone anale est chez lui d'autant plus importante que ses parents y portent une attention exagérée. Des souvenirs, d'origine très lointaine mais qui se poursuivent sur toute sa vie, montrent que ses parents s'intéressent énormément au travail de ses intestins. Tout petit, ils le soumettaient à des interrogatoires très serrés sur ce sujet, et comme il aimait beaucoup les bananes, ils ne lui en donnaient que pour le récompenser d'être allé à la selle. Le contrôle maternel s'exerçait aussi sur la nourriture : elle terrorisait le patient et ses sœurs pour les faire manger davantage. (Plus tard, la névrose s'étant installée, il éprouve du dégoût pour toute nourriture, et entretient sur ce chapitre quantité d'idées hypocondriaques; il s'ensuit qu'il est gravement sous-alimenté; de là le rétrécissement du phallus, les extrémités glacées et les démangeaisons.)

Le père, qui est dominé par sa femme, le persécute lui aussi, et lui fait toutes sortes de promesses pour le faire manger, promesses qu'il ne tient d'ailleurs pas. Ces excès d'attention parentale ont contribué à le pousser dans la position passive masochiste qui, on l'a vu, l'a mené à s'identifier à la mère dans la scène de l'accouchement. Attitude passive qui signifie angoisse de castration, laquelle est toujours partiellement reportée sur les pieds. Cette tumeur dont j'ai parlé, qui lui valait ces fréquentes inspections maternelles dont il avait peur, était apparue, semble-t-il, à un très jeune âge. Son père l'avait conduit par ruse chez un médecin; plus tard, on l'avait opéré. Il n'avait pas encore quatre ans, l'analyse le montre clairement, que sa mère se livrait déjà à ces inspections forcées; l'opération se place entre six et sept ans. Il avait grand-peur des coups. A six ans, pour échapper à des camarades qui voulaient se battre avec lui, il fait semblant de courir aux toilettes. Il a peur des cambrioleurs et, dans le noir, il s'imagine qu'un chat va lui sauter dans le cou; un chat mort en particulier. Il s'est livré très tôt à des actes de cruauté; il attrapait des abeilles et des fourmis pour leur arracher les pattes. Il se revoit à sept ou huit ans annonçant à sa tante que ses deux enfants viennent de mourir; ce qui était faux, naturellement. A dix ans, il a failli étouffer sa petite sœur sous un oreiller.

Pendant toute cette période de sa vie, il se masturbe très fréquemment, caché sous son lit. Dans ses fantasmes, il se voit torturé, comme sa mère. Plus tard, il a d'autres fantasmes de cruauté; il se voit nu, attaché, souillé d'urine et d'excréments. Il est assailli par les mouches; il est écartelé par quatre chevaux; quelquefois c'est quelqu'un d'autre qui subit ce même traitement. Il voit des seins tranchés et des corps de femme coupés en morceaux. Il se voit avec une fille : ils sont nus tous les deux mais attachés dos à dos, de sorte qu'il ne peut se satisfaire, bien que violemment excité. Les récits sadiques l'excitent beaucoup.

Entre six et huit ans, il y a de fréquentes scènes avec des camarades où ils jouent à pisser l'un sur l'autre et à se masturber mutuellement. A cette époque il dort dans la même chambre que son père. Les symptômes névrotiques apparaissent avec la puberté, et, fait caractéristique, en premier lieu des symptômes intestinaux. Il est fréquemment dérangé par le besoin d'aller à la selle, mais ne peut le faire en présence de quiconque. Il a aussi des démangeaisons de l'anus et des organes génitaux. Il craint de ne jamais pouvoir se marier. C'est de cette époque que datent les démangeaisons et le refroidissement des extrémités. Mains et pieds prennent de plus en plus d'importance du point de vue sexuel, surtout ses propres pieds. Il les trouve très beaux, ne peut les regarder sans de violentes érections. Il est obsédé par les doigts et ongles des pieds. (Au cours de l'analyse, il a des fantasmes où il baise les pieds de son père et de sa mère, et aussi ceux d'un passant, qui est un Noir.) A partir de la douzième année, il a de fréquentes relations hétérosexuelles incomplètes, baisers, caresses, etc., qui restent en général très superficielles. Il n'y porte pas grand intérêt. Parfois il a des explosions de haine. De nombreux fantasmes (l'un, par exemple, où il se voit au lit avec une fille : ils sont tous deux nus; soudain, il y a un cadavre dans le lit) montrent qu'il identifie inconsciemment acte sexuel et meurtre.

La haine que lui inspire sa mère est manifeste. Il pense qu'il vaudrait mieux pour tout le monde qu'elle soit morte. Il rêve aussi souvent à la mort de son père. Il a honte de ses fréquentes érections. Il craint d'être démasqué, se croit inférieur aux autres bien que plus intelligent. Il prend des airs abrutis pour tromper son monde. Il a des fantasmes où il se voit passer en jugement : il est accusé, il souffre, il est innocent, mais on le condamne. Il a quantité d'idées hypocondriaques concernant ses intestins. Il éructe fréquemment et se plaint de ne pouvoir se retenir. Il se trouve trop maigre, s'imagine que tout le monde est frappé par son air hagard. Tout ce qu'il fait, il le fait à toute vitesse. La précipitation lui donne l'impression d'agir vraiment, et lui donne aussi des érections. Il a lu toutes sortes de livres qui traitent de la nervosité, et il a peur que ses pollutions ne ruinent sa santé. A une certaine époque, il s'est mis au travail avec une grande énergie; son père n'a pas apprécié cette ardeur. D'ailleurs il a dû céder à la fatigue et abandonner ses études, étant devenu incapable de se concentrer. Il pense qu'il devrait y avoir un moyen de perfectionner la nature, d'en bannir l'urine et les excréments. Il a des sentiments de culpabilité et d'infériorité. Il recherche une compensation dans le domaine intellectuel, dans lequel il est fort satisfait de lui-même.

Certains éléments importants de l'analyse de ce jeune homme n'ont pas émergé sous forme de souvenirs; c'est de lui-même qu'à la lumière de ses rêves et de ses associations il est arrivé à ces conclusions. La curiosité sexuelle infantile n'est pas venue immédiatement à sa conscience; mais une fois, il a rêvé d'un animal qui était censé être une vache puis qui s'avéra être un cheval. Il en sortait un flot d'urine comme d'une fontaine (dans un autre rêve, il se masturbait; la semence coulait sur lui comme d'une source). En même temps, ce cheval lâchait une série de pets. Il a associé ce rêve au fait qu'étant enfant il aimait regarder les vaches faire leurs bouses; il croyait que le lait était l'urine des vaches. Dans un autre rêve, il a vu un sexe, celui d'une femme, mais au-dessus il y avait un phallus et un testicule, très gros. Il se souvient seulement que les révélations sur le sexe lui sont venues soudainement. Trait caractéristique, il n'a aucun souvenir concernant le sexe de ses sœurs, et pourtant on les baignait tous les trois ensemble. Bien que ces souvenirs d'enfance trahissent des idées de castration (principalement anale), l'angoisse de castration n'est pas immédiatement remémorée. Une fois, il a rêvé de rapport sexuel avec une jeune fille : elle avait un trou béant à la place du sexe.

En résumé, nous pouvons conclure sans risque qu'il a été analement excité au moment de la naissance de sa sœur : que naissance et rapports sexuels aient eu pour lui une signification anale, ses fantasmes et frayeurs associés à la défécation le prouvent assez. Certains souvenirs ramenés à la conscience au cours de l'analyse ont montré que dans sa très petite enfance sa mère lui administrait des lavements, dont il avait grand-peur.

Sa relation à sa mère est dès le départ passive et masochiste tant sur le plan anal que génital. Mais il a aussi une tendance à s'identifier à elle. Le médecin qui figure dans ses souvenirs est un substitut du père, avec lequel il a aussi une relation sexuelle passive. Mais le fantasme où il voit un cadavre couché dans le lit à ses côtés montre qu'il s'identifie aussi à ce médecin. D'après lui, son père était sous le joug de la mère et lui aussi passivement masochiste.

Les premières difficultés de l'analyse consistent en un fort transfert négatif, sur l'analyste, de la méfiance qu'inspirent les parents, particulièrement le père. Le puissant narcissisme de ce jeune homme, qui le ramène constamment au souci de son corps, lui fait aussi surestimer la valeur de ses connaissances, au demeurant assez superficielles, et rend difficile l'évolution du transfert. Cet obstacle franchi, l'analyste devient le porteur de toute la souffrance dont le patient se dit accablé; et c'est par la projection sur l'analyste, lequel aux yeux du patient a su maîtriser tous ses problèmes, et en s'identifiant à lui, que la guérison s'installe. Dans un fantasme de transfert, il se voit boxant avec l'analyste; il a appris la boxe et s'imagine, bien à tort, que l'analyste est un boxeur expérimenté. Il croit que l'analyste aurait, comme lui-même, une honte affreuse si on l'obligeait à montrer ses pieds nus, qu'il souffre lui aussi de troubles intestinaux, et que comme lui il ne dort pas bien. Plus tard, il se persuade que l'analyste a une santé parfaite et il s'identifie à lui. Je ne saurais dire si cette évolution, que j'appellerais volontiers « projection narcissique », est ou non typique. Elle met en tout cas en lumière une fois de plus ce puissant narcissisme qui accuse l'importance de chacune des parties du corps. Certes la projection tend à déprécier l'analyste en lui attribuant une passivité anale; mais telles sont les voies de la guérison.

Il m'a fallu récapituler toute la vie passée de ce patient; il est impossible d'étudier isolément la structure libidinale de l'image du corps : elle fait partie intégrante de l'histoire vécue de l'individu. Pour la comprendre, il nous faut suivre tout le cours du développement libidinal à partir de la première enfance. L'anamnèse montre que ce patient était dès la naissance un enfant très difficile. L'analyse n'a pas touché à cette époque très ancienne. Quand un enfant est dès le départ difficile, indomptable, turbulent, c'est le signe d'un excès des impulsions motrices; et cet excès est nécessairement destructeur. L'étude d'enfants postencéphalitiques le montre clairement. Ces impulsions motrices aboutissent à des activités sadiques et destructrices et de ce fait, immanquablement, l'enfant s'attire des représailles. Elles peuvent avoir un fondement constitutionnel, ou bien provenir d'une lésion acquise du cerveau, trauma à la naissance ou encéphalite infantile. Ainsi, dans le cas de ce jeune homme, il se peut que son histoire vécue repose sur un terrain organique ou constitutionnel : ses souvenirs les plus anciens concernent cette maladie qui lui donnait des démangeaisons; c'est un facteur des plus importants.

Les démangeaisons provoquent une agitation générale. Elles donnent aussi des sensations très proches de la douleur : elles forcent l'individu à se gratter, et à se gratter jusqu'à se faire mal. Sollicitée par les démangeaisons, la main se porte sur toutes les parties du corps et particulièrement sur les organes génitaux, qui sont particulièrement irritables; toute la surface du corps peut être envahie de sensations plus ou moins douloureuses. On peut supposer que les tendances masochistes du premier stade en sont considérablement accrues et, comme les démangeaisons déclenchent l'agitation, ce sont non seulement les tendances masochistes mais aussi les tendances sadiques qui sont accrues dans ces conditions. Étant donné aussi que la main qui gratte agit comme une arme contre le corps et que les contacts main-corps sont alors multipliés, cette main, qui va se porter sur toutes les parties du corps, sera le lieu d'un afflux de libido. Les mains ne cessent de prospecter le corps assailli de démangeaisons, et dans ces conditions, chez le jeune enfant, la connaissance du corps sera prématurément développée.

J'ai déjà montré que la connaissance du corps ne se développe qu'à l'aide de contacts perpétuellement renouvelés avec le monde extérieur. Nous pouvons donc supposer, chez ce jeune homme qui a souffert de démangeaisons dans ses premières années, un schéma corporel prématurément développé et surchargé d'investissement libidinal. D'autres expériences de l'enfance ont pu exercer une influence dans le même sens. Le père, lui aussi, a souffert de démangeaisons, à l'époque où son fils avait environ quatre ans; il se grattait le dos avec une brosse. Il était représentant de commerce et, rentrant le soir à la maison, fatigué après une dure journée, il se massait longtemps les pieds avec la main. Le fils, donc, observe tous ces gestes de son père, en même temps qu'il est tout occupé à explorer son propre corps. Au surplus, la mère, nous l'avons vu, s'intéresse exagérément à l'anomalie du petit garçon (hydrocèle ou varicocèle). Elle l'examine souvent avec grand soin, manipule fréquemment ses organes sexuels. Il doit être encore très jeune à l'époque, bien que ses souvenirs à ce sujet soient un peu plus tardifs; il souffre beaucoup de ces examens. L'idée de la souffrance associée aux organes génitaux s'imprègne profondément en lui. Souffrance corporelle, malaise et souffrance morale le préparent donc ainsi à une attitude masochiste et à un intérêt exagéré pour son corps. Mais la mère ne s'intéresse pas seulement aux organes génitaux de son fils : elle s'intéresse beaucoup aussi à ses selles, et le père, en cela, la seconde.

Les expériences du patient, dans ce domaine, sont très anciennes, mais se reproduisent pendant toute la petite enfance, l'enfance et l'adolescence. Les événements associés à la naissance de la sœur cadette (il avait alors quatre ans et demi) tombent donc sur un terrain tout préparé. Il entend les cris de douleur de sa mère en train d'accoucher. Il imagine que le docteur est en train de la torturer, qu'il lui frotte la figure avec une éponge, qu'il lui écorche les pieds et les orteils avec une brosse très dure. Ce fantasme, qui s'inspire en partie d'expériences réelles, s'impose bientôt, devient un fantasme de masturbation où l'enfant, semble-t-il, s'identifie à la fois à sa mère et au docteur, lequel est sans aucun doute un substitut du père. Cet important fantasme contient probablement autre chose encore : certains détails de l'analyse et de l'histoire vécue du patient, qu'il est inutile de rapporter ici, font penser que le pied de la mère était un substitut symbolique des organes génitaux maternels. Le fantasme contient un élément d'angoisse de castration. A l'époque de l'accouchement, l'intérêt exagéré des parents pour les selles de leur enfant avait déjà développé une survalorisation de la zone anale. L'une de ses frayeurs les plus anciennes, c'est celle où il imagine qu'un rat va se glisser dans son anus; or la mère lui administre fréquemment des lavements depuis son plus jeune âge. Il est probable que ses idées de souffrance sont associées à la peur de la torture anale.

Telle est l'histoire du développement prégénital de ce patient. Elle montre que ses tendances anales et sado-masochistes ont été intensifiées par ses expériences précoces, avec un surcroît d'intérêt pour son image du corps, dû en partie à l'intérêt des parents pour son corps en général, pour son sexe et ses selles en particulier. L'habitude d'observer les faits et gestes du père a renforcé cette tendance. Ces fixations[1] et activités prégénitales vont colorer le complexe d'Œdipe. Les phases homosexuelles du complexe d'Œdipe, où la libido est concentrée sur le père, seront renforcées dans le sens des tendances passives masochistes et anales : autant de facteurs favorables à l'identification à la mère dans les souffrances de l'accouchement. L'homosexualité latente en sera renforcée. La relation à la mère dans l'élaboration finale du complexe d'Œdipe sera chargée de tendances sadiques et sado-masochistes. Ce patient a manifestement atteint le stade hétérosexuel du complexe d'Œdipe, avec tendance à l'identification au père. Il a acquis un moi-idéal, un sur-moi, qui l'incite à s'adapter à la réalité, à la réalité sexuelle en particulier.

On sait que dans le développement de l'enfance vient un temps où l'activité sexuelle de la première période disparaît. Cet arrêt coïncide avec le développement du complexe d'Œdipe qui permet que s'érige une instance morale, le sur-moi ou idéal du moi. Il s'ensuit une période de latence pendant laquelle l'enfant semble asexué. Mais ce n'est très souvent qu'une apparence. Dans le cas qui nous occupe, l'enfant ne cesse de se masturber, à l'aide des fantasmes que j'ai décrits, pendant toute la période de latence; il joue au docteur avec des camarades, leur « opère » les pieds et l'anus. L'opération réelle de son anomalie peut aussi avoir eu une influence. Ce n'est qu'à la puberté qu'apparaîtront les symptômes neurasthéniques. Ce sont précisément les parties du corps qui étaient auparavant une source de plaisir libidinal et de survalorisation qui lui valent maintenant des souffrances neurasthéniques. Les démangeaisons dont il souffre sont localisées non seulement sur les parties génitales et l'anus mais aussi sur les mains et les pieds. La défécation et la peur de la constipation sont devenues des sources de souffrance continuelle. Il souffre aussi de spermatorrhée et de prostatorrhée. Sa manie de s'observer perpétuellement a un caractère hypocondriaque. Il se plaint de ne pouvoir se concentrer.

L'ensemble de ce développement est assez typique. L'idéal du moi et le moi ne veulent pas de la sexualité prégénitale. Ils combattent la satisfaction qui vient des organes surchargés de sexualité infantile. Les symptômes de ce patient

1. En psychanalyse, la fixation dénote une extrême importance donnée à certains des premiers stades du développement sexuel, due soit à un fait de constitution, soit à un événement particulier, et qui peut provoquer un arrêt du développement sexuel à ce stade. Mais l'obstacle peut aussi être surmonté. Restera une tendance à régresser au point de fixation toutes les fois qu'une difficulté sexuelle viendra entraver la satisfaction libidinale.

résultent de la transformation des tendances libidinales infantiles; ou, en d'autres termes, ils ne témoignent pas d'un déchaînement de la sexualité infantile, ils sont le résultat du combat livré par le moi et l'idéal du moi contre la perversion qui est l'expression de la pulsion infantile. C'est là le schéma général des psychonévroses tel que Freud l'a tracé. La neurasthénie, où le système moïque est intact et l'idéal du moi puissant, n'est pas une perversion mais une névrose [1].

Les symptômes d'une névrose sont le résultat d'un combat entre une sexualité infantile (le ça) ravivée ou persistante, et le système du moi. Le moi n'étant pas assez fort pour réprimer complètement la pulsion infantile, celle-ci revient sous une forme qui rappelle, de façon plus ou moins symbolique, la pulsion primitive; les symptômes neurasthéniques affectent les organes qui étaient auparavant privilégiés du point de vue du désir sexuel. Les symptômes hypocondriaques ont la même origine. Pour en revenir à notre patient, de même que dans son enfance ce ne sont pas seulement des organes particuliers qui lui ont procuré un surcroît de plaisir mais le corps tout entier, c'est plus tard le corps tout entier qui va devenir le siège de la souffrance hypocondriaque. Le patient va tenter d'échapper à son corps surchargé de libido, non seulement en en faisant une source de douleur, mais aussi en transférant sur son intellect l'amour qu'il a pour son corps : comme la plupart des neurasthéniques, il est très fier de ses performances intellectuelles. C'est une des raisons qui expliquent pourquoi on rencontre très souvent des neurasthéniques qui se targuent de leur savoir mais n'ont acquis que des connaissances mal digérées, en particulier dans le domaine médical : ils tentent de transférer leur libido du Moi corporel sur le Moi intellectuel; mais par ce cheminement la pensée se met au service de la vanité personnelle et devient aussi pénible au sujet que son narcissisme corporel, et la difficulté à se concentrer provient de la tentative de sublimer le narcissisme en l'exercice de la pensée.

On a souvent observé que la neurasthénie inflige plus de souffrances que les maladies organiques. Cependant, on l'a vu clairement dans le cas que nous venons d'étudier, les neurasthéniques semblent tirer une satisfaction secrète de leurs souffrances exagérées et de leur masochisme.

1. On pourra se reporter au remarquable ouvrage de W. Reich, qui contient un excellent matériel clinique sur le problème de la neurasthénie, et sur les échanges symboliques d'organes chez le neurasthénique.

Alexander a montré que tout symptôme névrotique procure non seulement une gratification des désirs infantiles mais aussi de la souffrance. Trompé par cette souffrance, le sur-moi se laisse soudoyer et autorise la satisfaction par le truchement des symptômes. C'est une autopunition. On peut admettre que plus les tendances masochistes seront fortes, plus grande sera la souffrance par la voie des symptômes névrotiques; et comme les neurasthéniques ont en général de fortes tendances masochistes, on comprend que leurs symptômes leur soient si pénibles. Le neurasthénique souffre dans son corps. Sa névrose est directement due à une imperfection dans le développement de la structure libidinale de l'image du corps. La névrose perpétue sur le mode symbolique la structure infantile de l'image du corps.

La spermato-prostatorrhée dont souffre notre patient montre bien que les procès libidinaux ne sont pas purement psychiques. Freud a souvent répété que libido ne signifie pas seulement désir, mais aussi processus qui se déroulent dans le corps. Quand une partie du corps particulière est investie de libido, sa fonction physiologique en est modifiée. Les changements dans l'image du corps tendent immédiatement à devenir des changements dans le corps. On peut admettre avec Abraham que la prostatorrhée est une expression de l'érotisme urétral mais, la prostate étant située entre l'urétre et le rectum, sa position anatomique la désigne pour exprimer aussi bien les tendances anales que les tendances urétrales. Les maladies psychogènes conduisent des problèmes centraux de la personnalité aux organes; les conflits choisissent pour s'exprimer les organes qui sont en rapport avec les fonctions qui y sont impliquées. Mais il existe aussi une détermination organique spécifique. Un organe lésé préparera le terrain à ceux des conflits psychiques qui, psychogénétiquement, auraient eu une influence précisément sur cet organe. La souffrance causée par une maladie organique changera non seulement l'aspect perceptif du modèle postural du corps, mais aussi sa structure libidinale. La maladie organique ne provoque pas seulement la souffrance, elle est aussi apte à faire naître ou à satisfaire des tendances masochistes. Le changement dans l'économie libidinale de l'image du corps entraînera à son tour un changement dans son aspect perceptif. L'élaboration du modèle postural du corps se fait au niveau physiologique par nos contacts perpétuellement renouvelés avec le monde extérieur. Au niveau libidinal, elle se fait par l'intérêt que notre corps inspire à nous-mêmes, mais aussi aux autres. L'intérêt d'autrui peut se manifester par des actes ou simplement par des mots et des attitudes. Mais ce que ces personnes de notre entourage font elles-mêmes avec leur corps a aussi pour nous une énorme importance.

On aperçoit ici pour la première fois le rôle que peuvent jouer les contacts sociaux dans l'élaboration de l'image du corps. L'enfant intègre des parties du corps des autres dans sa propre image du corps. Il fait entrer aussi dans sa propre personnalité l'attitude des autres envers leur corps. Il y a des liens étroits entre le modèle postural du corps de chaque individu et celui des autres. Nous adoptons les images corporelles des autres soit dans certaines de leurs parties soit globalement; dans ce dernier cas, on dira qu'il y a identification. Mais il y a aussi des cas où l'individu veut se débarrasser de son image corporelle; il la projette alors dans le corps d'autrui. Un patient projette ses propres difficultés, son image du corps tout entière dans l'analyste. J'ai déjà parlé de projection narcissique. Les images du corps des différents êtres humains ont entre elles des communications partielles ou globales. Cette remarque ne fait qu'anticiper des problèmes que nous aborderons dans la troisième partie de cet ouvrage. L'élaboration de l'image du corps est basée non seulement sur l'histoire individuelle, mais aussi sur les relations de l'individu aux autres. Notre histoire intime est aussi l'histoire de nos relations avec autrui.

4. *La dépersonnalisation.*

Étudions maintenant les changements qu'entraîne dans le modèle postural du corps un autre syndrome, la dépersonnalisation. L'individu se sent alors totalement différent de ce qu'il était auparavant. C'est à la fois le monde extérieur et le moi qui sont changés et l'individu ne se reconnaît pas comme personne. Ses actions lui paraissent automatiques. Il observe en spectateur ses actes et son comportement. Le monde extérieur lui est étranger, autre, et moins réel. Du point de vue psychologique, nous pouvons décrire ainsi cet état : « Il n'y a pas de changement dans le moi central. Ce n'est pas le moi en tant que tel qui est changé, ce n'est pas non plus le Je au sens où l'entend James, mais le moi-objet et la personne; et le moi central perçoit dans le Soi ce changement. La dépersonnalisation, par conséquent, laisse intactes de nombreuses facultés. Le changement dans le Soi ne procède pas d'un changement dans aucun groupe d'éléments psychiques, par exemple les sensations, les sentiments, les souvenirs et les processus de pensée (s'il est permis d'employer cette classification); il repose sur le fait que le moi central ne se vit pas dans ses expériences présentes et passées. Le Soi paraît sans âme parce qu'il n'apparaît pas indivis du moi. Il ne suffit pas que sensations, sentiments, représentations, pensées soient présents dans le courant de conscience. Il ne suffit pas non plus que le moi central les perçoive. Dans l'expérience psychique vivante, tous les modes d'être du moi doivent se présentifier, unifiés et homogènes. » (Cf. mon livre : *Selbstbewusstsein und Persönlichkeitsbewusstsein*, pp. 54-55.)

Il ne nous importe pas particulièrement ici de savoir si ce syndrome caractéristique peut constituer à lui seul une névrose ou s'il entre dans la catégorie des psychoses dépressives ou schizophréniques. Ce qui nous importe, c'est que, comme Nunberg, moi-même et d'autres l'avons observé, presque toutes les névroses s'accompagnent à un moment ou à un autre de leur évolution de symptômes de dépersonnalisation; les patients, à ce moment, ne perçoivent pas seulement différemment le monde extérieur mais aussi, et de façon encore plus marquée, comme je l'ai montré dans l'ouvrage que je viens de citer, tout ce qui concerne directement leur propre corps. Le patient, s'il se regarde dans une glace, voit un visage autre, rigide, déformé. Au son de sa propre voix qui lui est étrangère, inconnue, il sursaute, comme si ce n'était pas lui qui parlait. Gottfried a l'impression que ses mouvements sont interrompus, que son corps est comme mort. Il entend comme le bruit d'une dynamo dans sa tête. Le corps paraît trop léger et comme prêt à s'envoler. Un patient de Loewy déclare : « Je tâte ce corps et ce n'est pas moi que je cherche, mais lui. » Un patient de Pitt dit que ses yeux sont comme deux trous, par lesquels il regarde. On voit souvent ces malades fouiller leur lit à la recherche de leurs membres. Ils disent aussi ne pas sentir le besoin d'uriner et de déféquer. Ils ont l'impression d'être morts, sans vie, des ombres. Ils se plaignent tous de sensations hypocondriaques, bruits dans les oreilles, étouffements, bulles dans la tête, sensations cardiaques.

L'intérêt de ces phénomènes est d'autant plus grand que l'on sait qu'il existe une psychogénèse de la dépersonnalisation. Elle affecte particulièrement, comme je l'ai montré, les organes qui ont eu auparavant une grande signification érotique. J'ai étudié le cas d'une chanteuse qui montrait des phénomènes de dépersonnalisation touchant la parole et la bouche; or la bouche était ce qui, chez elle-même et chez les autres, retenait le plus son attention. Notons bien que, souvent, la sensation d'étrangeté du monde extérieur concerne surtout la sphère visuelle. Nous avons déjà eu maintes occasions de souligner l'énorme importance de l'élément visuel dans la construction de l'image du corps. H. Hartmann décrit l'histoire d'un cas de dépersonnalisation : le sujet souffre d'abord de jalousie et ne peut s'empêcher d'imaginer sa femme au lit avec un rival. Par la suite il lui devient impossible d'imaginer cette scène et même de rien imaginer du tout. Enfin, c'est sa vision même qui perd tout caractère de réalité. Le phénomène de dépersonnalisation est déclenché à partir du moment où le patient dénie sa tendance au voyeurisme.

Dans la dépersonnalisation, l'individu cesse de s'intéresser au monde extérieur, et du même coup à son corps, qui, nous l'avons vu, est en relation si étroite avec le monde extérieur. Il y a, il est vrai, les sensations hypocondriaques, qui sont des reliquats d'un intérêt exagéré pour le corps; mais elles ne sont pas l'essentiel de la dépersonnalisation. Et sur ce point je contredirai nettement Federn et Fenichel, qui placent au centre de la dépersonnalisation un excès d'intérêt pour le corps ou, en termes analytiques, un accroissement de libido narcissique : à coup sûr, ils trahissent ce faisant une incompréhension totale du problème.

La dépersonnalisation est caractéristique du fait que l'individu n'ose placer sa libido ni dans le monde extérieur ni dans son propre corps. Le changement dans l'image du corps résulte de son désinvestissement libidinal. Ce trouble s'accompagne presque constamment de vertige. C'est d'une certaine façon une projection organique, dans l'organe qui a, comme je l'ai montré plus haut, la fonction d'unifier les différentes perceptions qui contribuent à édifier la connaissance du corps. J'ai développé ce point de vue dans un article sur l'appareil vestibulaire dans la névrose et la psychose. Tout le champ de la pathologie ne cesse de nous enseigner l'étroit parallélisme de l'organisme et des fonctions psychiques. Telle ou telle fonction psychique a sa relation spécifique avec tel ou tel organe. La dépersonnalisation et le vertige organique ont le même noyau psychologique, même si celui-ci se situe à des niveaux d'organisation différents. Le vertige dû à des causes organiques provoque souvent des phénomènes qui sont apparentés aux phénomènes psychiques de dépersonnalisation; ce n'est là qu'un cas particulier dans un principe général. Weizsäcker a souvent souligné que tout organe est lié à un ensemble de la vie émotionnelle qui lui est spécifique et que chaque maladie organique, impliquant un organe particulier, affecte l'ensemble émotionnel qui lui est lié. Mais ce qui surtout nous intéresse ici, c'est le fait que la dépersonnalisation est un trouble de l'image du corps, dont la psychogénèse n'est pas encore connue. Les expériences analytiques que Nunberg, Reik, Sadger et moi-même avons faites n'ont pas révélé de points de fixation spécifiques dans le développement libidinal [1]. Cette lacune n'est pas trop grave pour traiter des nombreux cas où la dépersonnalisation n'est qu'un phénomène transitoire. Car, pour expliquer ces cas, il suffit d'admettre que toute névrose ou psychose à son début passe par une phase durant laquelle l'individu n'ose placer sa libido ni dans son corps ni dans le monde extérieur, et qu'il s'agit donc d'une conséquence non spécifique du choc général causé par le conflit psychique. Mais il reste que cette explication ne vaut guère pour les cas où la dépersonnalisation est le symptôme dominant dans une névrose de longue durée.

Des observations récentes me suggèrent que l'auto-observation qui joue un rôle si important dans la dépersonnalisation dérive de tendances au voyeurisme. L'individu dénie son propre plaisir à regarder et se punit en n'utilisant pas pleinement sa vue, ou encore substitue à la vision, sur le mode symbolique, l'observation de lui-même. L'autre composante importante est le sado-masochisme. Le déni du plaisir de regarder doit entraîner forcément des changements dans l'image du corps. Mais, cela dit, il y a dans la dépersonnalisation un retrait plus poussé encore par rapport au monde et au corps, ou, en termes analytiques, par rapport au moi et à l'image du corps. Nous ne savons pas quelles sont les expériences précoces qui déterminent cet affaiblissement du moi et de l'image du corps. La psychogénèse de la dépersonnalisation nous reste plus mystérieuse que celle de la neurasthénie et de l'hypocondrie.

1. Une récente expérience analytique de Searl sur la dépersonnalisation montre que parfois l'enfant a peur que le parent ne se transforme en un objet inanimé. Mais il n'est pas du tout certain que ces phénomènes aient quoi que ce soit à voir avec la dépersonnalisation.

5. *L'hypocondrie.*

Les symptômes hypocondriaques sont communs à la neurasthénie et à la dépersonnalisation. L'interprétation de ces symptômes est, du point de vue analytique, bien établie. Il s'agit, comme je l'ai montré après Freud et Ferenczi, d'un accroissement de libido dans certaines parties du corps : une augmentation de la libido narcissique. Cette accumulation peut porter sur un organe, dont la fonction est somatiquement déficiente. Mais il sera toujours essentiel de savoir quel rôle joue l'organe particulier dans l'ensemble de la structure libidinale, et dans le vécu individuel. Il faut souligner ici une importante qualité psychologique de l'organe hypocondriaque : il est génitalisé, et symbolise très souvent les organes génitaux. Il sollicite perpétuellement l'attention. Les patients se plaignent de sentir quelque chose qui est comme collé à eux, dans la tête ou une autre partie du corps, quelque chose comme une barre de fer, un bâton ou un os. Ce sont surtout des symboles des organes génitaux masculins; ceux qui se rapportent à des organes génitaux féminins — un creux, un vide dans le corps, quelque chose qui manque — sont beaucoup plus rares. Ceci tient probablement au fait que l'accroissement de libido dans un organe est beaucoup plus propre à provoquer une sensation de gonflement dudit organe, qu'une sensation de diminution.

Il y a aussi des transpositions d'organes chez les neurasthéniques. Dans l'hypocondrie, c'est de la libido purement narcissique qui est investie dans l'organe. Si elle apparaît sous la représentation d'organes génitaux, c'est qu'au stade narcissique le corps tout entier, Freud l'a bien montré, est traité comme un organe génital. On pourrait dire aussi que l'organe hypocondriaque se comporte comme un corps indépendant. L'hypocondrie est un combat contre la libido narcissique : l'individu se défend contre la surtension libidinale de l'organe hypocondriaque; il s'efforce d'isoler cet organe malade, de le traiter comme un corps étranger dans l'image du corps. Ce combat est mené par une partie du moi, relativement intacte, et qui a assez de force pour lutter contre l'organe chargé de libido. Dans la dépersonnalisation, il n'y a pas cet effort pour expulser l'organe. Il peut y avoir des symptômes hypocondriaques, mais concernant des parties du corps qui ne sont pas désinvesties; ce sont précisément ces parties qui ne sont pas atteintes par la dépersonnalisation. Bien entendu, la tendance à éliminer certaines parties du corps en les expulsant n'est nullement particulière à l'hypocondrie. C'est une tendance très générale. Quand ces tentatives d'expulsion ont quelque succès, ces parties peuvent être projetées dans le monde extérieur; ainsi, dans certains cas de paranoïa, des excréments, qui deviennent persécuteurs, et sont par là encore attachés au corps; c'est une projection incomplète. Les excréments ont trop de valeur pour que l'individu puisse les abandonner complètement. L'hypocondriaque a trop d'attaches avec son organe surlibidinisé pour que les efforts qu'il fait pour s'en débarrasser ne soient pas voués à l'échec; l'organe reste dans le corps, comme un corps étranger surajouté. Dès l'instant où le patient dépersonnalisé désinvestit tant le monde extérieur que son image du corps globale, il n'observe plus que ses fonctions psychiques et se considère comme un automate.

Dans l'hypocondrie, l'attention reste concentrée sur le corps et l'organe. Freud et Ferenczi ont montré que les lésions et maladies organiques ont le même effet que la tension libidinale hypocondriaque. L'organe malade accapare toute l'attention. Si nous traumatisons nous-mêmes un de nos organes, celui-ci se comportera immédiatement comme un organe hypocondriaque. On peut renforcer son hypocondrie en infligeant à un organe douleurs, mutilations et traumatismes. Sachant la fréquence avec laquelle les traumatismes sont suivis de symptômes hypocondriaques, on verra toute l'importance de cette notion. S'infliger un traumatisme est souvent la méthode qu'adopte l'individu pour transférer plus facilement sa libido sur un organe qui, avant l'accident, était l'objet de l'attention narcissique. Tout se passe comme si l'individu sentait qu'il n'est pas capable de concentrer pleinement sa libido sur un organe qu'il voudrait encore plus au centre de son attention. Il est incapable de parvenir à la satisfaction libidinale par des moyens purement autoplastiques. (Ferenczi appelle fonction autoplastique la faculté de produire des symptômes en son propre corps.)

J'ai traité une patiente qui attachait énormément d'importance à ses mains. Pour elle, les mains étaient ce qu'il y a de plus beau dans un corps féminin. Elle travaillait en usine et un jour s'était pris les deux mains dans une machine; l'accident ne s'était d'ailleurs soldé que par des égratignures bénignes. Mais, par la suite, elle avait développé des symptômes hypocondriaques concernant ses mains. Avant l'accident, elle avait rêvé qu'elle se blesserait aux mains. Nous sommes autorisés à voir dans l'accident le résultat d'un désir inconscient. Le symptôme hypocondriaque est le résultat d'une action qui facilite le changement autoplastique.

C'est la sensation hypocondriaque qui est le symptôme dominant de l'hypocondrie. Ce peut être un changement somatique dans l'organe qui en formera le noyau, mais souvent la fonction autoplastique suffira à provoquer le symptôme. La sensation hypocondriaque est souvent ressentie à l'intérieur du corps et, dans ce cas, principalement dans cette zone que nous avons appelée zone sensible, à environ deux centimètres en retrait de la surface; mais elle peut être aussi ressentie à la surface même du corps. La perception visuelle est elle aussi souvent changée : ce n'est pas seulement la peau elle-même qui parait différente mais aussi sa couleur et son aspect.

Je n'ai pas jusqu'à présent prêté assez d'attention à l'impression visuelle que nous pouvons avoir de notre corps, de notre peau, de notre teint. Nous sommes incapables de nous faire une idée claire de la couleur et de la texture de notre peau. C'est là un fait remarquable, indubitablement lié à la très importante valeur libidinale de la peau. Elle reste pour nous un mystère et ses qualités visuelles changent continuellement. Nous avons beau nous regarder dans la glace, nous n'avons pas pour autant une idée sûre de notre aspect : il reste toujours une incertitude émotionnelle dans la perception que nous avons de notre peau et de la peau des autres. (Or, je n'éprouve pas la même incertitude concernant la peau des gens de couleur. La différence raciale est probablement un facteur qui diminue l'intérêt érotique et qui rend plus nette la perception.) Cela dit, on comprendra que la peau puisse devenir une source inépuisable de sensations hypocondriaques.

Certains patients présentent des perturbations dans l'image du corps d'un caractère particulier. J'ai autrefois observé une patiente qui se plaignait de ne pouvoir penser clairement. Elle avait aussi la sensation, très forte, que son côté droit était passé à gauche et inversement. Son côté droit lui paraissait trop léger. Un même objet lui semblait différent selon qu'il était placé dans sa main droite ou dans sa main gauche : il prenait moins de place dans la main gauche. Sa main droite lui semblait beaucoup plus petite, particulièrement au creux de la paume. Elle ne pouvait serrer le poing, ses doigts refusaient de se plier. Notons que, dans son enfance, cette patiente, un jour qu'elle faisait la lessive, avait été battue par sa mère, qui s'énervait de la voir tordre le linge avec la main gauche.

Le problème de l'hypocondrie est celui-là même que posent la cénesthésiopathie et les paresthésies en général. Or, une paresthésie est un signe, pour le patient, qu'il a une maladie; les sensations hypocondriaques sont, de la même façon, inséparablement liées à des idées hypocondriaques. Inversement, les idées hypocondriaques mèneront toujours à des sensations hypocondriaques. Jahreiss définit l'idée hypocondriaque comme l'imagination que l'on est malade, mais l'idée hypocondriaque ne prend sa véritable signification que par les sensations sur lesquelles elle se fonde ou qui procèdent d'elle.

Jahreiss décrit le cas d'une patiente qui sentait son corps comme vidé, le cœur et la tête vidés de tous leurs nerfs, le cœur de tout son sang; il est clair que les sensations jouaient là un rôle moins important que les idées et leurs connotations. On peut supposer que, dans les cas de ce genre, c'est un niveau psychique supérieur de l'image du corps qui est affecté; d'où cette conclusion générale qu'il y a une partie de l'image du corps plus proche de la perception et une autre plus liée aux idées.

J'ai montré, après Freud et Ferenczi, que le changement libidinal dans l'organe hypocondriaque n'est pas uniquement psychique. L'innervation vaso-végétative et vaso-motrice est elle aussi changée. Des changements d'origine somatique dans l'innervation vaso-végétative peuvent provoquer des attitudes hypocondriaques. Le champ vaso-végétatif est un terrain commun aux désordres organiques et aux désordres psychiques. C'est l'une des tâches importantes de la médecine générale de décrire la façon dont un organe est attaqué, tout à la fois sur un versant psychique et sur un versant somatique. Dans les cas de maladie organique ayant des conséquences psychiques, on peut considérer le symptôme organique comme centripète, le symptôme psychique comme centrifuge. L'expérience psychique du corps n'est pas aussi centrale que les problèmes vitaux et libidinaux de l'individu, qui constituent le noyau central du moi et de la personnalité.

6. *Douleur et libido.*

Il y a un rapport très étroit entre paresthésies et douleur. Passons donc à l'étude de la douleur. Elle peut être d'origine purement psychique; on en trouve de nombreux exemples dans la littérature psychanalytique. Mohr résume la question de la façon suivante : « On sait que les douleurs abdominales des femmes sont très souvent liées à une insatisfaction sexuelle ou à une défense sexuelle contre le partenaire non aimé. Quant aux hommes, ils se punissent en payant le tribut de la masturbation ou d'autres abus sexuels. Ce que l'on sait moins, c'est que les douleurs dans le dos ont très souvent la même cause. Très nombreux sont les cas où tel facteur psychique produit telle douleur particulière en tel endroit précis, mais on ne le découvre que par une analyse très attentive. J'ai soigné une personne qui se plaignait de violentes douleurs au bras droit à la suite d'une grippe compliquée de névralgie du bras droit. A la mort de sa mère lui était revenu le souvenir d'une scène de dispute : elle levait le bras droit sur sa mère et celle-ci lui disait : "Attends un peu, ma fille, c'est par là qu'un jour tu seras punie." Une autre de mes patientes souffrait de douleurs violentes au sein gauche. A première vue, ces douleurs semblaient de nature névralgique. Mais l'analyse finit par révéler qu'elles exprimaient aussi la nostalgie d'un amant qui la caressait en cet endroit, et, en même temps, le remords de ces privautés. Quantité d'observations du même ordre m'ont depuis longtemps convaincu que la douleur est très souvent ressentie aux endroits précis du corps qui jadis ont été le siège d'un plaisir particulièrement intense, et dont le sujet est désormais privé. C'est surtout quand il s'agissait d'un plaisir défendu, dont le patient voudrait maintenant se punir, qu'apparaît la douleur. »

E. M., homme d'affaires, a trente-sept ans. Il se plaint d'impuissance. C'est une impuissance intermittente; dans ses bons moments, il est au contraire capable de faire durer l'acte sexuel très longtemps : il peut avoir jusqu'à trois rapports en une seule nuit. Son sexe est objectivement très au-dessous de la taille normale. Les premiers signes d'impuissance sont apparus à la puberté; à cette époque, il souffrait d'incontinence d'urine chaque fois qu'il se masturbait. Par la suite, ces troubles ont disparu. C'est à la suite de la lecture des ouvrages d'Havelock Ellis qu'il a commencé à ressentir des douleurs au phallus, dans les bras et à l'anus. Pour lui, ce sont des douleurs d'homosexuel. Il ne peut s'empêcher de penser à des scènes amoureuses entre hommes. Il imagine le contact sur lui du phallus d'un homme, et c'est à cet endroit précis qu'apparaît la douleur; il pense à la *fellatio* et sent aussitôt pression et douleur au palais. Il imagine le coït actif et passif *per anum*. Ces pensées lui reviennent et l'inhibent quand il essaie d'avoir des rapports sexuels avec une femme. Quand il imagine des scènes de masturbation, il ressent une douleur au bras. La douleur, donc, se localise dans les parties du corps qui jouent un rôle dans les fantasmes homosexuels contre lesquels la défense est dirigée. La douleur représente la satisfaction perverse et, en même temps, l'autodéfense et la punition pour le fantasme pervers.

Le cas suivant, que j'ai analysé pendant plusieurs mois, nous fournira un examen plus approfondi de la question :

Francis E., qui occupe un emploi important dans une grande firme, a quarante-quatre ans. Il souffre de douleurs aux parties génitales; ces douleurs durent depuis presque dix ans. Elles sont localisées tantôt dans la partie antérieure de la verge, tantôt dans sa partie postérieure; et, dans ce dernier cas surtout, elles s'accompagnent d'une forte excitation sexuelle qui tourmente le patient. Au début, c'était une douleur légère, mais elle n'a cessé de s'intensifier et a fini par devenir terrible; elle accapare l'attention du patient et il est devenu totalement incapable de travailler. Il a des moments de répit, mais les crises sont affreuses et le poussent au désespoir. Aux vacances dernières, il était au bord du suicide. Pendant les crises, n'importe quoi l'excite malgré lui, la simple lecture d'un article sur un crime sadique, ou même sur un vol ordinaire; en même temps il a des douleurs dans le dos, et son visage s'empourpre, de façon fort désagréable pour lui.

Marié à vingt-quatre ans, il s'est toujours entendu parfaitement avec sa femme, tout en restant sexuellement insatisfait; il n'a jamais eu de rapports sexuels avec d'autres femmes, bien qu'il ait été longtemps très amoureux d'une de ses jeunes employées. Chaque rapport sexuel avec sa femme le laisse agité et encore excité; il se retourne dans le lit, ne peut s'endormir sans somnifère. Sa femme ne s'excite pas facilement; elle ne prend jamais l'initiative et reste passive; il faut qu'il la caresse pour l'exciter; ou bien, et il le fait très souvent, qu'il l'injurie, qu'il la traite de « salope », de « putain », etc. Parfois même il la frappe sur le sexe. Le lendemain matin il se retrouve au bureau, les événements de la nuit reviennent l'obséder et il se dégoûte profondément. C'est alors que ses douleurs augmentent et elles durent environ une semaine. Si, entre-temps, il a d'autres rapports avec sa femme, la douleur devient énorme. Ensuite, il a généralement une semaine de répit. La semaine suivante, le désir le reprend, il a de nouveaux rapports avec sa femme et tout recommence.

Il avait une quinzaine d'années quand il a connu sa future femme. La mésentente régnait dans leurs deux familles; les deux jeunes gens en parlaient entre eux et s'apitoyaient mutuellement sur leur sort. Ces confidences les rapprochèrent et ils devinrent bientôt amoureux, mais il n'y eut pas de rapports sexuels. D'autres jeunes filles lui faisaient des avances mais il n'y répondait pas, se voulant déjà fidèle à sa future femme. Il avait beaucoup de succès, notamment auprès d'une des sœurs de sa fiancée. Il devint étudiant, et, dans ce nouveau milieu, des homosexuels aussi lui firent des avances. Mais il restait fidèle à sa fiancée. Il leur arrivait de se masturber mutuellement, mais elle continuait à se refuser à lui; les noces ne la firent pas changer d'attitude. Depuis, elle n'a pas cessé d'opposer une résistance à son mari; ils se querellent toujours avant les rapports, mais, finalement, elle ne refuse pas le plaisir.

Tous deux sont d'accord pour ne pas avoir d'enfants. La vie leur paraît trop sombre, ils ne veulent pas prendre la responsabilité de mettre un malheureux de plus au monde. Pourtant, après quinze ans de mariage, la femme s'est trouvée enceinte. L'accouchement a été difficile, elle a failli mourir. A la suite de cette grossesse, elle a eu de l'endométrite et ils ont dû interrompre leurs rapports pour plus d'un an et demi. Les pertes remplissaient parfois le mari de dégoût. Il a une femme qui manque d'initiative sexuelle, qui ne sait pas prendre la vie par le bon côté et qui est extrêmement susceptible. Elle est très indépendante de caractère. Elle a eu, un temps, un sentiment profond pour un de ses beaux-frères, ce dont le patient a été très jaloux. C'est depuis qu'il est devenu amoureux de sa jeune employée, qui est sage, sans être farouche. Pendant ses crises de douleur, il prend de larges doses de bromure et, sous l'effet de cette drogue, il lui arrive de perdre un peu de sa réserve et il se laisse aller à parler d'amour à cette jeune fille; ils s'embrassent, sans plus. Ils ont une fois passé plusieurs jours ensemble; mais, même alors, ils ne sont pas allés plus loin. Après, seulement, il s'est senti beaucoup plus calme.

Le patient s'est permis cette fugue alors qu'il est déjà depuis quelque temps en analyse; il est devenu beaucoup plus libre dans son attitude envers les questions sexuelles. C'est un homme qui a toujours été assez rigide dans ses opinions; ses amis le traitent de moraliste, mais il est plus tolérant pour les autres que pour lui-même. Il est persuadé que ce qui l'épuise, c'est une trop grande activité sexuelle; il a même bâti toute une théorie anatomique sur le sujet; son système sexuel aurait perdu de sa résistance et serait l'origine de ses douleurs et de sa prostatorrhée. Car, effectivement, le patient a des pollutions pendant ses crises douloureuses. Il a subi de nombreux examens à l'urétroscope, sans résultat. Une intervention de distension de l'urètre a réussi à supprimer les douleurs pendant environ deux mois. Par contre, les massages de la prostate n'ont aucun effet. Il est persuadé qu'il a une inflammation des nerfs sexuels et voudrait qu'on l'opère. Quand il sent venir une crise et qu'il est seul, il prend des mesures de défense : il se donne des coups de toute sa force, au point de se faire des bleus. Il se frappe la tête avec les poings, la cogne contre les murs. Il empoigne ses parties génitales, il les tord, il tire dessus, il voudrait les arracher; il se donne des crampes dans les jambes, il grince des dents, il tire sur son menton comme pour se décrocher la mâchoire. Il est en proie à une violente colère, à une fureur qui le reprend quand il évoque ces scènes; et, à ces moments-là, il pourrait, certes, faire peur. C'est tout l'opposé de son comportement habituel, celui d'un homme agréable, courtois, souple. Il ne se met jamais en colère contre qui que ce soit, excepté lui-même. Il n'est dur qu'avec les gens qu'il sait malhonnêtes. Étant écolier, puis étudiant, il était fréquemment distrait de son travail par l'excitation sexuelle et, pour s'en défendre et s'en punir, il se donnait des crampes et des coups. Mais l'analyse ayant montré que tout son comportement remonte à une origine bien plus ancienne encore, je vais maintenant décrire son enfance et son développement, en rapprochant les détails donnés par lui-même.

Tout le matériel que je vais présenter a été donné par fragments au cours de l'analyse. Le patient conserve des souvenirs clairs et conscients de ses toutes premières années. Il se rappelle la chaise sur laquelle on l'asseyait quand il avait deux ans. Il revoit tous les détails de sa maison natale. La famille avait déménagé quand il avait quatre ans. Son plus ancien souvenir remonte à la période qui suit immédiatement son premier anniversaire : il fait ses premiers pas et sa mère est très fière. Il se souvient également de sa nurse. Son père le grondait très souvent. Il avait peur du vent et du tonnerre. Sa mère ou sa nurse le prenaient parfois dans leur lit et, là, il se sentait en sécurité. Il avait grand besoin de la présence de ses parents (chaque fois qu'ils s'absentaient, il s'imaginait qu'ils ne reviendraient jamais. Plus tard, il aura toujours peur que sa femme ou son enfant, partis en promenade, ne tombent de bicyclette.)

Quand il était petit, on l'emmenait régulièrement au bord de la mer et il aimait beaucoup ces séjours. Il partait seul avec sa mère, le père les rejoignait plus tard. Pendant ces vacances, il dormait dans la chambre de sa mère; celle-ci le préférait à son frère aîné (en rapportant ce fait, il s'est souvenu que la voix de l'employée dont il est amoureux lui rappelle la voix de sa mère). Il se réfugiait toujours près de sa mère. Le père était un homme très sévère, qui se montrait particulièrement exigeant à la table familiale. Brusquement, il vendit son affaire; le patient avait alors quatre ans. La mère était furieuse et il y eut de violentes scènes entre les époux. Au cours de l'analyse, le patient retrouve la scène suivante : sa mère se roule par terre; elle vient d'avoir une violente querelle avec son mari; elle crie, elle pleure, elle se cogne la tête contre le plancher (le patient reconnaît dans cette scène l'origine de ses propres crises de fureur). Cet abandon de l'affaire paternelle, qui correspond avec le déménagement, représente en quelque sorte le moment fatal dans l'histoire de cette famille. Depuis lors, les relations entre les parents ne cessèrent d'empirer. Le patient prenait sans rien dire le parti de sa mère. (Ce qui explique que le patient conserve tant de souvenirs clairs de ses toutes premières années, c'est, semble-t-il, que tout le temps antérieur au déménagement est dans son esprit comme un paradis perdu. Il se peut que le souvenir où il se revoit apprenant à marcher recouvre autre chose; la scène est en tout cas caractéristique de sa relation à sa mère. J'ai tendance à croire qu'il s'agit là d'un souvenir réel. La peur du vent et du tonnerre peut être interprétée comme la peur d'un père trop sévère. L'anxiété est l'expression de tendances agressives très tôt apparues).

Entre sa quatrième et sa cinquième année, il avait une gouvernante catholique. Elle lui avait donné une bible pour enfants illustrée; la crucifixion et le chemin de croix l'impressionnaient beaucoup. Il est d'une famille juive cultivée et non pratiquante. Il s'est pris à cette époque d'une haine profonde pour les juifs, qui ont crucifié le Christ. Datant de cette époque également, le souvenir d'une image qui évoque la Guerre d'Indépendance, où l'on voit l'exécution d'un général et de plusieurs officiers.

Il n'a aucun souvenir concernant la naissance de ses deux frères cadets. Ils sont plus jeunes que lui de quatre et six ans; au moment de l'accouchement, on l'a envoyé chaque fois passer quelques jours chez ses grands-parents. Son frère aîné, qui a deux ans de plus que lui, était souvent battu par les parents parce qu'il travaillait mal à l'école. Souvent ils se mettaient à deux pour lui administrer des corrections d'une cruauté injustifiée. Ces scènes étaient très pénibles pour le patient; il avait pitié de son frère, qu'il aimait beaucoup. Plus tard, entre dix et douze ans, il allait rejoindre l'aîné dans son lit et ils se masturbaient mutuellement tout en se racontant pour s'exciter des scènes de violence et de tueries. Ce n'est que tard dans l'analyse et avec beaucoup de résistance qu'il avoue qu'ils se disaient : « On tue les juifs »; et ils parlaient beaucoup de la « couronne d'épines ».

Au cours de la même séance, il apparaît qu'entre quatre et cinq ans le patient croyait que tous les hommes, y compris son père, étaient juifs et que toutes les femmes, y compris sa mère, étaient chrétiennes. (On voit ici clairement dessinée l'hostilité au père. Il s'identifie non seulement à la mère, qui bat et est battue, mais aussi au père. Le frère corrigé par ses deux parents représente à la fois le père et la mère. Les rapports sexuels avec sa femme reproduisent les mauvais traitements infligés aux femmes en général. Le fait qu'il frappe le sexe de sa femme montre que l'acte sexuel signifie pour lui : mauvais traitements.) Le frère aîné prenait des leçons particulières avec un professeur, et celui-ci avait un jour entraîné Francis qui devait alors avoir dix ans, dans un lit, et s'était masturbé contre lui, à son grand dégoût. Notons, fait remarquable, que l'aîné a lui aussi souffert de violentes douleurs aux organes génitaux; mais il a pu s'en débarrasser rapidement à l'aide d'un traitement hormonal.

Le patient a souffert très tôt de constipation. Un jour qu'il était invité chez des petits amis et qu'il souffrait, il s'était en cachette comprimé très fort le ventre avec ses deux poings pour se soulager. C'était depuis devenu une habitude. On lui administrait des lavements; cela lui faisait mal, surtout quand l'eau du lavement était trop chaude. Il avait eu aussi une hernie bilatérale, et on lui avait fait porter un bandage; on l'emmenait fréquemment à la ville voisine pour faire ajuster son bandage. Il était en classe de huitième lorsqu'on l'opéra; il lui fut dit, à cette occasion, que jusqu'alors l'urine avait passé dans ses testicules. Il a toujours uriné normalement; mais le contact de l'urine, la sienne ou celle des autres, l'excitait sexuellement, et, dans des rêves éveillés, il s'imaginait urinant sur le ventre de quelqu'un. Cette opération n'a pas joué un rôle considérable dans sa vie; elle l'a seulement obligé à rester inactif pendant un an.

Le patient a toute sa vie souffert de troubles intestinaux, il est constipé dès qu'il a des soucis. Il a souffert d'achylie pendant longtemps, de difficultés spasmiques à déféquer, avec parfois du sang ou des glaires dans les selles. Pendant ses accès de douleurs aux parties génitales, la souffrance se prolonge en direction de l'anus. Il a aussi eu un ulcère d'estomac; la douleur provenant de cet ulcère faisait cesser l'autre douleur. L'excitation sexuelle s'accompagnait de douleurs d'estomac et d'une sensation de compression au même endroit.

A l'époque où il était étudiant, quand il avait une crise, il se comprimait l'estomac en l'appuyant sur le dos d'une chaise et parfois demandait à un ami de s'asseoir sur lui. (Il n'y a pas de doute que la composante anale est aussi importante que la composante génitale dans la vie psychique du patient. Notons aussi que ses expériences anales s'accompagnent de douleur et que la constipation provoque les mêmes accès de fureur que la douleur génitale.)

Il a eu sa première éjaculation vers douze ans. Elle est associée à une sensation de brûlure. Il en a eu du remords, mais il s'est par la suite masturbé sans éprouver de douleur. Entre douze et treize ans il continue à assister aux fréquentes querelles de ses parents. Sa mère devint très intime avec un parent, qu'elle recevait quand le père était absent. Ces visites étaient devenues habituelles; le patient entendait les allées et venues du visiteur; cela l'excitait et il en souffrait. Il commençait à mieux comprendre son père, homme strict mais honnête, incapable de manifester ses sentiments; c'était aussi un homme amer, qui se croyait poursuivi par le Destin. Ses spéculations financières étaient désastreuses et il finit par se suicider. A cette époque, le patient avait terminé ses études.

Quand il était encore écolier, il se croyait déjà victime d'un mauvais sort, et cette croyance a persisté. Quand il a perdu quelque objet qu'il ne parvient pas à retrouver, il se croit ensorcelé et se donne des coups. Quand il s'énerve, il lui arrive souvent de perdre ses papiers et il pense qu'un esprit malin les a emportés. Il se dit en lui-même : « Ça, pas », ce qui signifie : « Ça, le Destin ne veut pas que je m'en tire bien. » Il lui arrive de penser que tel ou tel objet est ensorcelé par le diable. Il croit en une force démoniaque, et que c'est cette force qui l'empêche de s'enrichir. Il a lui-même essuyé d'importantes pertes financières, sans que ce soit aucunement de sa faute. Il se voit constamment réduit à la mendicité et a grand-peur de perdre son emploi. (L'identification au père est ici très nette. Par ailleurs, le père est la force démoniaque qui provoque la peur du vent et du tonnerre. Ces sentiments se rattachent à une couche très primitive, archaïque. Ils rappellent en raccourci certains traits rapportés dans l'histoire du président Schreber.) Il se sent possédé du démon. Pendant une brève rechute dans le cours de l'analyse, il dit qu'un traitement de ce genre est réservé aux êtres humains, et que lui n'en est pas un. Les états d'exaspération et d'autopunition ne sont associés qu'aux douleurs des organes génitaux, ils ne se produisent pas pour d'autres souffrances physiques. Par exemple, il a eu un abcès dentaire et a supporté la douleur avec beaucoup de patience.

Le patient a un parfait contrôle de lui-même. Il assume parfaitement toutes les responsabilités de son emploi et il parvient à cacher à tout le monde ses crises de fureur; il ne les a que quand il est seul. Il y a de la raideur et un peu trop de réserve dans son comportement général. Pendant les séances d'analyse, il est couché sur le côté droit avec, souvent, le bras gauche tendu en l'air, tout raide. Il ne peut dormir que sur le côté droit; les autres positions l'excitent.

C'est un transfert positif qui domine au cours de cette analyse, restée incomplète. Ce n'est qu'à des moments de grande souffrance que le patient reporte parfois sa fureur sur l'analyste. Il est très rare que cet homme intelligent et fin parvienne à associer librement. Il rêve rarement. Dans un rêve, qui revient à des moments d'excitation sexuelle, il est contraint de faire et défaire perpétuellement ses bagages. Dans un autre rêve, il a une érection et frotte son membre contre un autre pénis. La même nuit, il a rêvé qu'on allait lui opérer les organes génitaux, mais l'opération était remise à plus tard; le chirurgien ressemblait à un cousin de sa mère. Dans un autre rêve accompagné de pollution, il entrait dans le lit d'une sœur de sa mère; plus tard, il a rêvé que sa femme lui demandait de faire l'amour, mais qu'il y avait là trois autres hommes qui la désiraient, parmi lesquels son frère aîné. (La tante auprès de laquelle il se couche est un substitut de la mère. Les trois hommes qui veulent coucher avec sa femme évoquent la jalousie que lui ont inspirée sa mère et sa femme.) Il a beaucoup d'affection pour son benjamin. Par contre, il n'a aucun sentiment pour le cadet, qui est peu intéressant moralement. (L'analyse est restée incomplète quant à la question de l'homosexualité latente.) Il aime la musique mais reste très classique dans ses goûts et déteste le jazz. Il est conservateur dans ses opinions politiques. Il ne se cache pas d'être juif, mais les juifs lui inspirent de la répulsion. Quand il était étudiant, il était en conflit ouvert avec son rabbin, et, par la suite, il s'est converti au catholicisme.

L'histoire de ce cas est intéressante aussi bien du point de vue du sadisme et du masochisme que du point de vue de la psychologie de la douleur. Dans les premières années de ce patient, il y a beaucoup d'indications de souffrances physiques réelles. Il n'a de souvenir direct que de souffrances anales (lavements et constipation), mais il y a aussi une anomalie du système urinaire dont le patient ne sait plus grand-chose.

Il se souvient en tout cas qu'il portait un bandage. On peut au moins supposer qu'il a eu dans son enfance des douleurs génito-anales. Elles auraient probablement disparu sans laisser de traces si la sévérité du père et l'attitude de révolte de la mère n'avaient ajouté quelque chose à ses souffrances physiques. On peut déduire du fait que le père et la mère infligeaient à leur aîné de cruelles corrections que des composantes sado-masochistes jouaient aussi un rôle dans la vie des parents. C'est pour cette raison que la passion du Christ impressionne tant le patient dans son enfance. Quand on connaît cette enfance, l'attitude sadique du patient va, pour ainsi dire, de soi. Elle éclate dans les épisodes homosexuels avec le frère et dans le style des relations sexuelles avec l'épouse. La haine pour le père est illustrée par la théorie infantile qui veut que tous les hommes soient des juifs et toutes les femmes des chrétiennes. Il y a parfois identification au père et les tendances sadiques sont alors dirigées contre la mère (ou l'épouse). Sous ce rapport, la jalousie qu'inspire l'épouse joue aussi un rôle important.

Le patient a commencé très jeune à se livrer à des actes dirigés contre lui-même. Notons cependant que la première fois qu'il s'est comprimé l'abdomen des deux mains, c'était non pas pour se faire mal mais pour se soulager. Plus tard, il a trouvé un exutoire à son agressivité en se donnant des coups sur la tête quand il n'arrivait pas à faire ses devoirs. Mais ce n'est qu'après qu'il eut commencé à combattre sa sexualité qu'il s'est découvert une technique propre pour s'infliger de la douleur. Il se donne volontairement des crampes musculaires et s'administre des coups. Il serait surprenant qu'achylie, colite et ulcère aient pu rester indépendants de ce fond psychique. C'est ensuite la douleur spontanée, localisée aux organes génitaux, qui apparaît au premier plan. Elle a une coloration sexuelle, il en est conscient, et il essaie de la contrer par sa fureur défensive et par les mauvais traitements qu'il s'inflige, en partie dirigés sur les organes génitaux eux-mêmes. Que ces douleurs aient une détermination psychique, leurs liens avec l'histoire vécue intime du patient le prouve; mais ceci ne veut pas dire qu'il s'agisse de douleurs nerveuses au sens où on l'entend communément. Le fait qu'il y ait prostatorrhée, par contre, prouve bien que quelque chose se passe dans l'organe lui-même : apparemment un changement organique qui procède d'une psychogenèse. La délimitation entre changements organiques et fonctionnels nous paraît de moins en moins claire. En physiologie, on ne croit plus à un absolu contraste entre la périphérie et le centre. Ce que nous appelons changement fonctionnel est certainement étroitement lié au cerveau central, mais il n'y a pas de doute que la périphérie est également toujours affectée. D'un autre côté, ce qui se passe sur un plan organique dans la périphérie influera aussi sur les attitudes et les fonctions centrales. Nous commençons maintenant à avoir un aperçu de lois psychiques sur lesquelles Weizsäcker a été le premier à attirer l'attention.

Toute maladie affectant un organe quelconque est liée à une attitude psychique qui lui est particulière. On peut dire de façon schématique que la différence entre ce qui est psychogène et ce qui est organique est, entre autres choses, une différence de direction dans l'évolution du processus. Dans une maladie organique, c'est la périphérie qui est affectée en premier et l'affection se propage de la périphérie vers le centre. Dans les maladies psychogènes, le trouble passe du centre à la périphérie.

Ce que je voudrais souligner, c'est que la prévalence de tendances centrifuges dans les maladies fonctionnelles et de tendances centripètes dans les maladies organiques ne concerne pas seulement les processus physiologiques, mais aussi bien les processus psychologiques. Quand il y a maladie organique, nous sentons qu'il y a quelque chose de changé qui appartient à la périphérie du cercle du moi *(Ichkreis)*. La maladie organique et le changement organique concernent moins la personnalité que la maladie fonctionnelle. Celle-ci est liée aux problèmes les plus intimes de l'individu, au centre de son moi. Certes, les courants centrifuges et centripètes décrivent souvent un cercle complet. Dans le cas que nous venons d'étudier, le phénomène organique de douleur joue un rôle qui lui a été préparé par la constipation et la hernie. Les organes génitaux ont été examinés très soigneusement sans qu'il ait été possible de déceler aucun changement organique, au sens où on l'entend communément. On ne peut savoir si la sensation de brûlures que le patient a éprouvée lors de sa première éjaculation avait ou non une base organique. Son attitude générale à l'égard de la douleur peut suffire à expliquer qu'il en ait été impressionné au point de s'en souvenir encore.

La douleur apparaît comme un phénomène qui est étroitement lié aux attitudes sado-masochistes. On remarquera combien sont nombreuses dans le tableau de ce cas les intrications du motif douloureux. Constipation, hernie, accès furieux de la mère, sévérité du père, hostilité des parents à l'égard de l'aîné, autant d'éléments qui constituent la base des tendances sado-masochistes qu'on a vues éclater dans les jeux sexuels avec le frère. Sa propre sévérité à l'égard de lui-même empêche le patient d'arriver à une pleine satisfaction par la voie de l'hétérosexualité : celle-ci est mêlée de traits sadiques. Cette sévérité le conduit aussi à des actes hostiles dirigés contre sa propre personne. La douleur, localisée aux organes génitaux, mêlée à une jouissance fortement réprimée, apparaît comme l'expression de son sado-masochisme, et l'incite là encore à s'infliger tourments et punitions.

Federn souligne à juste titre l'étroite relation qui existe entre les phénomènes de douleur localisée dans les parties génitales et le sadisme. Il cite par exemple des rêves au moment du réveil de patients souffrant de gonorrhée et de douleurs aux parties génitales : ce sont des rêves sadiques.

J'ai observé moi-même un malade souffrant de prostatite et d'urétrite consécutives à une gonorrhée traitée et guérie de nombreuses années auparavant. Le premier symptôme avait consisté en une sensation douloureuse de brûlure localisée à l'extrémité de l'urètre. Des obsessions à contenu anal et sadique avaient bientôt suivi, mais elles avaient disparu en même temps que disparaissaient les sensations génito-anales. Pour compléter le tableau de ce cas, j'avais noté aussi des fantasmes sadiques à la puberté et des souvenirs sadiques d'enfance très anciens. Avec l'apparition des troubles urétraux, le patient était devenu obsédé par l'idée que son pénis était détaché de lui et plongé dans un verre d'eau; ou, également, qu'il était écrasé en pleine rue par une auto. Quand était apparue une sensation pénible de pression dans la vessie, cette partie du corps avait aussi été extériorisée, prenant, dans les obsessions, un contenu anal qui, ici, nous intéresse moins. Pendant la période postpubertaire, et aussi à l'époque où il souffrait de gonorrhée aiguë, le patient n'avait pas eu d'obsessions. Ce cas, purement organique au départ, est le contrepoint de celui qui nous a occupés jusqu'ici et auquel nous allons maintenant revenir.

Les composantes anales y jouent un rôle important, et le premier automassage fut amené par des accès d'irritabilité provoqués par la constipation. Rappelons que, selon la thèse de Roheim, qui est bâtie sur du matériel ethnologique, les éléments sadiques et anaux jouent un rôle important dans l'origine de l'art médical. Souvenons-nous que, très souvent, le massage substitue une douleur à une autre et surcompense l'une par l'autre. C'est un traitement qui est homéopathique du point de vue de celui qui souffre. Il est certain que, sous l'influence du massage, quelque chose d'autre se passe au niveau des couches organiques profondes. Toute douleur localisée incite l'individu à toucher l'organe douloureux, à le frotter, à le masser. C'est une contrainte psychique, qui s'exerce même quand c'est justement au toucher que l'organe est douloureux : comme s'il y avait une dérivation psychique de la douleur. Y a-t-il là quelque chose de semblable à ce qu'on appelle dérivation dans le domaine somatique? Il y a certainement une analogie, sans que l'on en sache rien de certain. Dès qu'il y a douleur, la pensée magique émerge. La douleur par conséquent provoque non seulement une régression anale et sadique, mais aussi une régression narcissique. Nous savons que dans la névrose obsessionnelle sadique-anale aussi, le pas de la pensée magique est souvent franchi (Freud). Pourtant, les patients atteints de névrose obsessionnelle conservent, comme notre patient, un esprit critique à l'égard de la pensée magique. Même si le patient, dans un raccourci presque schizophrénique, se dit : « Ça, pas », il ne vit pourtant pas complètement dans un monde magique.

J'ai déjà dit que la douleur contient un élément narcissique. C'est une sensation réelle. Quand nous ressentons de la douleur, c'est moins l'objet qui est à l'origine de la douleur qui nous concerne, que les sensations que nous éprouvons. L'objet et le sujet ne sont pas bien différenciés l'un de l'autre, mais l'absence de différenciation est l'une des conditions déterminées par les expériences magiques archaïques. Freud l'a montré dans *Pour introduire le narcissisme (Zur Einführung des Narzissmus)*, notre corps devient le centre de notre attention.

Parmi les importants problèmes que nous n'avons pas encore évoqués il y a celui des énormes différences, selon les individus, de la sensibilité à la douleur. Nous ignorons dans quelle mesure ces différences dépendent de différences anatomiques (Förster et Jahreiss), et ne savons pas non plus si elles correspondent à des attitudes différentes selon les expériences précoces des individus. Förster suggère que cette différence peut tenir en partie au mécanisme inhibiteur de la douleur, qui est corticofugal et striothalamique. Il estime que l'émotion agit sur la périphérie mais probablement aussi sur le thalamus et sur la région corticale. Mais nous ne devons pas négliger le fait que la douleur d'origine psychique se manifeste, comme nos exemples l'ont montré, sur les parties du corps qui ont une signification érotique particulière pour l'individu. J'ai eu récemment l'occasion d'observer un cas de névrose obsessionnelle, avec peur de toucher des objets souillés, en particulier avec les mains et les pieds. Dès qu'une partie de son corps était en contact actif avec un objet souillé, ou simplement était menacée de ce contact, le sujet ressentait une douleur en cet endroit précis. Il n'y a pas de doute que la douleur d'origine psychique repose sur un substrat organique, mais, par-dessus tout, elle a une signification, elle utilise une partie précise de l'image du corps pour exprimer les tendances libidinales. On pourra considérer cette remarque comme une contribution au problème des impulsions sado-masochistes dans leur rapport avec la douleur d'origine psychique et les maladies organiques. Tout ce qui se passe dans le corps a sa signification et son importance psychologiques.

7. *Un cas de morcellement de l'image du corps.*

C'est celui d'Hélène Hoffman, née en 1866, que j'ai eue plusieurs années en observation. Son histoire familiale est ici sans importance. Sa sœur a une fille atteinte de psychose chronique. La patiente qui paraît avoir environ quarante-cinq ans, se plaint de terribles états d'anxiété, en particulier lorsqu'elle se trouve en pleine rue. « Quand ça me prend, dit-elle, je ne peux plus avancer. Je bute contre moi-même. Ça me met en morceaux. Je suis comme atomisée. Je n'ai plus de centre de gravité. Je n'ai plus de poids. Je suis comme un automate. Je suis réduite en pièces détachées, comme une marionnette, il me manque quelque chose qui tienne ensemble tous mes morceaux. Je ne suis pas sur terre; je suis quelque part ailleurs, dans un espace intermédiaire. Je suis raidie, je ne peux pas pleurer. Une fois, j'ai rêvé que je flottais, que je n'avais de place nulle part, c'était affreux. Le matin quand je me suis réveillée, tout, autour de moi, s'était comme vidé. J'ai l'impression qu'il n'y a pas de futur; je n'imagine pas que les choses puissent évoluer. Je suis retournée à l'envers, je ne suis que la moitié d'un être humain. Il y a longtemps que je sais que je ne suis pas entière, je le savais déjà quand j'étais petite. A l'école on me tenait à l'écart. A huit-neuf ans, je n'avais pas l'insouciance des autres enfants. J'étais très malheureuse. » Elle avait eu à neuf ans la prémonition de la mort de deux de ses petites camarades. « Et, effectivement, elles sont mortes par la suite. C'est une impression horrible: je les avais vues brusquement changer de couleur, elles étaient devenues bleu et jaune. » Elle ne peut supporter d'entendre parler de mort naturelle. « Quand j'entends parler de ça, je me décompose, et je reste dans cet état pendant des semaines entières. Je suis réduite en morceaux; quand on n'est pas sur terre, on ne sent plus le sol sous ses pieds. Il est très rare que je sente le sol sous mes pieds. »

Elle a eu aussi le pressentiment de la mort de sa mère et de sa sœur, qui sont mortes effectivement. « Quand je commence à me dissoudre, je n'ai plus de mains; je me mets dans l'encoignure d'une porte, parce que j'ai peur de me faire piétiner par les passants. Tout s'échappe de moi mais, tant que je reste calée contre la porte, j'arrive à maintenir ensemble tous les morceaux de mon corps. » Chaque fois qu'elle franchit une grille, elle a l'impression que les piquets s'enfoncent dans sa tête. « C'est comme si quelque chose me transperçait, me fendait en deux. Comment se fait-il que je me divise en morceaux? J'ai l'impression que je n'ai plus d'équilibre, que ma personnalité se dissout, que mon moi disparaît, et que je n'existe plus. Tout me déchire et me met en pièces, c'est pourquoi je n'aime pas l'expression « sortir de sa peau »; la peau est la seule chose qui puisse faire tenir ensemble toutes les pièces du corps. Il n'y a rien qui rattache les différentes parties de mon corps. Quelquefois le sommet de mon crâne s'envole; pour le récupérer, je me mets tête en bas et ça me déchire en mille morceaux. Quand l'angoisse me prend en pleine rue, je ne sens plus rien. Je m'enfonce les ongles dans la peau pour sentir que j'existe. Ce ne sont plus des êtres humains que je vois autour de moi mais des bêtes effrayantes, des kangourous, des rhinocéros, des animaux préhistoriques. »

A l'école, sa maîtresse lui avait expliqué comment les kangourous portent leurs petits dans une poche, et elle en avait été très impressionnée. Une fois, elle avait senti son crâne se détacher de son corps, rouler à ses pieds. Elle avait eu grand-peur de marcher dessus. Elle sent parfois dans son corps une force qui tire vers le haut et vers le bas et qui finit par la déchirer en deux. Une fois, le sommet de son crâne est allé se percher dans un arbre. « Je le sentais sur l'arbre. » Elle a parfois l'impression de n'avoir plus de poids, que son corps s'envole, monte et descend comme un ballon. « Est-il possible que la tête puisse grossir et rapetisser? Quand je suis couchée, mon lit s'envole avec moi dedans. » Elle ne peut traverser les places et les ponts : elle a toujours l'impression que l'eau va l'engloutir. Ses rêves sont du même ordre; par exemple, elle voit des lions énormes, toute une esplanade remplie de lions. L'un d'eux ouvre la gueule, elle met sa tête dedans et le lion referme ses mâchoires : « J'étais obligée de le faire. » Dans un autre rêve, on lui écrasait la tête en la cognant contre un coffre. Depuis plusieurs mois elle voit cinq grosses têtes devant elle qui se rapprochent en se balançant comme des cloches. « Elles se rapprochent de plus en plus et passent à travers moi. Elles sont de plus en plus grosses, à la fin elles ont un mètre et demi de diamètre. Elles sont de couleur bleu vif. A ce moment-là je ne m'appartiens plus, je ne suis plus de ce monde, je suis à côté de moi-même. » Elle a constamment peur que ses bras et ses jambes, détachés d'elle, ne soient piétinés par un passant.

Elle entend des voix qui lui parlent à l'oreille droite. Il y a une voix mauvaise qui lui ordonne d'arracher aux gens leurs vêtements. Elle est prise du désir d'étrangler les gens dans la rue et dans ces moments-là elle se dit en elle-même : « Mon Dieu, donnez-moi la force de supporter ce que dit la voix... Non, c'est le diable qui me parle. Je dois me battre contre moi-même, mais moi-même, ça n'existe pas. »

Le soir, elle voit en imagination des choses merveilleuses; des paysages, des cités exotiques, des bateaux, des couronnes de fleurs. Dans ses rêves, elle ne marche pas, elle vole.

Quand elle a l'impression que son crâne s'envole, il y a dedans comme un diable qui lui parle très distinctement. Il est son second moi. Il dit des choses comme : « Tu ne bougeras pas avant d'avoir tiré sur ce crochet trois ou quatre fois. » Elle est incapable de résister à cette voix.

Les notes qui précèdent décrivent l'état de la patiente au début de l'observation (1929). Ses descriptions ne varient guère. Elle est bonne et aimable de caractère. Elle vient souvent seule à la clinique, mais toujours dans un état d'anxiété. Elle est extrêmement réceptive à l'hypnose, plonge rapidement dans un état hypnotique très profond et en tire un soulagement considérable. Elle porte des gants par peur de se salir. Elle est vierge et se choque énormément dès qu'on évoque des questions sexuelles. « Ces choses ne devraient pas exister. » Elle nie la sexualité. Bien qu'elle ait dépassé la soixantaine, elle se comporte comme une fillette coquette et timide. Quand on lui demande de retracer son histoire, elle donne les détails suivants : à deux ans, elle avait souvent des spasmes; vers trois-quatre ans, elle avait de grandes frayeurs, elle croyait qu'elle s'était perdue et qu'elle ne pourrait plus jamais retrouver le chemin de sa maison. A la même époque elle avait peur des fantômes, et des crises de larmes qui duraient des semaines. A quatre ans, elle s'était enfoncé un pois dans le nez. Pendant sa deuxième année d'école, la maîtresse avait expliqué que les parents meurent généralement avant leurs enfants, ce qui l'avait épouvantée.

Elle a été réglée à quinze ans, elle a cru qu'elle allait mourir. Elle avait environ dix-huit ans quand son père est mort. C'est alors qu'elle a commencé à avoir des angoisses chaque fois qu'elle se trouvait seule. Elle ne sortait dans la rue qu'accompagnée de deux personnes. Elle ne pouvait absolument pas se servir de couteaux et de ciseaux; elle avait peur de faire quelque chose de mal avec ces instruments.

Trois ans plus tard, elle se sentait mieux mais ne se trouvait pas assez solide pour se marier. Elle allait souvent dans les cimetières; elle y va d'ailleurs toujours. « Quand j'entre dans un cimetière, les cadavres sortent de leur tombe, ça fait comme un bruit de soie, quelque chose qui flotte autour de moi, c'est transparent. Les morts me parlent. » Un de ses oncles est mort quand elle avait trente ans. Le mort venait la nuit se coucher près d'elle, l'emprisonnait dans ses bras et elle se sentait comme vissée à lui. Elle le sentait aussi peser sur son sexe. Elle voyait des têtes de mort, qui toutes étaient celle de cet oncle. Ensuite il y eut un mieux qui dura quelques années; elle n'avait plus que quelques rares obsessions, bien qu'il lui fallût la présence constante de sa sœur. Elle avait quarante-deux ans quand la mère d'une de ses amies mourut. Déjà, pendant sa maladie, cette femme avait été l'objet d'obsessions, d'envies compulsives de creuser un trou dans son crâne et de sucer sa cervelle. Cette femme une fois morte, la patiente luttait contre la compulsion à lui mordre le front : « C'était à cause de la voix. » Elle avait envie d'entrer dans le corps de la morte pour lui prendre la cervelle. Elle avait toujours eu beaucoup d'affection pour cette personne. La tête de la morte revenait l'attaquer, perçait un trou dans le milieu de son corps et s'y installait. A cette époque, la patiente ne pouvait pas manger de viande, tout la dégoûtait, et en même temps elle avait l'impulsion de tout mettre dans sa bouche. Elle ne peut souffrir d'entendre parler d'opération chirurgicale; aussitôt, elle voit l'organe ou le membre qui a été opéré (une jambe, des organes génitaux, etc.) et a envie de le mettre dans sa bouche. « Est-ce que je ne vous fais pas peur? » me dit-elle parfois.

Une fois, elle a dit à sa mère que c'était une honte de l'avoir mise au monde; c'était à l'époque où elle commençait à se morceler. Elle aimait beaucoup sa sœur, mais parfois elle l'injuriait et avait envie de la jeter contre un mur, de lui tirer les bras, de les lui arracher. C'est à la suite de la mort de cette sœur qu'elle a contracté la manie de ramasser toutes sortes d'objets inutiles : elle ramasse dans les rues tous les débris souillés qu'elle peut trouver; elle creuse des trous à la recherche de quelque chose; elle ramasse les vieux papiers, les cailloux, les dépose dans l'entrée de sa maison et elle a envie de se les mettre dans la bouche.

Les morts la serrent de plus en plus près. Ce n'est plus seulement la tête de l'amie morte qui vient se loger dans son corps, mais aussi celle de l'oncle mort. Ses obsessions s'intensifient. Quand elle attend l'autobus, elle ne peut monter dans le premier qui passe, il lui faut attendre qu'il en soit passé cinq. Elle ne peut s'empêcher de nettoyer les grilles d'égout avec des ciseaux; de compter les boutons des vestons d'hommes; elle scrute les gens pour voir s'ils n'ont pas des yeux d'assassin; elle entre dans les églises, déchire les nappes d'autel et cherche à voir ce qu'il y a à l'intérieur des statues des saints. La question : « Comment fait-on pour avoir des enfants? » l'obsède (on lui a dit dans son enfance que les enfants se pêchent dans le Danube). Elle a besoin de toucher tout ce qu'elle voit. Elle a une amie dont elle a envie de toucher la langue, et elle l'oblige à se laisser faire. Elle a l'envie compulsive d'arracher cette langue pour posséder une partie de son amie; elle est « totalement pervertie »; elle ne peut s'empêcher de toucher tous les objets de la boutique de cette amie; elle a aussi l'obsession de toucher les statues des saints, et celle du Christ, particulièrement son sexe. Elle porte tout à la bouche. Elle a l'obsession des vitrines, elle ne peut détacher ses regards des cravates, des poupées, du linge.

Dans toute l'histoire de ce cas, les traits sadiques dominent manifestement. Il s'agit d'une névrose. La patiente est parfois au bord de la psychose sans jamais franchir la limite. Elle entend des voix, mais ce ne sont pas vraiment des voix, plutôt la voix de sa conscience. Ses hallucinations corporelles n'entraînent jamais une conviction totale dans son esprit; ce qu'elle croit un instant, elle ne le croit plus l'instant suivant. Ses croyances superstitieuses n'ont pas d'influence réelle sur sa vie; elle reste sociable, aimable même. Il est difficile de dire s'il s'agit d'une névrose d'angoisse ou d'une névrose obsessionnelle; bien que l'angoisse, du moins durant les années où j'ai pu observer la patiente, n'apparaisse jamais que comme un phénomène accessoire de ses hallucinations corporelles. Je ne classerais pourtant pas ce cas dans les névroses purement obsessionnelles; sa haine n'atteint pas l'intensité qu'on observe généralement dans ce type de névroses; sa capacité d'amour est trop grande; il y a aussi le fait qu'elle se laisse très facilement hypnotiser, et qu'elle nie si fort toutes les questions sexuelles. Il y a certainement une fixation œdipienne qui s'ajoute à une fixation (la plus importante) à des positions orales et sadiques. On comprend maintenant que l'angoisse participe d'une hystérie. Il y a eu certainement une très forte fixation au père; notons que la première attaque névrotique suit immédiatement la mort du père. On a vu que chacune des rechutes névrotiques suit la mort d'une personne aimée, ce qui nous autorise à supposer une relation spéciale à la mort. La patiente croit à ses prémonitions, croit qu'elle peut savoir d'avance qui va mourir, et quand; c'est donc qu'elle souhaite la mort des autres, particulièrement de ceux qu'elle aime. Son goût pour les cimetières se range dans ce même registre; mais il n'est pas nécessaire, dans ce cas, de se livrer à des interprétations. Les tendances sadiques sont le contenu manifeste de ses compulsions; elle a la compulsion de mordre la peau du front de l'amie de sa mère qui est morte, de lui creuser un trou dans le crâne pour lui sucer la cervelle. Ses impulsions sadiques se manifestent, à l'égard de cette sœur qu'elle aime tant, dans son désir de lui arracher les bras; à l'égard de son amie, dans son désir de lui arracher la langue. Il est clair que sa compulsion à toucher les objets a la même origine. L'impulsion primaire est celle d'arracher, de briser en morceaux; mais son idéal du moi, toujours vigoureux, l'empêche de passer à l'acte, et même de désirer trop ouvertement. Remarquons aussi que ses instincts cruels ne la poussent pas seulement à briser et à arracher mais aussi à mordre et sucer. C'est un sadisme oral. Notons à ce propos que la patiente déclare : « Tout ce qui arrive, je le sens dans ma bouche »; qu'elle a le désir compulsif de mettre dans sa bouche les membres, les organes sectionnés par les opérations de chirurgie. C'est un trait que l'on rencontre toujours : toutes les fois que prévaut une libido partielle, elle attire à elle tous les événements de la vie. Tous les intérêts, toutes les émotions deviennent associés à cette pulsion partielle, et à l'organe particulier qui lui correspond. Un de mes patients souffrant d'impuissance me dit : « Toutes mes émotions, je les ressens dans mes organes génitaux; elles s'y condensent. » Pour employer une métaphore, tout se passe comme si toutes les eaux étaient drainées dans un canal plus profond que les autres. C'est un principe que nous retrouvons en physiologie. Uchtomsky l'appelle « dominante ». Chez la malade qui nous occupe, son sadisme est dirigé tout particulièrement contre les organes génitaux : elle a envie d'arracher ceux du Christ; la langue de son amie est un substitut des organes génitaux. A l'arrière-plan subsiste la croyance enfantine que les filles ont un pénis. Sa curiosité enfantine est elle aussi destructive : elle voudrait briser les statues des saints pour savoir ce qu'il y a dedans. Naturellement, on doit s'attendre à trouver dans un tel tableau quelques traits anaux : elle ramasse toutes sortes d'objets souillés et les dépose dans l'entrée de sa maison; les objets souillés représentent le pénis anal, l'entrée de la maison représente le vagin et aussi l'anus. La manie de gratter les grilles d'égout avec une paire de ciseaux ajoute une note cruelle aux tendances anales. Mais tout ceci n'aurait pas justifié que je m'étende sur ce cas dans la présente étude. Ce sont choses bien connues en psychanalyse, même si, peut-être, elles sont ordinairement moins manifestes.

Ce qui, dans ce cas, est remarquable, c'est que ce sadisme dirigé contre les autres est aussi dirigé contre le corps propre. La patiente n'a pas l'impulsion de se faire mal, mais elle sent son corps tomber en morceaux; en d'autres termes, au lieu d'un mécanisme de compulsion, il y a un mécanisme de conversion. Nous voyons ici, une fois de plus, que le sadisme est un phénomène frontière. Quand il y a tendance sadique, elle peut être dirigée soit contre l'objet soit contre le sujet (masochisme). La psychanalyse a, en évoluant, changé d'opinion sur la question de savoir ce qui est primaire, le sadisme ou le masochisme. Freud, dans ses derniers écrits, postule qu'il existe chez tout individu un désir de mort primaire, un masochisme primaire, ou tendance à l'autodestruction, et que le sadisme est secondaire par rapport à ces tendances autodestructrices. Pour moi, le masochisme et le sadisme ne sont ni primaires ni secondaires. Ils sont *l'un et l'autre*, ils sont primaires aussi bien que secondaires, ce sont des phénomènes frontières. Ce ne sont d'ailleurs pas les seuls; il en va de même des reproches : ce sont des reproches à soi aussi bien que des reproches aux autres. Un autre phénomène frontière, c'est celui du vertige, qui est intermédiaire entre sujet et objet, et passe de l'un à l'autre. C'est cette importante notion, à savoir que le sadisme est un phénomène frontière, tout autant que le vertige, que nous allons maintenant examiner. Comme je l'ai souvent souligné, il y a certains points dans le monde où sujet et objet sont plus rapprochés l'un de l'autre qu'ils ne le sont d'ordinaire.

Dans la douleur, par exemple, l'objet qui fait mal n'est pas aussi important que le mal ressenti dans le corps. Les agnosies concernant le corps propre s'accompagnent généralement de perte de l'orientation concernant le corps des autres. La gauche et la droite sont des concepts qui concernent le monde extérieur, mais ceci dans une relation spécifique au corps propre. Beaucoup de phénomènes psychiques se situent

« entre deux », entre le sujet et l'objet et, selon la situation et le besoin psychique, ils sont soit « appropriés [1] », soit « projetés ». Il est important de rappeler que le corps propre est souvent traité comme un objet extérieur. Dans le cas qui précède, la patiente a l'impression que son corps va tomber en morceaux; c'est, entre autres, une attitude sadique dirigée contre son propre corps. Autre point important : l'impression que ses membres sont détachés d'elle et en danger d'être piétinés; on peut l'interpréter comme une projection de son propre corps; tout se passe comme si elle souhaitait ne pas avoir de membres.

Il semble à l'inverse que, d'un point de vue psychologique global, nous surestimions la cohésion de notre corps. Ma patiente, en dépit de ses perceptions tactiles et kinesthésiques, n'imaginait pas seulement son corps extérieur à elle-même, elle le sentait ainsi. Un autre de mes malades, à une époque où il était atteint de gonorrhée, avait ressenti une forte douleur dans les testicules au moment où il était à table et avait eu en même temps l'impression que son pénis, brûlant, était plongé dans son verre; il avait aussi parfois l'impression que sa vessie était tombée dans la rue et qu'un autobus passait dessus; ou bien la peur que des chiens ne s'emparent de son pénis comme d'une saucisse et ne l'emportent. Par la suite, la même peur changea d'objet : elle concernait ses excréments. Il ne s'agissait pas d'hallucinations, mais d'imaginations optiques très vives accompagnées d'une singulière extériorisation des sensations, telle que des parties de son propre corps lui semblaient reposer dans la rue. Les obsessions ont très souvent cette étrange qualité de précision et de réalité qui en fait presque des hallucinations. Tout ceci nous incite à penser que le sentiment de posséder un corps indemme ne va pas absolument de soi. Il n'est que l'effet de l'amour pour soi. Sous l'effet des tendances destructrices, le corps se répand dans le monde. On peut contester le bien-fondé de cette conclusion, être tenté de maintenir qu'on ne peut perdre l'unité de son corps que dans certaines conditions qui relèvent de la pathologie; mais il ne faut pas oublier à quel point le sentiment que nous avons de notre corps peut déjà varier dans des conditions normales. Quand nous touchons un objet avec un bâtons nous sentons par l'extrémité du bâton. Nos habits peuvent devenir partie de nous-mêmes. Nous construisons et reconstruisons perpétuellement l'image de notre

1. Dans le texte : *appersonated*. (N. d. T.)

corps. C'est ce que j'ai montré avec Klein, en étudiant les erreurs qu'un individu normal commet pour bouger ses doigts dans la position de l'illusion japonaise. Il y a en nous des forces de haine qui désintègrent l'image de notre corps et des forces d'amour qui la rassemblent. J'ai, avec H. Hartmann, montré que nous percevons notre corps, comme nous percevrions n'importe quelle autre substance pesante; et si nous percevons cette substance pesante comme étant notre corps, alors il nous faut reconstruire la connaissance que nous avons de celui-ci. Ni les impressions optiques, ni les impressions kinesthésiques, ni les impressions tactiles ne nous donnent une impression toute faite de notre corps. Construire l'image du corps, c'est donner forme à un matériau des plus imprécis. La forme que nous lui donnons correspond à des besoins biologiques.

L'éparpillement du corps s'accompagne, dans le cas que nous venons d'étudier, de sensations qui sont particulièrement intéressantes. La patiente a l'impression que son corps est trop léger, qu'elle va s'envoler. Elle a des rêves de vol. On sait que, dans le vertige, on ne peut plus maintenir l'unité de son corps, qu'il semble disloqué. Quand on est en avion, en descente, il arrive souvent que l'on se sente brusquement plus léger, comme si la substance lourde du corps s'évadait par le haut. L'excitation du nerf vestibulaire éveille les tendances destructrices concernant le corps propre. De ce point de vue, les visions multipliées de notre patiente sont très remarquables : elle voit cinq grosses têtes. J'ai, avec Hoff, montré que dans le cas de lésions vestibulaires, la polyopsie n'est pas rare; et, avec Eisinger, qu'il y a toujours multiplication des figures dans les rêves des patients atteints de troubles vestibulaires. Nous pouvons supposer que, dans ces cas, la conversion affecte l'appareil vestibulaire, bien qu'il soit impossible de déterminer en quelles parties exactement. Il se peut qu'il y ait également un relais diencéphalique de l'appareil vestibulaire; c'est ce que semble suggérer la présence de l'angoisse, mais nous n'en avons pas de preuve déterminante.

Dans mon livre : *Selbstbewusstsein und Persönlichkeitsbewusstsein* (1914), j'ai montré que le fonctionnement de l'appareil vestibulaire joue un grand rôle dans la dépersonnalisation et c'est un point sur lequel je suis souvent revenu depuis (cf. Stern et Stengel). Notons que notre patiente rend compte de ses troubles exactement de la même manière que le font les patients atteints de dépersonnalisation. Eux aussi éprouvent quelque chose de changé dans l'équilibre de leur corps et, comme notre patiente, disent qu'ils sont incapables de concevoir que le temps puisse continuer. Le rapport entre les sensations vestibulaires et le temps mériterait d'être examiné de plus près et nous savons aussi que toute forme de négation de soi est liée à des troubles de la perception du temps (cf. E. Straus et E. Minkowsky). Mais l'important pour nous, c'est que, chez cette patiente, la dépersonnalisation est une négation sado-masochiste du corps et qu'elle est liée à des mécanismes vestibulaires. Reste à noter un dernier point important : Goldstein, et surtout Hoff et moi-même, avons montré que la perception du corps propre dépend du tonus musculaire. Le tonus lui aussi modifie la perception de la masse pondérale du corps et de ses membres. L'irritation vestibulaire, qui agit sur le tonus, a, pour beaucoup, le même effet.

Il est certain qu'il existe de nombreuses tendances toniques primitives qui visent à détacher les membres du corps. Goldstein parle d'une tendance centrifuge du corps, le cervelet freinant cette tendance; quand il est lésé, elle réapparaît. Goldstein attribue au cervelet la fonction de maintenir le corps dans sa cohésion. Il doit y avoir quelque vérité dans cette thèse; ces tendances centripètes et centrifuges que Goldstein discerne dans la motilité et le tonus, on les retrouve dans le modèle postural du corps. Les tendances centrifuges et destructives sont associées aux tendances sadiques, les tendances centripètes sont associées aux tendances narcissiques. Relevons un fait intéressant : ces tendances destructives centrifuges dans le modèle postural du corps exercent une influence de conversion sur l'appareil vestibulaire; or celui-ci est en relation, organiquement, avec un tonus médullaire qui est, au moins partiellement, centrifuge.

La profonde dislocation du modèle postural chez notre patiente se produit dans des états d'angoisse. Il ne s'agit, je le répète, certainement pas d'un cas typique de névrose d'angoisse, mais il reste que toute angoisse a, semble-t-il, cette propriété d'altérer l'image du corps. C'est un point qui n'a pas encore été suffisamment étudié. Mon propre matériel ne contient pas de faits qui l'éclairent de façon décisive; je n'en ai pas non plus trouvé dans la littérature dont nous disposons actuellement sur le sujet.

8. *L'hystérie.*

Il est certain que, dans l'hystérie aussi, on constate des changements dans le modèle postural du corps. Freud,

Ferenczi et beaucoup d'autres auteurs ont montré que le trouble hystérique symbolise l'organe sexuel, mais, nous l'avons vu, cela est vrai aussi pour l'hypocondrie. Dans mon étude de psychiatrie psychanalytique, j'ai déjà tenté de détailler une à une les différentes parties du corps dans l'hypocondrie et dans l'hystérie. Dans l'hypocondrie et dans la neurasthénie hypocondriaque, la sensation hypocondriaque est transférée de l'organe sexuel sur d'autres parties. La relation d'objet dans cette symbolisation est complètement absente, ou pour le moins peu claire. Dans l'hystérie, le symptôme concerne, plus ou moins, la relation génitale à l'autre.

Il ne sera pas inutile d'examiner le symptôme hystérique de ce point de vue. Selon la théorie analytique, la cécité hystérique est l'expression du désir refoulé de voir le partenaire sexuel dans sa nudité. J'ajouterai que la perte de réflexes conjonctivaux, fréquente dans l'hystérie, entre probablement dans une catégorie très proche : j'ai fait des expériences d'hypnose où je suggérais une cécité complète; cette suggestion entraînait souvent la suppression du réflexe conjonctival (le réflexe cornéen, par contre, ne disparaît jamais dans l'hystérie, ni par la suggestion). La boule hystérique, les sensations d'étouffement dans la gorge, l'impression qu'on enfonce un clou dans la tête *(clavus)*, sont autant d'expressions d'un désir concernant l'organe sexuel masculin, et non pas n'importe lequel, mais celui d'un individu précis. L'anesthésie hystérique exprime le refus de toute émotion sexuelle. L'hypersensibilité à la douleur, particulièrement celle qui concerne la zone érogène du bout des seins et le point hystérique ovarien, est une négation claire des désirs sexuels, dans ces parties du corps qui sont en étroite relation avec l'activité génitale. Ce peut être, il est vrai, le propre sexe du patient qui est transposé symboliquement sur d'autres parties du corps, mais ce peut être aussi le sexe d'une autre personne. Même si toutes ces sensations et modifications dans l'image du corps impliquent des fantasmes d'un type plus primitif, prégénital, et même mettent en jeu des tendances homosexuelles, anales, orales, etc., les symptômes de conversion hystérique sont toujours plus ou moins étroitement liés aux désirs génitaux. Mais, dans l'hystérie, les désirs génitaux sont eux-mêmes en relation directe avec le complexe d'Œdipe.

La symptomatologie de l'hystérie est dans une large mesure un changement dans l'image du corps. On peut distinguer deux groupes de phénomènes : les uns liés à la surface et à l'apparence extérieure du corps, les autres concernant ce qui est interne dans le corps. La quantité de situations et de relations objectales qui, dans l'accès hystérique, peuvent être condensées dans un seul organe est extraordinaire. L'exemple classique en est donné par Freud dans le cas Dora; la toux, le catarrhe hystérique est l'expression de désirs génitaux de prendre sur soi la maladie et la place de la mère; mais, en même temps, il y a une énurésie infantile qui, elle aussi, est l'expression d'un désir sexuel, cette fois concernant le père; enfin, l'ensemble du symptôme est provoqué par le désir actuel de relations sexuelles avec l'homme qui est le mari de la maîtresse du père.

Notre propos n'est pas ici d'approfondir les principes de la psychanalyse. Je veux seulement souligner que le symptôme hystérique corporel n'est pas seulement le produit d'une transposition, mais qu'il existe d'innombrables condensations qui mènent à cette transposition. Il semble qu'il y ait moins de condensations dans l'hypocondrie que dans l'hystérie. Nous n'avons pas encore dit que le modèle postural du corps n'est pas modifié uniquement par une transposition dans l'image du corps : des éléments de l'image du corps des autres sont également constamment introduits dans l'image du corps du sujet.

Dans le cas de Dora, la toux est l'expression d'une identification à la mère, qui souffre d'un catarrhe des organes génitaux. Mais nous aurons par la suite l'occasion d'examiner plus en détail ce mécanisme d'identification, qui exprime par excellence l'étroite relation des modèles posturaux des individus entre eux.

Un symptôme hystérique peut être l'expression d'une identification à une personne malade, si l'hystérique désire, pour des raisons conscientes ou inconscientes, être à la place de cette personne.

9. *Quelques principes concernant la structure libidinale de l'image du corps.*

Les observations qui précèdent vont nous permettre maintenant de formuler quelques principes importants concernant l'influence de l'affectivité sur le modèle postural du corps.

1° L'affectivité a pour effet de changer la valeur relative et la netteté des différentes parties de l'image du corps en fonction des tendances libidinales.

2° Ce changement peut concerner la surface du corps, mais aussi les parties internes du corps.

3° Il peut y avoir changement dans l'aspect subjectif de la peau; c'est un symptôme très fréquent dans l'hypocondrie. Il peut y avoir perte des sensations relatives à une partie quelconque du corps. Il peut y avoir oubli total d'un membre, ou de tout un côté du corps (cf. le paragraphe sur l'achirie et la dyschirie).

4° Il peut y avoir changement dans la perception pondérale du corps : la substance lourde se creuse de trous, ou bien se condense dans les parties internes du corps. Ce sont les deux seuls changements possibles qui peuvent se produire dans le corps. Il y a là une analogie remarquable avec la croissance organique qui ne procède que par replis ou saillies. Ce sont les croissances irrégulières qui produisent des vides. Les changements psychologiques dans la substance solide du corps peuvent être comparés aux changements qui se produisent dans une masse cellulaire compacte sous l'effet d'une croissance irrégulière.

5° Ce qui se passe dans une partie du corps peut être transposé dans une autre. Le creux des organes génitaux féminins peut apparaître comme une cavité dans une autre partie du corps, le pénis comme une raideur ou un gourdin quelque part ailleurs sur ou dans le corps. On dit qu'il y a transfert d'une partie du corps sur une autre. Une partie du corps peut en symboliser une autre; il faut qu'il y ait une association quelconque pour que cette substitution symbolique puisse s'opérer. Le nez peut symboliser le phallus. Les parties saillantes du corps peuvent devenir symboles de l'organe sexuel mâle. Les cavités et orifices du corps sont aisément interchangeables : vagin, anus, bouche, oreilles et même les narines et le pavillon de l'oreille appartiennent au même groupe. Il semble que la connotation générale cavité-saillie soit le déterminant fondamental de notre attitude à l'égard du corps et de l'image du corps. Le remplacement symbolique des organes par transfert peut se produire dans la sphère dite purement psychique; il peut aussi se limiter à un changement dans l'attitude mentale. Mais il n'existe pas d'expérience psychique qui ne se reflète dans la motilité et dans les fonctions vaso-motrices. Une pensée qui s'applique au corps a une influence sur le corps aussi bien que sur son image. Cette influence peut n'être pas manifeste au moment même, mais elle existe pourtant, et un changement dans le corps ne sera jamais très différent des changements libidinaux dans l'image du corps qui sont associés aux symptômes organiques de la paresthésie et de la douleur, ou même aux changements organiques de fonction et de structure. Les raisons qui expliquent que, dans un cas donné, l'organe lui-même est affecté ou non par la transposition peuvent être d'ordre psychique ou d'ordre organique. Comme on l'a vu dans les cas que j'ai présentés ci-dessus, l'histoire des premières années du patient déterminera très souvent dans quelle mesure la structure libidinale de l'image du corps pourra influer sur la fonction et la structure actuelle du corps.

6° Notre attitude à l'égard des différentes parties de notre corps peut être déterminée par l'intérêt que lui porte notre entourage. Nous élaborons notre image du corps à partir des expériences que nous apportent les actes et les attitudes des autres. Les gestes des autres, quand ils nous touchent et nous manipulent, provoquent en nous des sensations; mais leurs paroles et leurs actions peuvent aussi nous influencer en dirigeant notre attention sur telle ou telle partie de leur corps et du nôtre.

7° L'intérêt que les autres portent à leur propre corps et les actions qu'ils accomplissent avec lui ont une influence sur l'intérêt que nous portons aux différentes parties du nôtre.

8° Les maladies qui incitent le malade à agir de façon particulière sur son corps ont, elles aussi, une influence sur le modèle postural du corps.

9° Les toutes premières expériences infantiles sont d'une importance toute particulière, mais nous ne cessons jamais d'accumuler les expériences et d'explorer notre corps.

10° Nous pouvons nous emparer de parties du corps des autres et les incorporer dans notre propre image du corps. (On appelle un tel phénomène *Appersonization* en psychopathologie générale.) Nous pouvons incorporer des parties du corps des autres en nous identifiant à elles. Cette identification peut à son tour entraîner soit des sensations et des perceptions dans le corps, soit des attitudes psychiques à l'égard de telle ou telle partie du corps; ces attitudes peuvent soit parvenir à la conscience, soit rester inconscientes.

11° Il semble que l'unité émotionnelle du corps dépend du développement de pleines relations d'objets dans le complexe d'Œdipe. La prévalence de tendances sado-masochistes entraîne une dislocation du modèle postural du corps.

12° La douleur psychogène est l'une des expressions des tendances sado-masochistes; elle provoque un déplacement de l'attention sur l'organe qui se trouve au centre de l'attitude sado-masochiste.

13° Dans l'hypocondrie il y a transposition des organes génitaux et de leurs investissements libidinaux sur d'autres parties du corps. Cette transposition peut concerner soit la surface du corps soit ses parties internes. Les organes génitaux sont en quelque sorte ressentis comme isolés et dissociés de la personne.

14° Dans la neurasthénie, on trouve une forte attitude sadique anale à l'égard d'autrui et, en conséquence, une dislocation du modèle postural du corps. La relation aux autres et les expériences individuelles jouent ici un rôle très important.

15° Associée aux relations d'objets sadiques, l'angoisse peut mener à un démembrement profond de tout le corps.

16° Dans la dépersonnalisation, l'individu désinvestit son image du corps.

17° Dans l'hystérie, le combat contre la génitalité et la relation objectale entraîne l'élimination de certaines parties du modèle postural. C'est surtout, symboliquement, une élimination des organes génitaux. Mais l'identification et la relation objectale jouent un rôle considérable dans l'élaboration de l'image du corps. Quand les changements qui affectent l'image du corps symbolisent l'organe sexuel, celui-ci est étroitement associé aux relations sexuelles actuelles avec les autres, considérés globalement. La dislocation du modèle postural du corps semble moins violente dans l'hystérie.

On devra admettre que notre examen de l'image du corps dans les divers types de névrose apporte une contribution à l'un des principes généraux de la psychanalyse, à savoir que le développement de la sexualité génitale est nécessaire à la pleine appréciation des autres et de leur intégrité somatique. Selon la théorie d'Abraham, il existe un développement qui part de l'intérêt pour certaines parties du corps d'un autre individu et aboutit à l'intérêt pour l'intégrité de ce corps en tant qu'expression de la personne. Mais ce développement qui va de la prégénitalité à la génitalité est aussi d'une importance fondamentale dans notre attitude à l'égard de notre propre corps. Nous ne percevons notre corps comme une unité, comme un tout, qu'une fois que nous avons accédé harmonieusement au niveau génital. Une sexualité génitale pleinement développée nous est indispensable pour assumer totalement notre image du corps.

Il existe une analogie très frappante entre ce que nos recherches nous apprennent de la structure libidinale de l'image du corps et ce que nous savons de sa structure physiologique. L'image du corps n'est pas un phénomène statique du point de vue physiologique. Elle s'acquiert, s'élabore et se structure par un contact perpétuellement renouvelé avec le monde extérieur. Ce n'est pas une structure mais une structuration, qui connaît des changements continuels, et tous ces changements sont tributaires de la motilité et des actes qui portent sur le monde extérieur. L'élaboration du modèle postural du corps connaît toutes sortes de difficultés où les divers sens ne peuvent être employés et coordonnés. Tous les sens participent à ce processus constructif et l'appareil vestibulaire a manifestement là une fonction toute particulière. Notre relation à la terre, à la pesanteur, est un facteur dominant dans les mécanismes du mouvement et la perception de l'image du corps.

Les processus qui collaborent à la construction de l'image du corps ne se situent pas seulement dans le champ de la perception, ils ont aussi leurs développements parallèles dans le champ libidinal et affectif. Les objets d'amour extérieurs, nos relations aux autres, et l'attitude des autres à notre égard, ont ici une importance considérable. Mais le facteur dominant, dans ce processus de structuration, c'est la sexualité, en particulier le développement des attitudes sadiques, et plus généralement des attitudes concernant l'existence d'autrui.

L'image du corps, dans la sphère de la perception, dépend du monde inanimé ou plutôt du monde qui a l'aspect de l'inanimé. Dans la sphère libidinale, elle dépend dans une large mesure de nos attitudes à l'égard des objets d'amour ou plus généralement du monde animé, ou mieux encore du monde qui a l'aspect de l'animé et de la vie. Il est clair par conséquent que, pour comprendre pleinement ces problèmes, il nous faudra nécessairement étudier les relations réciproques des images du corps des individus entre eux, ou, en d'autres termes, la sociologie des images du corps. Nous allons devoir cependant reculer de quelques pages cet examen.

10. *La conversion.*

La production de l'image du corps nécessite une activité corticale, c'est un fait que nous avons suffisamment démontré dans la première partie de ce livre et que nous tiendrons pour acquis. Il va sans dire que le modèle postural du corps n'est nullement en dépôt dans la région corticale; ce n'est là qu'une partie du cerveau nécessaire à l'intégration finale des divers processus qui contribuent à la construction de la structure du corps. L'activité corticale à ses divers niveaux amène le processus perceptif à son aboutissement et le dégage du caractère vague, indistinct, global de la perception primitive. Elle en fait un tout composé de parties distinctes et simplifie le trop-plein d'impressions et d'impulsions étroitement intriquées qui sont typiques de la perception et de la mentalité au niveau inférieur. Il n'y a nulle raison de douter que l'image et la perception soient liées à l'activité corticale. Il en va de même pour la mémoire, la pensée et le jugement.

Les représentations mentales et perceptives (nous emploierons ici le terme « images ») sont liées à des influx moteurs à des niveaux divers. J'ai déjà dit que ce sont ces influx qui rendent possible la perception élaborée finale. Les images connaissent un processus de développement qui va d'une généralité vague et intriquée à des unités claires comportant des parties distinctes. C'est un processus qui évolue du général au particulier, du compliqué au simple. La pensée de l'enfant et du primitif est plus chargée de significations que la pensée de l'adulte. L'enfant et le primitif voient davantage de relations entre les choses; tout chez eux est rapporté à quelque chose d'autre, leur pensée est pleine de symbolisations et de condensations. Un objet est pour eux chargé de beaucoup plus de significations que n'en discerne l'esprit adulte; l'objet n'est pas seulement animé, il est aussi associé à toutes les activités de l'univers. Freud dit de ce type de pensée qu'il est l'action du système de l'inconscient. Lévy-Bruhl et l'école française l'appellent pensée primitive ou prélogique. Pour ma part, je parlerai de « sphère », entendant par là les processus qui évoluent à l'arrière-plan de notre esprit, liant entre elles de toutes les façons possibles les parties simples et procédant, sous l'effet des diverses pulsions, du général au particulier. Les images (représentations et perceptions) connaissent par conséquent un développement, dans lequel les tendances psychiques jouent un rôle considérable. Nous pouvons à bon droit supposer que chacune des phases de ce développement est en rapport avec une motilité particulière [1], et qu'elle est par ailleurs dirigée par les pulsions. Parler d'images, par conséquent, c'est simplifier les faits. L'image est déjà le produit de toute une variété d'activités et d'interactions des tendances orientées vers la situation externe. Il faut bien retenir qu'il y a toujours quelque arbitraire à isoler des éléments particuliers dans la psyché. Il n'existe pas d'images qui ne soient en même temps volonté, action et émotion. Quand nous parlons d'images pour les opposer

1. Allers et Scheminsky ont montré que la représentation du mouvement entraîne une innervation musculaire, donc des influx moteurs.

aux désirs, nous ne devons pas oublier qu'en dernière analyse les uns et les autres forment une unité inséparable et que ce ne sont que deux aspects de l'activité humaine globale.

Néanmoins, considérons cette unité-image, tout artificielle qu'elle soit. Dès qu'il y a image, il y a tendance à l'action, cette tendance provient du système musculaire, je parle bien entendu du système des muscles striés. Ce n'est pas ici le lieu d'étudier la complexité de ce système, lequel, on l'a souvent dit, a plusieurs niveaux. Rappelons seulement que l'un de ces niveaux est particulièrement associé aux attitudes (on l'appelle d'ailleurs tonique) et qu'un autre niveau est lié aux activités proprement dites. Il y a aussi les activités phasiques qui peuvent être de différentes sortes : rythmiques, mais aussi arythmiques; franchement orientées vers le monde extérieur, ou simplement imitations de ce qui s'y passe. Cette dernière distinction est d'ailleurs également valable pour les activités toniques. Pour parler plus simplement, quand nous voyons ou imaginons quelque chose, nous changeons notre attitude, nous imitons l'objet ou bien nous nous préparons à une action qui le concerne. Mais nous pouvons aussi accomplir une action distincte, qui peut être soit rythmique soit arythmique. Seul ce dernier type d'action aura une chance d'aboutir; et ses chances de succès seront moindres s'il s'agit non pas d'une action proprement dite, mais d'une imitation. Mais, dès qu'il y a image, créée par une motion pulsionnelle, elle aura une influence sur le système végétatif corporel.

Il doit nécessairement y avoir un lien entre les activités corticales associées aux images et l'appareil végétatif dont les centres les plus importants se trouvent dans la substance grise qui recouvre le troisième et le quatrième ventricule (cavités internes du cerveau). C'est là que se trouvent les centres de toutes les innervations vaso-végétatives, les centres sympathiques et parasympathiques. Il n'est pas nécessaire ici d'aller dans le détail; le lecteur pourra se référer aux travaux de Hess, de Aschner, de Leschke, de Cannon et d'autres. Il est bien connu que cette partie du cerveau peut influer sur la température du corps, la sécrétion salivaire, la miction et toutes les fonctions végétatives. Fait particulièrement important, il existe aussi dans cette région des centres sexuels et des centres métaboliques. Il est possible que ces centres aient une influence sur la croissance.

L'appareil sympathique et parasympathique de cette région du cerveau influe sur tout le corps. Mais c'est surtout son influence sur les glandes à sécrétion interne qui retiendra notre attention. L'appareil sympathique et parasympathique et la régulation centrale des fonctions végétatives ont au moins deux centres; l'un, situé autour du quatrième ventricule, est de type plus primitif, alors que les centres situés autour du troisième ventricule servent probablement aux régulations supérieures. On n'a pas encore complètement résolu la question de savoir si l'influence des images fait directement appel à l'appareil subcortical, ou si l'appareil sympathique et parasympathique a aussi ses représentations dans la région corticale. Quoi qu'il en soit, à chaque image correspondent deux courants d'influx, l'un *animalisch* (moteur) et l'autre végétatif. Ces deux courants refluent après qu'ils ont atteint leur but à la périphérie, il y a donc un circuit fermé des influx végétatifs et moteurs — partant des images et allant aux images. L'image du corps obéit au même principe. Nous comprenons mieux maintenant pourquoi tout changement dans l'image du corps est en même temps un changement dans les fonctions végétatives, et pourquoi tout changement dans la structure libidinale de l'image posturale du corps est aussi un changement dans l'organisme.

Les expériences faites pour voir comment il est possible d'agir sur le fonctionnement interne du corps ont donné des conclusions d'un grand intérêt. Il est très difficile de suggérer à un individu de dilater sa pupille, alors qu'on obtient un résultat immédiat dès qu'on lui suggère qu'il est témoin d'une scène d'horreur. On ne peut produire un changement dans le corps qu'en changeant les images du monde extérieur ou en changeant quelque chose qui, comme l'image du corps, appartienne plus que le corps lui-même au monde extérieur. Mais, dans la majorité des cas, nous n'avons pas une image du corps qui nous renseigne sur la partie interne de notre corps; aussi ne pouvons-nous modifier le corps que par des images du monde extérieur. Nous ne pouvons pas suggérer directement des changements métaboliques; ce que nous pouvons, c'est suggérer par exemple à une personne qui est nue qu'elle n'a pas froid et le métabolisme basal réagira non pas dans le sens d'un décroissement mais d'un accroissement[1]. Pour augmenter chez un individu la production d'urine, il nous faut lui suggérer qu'il boit une grande quantité d'eau[2]. Certes on peut obtenir des résultats similaires par des suggestions de plaisir ou de déplaisir; mais alors l'individu réagit toujours en produisant des images qui ont un rapport quelconque avec le plaisir ou le déplaisir, et qui ne

1. Expériences de Hansen.
2. Expériences de Heilig et Hoff.

peuvent concerner que l'image du corps ou le monde extérieur. Nous en arrivons à une conclusion générale importante, à savoir que l'image du corps et la représentation du monde régissent les changements végétatifs, d'où il suit que notre corps est dominé par l'image du corps, laquelle, nous le savons, est en relation très étroite avec le monde extérieur. (A propos des expériences que je viens d'évoquer, le lecteur pourra se reporter à l'article de Heilig et Hoff et à l'ouvrage de Schilder et Kauders sur l'hypnose.)

Il est certain que ces expériences sont indispensables pour comprendre les problèmes que pose la conversion. On ne peut comprendre la conversion que comme quelque chose qui se passe dans le modèle postural du corps[1]. Par définition, la conversion est l'expression d'un conflit psychique dans la sphère du corps; une énergie psychique, qui ne peut s'exprimer, pénètre dans le champ somatique. Il y a passage de la sphère psychique à la sphère somatique.

Le terme « conversion » est employé de façon assez relâchée dans la littérature psychanalytique. Un accès hystérique, un phénomène *animalisch* (moteur) est considéré comme conversion au même titre que l'angoisse, qui est un phénomène végétatif. (D'après l'interprétation la plus récente de Freud, l'angoisse est un signal de danger qui s'adresse au moi. Mais Freud ne dit pas si elle se produit par conversion de l'énergie sexuelle en angoisse.) La conversion peut par conséquent être associée au courant des influx végétatifs aussi bien qu'au courant des influx moteurs. On ne sait pas encore pourquoi, dans certains cas, le symptôme reste principalement dans la sphère psychique des images, des pensées, des changements de caractère, alors que, dans d'autres cas, il s'exprime par des crampes ou des changements manifestement tributaires de la circulation sanguine à innervation vaso-végétative telle que l'hypersécrétion gastrique ou la constipation; autrement dit, pour parler plus généralement, dans une névrose d'organe.

Étant donné que c'est ici surtout l'aspect psychologique du problème qui nous intéresse, nous ne ferons qu'une brève allusion à ce changement général dans le système vaso-végétatif qu'entraîne n'importe quelle image, mais plus particulièrement celles qui sont chargées d'énergie psychique. Chaque organe qui, d'un point de vue organique, est prédisposé (Adler parle, assez vaguement, d'infériorité organique)

1. J. H. Schultz pense que la simple concentration par autosuggestion sur un organe peut suffire à déclencher des changements somatiques. Même s'il en était ainsi, encore faudrait-il savoir par quels stades passe l'autosuggestion, et quel genre de représentations sont utilisées pour parvenir à la perception de l'organe.

exercera une attraction spéciale sur le courant des influx. Tout se passe comme si, à ces endroits particuliers, le lit du courant était plus large. Il se peut que la prédisposition de l'organe soit purement organique et ne se reflète en aucune façon dans la sphère psychique. Mais, quoi que ce soit qui différencie des autres un tel organe, il est plus que probable qu'il procurera des sensations différentes de celles que procure l'organe « ordinaire », et probablement plus nombreuses; il est plus que probable également que, d'une manière ou d'une autre, la différence anatomique et physiologique d'un organe sera reflétée dans le modèle postural du corps généralement non pas là où l'organe se situe réellement, mais là où il est senti, c'est-à-dire dans la zone que j'ai définie comme zone sensible du corps. C'est dans cette partie du corps que sera répercuté ce qu'il y a de différent dans le fonctionnement organique, et c'est cette partie du corps qui dès lors attirera et reflétera la conversion.

Mais il ne faut pas oublier que les différentes fonctions de l'organe et la sensation qu'il provoque modifieront l'attitude à l'égard des objets qui ont un rapport avec le fonctionnement de cet organe. Quand tel aliment particulier provoque l'indigestion, l'attitude générale de l'individu à l'égard de la nourriture sera modifiée, et l'image de la nourriture provoquera à son tour un changement dans le modèle postural du corps. Tout changement dans l'attitude à l'égard d'un objet du monde extérieur a d'autant plus de chances d'aboutir à une conversion, que le système organique qui réagit à cet élément particulier du monde extérieur est psychologiquement et physiologiquement prédisposé; mais on ne sait pas dans quelle mesure ce sont des facteurs constitutionnels qui font qu'un organe est prédisposé et qu'il se reflète. La prédisposition peut avoir pour origine une maladie organique passagère ou persistante survenue dans l'enfance ou même plus tard. La terminologie scientifique introduit une autre distinction : celle de « constellation », mais rien ne nous autorise à supposer que la conversion ne se produise que dans les organes qui y sont prédisposés par constitution et par constellation. Qu'est-ce qui détermine l'afflux d'énergie dans un organe dit normal? Freud en donne une indication : ce pourrait être des expériences de l'enfance concernant cet organe; une douleur réelle ou imaginaire, n'importe quel malaise associé à une fonction passagère (la fonction normale) ou encore un malaise organique.

J'ai décrit plus haut un cas ayant pour origine une douleur psychogène, et dans lequel on trouvait des expériences douloureuses concernant les organes sexuels et la zone anale, se situant dans l'enfance. J'ai aussi cité un cas de neurasthénie qui semble avoir eu comme point de départ une maladie provoquant des démangeaisons. Mais j'ai montré dans ces deux cas que c'était à cause des problèmes psychiques qu'avaient connus les sujets dans leur enfance que ces sensations passagères avaient pris une importance durable, et on peut se demander si un malaise réel éprouvé dans l'enfance est vraiment indispensable à la conversion. Il se peut, et c'est même probable, qu'une attention intensément dirigée sur l'organe qui sera plus tard le siège de la conversion suffise à engendrer le symptôme de conversion. On trouve souvent dans la littérature psychanalytique des allusions à la difficulté de concevoir la conversion conçue comme un « saut du psychique dans l'organique », mais c'est cette formule même qui est trompeuse; elle ne tient pas compte du caractère organique général de la fonction psychique. La conversion n'est qu'une accentuation de ce qui se passe dans tout processus psychique. F. Deutsch attire l'attention sur un autre facteur important dans la psychogenèse des symptômes de conversion. On sait qu'il est possible d'agir sur certains muscles qui sont généralement hors d'atteinte de l'innervation volontaire; par exemple bouger ses oreilles. On peut aussi agir dans une certaine mesure sur les fonctions végétatives en renforçant les images qui leur sont associées. Certaines personnes peuvent modifier leur pouls. Je mentionnerai encore les études de J. H. Schultz sur le « training autogène », et enfin les pratiques du yoga. On peut aussi agir sur les organes végétatifs. Il est certain que nombre de fonctions végétatives, par exemple les mouvements intestinaux, ont des liens étroits avec les fonctions volontaires et qu'il est possible de les contrôler. Watson a démontré qu'il est possible d'exercer un certain contrôle sur les intestins. Les possibilités de contrôle sur les organes végétatifs dépendront naturellement de la structure psychogène et des expériences individuelles.

11. *La maladie organique.*

La maladie organique pose un problème du point de vue de son rapport avec le modèle postural du corps. Elle provoque des sensations anormales. Elle modifie de façon immédiate l'image du corps, en partie les représentations que celle-ci contient, en partie son investissement libidinal. Ces sensations s'intègrent immédiatement dans l'attitude générale et l'expérience de l'individu et sous-tendent la transformation, le transfert, les condensations et symbolisations que nous avons étudiées dans les cas de névrose. Dans les maladies organiques, au même titre que dans les maladies psychogènes, des symptômes se manifestent dans le modèle postural du corps. Ils ne peuvent être compris que replacés dans le problème général. Naturellement, il existe des symptômes qui n'apportent aucun changement dans la sphère psychologique. Un début de cancer peut n'apporter aucun changement immédiat au modèle postural du corps; mais il peut par contre entraîner de la fatigue, de la faiblesse, un manque d'appétit, lesquels sont, eux, étroitement associés à l'image du corps.

Il existe naturellement aussi des phénomènes purement objectifs qui peuvent être d'une grande valeur pour le médecin et l'aider dans son diagnostic, tels que, par exemple, l'absence du réflexe rotulien ou un nystagmus. Mais il n'y a symptôme, à notre point de vue, que lorsqu'il y a un changement quelconque dans le modèle postural. Dans ce sens, une lésion des poumons visible à la radiographie n'est pas un symptôme, alors que la toux, les douleurs dans l'épaule, la fièvre sont, eux, des symptômes. Nous pouvons donc poser une distinction préliminaire : entre phénomènes objectifs d'une maladie, et symptômes, ces derniers modifiant le modèle postural. Quelques exemples suffiront à montrer que les symptômes sont purement des changements dans l'image ou dans les sensations et représentations, mais qu'ils peuvent aussi consister en une réponse réflexe, telle que vomissements et toux.

L'acte réflexe peut à son tour entraîner un changement dans les sensations. Le symptôme peut aussi modifier l'attitude motrice et l'action. Dès qu'un individu a mal aux pieds, il se sert de son pied d'une façon différente, il peut même ne plus s'en servir du tout. Ces changements d'attitude peuvent être volontaires et conscients, ils peuvent être aussi, et ils le sont souvent, instinctifs, dans une large mesure. Chez un amputé de la jambe, il y a non seulement un changement dans le modèle postural de son corps, changement qui concerne la jambe, mais aussi une nouvelle fonction nécessitée par l'absence de jambe, qui modifie toute la motilité de l'individu et, avec elle, l'ensemble du modèle postural du corps. Toute modification d'une fonction a par conséquent une influence immédiate sur l'image du corps. Tout se passe comme si le changement dans la fonction était transmué en une différence statique, plus une différence dans l'image. Il est pour le psychologue fascinant de suivre ces changements qui partent de la fonction et du mouvement pour devenir relativement statiques dans l'image du corps. C'est une question que nous retrouverons plus loin. D'une manière générale, on ne peut apprécier le mouvement, le changement fonctionnel, que par rapport à un arrière-plan relativement stabilisé. L'image du corps est cet arrière-plan stable sur lequel les changements dans les fonctions viennent se graver. Les expériences de Ross et les études de Skramlik ont montré que l'image du corps tend à une relative stabilité; ou, en d'autres termes, que, psychologiquement, la fonction s'oppose à la forme relativement stabilisée.

Il est certain que l'image du corps subit un changement fondamental sous l'effet de la maladie organique et que ce changement lui-même suit les diverses étapes que nous avons étudiées. Cette transformation est régie par des lois dont nous pouvons formuler les suivantes :

— Toute saillie peut prendre la place d'une autre saillie; il y a des possibilités de substitution entre le phallus, le nez, les oreilles, les mains, les pieds, les doigts, les orteils, les bouts des seins et les seins.

— Toute partie ronde peut en représenter une autre : la tête, les seins, les fesses.

— Toutes les cavités sont interchangeables : la bouche, les oreilles (dans certains cas, les yeux et les pupilles), les narines et l'anus. Chaque zone a ses prolongements typiques. La zone anale se prolonge sur tout le dos; la bouche se prolonge généralement vers l'intérieur; mais c'est une question que nous ne connaissons pas encore dans le détail. Les mouvements peuvent créer dans le corps des cavités artificielles. L'intérieur de la bouche et l'intérieur de la région génitale peuvent se substituer mutuellement. Nous savons très peu de chose sur la façon dont les phénomènes de motilité peuvent se substituer les uns aux autres. Dans certains tics, la réaction masturbatoire peut se déplacer d'une partie sur une autre, du haut vers le bas, etc.

Les névroses dites d'organe sont intermédiaires entre les troubles organiques et les troubles psychogènes. Selon Hansen, un symptôme organique ne peut provoquer une réaction psychique que s'il dépend d'un réflexe, dit non conditionné (donnons pour exemple de réflexe non conditionné la production de salive sous l'effet de l'acide chlorhydrique). La fréquence et la promptitude avec lesquelles les symptômes organiques sont provoqués par l'expérience psychique sont déterminés par leur promptitude à réagir dans les réflexes non conditionnés. L'expérience externe devient le signal qui provoque le réflexe non conditionné, mais nous possédons très peu d'éléments pour savoir quelle partie du corps est capable de produire ces réflexes non conditionnés. Le fait d'ingérer de la nourriture provoque non seulement un changement dans le monde extérieur mais aussi immédiatement une attitude particulière de l'individu qui s'exprime dans l'image corporelle de la bouche. C'est non seulement la fonction de tout l'appareil intestinal qui est changée, c'est aussi son reflet dans l'image du corps.

Tout changement organique est par conséquent toujours associé à un changement dans l'image du corps. Quand on étudie une névrose d'organe, on peut déterminer d'un point de vue psychologique pourquoi l'individu est tombé malade à un moment donné, ou au moins pourquoi à tel moment particulier il n'a pas pu supporter la tension de la situation; pourquoi il a changé son modèle postural et, avec lui, la fonction interne de son corps. On devrait aussi pouvoir déterminer pourquoi c'est tel organe particulier qui a été choisi comme siège de la conversion. Après tout, les névroses d'organe proprement dites sont le meilleur exemple qui nous soit donné d'une conversion.

Nous avons déjà dit deux mots de ce qui peut déterminer le courant d'énergie à s'orienter sur une partie donnée de l'image du corps et sur les organes internes qui en dépendent. Nous ne devons naturellement pas oublier que tout individu au cours de sa vie accumule les expériences sur les symptômes et sur leur relation avec les organes. L'individu qui fait une névrose gastrique a vu vomir des gens malades de l'estomac; lui-même a eu plus tard des expériences concernant ces symptômes (il a par exemple mangé quelque chose qu'il n'a pu digérer) et peut-être les a-t-il associées à d'autres expériences intimes : certaines représentations concernant la nourriture et concernant le goût dans la bouche auront provoqué chez lui des symptômes semblables à ceux qu'il a connus sous l'effet de la nourriture indigeste.

J'irai jusqu'à dire que tout individu utilise dans les maladies organiques les petites expériences de la vie quotidienne pour les expérimenter ensuite sur l'image du corps et acquérir une représentation clé d'un organe particulier qui n'est pas immédiatement représenté dans le modèle postural du corps. Par le terme « représentation clé », j'entends la faculté que nous avons de changer, par des représentations choisies de façon tout particulièrement arbitraire, la fonction des intestins, sur laquelle nous n'avons autrement aucun contrôle. Nous sommes incapables d'accélérer volontairement notre pouls, mais nous pouvons le modifier en nous imaginant dans une situation de grand danger. La représentation d'une situation dangereuse est la représentation clé pour le cœur et aussi pour la dilatation de la pupille. La représentation d'aliments répugnants est la représentation clé pour certains types de salivation, de nausées, de vomissements et probablement aussi pour la sécrétion du suc gastrique.

Chacun de nous poursuit ainsi toute sa vie des expérimentations sur lui-même à l'aide des représentations clés. Il parvient de cette façon à agir directement sur les parties internes de son corps. Cette expérimentation sur les organes commence probablement dans la toute petite enfance et toutes les névroses d'organe évoluent, comme Deutsch l'a justement souligné, sur un terrain préparé par ces expérimentations. Nous avons là un aperçu des conséquences que peuvent avoir les maladies organiques qui surviennent dans la première enfance. La maladie organique facilite et encourage l'utilisation des représentations clés. On comprend aussi pourquoi il est relativement simple de conserver un symptôme névrotique après que la maladie organique a disparu. Ces quelques remarques ne visent nullement à étayer une théorie psychologique de la maladie; ces problèmes ne nous intéressent ici que dans la mesure où ils concernent l'image du corps, et où ils peuvent nous aider à comprendre de quelle façon les organes internes peuvent être influencés par les attitudes psychiques. Ce qui prime, c'est que l'attitude psychique agit sur l'image du corps.

Un changement dans la fonction d'un organe interne peut tôt ou tard apporter aussi un changement dans son anatomie. L'asthme, quand il a une origine psychogénétique, provoquera tôt ou tard un changement dans la structure organique. Il en va de même pour l'innervation de l'estomac. De quelle manière la psyché peut-elle changer une fonction? Jusqu'à quel point? Un trouble de la fonction peut-il entraîner un changement dans l'anatomie de l'organe qui lui correspond? Si oui, dans quelle mesure? Ce sont autant de questions qui restent encore à étudier. Nous avons vu que la constitution et la constellation concernant tel organe particulier sont deux facteurs importants dans le choix de l'organe que visera une névrose, et particulièrement une névrose d'organe. Nous ne savons pas exactement si, pour ce choix, il est indispensable ou non qu'il y ait une constitution somatique ou un changement somatique particulier. On peut même aller plus loin et se demander si, dans une névrose de conversion, ce changement somatique particulier, avec son expression dans l'image du corps, ne serait pas nécessaire. De ce point de vue, nous pouvons accepter une théorie organique de la névrose et considérer de façon isolée l'individualité de l'organe par lequel s'exprime la névrose. Je pense que ces remarques pourront éclairer la signification de ce que Freud appelle en psychanalyse : *somatisches Entgegenkommen* (complaisance somatique) et de ce qu'Adler résume sous la notion assez vague d' « infériorité organique ». A ce propos, je ferai mention des théories purement somatiques de la névrose et en particulier de celle de F. R. Kraus. Mais nous ne pouvons naturellement pas nous contenter de ne considérer que l'état de l'organe (cf. Curschmann); nous devons aussi considérer ce qui modifie l'afflux des énergies psychiques vers cet organe. Les seuls facteurs psychologiques peuvent suffire à caractériser un organe; nous pouvons, du seul point de vue psychologique, arriver à déterminer de façon isolée l'intensité des désirs qui sont associés à un organe donné et à une partie donnée de l'image du corps; mais, même ainsi, il peut rester quelque chose que nous ne pouvons résoudre par les méthodes psychologiques dont nous disposons aujourd'hui, et que nous sommes contraints d'attribuer à des facteurs somatiques intervenant dans le flux d'énergie psychique. Et, même quand il s'agit de névroses, et de névroses d'organe, nous touchons à des différences et des facteurs organiques qui sous-tendent la névrose et qui échappent à la psychologie. Pour exprimer ce fait en termes psychologiques, il faudrait dire que l'attitude psychique de l'individu, aussi consciente soit-elle, est basée sur un système archaïque de pulsions et de tendances qui a trouvé à s'exprimer dans la structure du corps. C'est une des raisons pour laquelle je me suis étendu si longuement sur l'aspect organique de l'image du corps.

Nous aurions peu de chances de résoudre le problème de la maladie organique en ne considérant que sa psychogénèse. Il est vrai que nous ne savons pas grand-chose des raisons qui font qu'une maladie organique se déclenche à tel moment plutôt qu'à tel autre. Une fracture du crâne, avec toutes les graves conséquences qu'elle peut avoir, peut être causée par un accident indépendant des activités psychiques conscientes ou inconscientes, et dans ces cas nous savons naturellement pourquoi le trouble organique est survenu à tel moment. Mais nous ne savons pas pourquoi le diabète, les maladies cardiaques, le cancer se déclenchent à un moment donné. De même pour les affections microbiennes; pourquoi se déclarent-elles chez certains individus à tel moment plutôt qu'à tel autre? Nous devons bien admettre que, même dans ces cas difficiles à situer, le facteur des influences extérieures et des données purement somatiques est probablement prédominant. Il existe cependant de nombreuses maladies organiques dans lesquelles c'est le facteur psychogène qui semble jouer le rôle principal, comme par exemple dans l'ulcère d'estomac, l'angine de poitrine, certains rhumes, etc. On se demande souvent pourquoi une maladie organique se manifeste aux époques où l'individu est en train de traverser une crise et pourquoi elle se localise là où l'individu, de par ses tendances les plus intimes, semble en avoir le plus besoin. Mais sur ce chapitre aussi, il nous faut être très prudents. Combien rencontrons-nous d'individus normaux qui ne traversent pas, à un moment ou à un autre, une crise plus ou moins grave? Nous ne possédons en cette matière aucune donnée statistique qui nous autorise à comparer.

Ce problème est très bien exposé dans le roman de Thornton Wilder : *Le Pont de San Luis Rey*. Le vendredi 20 juillet 1714 à midi, le plus beau pont du Pérou s'est effondré, entraînant avec lui cinq voyageurs qui le traversaient. Pourquoi cette catastrophe a-t-elle frappé ces cinq personnes en particulier? L'auteur montre que chacune d'elle a péri à un moment crucial de sa vie. Peut-on discerner un plan, une signification dans la catastrophe qui leur a coûté la vie? C'est la question apparemment absurde qui fait le sujet de ce roman, et de la même façon on pourrait se demander si une maladie organique ne se produit pas à un moment, dans la vie d'un individu, où celui-ci évolue vers une crise intérieure. Certes, Groddeck, Jelliffe et F. Deutsch nous ont fourni sur ce sujet un intéressant matériel de recherche; j'ai moi-même montré que les facteurs psychogènes peuvent agir sur le corps. Mais nous devons rester extrêmement circonspects chaque fois que ce problème se pose et tâcher de distinguer s'il y a vraiment expression de tendances internes ou simplement coïncidence. Dans *Le Pont de San Luis Rey*, la première partie a pour titre « Peut-être un accident », le dernier chapitre « Peut-être une intention ».

Ce qu'on peut dire en première analyse, c'est que, dans certains cas, la maladie organique est presque un accident. Que, dans d'autres, elle est principalement due à l'intention profonde de l'individu et que, dans la majorité des cas, elle est tout à la fois accidentelle et intentionnelle. Dans la maladie organique, c'est l'accident qui prévaut; dans la névrose, c'est l'intention.

Le signe de la maladie organique, c'est la douleur et le malaise. Être malade, c'est souffrir. Le malade est passif, et de même le névrosé; il souffre, il est passif et masochiste. Mais toute douleur, toute souffrance physique entraîne un changement dans le modèle postural du corps. Nous comprenons mieux maintenant pourquoi le masochisme est si étroitement associé à la maladie et pourquoi l'élément sado-masochiste dans la vie instinctuelle a une telle importance dans la structure du modèle postural du corps [1].

12. *Quelques remarques supplémentaires sur l'expansion et la destruction de l'image du corps.*

Jusqu'à présent nous avons étudié le schéma corporel comme une unité, construite à partir de divers apports; mais nous n'avons pas encore examiné le fait que cette unité, outre qu'elle peut s'approprier des éléments, peut aussi, et c'est souvent le cas, en abandonner d'autres. Elle est perpétuellement en danger de perdre certains de ses constituants qui ne sont pas intégrés définitivement et peuvent être expulsés. S'il y a une tendance à l'élaboration du modèle postural du corps, il y a aussi une tendance à la destruction de cette image, comme on l'a vu dans quelques-uns des cas que j'ai analysés plus haut. Avant d'entrer dans l'examen approfondi de ce problème, il nous faut étudier quel rapport ont les excrétions avec l'image du corps. Manger ou boire, c'est ajouter à l'image du corps quelque chose qui appartient au monde extérieur, mais ce quelque chose, tant qu'il n'est pas entré dans la zone sensible, reste extérieur. Ceci est vrai également pour l'air inspiré. Dès que les aliments

1. Certes, l'aspect psychologique de la médecine est important, mais il ne faut rien exagérer. La mortalité des nourrissons a décru, comme celle des tuberculeux; les maladies infectieuses sont en régression; la durée moyenne de la vie a considérablement augmenté; ce sont là autant de titres de gloire pour la médecine somatique. La chirurgie n'en a pas moins; ne mentionnons que ses résultats dans le domaine des tumeurs du système nerveux central. La médecine psychologique aura fort à faire pour parvenir à d'aussi beaux résultats. Elle obtiendra probablement plus en se donnant pour objet de rendre heureux et adapté à la réalité l'individu physiquement sain, qu'en se mêlant de guérir l'individu physiquement atteint; en d'autres termes, la médecine psychologique a l'ambition gigantesque de résoudre le problème moral de l'humanité. Mais la maladie physique n'est certes pas un problème uniquement moral, bien que l'aspect moral n'en soit jamais absent. Il est certain qu'il existe des maladies somatiques, même graves, qui sont purement et simplement des manifestations de difficultés morales; mais je ne pense pas qu'elles soient très nombreuses, et au surplus, il n'est pas du tout certain qu'une maladie d'origine psychique doive être traitée par les méthodes psychologiques.

ont passé la zone sensible, ils disparaissent en tant qu'objets, mais, en quelque sorte, n'ont rien ajouté à l'image du corps; ils sont, psychologiquement parlant, « digérés » immédiatement après le passage de la zone sensible. Par contre, quand nous urinons, nous avons l'impression que notre urine appartient encore dans une certaine mesure à notre corps. C'est là, comme Freud l'a montré, une appartenance spécifiquement psychologique; ce qui est expulsé est une partie psychologique du modèle postural du corps. Il suffit que quelque chose ait à un moment donné fait partie du corps pour qu'il ne perde plus jamais complètement cette qualité. Les mouvements intestinaux ne séparent que physiquement du corps les excréments; psychologiquement ils continuent à faire partie de nous-mêmes. On peut dire qu'ainsi l'image du corps se prolonge dans le monde. Le problème de la voix et du langage est plus complexe. Les sons que je produis ne sont pas complètement indépendants de moi, ils continuent à faire partie de moi et, là encore, mon image du corps se prolonge dans le monde. Les rognures d'ongles, les cheveux coupés, toutes les sécrétions de la bouche et du nez conservent toujours une appartenance psychologique au corps. L'organisation de l'image du corps est des plus souples [1].

Par ailleurs, certaines parties du corps peuvent se détacher relativement de l'ensemble. Certaines d'entre elles peuvent être personnifiées. Ainsi, les gens qui s'occupent des jeunes enfants et les enfants eux-mêmes, personnifient les doigts [2].

Toutes les parties protubérantes du corps sont capables, semble-t-il, d'acquérir cette indépendance relative dans le

1. Les pratiques magiques qui utilisent les fèces, l'urine, le sang, les ongles, etc., s'expliquent par ce fait que tous ces déchets continuent à appartenir à l'image du corps.

2. La cocotte a fait son nid là (creux de la paume)
Celui-là l'a attrapée (pouce)
Celui-là l'a plumée (index)
Celui-là l'a rôtie (majeur)
Celui-là l'a mangée (annulaire)
Et le p'tit kiki qui n'a plus que les os, vole par-dessus la haie (auriculaire).

Voici ma main, elle a cinq doigts, en voici deux, en voici trois.
Le premier, ce petit bonhomme, c'est le gros pouce qu'il se nomme.
L'index, qui montre le chemin, est le second doigt de ma main. Entre l'index et l'annulaire, le majeur paraît un grand frère. L'annulaire porte un anneau, avec sa bague il fait le beau. Le minuscule auriculaire marche à côté de tous ses frères.

Das ist der Vater
Das ist die Mutter
Das ist die Schweste
Das ist der Bruder
und Das ist das Wutzerl in der Wiagen.

modèle postural. Les organes génitaux masculins, en particulier, sont souvent personnifiés, on en fait des créatures indépendantes. Ceci est également vrai pour les organes génitaux féminins, bien qu'à mon avis moins répandu. Le sexe mâle devient le petit frère, etc., le sexe féminin, la chatte, etc. Dans leurs rêves, les enfants symbolisent très souvent les organes génitaux. La cohésion interne du modèle postural du corps varie selon ses parties. La configuration anatomique joue ici un rôle très important. Tout ce qui forme une protubérance appartient moins au corps que le reste; mais, à part ce fait, il y a la fonction libidinale, qui influe considérablement sur la structure du corps. Toutes les fois que, pour une raison ou pour une autre, une partie est moins étroitement associée que les autres à l'ensemble de l'image du corps, l'individu semble vivre dans la peur de perdre cette partie de son corps. C'est la peur pour l'intégrité du corps, qui dépend des qualités internes du modèle postural du corps.

La psychanalyse a d'abord attiré l'attention sur l'existence d'une peur concernant les organes génitaux masculins, particulièrement le pénis, la peur de la castration. Puis on s'est vite aperçu qu'il y a de nombreuses symbolisations possibles du complexe de castration et que, pratiquement, n'importe quelle partie du corps, mais surtout ses protubérances, peuvent servir de support au complexe de castration. Mais on s'est aussi bientôt aperçu qu'il n'y a pas seulement une peur concernant la perte du pénis, mais aussi des analogies prégénitales au complexe de castration : il y a la peur de perdre les parties internes du corps et l'on a alors affaire à un phénomène que l'on peut appeler complexe de castration anale. Il y a aussi une peur concernant l'intégrité du corps : crainte globale de ce que j'ai appelé un « motif de démembrement » général. Dans la psychose en particulier, ce motif de démembrement joue un rôle important. En dernière analyse, il dépend des qualités structurales de l'image du corps. La peur des opérations chirurgicales se range dans cette catégorie. Une image du corps cohérente et durable se construit pour chacun à partir de son tempérament émotionnel, lequel repose sur ses tendances biologiques. L'unité de l'image du corps reflète ainsi la tendance vitale à l'unité biologique. Tout ce qui modifie l'unité biologique se reflète dans l'image du corps, qui possède une plus grande plasticité. La tendance de l'organisme à l'autodéfense se reflète dans la peur de la castration, et la castration prégénitale se reflète dans la peur d'être démembré. On comprend pourquoi dans la psychose, qui met si fort en danger l'unité des pulsions, les motifs de castration (Stärcke) et la peur du démembrement, jouent un rôle si important. Dans l'une des observations que j'ai exposées dans ce livre, on a vu la patiente comme démembrée sous l'influence de ses tendances sadiques dirigées contre le monde extérieur et contre elle-même. Dans le même moment, il y a des parties d'elle dans le monde extérieur, et elle se projette elle-même dans ce monde. C'est pour répondre à des besoins émotionnels que des parties du corps sont ainsi projetées dans le monde extérieur. Là encore nous avons un aperçu de la grande labilité du modèle postural du corps. Cette labilité, du point de vue purement perceptif et imaginatif, correspond de très près aux changements que subit l'image du corps sous l'influence de l'émotion. Dans les expériences de Federn sur le rêve et l'hypnose, l'image du corps n'est pas seulement changée du point de vue de la perception, elle l'est aussi du point de vue de la structure libidinale. Dans les hallucinations éthyliques il n'y a pas seulement des troubles vestibulaires et optiques, qui désagrègent l'image interne et externe du corps, il y a aussi une désagrégation libidinale profonde de l'image du corps. Le complexe de castration et les motifs de démembrement sont, comme Bromberg et moi-même l'avons montré, au premier plan dans le tableau clinique de nombreux cas.

Le modèle postural du corps ne peut rester stable que très peu de temps. La stabilité des images dans la vie psychique ne fait probablement que marquer une phase transitoire à laquelle la phase suivante viendra toujours s'opposer. Il n'est pas douteux qu'il y ait toujours dans notre vie psychique des tendances à former des unités, des *Gestalten*, ou, pour emprunter une comparaison à la physique, des quanta. Mais une *Gestalt* n'est pas plus tôt créée qu'elle tend immédiatement au changement et à la destruction.

Pour examiner à fond le rôle que jouent dans la psychose la peur de la castration et le motif de démembrement, il faudrait revoir presque tout le champ de la psychiatrie. Stärcke postule que le complexe de castration joue dans la psychose le même rôle que le complexe d'Œdipe dans la névrose. Ce postulat n'est pas valable si l'on ne considère que le niveau génital du complexe de castration; par contre, il a quelque vérité si l'on considère la peur qui concerne l'intégrité du corps dans son ensemble, laquelle comprend les activités prégénitales aussi bien que les activités génitales. La peur des mutilations, quelles qu'elles soient, repose sur l'amour narcissique que nous avons pour notre corps dans son intégrité. Le motif de démembrement est l'expression du complexe de castration au niveau de l'amour de soi narcissique; dans la mélancolie en particulier, où les tendances sadiques sont si cruelles et si fortes, la désintégration du modèle postural du corps est très fréquente. Le mélancolique nie l'existence de presque toutes les parties de son corps, il se plaint d'avoir perdu ses intestins, de ne plus pouvoir uriner et déféquer, de ne plus avoir de membres; ou bien que ses membres sont devenus énormes. Une de mes patientes disait : « Je suis pleine de trous et tordue dans tous les sens, j'ai des tentacules comme une pieuvre. Les pieuvres sont des gens qui ont été coupés vifs en morceaux. Je me vois comme un tonneau vide. Je suis faite d'air et de poudre. » Elle était également persuadée que sa tête était devenue en bois, que sa cervelle avait servi à faire de la soupe, qu'elle l'avait coupée en petits morceaux et mangée et pas seulement sa propre cervelle, mais aussi celle d'autres gens (cf. *Psychoanalytic Psychiatry*, p. 123). D'autres se croient changés en pierre.

On reconnaîtra facilement que dans ces délires, nous avons affaire pour l'essentiel aux mêmes phénomènes que dans les cas d'hypocondrie et dans les cas de névroses où les impulsions sadiques prévalent; à ceci près que, étant donné la dissociation profonde de la vie émotionnelle et la primitivité des pulsions dans ces cas, la dislocation du modèle postural du corps y est beaucoup plus prononcée. Il est naturellement très difficile d'obtenir de ces patients des descriptions qui permettraient de distinguer entre ce qui est un changement réel dans les sensations et dans les perceptions et représentations concernant le modèle postural du corps, et ce qui est délire concernant l'image du corps. Nous savons qu'images et perceptions sont basées sur les mêmes processus fondamentaux. Mais nous ne devons pas négliger l'existence des processus intellectuels, des processus de pensée, des éléments hallucinatoires, qui eux aussi concernent le corps. Il existe un lien entre perception, imagination et pensée. Les processus de pensée concernant le corps sont eux aussi basés sur l'attitude globale, les tendances libidinales et les perceptions, si bien qu'une étude attentive des pensées concernant le corps ou de la partie purement intellectuelle de l'image du corps pourra nous aider à mieux comprendre sa structure.

La schizophrénie peut provoquer toutes sortes de perceptions, imaginations et pensées bizarres concernant le corps. Dans le cas n° 14 que j'expose dans mon livre *Seele und Leben*, la patiente se plaignait d'avoir été rendue homosexuelle; en même temps, on lui avait enlevé le cœur, elle était même complètement vidée. Dans les dernières phases de sa psychose, elle disait que son corps était complètement détruit et qu'on lui avait arraché le nez. Les schizophrènes se plaignent souvent d'être changés en quelque chose d'autre. Il n'est pas difficile de montrer que, là encore, nous avons à faire à des phénomènes qui proviennent du fait que les qualités intrinsèques de l'image du corps sont sous l'influence d'une structure libidinale dissociée. Mais, au surplus, ces cas nous apportent une nouvelle preuve de l'extrême labilité du modèle postural du corps, et nous montrent que les expériences corporelles peuvent être facilement déformées et modifiées sous l'influence psychique. Ces changements peuvent se produire dans le champ perceptif, dans le champ de l'imagination et aussi dans le champ des processus de pensée. Toutes les fois qu'il y a changement profond dans la structure libidinale, le modèle postural du corps subit lui aussi des modifications considérables, et celles-ci sont particulièrement prononcées quand ce sont les tendances sadiques qui sont au premier plan.

Nous retrouvons ici le problème des tendances destructrices, en particulier des tendances autodestructrices. Federn voit dans la mélancolie l'expression la plus nette de l'instinct de mort; mais mort et vie ne sont pas réellement des opposés, pas du point de vue biologique. Rien dans la biologie n'indique qu'il existe un instinct de mort; par contre, il y a une tendance manifeste à la vie. Il est vrai qu'il existe des tendances destructrices qui peuvent être aussi autodestructrices. Mais le dépressif ne désire pas en finir; plutôt, il perpétue la souffrance qu'il s'inflige à lui-même et qu'il inflige aux autres. Mélancolie signifie souffrance éternelle, mais non pas repos et fin. Le mélancolique tue et démembre soit lui-même, soit les autres, mais le soi démembré est perpétuellement ressuscité. Là encore, nous retrouvons le processus de destruction et construction. Il est vrai que nous n'avons pas plus tôt créé l'image du corps que nous la détruisons, mais les processus de construction restent le *basso continuo*, même quand il y a dislocation de l'image du corps. C'est la raison pour laquelle j'ai choisi comme sous-titre de cet ouvrage : *Étude des forces constructives de la psyché.* La destruction est, en d'autres termes, une phase partielle de la construction; celle-ci est planification; elle est une caractéristique vitale générale. Nous détruisons afin de planifier à neuf. Je n'ai pas ici l'intention d'approfondir la théorie des pulsions du moi et des pulsions sexuelles, pas plus que la théorie du moi et du ça; mais je ne pense pas qu'il y ait lieu d'exagérer les différences.

Je discerne dans le moi et dans le ça les mêmes tendances fondamentales, et ce qui me paraît surtout important, c'est que la construction, qui n'est possible que sur la base d'une destruction toujours recommencée, soit une caractéristique aussi générale des pulsions, si générale qu'elle ne distingue pas entre pulsions du moi et pulsions sexuelles. On retrouve partout des forces constructives.

Il est évident que le problème de l'image du corps est fondamental pour une compréhension des psychoses. Dans de nombreuses psychoses les changements dans la conscience que l'individu a de son corps figurent au premier plan du tableau clinique. Wernicke parle de somato-psychose quand il y a trouble dans les rapports avec le corps (voir aussi Pick). Il a donné à ce propos une description classique de la dépersonnalisation. Le premier, il a montré clairement que toute cette sphère psychologique peut aussi être comprise du point de vue de la physiologie du cerveau. Son essai de classification des psychoses en allopsychoses, somato-psychoses et autopsychoses n'est pas seulement d'un apport fondamental pour la psychiatrie, il constitue aussi une découverte très importante pour la psychologie. J'ai moi-même tenté d'étayer ce point de vue dans un court article *Über Probleme der klinischen Psychiatrie*, mais je dois dire que mon article n'a guère retenu l'attention. Gurewitch a récemment publié quelques observations intéressantes sur ce qu'il appelle le « syndrome pariétal dans la psychose ». Il s'agissait en l'occurrence de cas de somato-psychose. Mais il ne rend compte ni du développement historique de ces problèmes, ni de leurs nombreuses incidences et complexités.

13. *Le développement libidinal de l'image du corps.*

Bernfeld a réuni tout un matériel sur l'attitude de l'enfant concernant son corps. Selon les observations de Preyer *(Die Seele des Kindes)*, l'enfant a, au début, la même attitude à l'égard de son corps qu'à l'égard des objets extérieurs : il regarde, par exemple, bouger ses bras et ses jambes tout comme il observe la flamme d'une bougie. Il regarde sa main prendre quelque chose aussi attentivement qu'il observe tout ce qui bouge autour de lui. Dans le bain, il observe son corps et touche particulièrement ses pieds (39e semaine). Il mord ses doigts, ses bras, ses orteils, au point de se faire mal et de crier de douleur (409e jour). Il se donne des coups violents sur la tête (41e semaine). Il serre très fort une de ses mains dans l'autre comme si c'était un jouet. Ce goût de s'observer diminue au cours de la deuxième année : comme si l'enfant connaissait maintenant son corps et ne s'y intéressait plus guère. Preyer et Bernfeld en concluent que l'enfant n'a au départ pratiquement aucune connaissance de son corps et qu'il lui faut le distinguer des autres objets par des informations kinesthésiques, motrices et viscérales. Bernfeld dit à juste titre qu'il y a là un problème de coordination nécessaire des expériences optiques, tactiles et autres avec le moi corporel moteur. Preyer et Dix ont souligné l'importance dans ce développement de l'expérience douloureuse mais, par ailleurs, Dix remarque que, même au dixième mois, les actes que l'enfant dirige contre son propre corps ne provoquent pas la réaction de douleur à laquelle on s'attendrait. Ainsi, l'enfant de dix mois cogne sa tête partout comme s'il s'agissait d'un objet étranger. Chez certains enfants, dans les tout premiers mois, une blessure qui saigne ne provoque aucune réaction de douleur. Pour les organes internes pourtant, il semble qu'il y ait dès cet âge des réactions de douleur plus marquées. Preyer et Bernfeld soulignent aussi l'importance d'une « complaisance » de l'organe dans la création de l'image du corps; certaines parties du corps peuvent, semble-t-il, se dissocier de l'ensemble jusque très tard dans le développement. Bernfeld dit à juste titre que le moi corporel est présent dès le départ parce que, dès le départ, certains organes obéissent aux besoins du corps.

Dès le début il existe dans la zone orale un noyau de l'image du corps; la tête, les bras, les mains, le tronc, les jambes et les pieds sont chacun pendant leur croissance reliés séparément à ce noyau. Bernfeld en arrive à conclure qu'il existe un développement primaire partant de la zone orale, et qu'un raffinement secondaire vient différencier le moi corporel du monde extérieur. Ce processus agit dans deux directions; soit que l'enfant trouve le moi corporel trop gros, il lui faut alors éliminer la mère; soit qu'il le trouve trop petit, il lui faut alors y ajouter les orteils. D'après Bernfeld, les principaux facteurs dans ce développement sont : la docilité de l'organe et la déception causée par l'organe. Bernfeld s'appuie ici sur un matériel analytique et ses vues sont très proches des miennes. Il est certain que nous ne disposons encore que d'un matériel empirique très limité concernant l'enfant. Les conclusions de Bernfeld sont tirées d'un matériel provenant d'analyses d'adultes.

Quoi qu'il en soit, l'image du corps pose un problème

quant à son développement. Nous ne savons pas de façon détaillée comment celui-ci s'opère. Nous avons tout lieu de croire qu'il existe un développement interne, une maturation dans tous les domaines de la vie psychique, et qu'il existe aussi des facteurs internes, lesquels sont donnés avec l'organisme et sont relativement indépendants des expériences qui déterminent ce développement. Mais ce que nous constatons aussi toujours, c'est que le processus de maturation tient compte pour acquérir sa forme définitive des expériences individuelles et que, par conséquent, il ne faut pas négliger le rôle que jouent ces expériences.

Quant au principe général, l'expérience bien connue d'Arnold Gesell peut suffire à l'expliciter. Gesell compare le développement de deux vrais jumeaux : à partir de la quarante-sixième semaine, le jumeau T est entraîné pendant vingt minutes chaque jour à gravir des marches, cela pendant six semaines. On n'entraîne pas le jumeau C. A quarante-huit semaines, T parvient à gravir sans aide les marches pour la première fois. A cinquante-deux semaines, il le fait avec une aisance parfaite, alors que le jumeau C est incapable, même avec une aide, de gravir une marche. Mais, à cinquante-trois semaines, C brusquement se met à gravir les marches sans aide ni entraînement. J. R. Shepard et F. S. Breed ont étudié de la même façon comment les poussins apprennent à picorer. Il ressort manifestement de ces expériences que, même pour les fonctions dans lesquelles la maturation du système nerveux joue sans conteste le rôle capital, l'apprentissage a un rôle, au moins dans certaines phases du développement : T, par exemple, est resté supérieur à C entre la quarante-huitième et la cinquante-deuxième semaine. On voit donc que même le développement de la maturation dépend de facteurs d'expériences. Mais ce que nous ne savons pas, c'est comment vont se développer plus tard ces deux jumeaux qui ont subi un apprentissage différent. D'après ce que nous constatons en psychanalyse, nous devons au moins admettre la possibilité qu'ils n'auront pas la même attitude psychique concernant la marche et le fait de gravir des escaliers, et que cette différence subsistera toute leur vie.

Pour ce qui est de l'image du corps, nous devons supposer qu'il existe un facteur de maturation responsable de la première esquisse du modèle postural du corps. Mais la façon dont cette esquisse se perfectionnera, le rythme de son développement, dépendront dans une large mesure de l'expérience vécue et de l'activité du sujet, et nous pouvons supposer que plus les éléments de l'image du corps sont raffinés, plus ils dépendent des expériences vécues, de l'apprentissage et des attitudes émotionnelles.

Il existe deux positions théoriques extrêmes : pour l'une, l'expérience, l'apprentissage et le conditionnement sont prédominants (Watson), pour l'autre l'expérience n'a qu'une importance minime ou nulle (Köhler, Koffka, Wertheimer et Wheeler); mais rien ne nous oblige à épouser les théories des uns comme des autres. Freud lui-même a toujours dit qu'à côté du facteur anatomique et fonctionnel structural, il faut considérer le facteur de l'expérience et de l'attitude. Certaines fonctions seront principalement déterminées par l'anatomie et la physiologie mais, même dans celles-là, le facteur psychique et le facteur expérimental auront toujours, d'après nos observations les plus récentes, quelque rôle à jouer. Inversement, et en particulier quand c'est la structure libidinale du modèle postural qui est concernée, l'expérience restera toujours tributaire de l'anatomie et de la physiologie. J'ai déjà souligné plus haut que le facteur central de l'organisme et de la personnalité détermine très souvent quelle partie de l'anatomie sera utilisée.

Nous devons supposer que l'image du corps ne connaît pas seulement un développement ontogénique, mais aussi phylogénique; il reste que ce dernier est évidemment difficile à déterminer.

Preyer et Bernfeld insistent sur le rôle important de la douleur dans le développement de l'image du corps. Nous savons très peu de chose sur les sensations de douleur chez les animaux. Hempelmann a réuni un matériel sur ce sujet. Les réactions de douleur des vertébrés inférieurs et même des oiseaux, sont assez limitées. D'après Ziegler, ce sont les êtres humains qui possèdent le plus haut degré de sensibilité à la douleur. Devons-nous donc considérer la sensibilité à la douleur comme l'un des principaux facteurs qui contribuent à l'élaboration de l'image du corps? Uexküll considère la douleur comme une nécessité biologique, elle serait un signal du corps et servirait à prévenir l'automutilation. Elle serait particulièrement nécessaire aux animaux carnivores. Les rats dévorent leurs pattes quand on leur a sectionné les nerfs sensoriels. Il semble que la douleur soit en tout cas l'un des importants facteurs qui permettent que la structure de l'image du corps, essentiellement labile, puisse être organisée.

Nous en savons encore moins en ce qui concerne les invertébrés. Nous ne saurons jamais si les violentes réactions de défense des vers de terre sont le signe de la douleur ou seulement d'une forte irritation du système nerveux. Quand on coupe en deux un ver de terre, on constate que c'est la partie du corps qui ne contient pas les centres supérieurs qui se tortille le plus. Chez les arthropodes, et en particulier chez les insectes, des lésions et des mutilations qui, d'après notre expérience d'hommes, devraient provoquer de la douleur, n'ont aucun effet extérieur particulier. On peut sectionner les antennes et même tout l'abdomen d'une fourmi, elle n'en continue pas moins tranquillement son chemin. L'araignée dont on a sectionné les pattes les dévore avec entrain. Pendant que la mante religieuse dévore le mâle, celui-ci continue à copuler. Uexküll note que la mouche-dragon peut commencer à se dévorer le corps quand on lui met l'arrière-train dans la bouche.

Nous pouvons expliquer tous ces phénomènes par le fait que l'organisation du modèle postural du corps reste chez les animaux incomplète, et en tirer la conclusion générale que l'intégration psychologique du modèle postural du corps est le propre des échelons phylogénétiques supérieurs. L'exemple des rats est de ce point de vue remarquable : le fait que les nerfs sensoriels soient sectionnés désintègre le modèle postural du corps et déclenche des actes qui sont dans leur structure semblables à ceux des invertébrés. Apparemment, le rat qui dévore ses propres pattes a une image du corps dans laquelle l'élément optique a perdu de son importance. On se souviendra ici des cas de non-perception d'un des côtés du corps causée par une lésion dans la sphère tactile, cas dans lesquels l'impression optique ne suffit plus à maintenir l'unité de l'image du corps. Toutes ces considérations nous avertissent qu'il faut se garder de surévaluer l'importance du facteur optique dans l'élaboration du modèle postural du corps.

Il nous faut signaler ici un autre phénomène remarquable, le phénomène dit d'autotomie. C'est une réaction de défense qu'on observe non seulement chez certains invertébrés, mais aussi chez les lézards. Un réflexe spécial, qui a son centre dans la région lombaire de la moelle épinière, permet au lézard, quand on l'attrape par la queue, de s'en séparer. La colonne vertébrale se brise en un point faible préformé situé au milieu d'une des vertèbres. On observe le même réflexe chez les lézards décapités.

Il est certain que nous possédons nous aussi des mécanismes capables de changer l'image du corps à un niveau organique très profond. C'est une diminution de l'image du corps qui se prolonge dans le corps lui-même. Mais nous avons vu par ailleurs que certaines différences organiques dans la cohésion de la structure du corps peuvent faciliter une dissociation psychologique et organique de certaines parties du corps. Le mécanisme d'expansion et de contraction de l'image du corps joue par conséquent à un niveau organique profond mais, comme je l'ai souligné plus haut, on le retrouve aussi dans les structures psychologiques [1].

En matière de psychologie génétique, nous ne devons pas oublier que les objets ne sont pas les mêmes dans la pensée primitive et dans la pensée pleinement développée. Exactement comme le corps est une construction qui s'est faite en fonction de la situation globale, les objets n'ont une signification qu'en fonction des circonstances. Nous sommes trop enclins à croire que seul importe ce qui se passe dans la pensée. Dans mon traité de psychologie médicale, j'ai mentionné les expériences bien connues de Volkelt sur les araignées. L'araignée refuse la mouche si on la lui met directement dans la bouche. Elle n'accepte que les mouches qui se laissent prendre dans sa toile et qu'elle peut capturer elle-même. L'objectif de l'araignée n'est pas vraiment la mouche, c'est l'utilisation de sa toile, l'activité qu'elle suppose et qui conduit à la mouche et aux diverses impressions qui y sont liées. On peut trouver des exemples similaires, c'est un fait bien connu, dans tout le champ du comportement animal. Nous n'en citerons qu'un, emprunté à Köhler. A propos de la propreté, Köhler consigne que tous les chimpanzés en captivité qu'il a observés, à l'exception d'un seul, étaient coprophages; mais, par ailleurs, quand un chimpanzé marche par inadvertance dans un excrément, il se comporte exactement comme le ferait un humain : il cherche à cloche-pied le moyen le plus rapide de se nettoyer. Mais il ne se nettoie jamais directement le pied avec la main et pourtant, l'instant d'avant, il se mettait tranquillement l'excrément dans la bouche, et les pires menaces ne le lui auraient pas fait lâcher. Pour se nettoyer le pied, le singe se sert d'un bâton, d'un bout de papier, d'un chiffon, et tous

1. Ferenczi voit dans l'autotomie une tendance à rejeter un organe surchargé de libido, une des réactions fondamentales de la vie, et la compare au retrait de l'énergie psychique devant une expérience désagréable. Il interprète dans ce sens l'éjaculation, et parle d'une tendance similaire à projeter à l'extérieur les organes génitaux, s'ils sont source de déplaisir. Il évoque certains vers, qui peuvent expulser leurs intestins; d'autres, quand ils sont sectionnés, peuvent reformer un corps entier avec chacun des tronçons. Je ne ferai que mentionner sans les approfondir ces intéressantes analogies. Je ne pense pas qu'il faille se rendre aux arguments de Ferenczi dans le détail, mais, pour l'essentiel, j'estime que rechercher dans l'organisation des animaux des analogies aux processus psychologiques est un principe parfaitement justifié.

ses gestes montrent clairement son dégoût. Il agit de même pour n'importe quelle autre partie du corps qui se trouve souillée. Il se nettoie le plus vite possible et jamais avec sa main nue, autrement dit il voit les excréments différemment selon la situation globale. J'ai choisi cet exemple dans la mesure où il concerne, au moins indirectement, l'image du corps. On peut supposer que l'absence de cohésion dans l'image du corps des animaux varie avec la situation.

Un enfant dessine une main avec une grande quantité de doigts; cela ne veut pas dire qu'il perçoit les mains de cette façon dans n'importe quelle autre situation. Dans ses dessins il ne tient pas compte par exemple des proportions; cela ne veut pas dire qu'il les ignore dans d'autres circonstances. On rencontre le même problème dans tout le domaine de la pensée primitive. Pour nous, le chiffre 2 est une notion assez précise et invariable, mais dans la pensée primitive le 2 dans « deux pommes » et le 2 dans « deux hommes » sont certainement très différents. D'après Lévy-Bruhl, les chiffres ordinaux (dans le groupe Kuki Thin, de la famille tibéto-birmane) ont une application restreinte. Ils ne peuvent s'appliquer qu'à certaines espèces d'objets. Nous en venons à cette conclusion générale que les objets et leurs connotations sont des constructions variables qui sont faites pour coïncider avec des situations données. Il semble que la pensée primitive et les niveaux primitifs de développement soient plus que les nôtres portés à créer l'objet et sa connotation en fonction de la situation actuelle, et qu'ils ne sentent pas la nécessité de coordonner les diverses situations entre elles. Il faut un niveau supérieur de développement psychique pour voir des objets et créer des connotations qui satisfassent les besoins d'une multiplicité de situations.

La pensée primitive apprécie davantage l'énorme variété des situations et ne tente pas, ou tente insuffisamment, de trouver une méthode adaptable à toutes les situations. Je ne crois pas que la pensée adulte cesse jamais complètement de créer des connotations et des perceptions nouvelles pour répondre aux besoins urgents d'une situation donnée. Notre image du corps n'est certainement pas toujours une seule et même chose. L'image du corps est un objet différent selon l'usage qu'on en fait. La pensée logique de la conscience claire s'efforce naturellement de construire une image du corps qui s'adapte au moins à la majorité des situations. Le développement de l'image du corps se fait dans une certaine mesure parallèlement au développement des perceptions, de la pensée et des relations objectales. C'est ce qui explique

que l'image du corps non développée ait des caractéristiques si tranchées. Elle est plus qu'une autre sujette aux transformations; ses divers éléments ont entre eux moins de cohésion; ils se laissent plus aisément expulser et d'autres éléments se laissent plus aisément incorporer; mais même incomplète et incohérente, cette image du corps est utilisée différemment selon les divers aspects de la situation vécue.

14. *Influence du vêtement sur l'image du corps et psychologie du vêtement.*

L'étude du modèle postural du corps nous a fait toucher aux problèmes fondamentaux de la psychanalyse : c'est que la réaction somatique et le corps sont les deux thèmes principaux de la psychanalyse. La méthode scientifique psychanalytique s'intéresse moins à l'individu dans ses desseins et ses buts sur le monde extérieur, et moins encore à ce qui se passe dans la sphère centrale de sa personnalité, qu'à ce qu'il éprouve dans son propre corps. La psychanalyse est la science qui étudie comment le monde et la vie se reflètent dans le corps de l'individu. Cependant, elle a jusqu'à présent négligé de considérer la structure du schéma corporel. Or, tout désir et toute tendance libidinale changent immédiatement la structure de l'image du corps et c'est précisément par ce changement que désirs et tendances libidinales prennent leur signification réelle. Dans chacune de nos actions il n'y a pas seulement le fait que nous agissons en tant que personne dotée d'un caractère, il y a aussi le fait que nous utilisons notre corps pour agir. Nous vivons constamment avec la connaissance de notre corps. L'image du corps est l'une des expériences fondamentales dans la vie de chacun. C'est l'un des pôles essentiels de l'expérience vécue. Quoi que nous fassions, il s'agit pour nous soit de changer la situation spatiale du modèle postural de notre corps, soit de changer le schéma du corps lui-même. Le seul fait pour nous de voir quelque chose déclenche immédiatement une activité musculaire et amène un changement dans la perception que nous avons de notre corps. Tout effort, tout désir change la substance du corps, son poids, sa densité.

Il y a aussi des changements immédiats dans la forme du corps. On peut dire de toute action qu'elle déplace l'image du corps d'un endroit dans un autre, qu'elle lui fait quitter une forme pour une autre. On peut même aller plus loin et dire que toute action et tout désir contiennent une intention de changer quelque chose dans l'image du corps. Ce peut être un souhait immédiat qui se manifeste au premier plan de la conscience mais qui peut être aussi plus ou moins relégué à l'arrière-plan. Notre corps, et avec lui notre image du corps, est un élément nécessaire dans chacune de nos expériences vécues. On voit par là comment se justifie la méthode psychanalytique qui considère la vie du point de vue du corps.

J'ai souligné à maintes reprises combien l'image du corps peut être labile et changeante. Elle peut se dilater et se rétrécir; elle peut abandonner certains de ses éléments au monde extérieur; elle peut en incorporer d'autres. Quand on touche un objet avec un bâton tenu dans la main, on sent une sensation à l'extrémité du bâton; car le bâton est devenu une partie de l'image du corps. Pour qu'une sensation soit nettement ressentie à l'extrémité du bâton, il faut que celui-ci soit relié de façon plus ou moins rigide au corps; il devient alors une partie de la structure osseuse du corps et l'on peut supposer que la rigidité du système osseux est un important élément dans l'image du corps. Un autre témoignage de la labilité de l'image du corps, c'est le fait que tout ce qui entre en contact avec la surface du corps est plus ou moins incorporé en lui. L'homme fait, nous le savons, quantité de tentatives diverses pour changer son image du corps. Se tatouer, se graver des motifs dans la peau, se peindre le corps, c'est changer son image du corps par un moyen objectif. Les tatouages, le rouge à lèvres, le fard, la coiffure, les cheveux teints ou décolorés entrent dans la même catégorie, et d'ailleurs aussi la toilette et la propreté. Il est vrai cependant que se laver, ce n'est pas seulement changer son image, c'est aussi lutter contre les démangeaisons.

Il est certain que la signification de tous ces changements dans l'apparence extérieure n'est pas toujours consciente. Il s'agit aussi d'une signification symbolique. La psychanalyse a démontré que la propreté est une tentative pour surmonter les tendances anales, elle peut aussi satisfaire les tendances narcissiques et elle peut encore être un acte masturbatoire transformé. Les pieds réduits des Chinoises avaient pour sens, semble-t-il, de souligner qu'elles étaient femmes, autrement dit castrées. (Il n'est cependant pas nécessaire de changer l'apparence manifeste du corps pour en changer le modèle postural.) Head a montré que le modèle postural du corps se continue jusque dans la plume d'un chapeau de femme. C'est pourquoi, de notre point de vue, il nous faut considérer la psychologie des vêtements.

Les vêtements ont (Flügel) des fonctions très nombreuses. Ils servent à protéger mais ils servent aussi à orner. Les vêtements deviennent partie de l'image du corps; le chapeau, par exemple, surélève le corps et augmente sa surface. C'est un principe qui certainement a des racines très profondes. La curieuse pratique du crabe *Maja verrucosa* qui se couvre le dos d'algues, de feuilles, de graviers, de petits bouts de corail est probablement une manifestation primitive de principes similaires. S'agit-il d'un agrandissement de l'image du corps [1]?

Dès que nous mettons un vêtement quelconque, il s'intègre immédiatement dans l'image du corps et se remplit de libido narcissique. L'attitude des femmes à l'égard de leurs vêtements le montre bien. Même quand nous ne les portons pas, ils continuent à faire partie de notre corps. Mais il y a certainement des différences entre les vêtements qui sont en contact étroit avec le corps et ceux qui en sont plus éloignés. Certes, les vêtements ont aussi une fonction qui sert la pudeur, mais dissimuler ses parties sexuelles primaires et secondaires, c'est encore changer le modèle postural du corps. En changeant de vêtements, nous changeons d'attitude. Le soir quand nous nous déshabillons [2], nos attitudes changent et c'est en partie parce que l'image du corps elle-même se trouve alors en relation plus étroite avec nos tendances et impulsions libidinales.

Dans la mesure où les vêtements font partie du schéma corporel, ils deviennent tout aussi signifiants que les autres parties du corps et peuvent avoir les mêmes significations symboliques. Flügel montre que le phallus est souvent symbolisé par les vêtements. Le vêtement le plus symbolique, c'est le chapeau, qui généralement a une signification mâle, en particulier quand il est pointu ou à cornes. Le soulier est tantôt un symbole féminin, du fait qu'il épouse le pied (pénis), tantôt un symbole masculin, surtout quand il est pointu. D'ailleurs, à certaines époques de l'histoire, le soulier pointu a effectivement la forme d'un phallus. La cravate peut symboliser le pénis. Certains vêtements rituels peuvent symboliser l'Univers et, partant, le ventre maternel. Il est

1. A propos de la parure, Köhler a observé sur des chimpanzés qu'ils ont en premier lieu une tendance à s'accrocher sur le corps toutes sortes de choses, et que ce n'est plus qu'en second lieu que ces objets qui leur pendent partout leur servent de « parure » au sens le plus large du terme. Köhler pense que la parure primitive n'est pas choisie en fonction de l'effet qu'elle aura sur les congénères, mais pour servir une curieuse exaltation du sentiment de son corps chez l'animal, faite de suffisance et d'orgueil.

2. Freud parle des régressions qu'entraine le fait de dévoiler le « moi-corps ».

inutile d'accumuler les exemples; on pourra trouver une analyse plus détaillée dans les articles de Flügel, qui contiennent également une bibliographie. Mais, pour ce qui nous occupe, il nous suffira de retenir que les vêtements deviennent partie de l'image du corps, qu'ils sont chargés de libido et que toutes les transformations que nous avons observées dans l'image du corps elle-même se produisent aussi pour les vêtements. Il ne suffit pas naturellement, pour bien comprendre la psychologie du vêtement, de ne considérer que le modèle postural du corps chez un seul individu. Il nous faudra faire entrer en ligne de compte les interrelations entre les schémas corporels des divers individus. Nos vêtements nous servent aussi à nous identifier aux autres : par eux, nous devenons comme les autres. En imitant leur façon de s'habiller, nous changeons l'image posturale que nous avons de notre corps en acquérant la leur. Les vêtements à eux seuls peuvent changer complètement notre image du corps.

Au carnaval, les gens qui portent des masques énormes ne changent pas seulement le support physiologique de leur image du corps, ils deviennent vraiment des géants. C'est l'un des plaisirs que nous procurent ces mascarades que de nous donner la possibilité de jouer à agrandir notre image du corps et à accroître ainsi notre importance. Notre image du corps est perpétuellement en train de s'agrandir et de se rétrécir, et nous jouissons de ces changements. C'est un moyen de triompher des limitations corporelles que d'ajouter des masques et des vêtements à l'image du corps [1]. C'est ce qui explique que les peuples primitifs aiment à porter des masques animaux; ils s'identifient vraiment à l'animal. Mais, si le seul fait du changement augmente la puissance magique, l'agrandissement proprement dit de l'image du corps augmente la puissance narcissique. Les vêtements ne sont donc de ce point de vue qu'un moyen de transformer l'image du corps. Cette possibilité est à la base des croyances primitives aux métamorphoses. Il semble que les primitifs aient, plus que nous, le pouvoir de modifier leur image du corps. Pour eux (Preuss), chaque animal et chaque objet peut se transformer et prendre d'innombrables formes. Un être humain peut se changer en loup. La transformation d'une chose en une autre est la spécialité des démons. Les dieux de la guerre des Zunis

1. Nous aimerions changer de taille à volonté, faire varier notre corps de mille manières. Mais tant que la structure psychique du moi reste indemne, nous ne pouvons satisfaire ce besoin ludique de multiplication.

possédaient le pouvoir particulier de se métamorphoser, aussi bien que l'esprit et le souffle de destruction.

On retrouve dans tous les contes de fées, et mythes de tous les peuples des métamorphoses d'êtres humains en animaux et d'animaux en êtres humains. Dans les contes de fées primitifs, la plupart des personnages sont à la fois des animaux et des êtres humains. K. von den Steinen rapporte l'histoire d'un esclave noir fugitif poursuivi par les Bakarai. Ils perdent sa trace mais trouvent une tortue dans les buissons; ils abandonnent alors leur poursuite, fermement convaincus que l'esclave s'est métamorphosé en tortue.

A mesure que se développent les contes de fées, les métamorphoses, qui au début n'ont pas besoin d'être expliquées et justifiées, ne deviennent plus possibles que par des pratiques magiques spéciales. Quels que puissent être les mobiles psychiques des mythes qui concernent les métamorphoses, ils sont toujours basés sur la plasticité de l'image du corps. Nous savons que les psychotiques ont souvent la sensation d'être transformés en animal, un chien ou un loup par exemple. Tous les mythes concernant les hommes-loups se rangent dans cette catégorie. Les primitifs et les psychotiques réussissent parfois à changer leur image du corps par le simple effet de leur imagination libidinale. Ce peut être un changement dans l'aspect perceptif-imaginaire de l'image du corps, ou même dans son aspect intellectuel. Les gens dits normaux n'obtiennent généralement que des résultats minimes dans ces modifications autoplastiques de leur image du corps. Ils sont obligés d'avoir recours à des méthodes alloplastiques, des masques, des vêtements, s'ils veulent changer radicalement leur image du corps.

Nous n'avons pas encore établi de distinction entre la croyance que les autres peuvent se transformer et la croyance que l'on peut se transformer soi-même. L'une et l'autre sont naturellement étroitement liées. Comme nous le verrons plus loin, les images du corps ne sont pas isolées et les facteurs communs de ces images sont à la base de toute fonction sociale; c'est pour des raisons de méthode que nous n'avons jusqu'à présent considéré que l'image du corps des individus isolés.

15. *La gymnastique, la danse et les mouvements expressifs.*

Les êtres humains sont comme à l'étroit et gênés dans leur image du corps. L'un des motifs qui les poussent à la transformer et à la vêtir, c'est qu'ils voudraient en vaincre la rigidité. On peut transformer l'image du corps par les vêtements, les ornements, les bijoux, mais on peut aussi, nous l'avons vu, la changer directement. On peut percer des trous dans le corps : perforer les oreilles, le nez, les lèvres, les organes génitaux; on peut en couper des parties; on peut y insérer des ornements de bois et de métal — toutes pratiques communes chez les primitifs. On peut se mutiler. On joue perpétuellement avec son corps et avec son image du corps.

Il y a d'autres moyens moins violents de modifier l'image du corps, par la gymnastique par exemple. Le contorsionniste pousse à l'extrême ce jeu avec son corps et le plaisir que nous tirons du spectacle qu'il donne provient de notre propre désir de briser les limites de notre corps. C'est un plaisir mêlé de peur et de répulsion. D'une part, nous désirons conserver l'intégrité et la totalité de notre corps; nous avons peur de tout changement qui risque de nous priver d'une de ses parties (castration et thèmes de démembrement); mais, d'autre part, nous sommes perpétuellement en train d'expérimenter sur lui. Donnons-en pour exemple le fait qu'on se plaise si fort à imaginer des créatures dotées d'une grande quantité de membres. J'ai gardé en mémoire la forte impression que fit sur moi une scène de vaudeville où le corps d'un des acteurs était si bien dissimulé derrière celui d'un autre que seuls ses bras et ses jambes dépassaient, de sorte qu'on ne voyait qu'un seul personnage à quatre bras. Il y a une multiplication des membres qui relève du jeu. On retrouve le même motif dans les dieux et déesses hindous et dans les dessins d'enfants.

Il existe un autre moyen de dissoudre ou d'assouplir la rigidité du modèle postural du corps, c'est la danse. J'ai dit que tout mouvement suffit à modifier le modèle postural du corps. Le schéma précédent du modèle postural subsiste en arrière-plan, et c'est sur cette trame que se bâtit le nouveau schéma. Le mouvement s'élabore à partir d'une figure primaire relativement rigide; celle-ci semble se dénouer et se dissoudre en partie, puis le corps se réinscrit dans une des attitudes primaires. Comme l'a montré Goldstein, le mouvement, en particulier dans la danse, utilise souvent des réflexes posturaux qui ne sont pas pleinement conscients. Il serait très intéressant de rechercher quels sont les mouvements qui modifient l'image du corps, et quels sont ceux qui ne la modifient pas. On peut aussi se demander si, au cours d'un mouvement, l'image du corps ne subit pas des distorsions qui ont un rapport avec les réflexes posturaux que nous avons étudiés plus haut.

On peut se poser ces questions en particulier à propos de la danse. Il est bon sans doute de rappeler ici que l'image optique au cours de tous les mouvements rapides tend à se multiplier. Quand un danseur classique exécute un tourbillon, on voit (même en vision monoculaire) deux têtes au lieu d'une [1]. Dès qu'un mouvement est un peu rapide, l'impression optique tend déjà à la multiplication et, partant, le modèle postural à un relâchement. Mais j'ai déjà dit que ces mouvements ont aussi une influence kinesthésique sur la perception du corps. Tout mouvement rapide, particulièrement les mouvements giratoires, modifie également la réaction vestibulaire et avec elle l'impression de légèreté ou de lourdeur du corps. Celle-ci est surtout régie par l'activité musculaire, mais l'irritation vestibulaire l'influence également. La tension et le relâchement des muscles, le déplacement du corps dans le sens de la pesanteur ou à l'opposé, dans le sens de la force centrifuge ou à l'opposé, peuvent avoir une influence considérable sur l'image du corps. Phénoménologiquement, la danse est donc un changement et un relâchement de l'image du corps. Le fait que de très nombreuses danses utilisent des mouvements giratoires a une signification profonde; elles sollicitent l'irritation vestibulaire, laquelle donne une liberté plus grande par rapport à la pesanteur et à la substance lourde du corps. Remarquons que dans les danses rituelles on utilise souvent des drogues, qui agissent sur l'équilibre central via l'appareil vestibulaire. La danse est donc une méthode pour changer l'image du corps et pour briser sa rigidité. Ajoutons encore que la danse modifie considérablement le rapport des vêtements avec le corps (en particulier le tutu des danseuses) et que, par là, elle accroît encore pour le sujet l'impression qu'il s'est libéré de la pesanteur et de la cohésion rigide du modèle postural de son corps. Il est certain que le relâchement de l'image du corps entraîne une attitude psychique particulière. En ce sens, le mouvement influe sur l'image du corps, et procède d'un changement dans l'image du corps à un changement dans l'attitude psychique.

Examinons maintenant les mouvements expressifs et leur rapport avec le modèle postural du corps. D'après Flach, tout changement de l'attitude psychique entraîne un changement dans la situation dynamique globale, éprouvé comme change-

1. On peut faire aisément la même expérience en fixant la griffe du capuchon de son stylo, qu'on fait tourner rapidement autour de l'axe longitudinal : on voit deux clips au lieu d'un seul. Kanner et moi-même avons montré que c'est là une tendance générale à multiplier les objets lors des mouvements rapides.

ment dans la tension musculaire sous forme de traction, de résistance ou de relâchement. Les éléments constitutifs de la tension musculaire ne sont pas éprouvés séparément; mais il existe des séquences spécifiques qui forment un tout et aboutissent à un geste expressif, par exemple, un geste d'invite, de menace, de découragement. De telles séquences sont faites d'une succession d'états musculaires. A la tension est associé le sentiment d'un déploiement d'énergie. Le relâchement de la tension et la relaxation des muscles sont associés à une perte d'énergie et à une sensation de lourdeur dans le corps. Tension et relaxation sont les deux composantes élémentaires dans une séquence dynamique. Il existe une si étroite interrelation entre séquence musculaire et attitude psychique que non seulement l'attitude psychique déclenche des états musculaires mais qu'inversement toute séquence de tension et relâchement engendre une attitude spécifique. Toute séquence motrice spécifique modifie la situation interne et les attitudes et va même jusqu'à provoquer une situation fantasmatique qui lui corresponde.

Voici deux exemples : je demande à une femme de faire un geste de supplication. Pour commencer, elle s'agenouille, les deux mains croisées sur sa poitrine; elle poursuit son geste de la manière suivante : elle serre fortement ses deux mains contre sa poitrine, et en même temps le haut de son corps s'incline en avant, la tête se renverse en arrière et le cou se tend vers la personne imaginaire placée en face d'elle. Le sujet déclare ensuite : « J'ai fait un geste de supplication passionnée C'était une forte attirance pour une personne imaginaire, qui partait du tronc, tirait mon corps vers elle et maintenait la tension dans mon corps ainsi tendu. En même temps, mes deux mains croisées comprimaient mon corps par l'effet de cette même force. Je sentais ma tête comme l'extrémité de l'arc tendu de mon corps. Elle s'est renversée en arrière à cause de l'intensité avec laquelle mon corps se tendait en avant. La tension était forte dès le début, elle a continué à gagner en intensité jusqu'à un sommet, qui n'a plus ensuite varié. »

Dans les gestes expressifs de défi, il y a une résistance et un détournement associé à une tension qui soudainement s'élève d'un bond. Cette tension est dirigée contre la résistance, autrement dit, elle a une direction précise. Elle atteint immédiatement une grande intensité, puis décroît tout aussi rapidement, et les parties tendues du corps reprennent leur position normale. Dans les attitudes de tristesse, les membres deviennent plus lourds sous l'effet du relâchement des muscles[1]. Ce relâchement est diffus dans tout le corps et associé à une traction vers l'arrière.

Il est clair que chaque émotion s'exprime dans le modèle postural du corps et que chaque attitude expressive y est associée à des changements caractéristiques. Flach insiste à juste titre sur le fait que nous avons ici affaire à des figures totales, des ensembles, des formes, des séquences caractéristiques. Ce sont des séquences de changement dans l'image du corps, des modifications caractéristiques de la lourdeur et de la légèreté des diverses parties du corps. C'est ainsi que le modèle postural du corps change continuellement, passe par des images du corps primaires typiques, qui se dissolvent puis se cristallisent à nouveau. C'est pourquoi l'image du corps d'un individu porte des empreintes caractéristiques de tous les aspects de la vie. Il y a une perpétuelle évolution d'une entité cristallisée, relativement fermée, à des états de dissolution et à un courant d'expériences moins stabilisé, pour ensuite revenir à une forme plus ferme et à une entité autre : structuration continuelle d'une forme qui est immédiatement dissoute pour être aussitôt reconstruite autrement.

Il n'y a rien d'automatique dans ce processus continu. Beaucoup de facteurs l'influencent : les émotions, les tendances actives au jeu, les motivations instinctives ou volontaires à toujours reconstruire et détruire, sous l'inspiration des buts ultimes de la personnalité et de l'organisme tout entier, enfin le besoin profond d'échapper à toute cristallisation et restriction de caractère définitif. Les expériences de Flach concernent les gestes expressifs. Mais toute émotion provoque, soit des gestes expressifs, soit au moins des impulsions à exécuter ces gestes. Toute émotion par conséquent change l'image du corps. Le corps se contracte dans la haine, il devient plus compact et ses limites par rapport au monde extérieur sont plus nettement marquées; c'est que des gestes s'esquissent dans les muscles volontaires. Mais des éléments sympathiques et parasympathiques peuvent aussi entrer en jeu. Notre corps se dilate sous l'effet des sentiments d'amitié et d'amour. Nous ouvrons les bras, nous voudrions y enfermer toute l'humanité; les frontières de notre image du corps perdent de leur netteté. Il reste aux chercheurs à classifier, dans l'éventail des multiples émotions humaines, quelles sont pour chacune les modi-

1. Dans les intéressantes expériences de J. H. Schultz sur le « training autogène », la relaxation musculaire entraîne un changement dans l'appréciation du poids du corps.

fications dans l'image du corps qui leur sont spécifiques [1]. J. H. Schultz relève dans ses expériences sur le « training autogène » ce fait, important pour nous, que les impressions de lourdeur et de légèreté y sont prédominantes.

Nous dilatons et contractons le modèle postural de notre corps; nous en enlevons des éléments, nous en rajoutons d'autres; nous le reconstruisons; nous en gommons les détails, et en créons de nouveaux; et nous faisons ceci en nous servant du corps lui-même, et des expressions corporelles. Nous sommes continuellement en train d'expérimenter sur l'image du corps. Quand expérimentation et mouvement ne suffisent pas, nous faisons appel à la contribution de l'appareil vestibulaire, et aux drogues. Si, malgré tout cela, le corps ne suffit pas à l'expression de changements corporels d'ordre ludique ou destructif, nous utilisons les vêtements, les masques, les bijoux, qui, eux aussi, sont capables de dilater, de contracter, de défigurer, de magnifier notre image du corps ou certaines de ses parties. On ne devrait pas tant parler de croissance et d'évolution si l'on n'entend par là que des phénomènes passifs et automatiques. Il faut redonner toute sa place à l'activité d'essai continuelle. On parle de croissance et de mort des formes, des *Gestalten*. Mais, là encore, il faudrait prendre soin de bien préciser qu'il ne s'agit pas de développement automatique, mais d'une tendance de l'énergie vitale constructive. C'est une construction et destruction en rapport avec les besoins, les tendances et les énergies de la personnalité totale. On voit que nous sommes loin de la classique psychologie de la Forme dans laquelle il n'y a pas place pour la spontanéité guidée par l'expérience et pour les attitudes à l'égard du monde. Dans les phases de construction et de destruction, on distingue toujours deux tendances humaines principales : l'une est la tendance à cristalliser des unités, à assurer du repos, du définitif, du stable. L'autre vise au changement, à un courant continuel. Cette opposition se reflète sur le plan des idées, dans les notions d'éternel et de transitoire. D'un point de vue similaire, James parle des éléments formels, et informels de la vie psychique. On retrouve les mêmes entités dans la notion de quantum en physique, qu'on oppose au flux continuel d'énergie. Nous concevons le stable et le transitoire

1. Kauders a étudié les troubles psychomoteurs sur d'anciens psychotiques; il leur demandait, après guérison, de reproduire les actes et mouvements qu'ils effectuaient lors de leur maladie. Ces répétitions provoquaient un retour de l'état émotionnel et du contenu de la psychose. Ces expériences prouvent, une fois de plus, l'unité de l'image, de l'affect, et de la motilité.

comme des phases dans un seul mouvement, qui est de construction créatrice.

Nous avons parlé jusqu'à présent des changements dans l'image du corps. Mais le corps ne se trouve assurément pas seulement là où la peau et les vêtements lui assignent des limites. J'ai eu un accident d'automobile, avec une blessure assez grave à la main, qui est restée pendant quelque temps douloureuse. Les premiers jours après l'accident, toute voiture qui s'approchait, même de très loin, semblait porter en elle un élément de danger particulier qui s'accrochait à mon corps. En d'autres termes, il y avait tout autour de mon corps une zone prolongeant mon image du corps, en quelque sorte son extension. Par la suite, cette zone s'est graduellement rapetissée, et finalement il n'en restait plus qu'un peu autour de ma main blessée. Les expériences de ce genre m'ont convaincu que l'image du corps est entourée d'une sphère de sensibilité particulière. Ceci est vrai même au sens physiologique, puisque l'odeur du corps porte plus loin que le corps lui-même. Du point de vue psychologique, tout ce qui entoure le corps est animé par lui, et l'on peut dire que — toujours psychologiquement parlant — il existe quelque chose qui correspond à ce que Reichenbach appelle l'Od (d'après lui, chacun de nous dégagerait une substance spécifique qui scintille dans l'obscurité). En tout cas, tout changement dans le modèle postural du corps change aussi la zone qui l'environne, l'oriente en fonction de la situation vécue particulière du moment. Nous éprouvons cette zone quand, par exemple, quelqu'un essaie de nous approcher de trop près. Nous ressentons l'autre en intrus dans notre image du corps. même s'il est loin de nous toucher. Là encore, on voit à quel point l'image du corps peut être un phénomène social.

TROISIÈME PARTIE

Sociologie de l'image du corps

1. *L'espace et l'image du corps.*

L'image du corps dépasse les frontières de l'anatomie : un bâton, un chapeau, un vêtement quelconque en font eux aussi partie. Leur intégration est d'autant plus facile que leur lien au corps est plus étroit. Par ailleurs les objets qui, dans leur histoire, ont eu un rapport quelconque avec le corps gardent toujours en eux quelque chose de la qualité d'image du corps. On l'a vu, tout ce qui sort du corps ou en émane — la voix, l'haleine, l'odeur, les excréments, le sang menstruel, l'urine, le sperme — continue à faire partie de l'image du corps (cf. Roheim). Rappelons-nous cette patiente déchirée d'angoisse qui voyait des parties de son corps tout autour d'elle. Tous les exemples que j'ai donnés, aussi divers qu'ils puissent être dans le détail et dans les mécanismes profonds qui les régissent, ont un facteur commun : l'espace; celui — interne ou environnant — du modèle postural, qui n'est pas l'espace que connaît la physique. L'image du corps est capable, et de prendre en elle les objets, et de se répandre dans l'espace.

Anna R., quarante-deux ans, entrée à l'hôpital de Bellevue le 6 mai 1932, y a, selon ses dires et ceux de sa fille, déjà été hospitalisée sept ans plus tôt. L'année précédant sa première admission, l'un de ses enfants a été écrasé par un camion. A la suite de cet accident, elle entendait les gens parler d'elle et s'aperçut qu'ils connaissaient tout ce qui se passait dans sa maison. Elle a été hospitalisée à Bellevue et transférée un peu plus tard dans un hôpital psychiatrique; elle y est restée un an et demi. Depuis, elle n'a jamais tout à fait cessé d'avoir des hallucinations. Cette fois-ci, elle sollicite son admission parce qu'elle se sent pourchassée par une horde d'ennemis qui disent du mal d'elle et lui envoient du « courant électrique »; une fois hospitalisée, elle se plaint, violemment parfois, qu'on la persécute. Mais il reste toujours possible d'établir une relation satisfaisante avec elle. « Tout le monde sait ce que j'ai, ils disent tous que je suis allée chez les dingues. Je n'aimais pas mon mari; je l'ai envoyé balader. Il m'a vendue au Gouvernement et aux gens; il s'est servi de ses relations contre moi; il y a dix ans de cela, tout le monde me repoussait, je ne pouvais plus aller nulle part; quelquefois je frissonnais des pieds à la tête, je ne pouvais plus m'arrêter; j'avais dans le cœur des sentiments du genre "je vous aime"; un passant me souriait : je pensais aussitôt : "Je l'aime, il ferait un bon mari." Quand mon enfant a été écrasé par un camion, il y a eu un procès. Il y avait un homme dans la salle, j'ai tout de suite pensé : "Je l'aime"; j'ai crié tout haut : "Il me faut cet homme." Il ne faisait même pas attention à moi. J'étais folle, c'est tout. J'ai dit à mon mari qu'il valait mieux divorcer; il m'a emmenée à Bellevue; il y a sept ans de ça. »

« J'y suis restée un an et demi, et puis mon mari m'a ramenée à la maison. Je lui ai dit que je ne l'aimais pas. Je l'ai quitté et je me suis mise à travailler. On m'injuriait dans la rue et à mon travail. C'est surtout les juifs qui me détestent. Ils veulent ma mort. Au-dessous de chez moi il y avait une femme qui voulait m'empêcher de manger, elle mettait quelque chose dans ma nourriture; je ne sais pas comment elle s'y prend. Tout ce que je mangeais avait mauvais goût, tantôt c'était amer, tantôt c'était aigre, ou bien ça sentait le poisson, dégoûtant. Ça dure depuis plus d'un an.

« Quand le balayeur était dans la rue, j'avais l'impression qu'il me balayait le sexe. Il m'écorchait, ça faisait terriblement mal, ça me faisait trembler. Il était dans la rue et moi au cinquième étage. Ils étaient en train de tuer ma petite fille. Elle s'est mise à trembler; sa figure avait des marques rouges et ses yeux étaient tout retournés. J'ai rencontré un homme dans la rue; il m'a fait mal aux nerfs avec son électricité; je ne sais pas ce que ça veut dire. Il était tout contre moi. Il m'a pris mon souffle; il a fait mal à mon cœur. Il respire mon haleine. Justement maintenant ça me fait mal ici *(elle désigne le ventre)*; c'est dans le ventre. Tous les gens qui sont ici font pareil; n'importe qui ici peut me tuer. Ce matin, il y a un docteur qui a marché sur moi; il a piétiné mon corps (il n'était pas tellement près de moi, mais ça m'a fait mal). Ils me brisent les jambes avec de l'électricité. Ils m'empêchent de penser, de respirer, de manger. Tout ce que je dis, c'est répété à tout le monde. Ils entendent même mes pensées. Ils me traitent de fille de p... Ils me font un geste obscène quand ils me croisent dans la rue. Il y en a un qui m'a dit "regarde"; il n'a pas sorti son sexe mais je l'ai vu, exactement comme s'il était nu. Les gens dans la rue couraient après moi pour me tuer. Quand vous parlez naturellement, ça va. Mais quand vous ne parlez pas naturellement, vous me faites mal ici et ici. Vous venez de tousser sur moi et vous m'avez touchée avec votre toux *(elle tousse)*. Quand je tousse, je ne fais pas ça sur vous. Quand vous bougez votre épaule, je la sens moi aussi. Il y a plein d'électricité où je suis. J'ai eu une voisine dans le temps qui avait mis une mauvaise odeur dans ma maison; j'ai déménagé, mais ça a recommencé. Ça tuait mon sang. Je sentais mauvais comme une femme sale, c'était un garçon qui me faisait ça. Maintenant, j'ai une bonne odeur fraîche comme un jeune arbre. Cette femme-là *(elle montre quelqu'un dans la rue)*, elle fait des mimiques pour faire croire que j'ai envie d'aller aux cabinets. Tout le monde me fait des choses... les hommes, les femmes, les enfants, les dingues. Avant ils faisaient entrer des gens dans ma chambre pour m'arracher le sexe et ils me brûlaient. Ils me mettaient une espèce de peinture rouge, ils faisaient peut-être des expériences. Je suis comme un poste de radio. Ils travaillent sur moi. Quand je vois un gosse qui me montre du doigt, je le sens dans mon sang et dans mes os. Qu'est-ce qu'ils disent comme saletés toute la journée! Je fais n'importe quoi, par exemple j'achète de la viande, ils en parlent toute la journée et toute la nuit, et ça rigole. Le boucher venait la nuit et il me disait des vilains mots qui tuent et qui collent. Je ne pouvais plus rien manger. C'est pareil avec tous les bouchers. Ils mettaient les mains sur moi comme de l'électricité et ils tiraient sur mon sexe. Ils me faisaient enfler le ventre. Ils n'arrêtaient pas de me boucher les intestins. Les rires des gens, ça me traversait comme une machine électrique. Il y a un flic qui a dit à cet homme que vous voyez là de faire ça avec moi. Entre mes genoux et partout. Ils font pareil à l'hôpital. Je ne vais plus aux cabinets; ils m'ont bouché le ventre. Il y avait un garçon de quatorze ans, on était comme mari et femme. Il habitait au-dessous de chez moi. Il me faisait ça avec de l'électricité. C'était terrible, ça faisait mal, j'avais honte. Ça fait des années que mes excréments sentent mauvais. Quand je me promène, ils me font vomir pour s'amuser. »

On le voit, cette patiente est n'importe qui et tout le monde. Quand on respire, c'est son souffle; quand on bouge l'épaule, elle sent son épaule bouger. En d'autres termes, elle fait entrer dans son modèle postural celui des autres. Il n'y a plus cette différence spatiale qui devrait distinguer le sien des autres. Il y a comme une force magique qui l'oblige à sentir passivement ce qu'elle voit. Qu'elle voie le balayeur, elle sent le mouvement d'un balai sur son sexe. Le docteur passe à côté d'elle, elle le sent passer sur elle. Tout ce qui se passe dans le monde extérieur, elle le ressent dans son image du corps. La distinction spatiale entre l'image du corps et le monde extérieur s'est transformée. On peut dire que sa libido tire les autres à elle. Ce garçon qui habite au-dessous a avec elle des relations sexuelles « avec son électricité ».

L'action magique est une action qui agit sur l'image du corps en brouillant les distances spatiales. Elle agit en particulier, et pas seulement dans le cas de cette patiente, sur les organes sexuels. Il semble que l'espace psychologique ait dans la zone des organes sexuels un caractère particulier.

Dans le cas de névrose obsessionnelle mentionné plus haut, le patient sentait son pénis écrasé dans la rue par une voiture. Son pénis et sa vessie étaient séparés de lui.

L'espace psychologique qui environne l'image du corps peut, soit rapprocher les objets du corps, soit rapprocher le corps des objets. C'est la configuration émotionnelle qui détermine les distances entre les objets et le corps.

2. *De la curiosité et de l'expression des émotions.*

Dans la deuxième partie de ce livre, j'ai traité de la sexualité et des tendances libidinales. J'ai parlé de sexualité génitale et prégénitale. J'ai considéré la libido du point de vue de l'image du corps de celui qui éprouve le désir. Tel quel, cet examen resterait nécessairement incomplet, étant donné que les tendances libidinales ont toujours une direction : l'image du corps d'un autre. Les tendances libidinales sont nécessairement des phénomènes sociaux : elles sont toujours dirigées sur des images du corps qui sont dans le monde extérieur. Même au stade narcissique, il y a direction sur quelque chose qui est présent, qui existe et qui est dans le monde extérieur. Les expériences optiques à partir desquelles chacun construit son image du corps, sont les mêmes qui servent également à construire l'image du corps des autres; de même pour les expériences tactiles. Comme on l'a vu dans la première partie de ce livre, il s'agit là de processus perceptifs d'une grande complexité. Mais séparer processus perceptifs et processus émotionnels (libidinaux) restera toujours un artifice. Dès qu'il s'agit d'un corps, celui qui nous appartient ou celui d'un autre, nous faisons plus que le voir, nous avons envie de le regarder, et nous avons aussi envie de le toucher. On peut parler ici de curiosité sexuelle, de tendances voyeuristes et de ramifications optiques de la sexualité. Il y a une curiosité spéciale pour la surface du corps, la peau, le teint; et aussi pour l'intérieur du corps, de tous les corps; et, enfin, une curiosité pour l'activité sexuelle des autres. Bien que cette curiosité fasse appel principalement au regard, elle ne dépend pas exclusivement des tendances optiques; les tendances tactiles y jouent aussi un rôle, plus ou moins important selon la situation. Mais quand il s'agit du corps des autres, la curiosité optique précède généralement la curiosité tactile. Dans ses *Trois essais sur la théorie de la sexualité*, Freud examine le phénomène d'exhibitionnisme, le besoin de montrer son corps, et en particulier ses parties sexuelles, à une personne de l'autre sexe. Si l'exhibitionniste agit ainsi, c'est, dit-il, parce qu'il espère qu'en retour sa propre curiosité sera satisfaite. Pour moi, il me semble que le désir d'être vu, d'être regardé, est aussi primitif que le désir de voir. Il y a une communauté profonde entre l'image du corps de l'un et l'image du corps de tous les autres. Dans le travail de construction de l'image du corps, il y a une recherche continuelle de ce qui pourrait y être incorporé. Nous ne sommes pas moins curieux de notre corps que nous le sommes de celui des autres. Nous contemplons notre corps et, une fois l'œil satisfait, nous avons recours au toucher, et nous avons envie d'introduire nos doigts dans tous les trous que nous avons dans le corps. Nous avons envie de le montrer aux autres. Nous désirons connaître notre image du corps et que les autres la connaissent. Voyeurisme et exhibitionnisme ont par là aussi une même racine. Tous deux veulent être satisfaits. L'image du corps est un phénomène social[1].

Tant qu'il est vivant, on ne peut, nécessairement, jamais voir un corps qu'en mouvement et en action, et un corps en

1. La pratique du nudisme en commun sert cette tendance libidinale. Mais étant donné qu'elle n'apporte que la satisfaction d'un désir partiel, celle-ci reste nécessairement incomplète, même quand les organes génitaux sont librement exposés, ce qui est, après tout, la raison d'être du nudisme. J'ai dit que nous n'arrivons jamais à savoir avec certitude comment sont la peau, la couleur de la peau, de nos semblables. J'y vois un signe de l'impossibilité de satisfaire la libido isolément de cette façon. Il ne suffit pas, pour résoudre le grand problème de l'intégration des désirs sexuels, de jeter ses vêtements et se promener tout nu. (Cf. l'article de Lorand sur le nudisme.)

action est toujours en train, soit d'exprimer quelque chose, soit de faire quelque chose. Un corps est toujours le corps d'une personne et la personnalité a des émotions, des sentiments, des tendances, des mobiles et des pensées. La curiosité sexuelle elle-même ne vise pas seulement les parties sexuelles en général et leur activité, elle vise, à travers elles, une personne. Voir et comprendre le corps d'autrui, c'est comprendre immédiatement l'action d'autrui qui s'exprime dans le mouvement. La perception qu'on a du corps d'autrui et des émotions qu'il exprime est aussi primaire que la perception qu'on a de son propre corps et de ses émotions. De ce point de vue nous ne pouvons que contester l'idée d'*Einfühlung* mise en avant par Lipps. Il n'est pas vrai que nous soyons instinctivement forcés d'imiter l'autre, qu'en l'imitant nous éprouvions ce qu'il éprouve et qu'enfin nous projetions en l'autre ce que nous avons éprouvé de lui en l'imitant. Il va sans dire que nous ne sommes pas uniquement curieux des corps, nous le sommes aussi des émotions des autres et de ce qu'ils en expriment sur leur visage et dans leur corps. Nous voudrions encore connaître leurs pensées, leurs idées, leurs représentations et nous éprouvons le besoin que les autres sachent ce que sont nos émotions et nos pensées. Nous exprimons nos émotions, mais aussi nous avons le désir de les exprimer [1]. L'émotion d'une personne qui se trouve seule est encore une émotion qui veut un témoin, un témoin imaginaire.

Nos émotions sont dirigées sur les autres. Elles ont toujours une dimension sociale. Et la pensée aussi est une fonction sociale; même celle du solitaire : l'humanité est le témoin invisible de ses pensées. Comme toujours, la pathologie nous aidera à voir plus clair dans ces mécanismes.

Austin O., grand, mince, coquet de sa personne, se présente de lui-même, le 19 avril 1932, au service psychiatrique de l'hôpital Bellevue. Du point de vue somatique, il montre des signes d'alcoolisme aigu, tremblement de tout le corps, trépidation alcoolique prononcée des mains. Il reconnaît qu'il boit beaucoup, qu'il a toujours bu, mais plus que d'habitude durant ces derniers jours. Il se présente à l'hôpital parce qu'il est poursuivi depuis plusieurs semaines par des voix qui l'insultent et le traitent d'homosexuel et de dégénéré. Ces voix le harcèlent et c'est pour les fuir qu'il a quitté Saint Louis où il habite; il a fait un bref séjour dans un

1. Donald Hayworth a suggéré, dans une théorie intéressante, que la principale fonction du rire est d'avertir l'entourage qu'il n'y a pas de danger en vue; que c'est le moment de se reposer, de jouer, de manger. Nous montrons nos émotions aux autres, puis nous les reprenons en nous.

autre hôpital, qu'il a aussi quitté pour la même raison. Il n'est pas nécessaire de retracer ici l'itinéraire extrêmement compliqué qu'il a suivi dans l'espoir d'échapper à ces voix persécutrices. Sachons seulement qu'à l'hôpital elles continueront à le persécuter pendant plus de trois semaines. A certains moments, il s'exprime tout à fait clairement, avec cohérence; à d'autres, il délire presque. Il n'entend pas seulement des voix : il interprète aussi les voix réelles des gens et c'est ce dernier trouble qui est le plus marqué. Voici un échantillon de ses propos au cours de cette phase.

« J'entendais un mélange de voix et de bruits confus. J'étais en désintoxication à l'hôpital de Saint Louis. J'ai quitté l'hôpital parce que les voix m'injuriaient. Elles disaient d'abord : "Communiste, bandit, indic!"; et après : "Dégénéré." Mon idée, c'était que les voix voulaient m'arracher le corps morceaux par morceaux pour savoir si j'étais dégénéré ou non; qu'elles avaient quelque chose contre moi, qu'elles savaient quelque chose et qu'elles voulaient savoir le reste, me l'arracher. Elles me suivaient dans la rue. Encore maintenant je les entends et j'ai l'impression qu'elles sont réelles. Elles disent que je suis médium et qu'elles savent très bien lire dans mes pensées. Il y avait cinq ou six hommes dans l'autocar que j'ai pris pour venir à l'hôpital, ils n'arrêtaient pas de marmonner, de se sucer les lèvres, de faire des bruits avec leurs dents. J'en ai observé un dans le rétroviseur, il m'a lancé un coup d'œil, il avait l'air de faire des signes à celui qui était assis à côté de lui. Tous ces gens-là s'intéressaient énormément au moindre de mes mouvements. J'ai remarqué qu'à chaque arrêt il y avait un homme, toujours le même, qui n'était pas du tout un employé des autocars. J'ai pensé qu'il avait ordre de me suivre de ville en ville. Les autres, je les entendais dire : "Ça va, on a tes yeux, on a ton nez, on a tes dents, on a tes mains, on a tes pieds", et après : "Tu es un dégénéré." Je pensais : "J'ai les dents cariées, ils me les arrachent une à une... ils ont mes lèvres, ça veut dire qu'ils peuvent lire sur mes lèvres... maintenant mes dents, ça veut dire qu'ils peuvent lire mes pensées sur mes dents..." La moindre chose me donnait des pensées malgré moi. Vous passiez près de moi, j'essayais de fixer le mur, de ne penser qu'au mur, mais je ne pouvais pas m'empêcher de dire : "Tiens, voilà ce sale pourri de juif!" En mangeant, je ne pouvais pas m'empêcher de penser à des histoires de pénis et de drogue. Je me demandais pourquoi on laisse entrer les nègres dans le musée Lindbergh. Je me disais, ça doit être parce qu'ils peuvent lire dans les pensées, parce qu'ils sont plus réceptifs que les Blancs, et comme ça ils vont réussir à avoir l'infirmière. S'ils savent lire dans les pensées, ils peuvent lire dans les pensées de l'infirmière. Si l'infirmière ou quelqu'un d'autre dans l'hôpital cache quelque chose, ils vont pouvoir mettre la main dessus. »

Par moments, ses propos sont plus décousus encore. « Une pensée m'obsède : la gélatine, c'est du beurre. Ça m'est venu depuis que je suis ici. Quel cirque, ici! On dirait que ça a quelque chose à voir avec ces histoires de piqûres. Moi je ne sais rien, tout ce que je comprends c'est qu'il y a quelque chose là-dessous. On pique quelqu'un et on lit dans ses pensées. Les gens se disent des choses entre eux, on écoute, on se retourne, et, on comprend tout de suite qu'ils sont en train de parler de vous. Quand ils se mettent la main sur la gorge ça veut dire : celui-là, il est bon pour la chaise. Cette histoire de piqûre c'est pour savoir ce qu'on pense. Ces gens-là savent tout ce qu'on se dit. Petit à petit, j'ai fini par comprendre que quand je marche dans la rue, je dis quelque chose. Je ne dis rien tout haut, j'essaie seulement d'aller droit devant moi sans faire attention. Les gens s'approchaient, ils me croisaient et ils me regardaient. Même ici ça recommence tous les soirs et ça ne fait qu'empirer. Ça s'approche de moi comme ce matin avec le savon, je le prends, je me lave les mains, il y a quelque chose qui a l'air de dire : "Tiens il parle de l'Espagne en ce moment," et aussitôt je me mets à penser à l'Espagne. Cette histoire-là, je ne sais pas si c'est réel ou non, en tout cas il me semble qu'ils m'ont emmené jusqu'à la mer Rouge, et ça veut dire que je suis une pique, un harpon, quelque chose qui pénètre dans une baleine. Il y a un grand coup, il y a une baleine et je la harponne et elle n'est pas à moi... des trucs comme ça. Ça veut dire qu'ils sont capables de vous emmener n'importe où, à l'autre bout du monde, et vous vous retrouvez au pôle Nord, ça veut dire quelque chose et ensuite vous êtes bien plus au Sud, c'est la mer Rouge. Si je pense au passé, à n'importe quoi du passé, les gens ont l'air de s'en apercevoir et ils le disent. Par exemple : "Je t'ai déjà vu, comme tu as maigri." Et à ce moment-là je suis en train de penser à la Floride, aux Indiens Séminoles, et le Noir dit : "Pourquoi tu ne veux pas me regarder?"; mais si je le regarde, je me mets à mélanger les Indiens et les Noirs. Je ne comprends pas ce qu'il veut dire, je ne veux pas lui parler. Il y a des gens qui marchent en marquant le rythme lentement, des gens qui chantent, qui sucent. Quand ça revient, l'histoire des boîtes et des pendules, alors ils me disent de sucer et mes lèvres finissent par dire "suce". Si on regarde la pendule, il paraît qu'elle fait des signaux. L'heure qu'il est à la pendule, ça doit vouloir dire qu'ils veulent savoir mes pensées à un moment précis, qu'ils veulent me ramener à quelque chose qui a eu lieu à un moment précis. S'il est deux heures, je dois dire : "Deux heures", ils me forcent à le dire et alors mes pensées retournent à deux heures et il y a des associations d'idées. Petit à petit, ils arrivent comme ça à connaître vos pensées pour toute une période de votre vie et finalement, ils savent tout. »

Un mois plus tard, à partir du 12 mai, le patient a retrouvé une pensée parfaitement claire. Il a perdu ses soupçons, ses appréhensions, il n'est plus dissimulé. Il peut parler objectivement de sa psychose et il est capable de donner des explications sur ses propos précédents. Il est maintenant persuadé qu'il n'a jamais réellement entendu de voix, qu'il ne faisait qu'interpréter de travers ce qu'il entendait autour de lui, les gestes des gens, leurs pensées (pourtant, il est très probable que les mots isolés, comme « bandit », « communiste », étaient de véritables hallucinations). Les objets, les gestes des gens provoquaient en lui des pensées que, croyait-il, les autres pouvaient lire. S'il y avait une aile de poulet dans son assiette, cela voulait dire qu'il était un pigeon, autrement dit un donneur. Les saucisses de Francfort le faisaient penser à un pénis (probablement un reste de l'enfance) : « Quand j'avais sept ou huit ans, avec les autres gosses, on appelait le pénis la saucisse, le hot-dog, etc. L'odeur des cabinets me poursuivait pendant des heures. Au début, les cigarettes avaient le goût du chanvre indien. Tout le monde fumait des Camel, et moi j'avais l'impression de fumer du chanvre. Quand j'étais petit, à quatre ou cinq ans, avec les copains on volait du chanvre et on le fumait. » Les voix : « Je suis un dégénéré, un indic », semblent associées à l'idée que les gens se font des signes à son propos. Il sent alors tous les regards braqués sur lui, ses doigts se contracter malgré lui et former des lettres que les autres pourront lire. Autrement dit, les autres lui suggèrent des pensées et ensuite ils les relisent sur ses doigts.

Mais nous ne pouvons parler de la psychose de ce patient sans donner au moins un bref aperçu de sa personnalité et de son histoire. Aucun cas de psychose dans sa famille. Avant lui, six frères et sœurs, qui sont morts dans l'enfance. Restent trois frères et une sœur aînée qui sont tous dans les ordres. Le père et la mère étaient assez sévères. La mère fessait ses enfants. Le père a bu toute sa vie sans être à proprement parler un ivrogne. On ne parle jamais de sexe en famille, c'est un sujet strictement défendu. Le patient a dormi dans le même lit qu'un de ses frères jusqu'à cinq ans, mais il n'a jamais vu son sexe. « Aussi loin que je puisse me rappeler, je me suis toujours forcé à ne pas voir ces choses-là. Quand j'étais tout petit, j'ai vu un jour une petite fille faire caca, j'ai vu ses fesses, ça m'a dégoûté. » Il aimait tendrement son père et sa mère. Il était très soigneux; la mère exigeait une propreté scrupuleuse. Il se souvient d'avoir été assez pieux vers cinq ans. Ce n'est que vers dix ans qu'il a commencé à comprendre qu'il y a une différence entre les garçons et les filles. Pourtant dès six ans il est devenu très curieux. Il a commencé à fumer à six ans, à boire de la bière à huit. Vers vingt ans, il s'est beaucoup intéressé à une affaire de meurtre, il a participé à l'enquête avec zèle et un certain succès. Il était à l'époque reporter. Il a fait son service dans la Marine, où il entendit beaucoup parler d'homosexualité. Parmi les marins, un groupe de « tantes » avait monté une pièce clandestine et une spectatrice avait porté plainte. Le patient avait aidé à rechercher les coupables et à les faire exclure de la Marine pour raisons médicales. Le travail d'enquête l'intéresse encore maintenant. Il déteste les perversions de toutes sortes, et en particulier l'homosexualité. Consciemment, il n'a rien de particulier à dire à propos de ses excréments. Sa vie sexuelle se limite à des rapports sexuels avec des prostituées. Il estime qu'il ne serait pas bien de sa part d'en avoir avec une jeune fille décente. Il lui arrive de rester un ou deux mois sans avoir de rapports sexuels. Il n'éprouve guère de besoins sexuels surtout quand il boit, et il boit énormément, généralement en compagnie.

Nous avons là un cas typique d'hallucinose alcoolique avec prédominance d'éléments délirants. La psychose amène au premier plan des traits qui sont à la base de sa personnalité. Il a toujours été curieux et on peut supposer qu'il s'agit surtout de curiosité sexuelle. Comme il l'a refoulée, l'intérêt qu'il porte aussi aux affaires des autres, et en particulier à leurs activités criminelles ou clandestines, s'en est accru d'autant. Il n'est jamais parvenu au plein développement de son hétérosexualité. Le zèle qu'il a déployé dans cette affaire d'enquête sur les marins homosexuels témoigne d'une forte homosexualité latente. La psychose met à découvert sa sexualité et ses tendances anales et orales. Mais ce qui nous intéresse davantage, c'est que, dans sa psychose, les autres sont capables de détecter ses pensées et ses actes exactement comme lui-même, dans le passé, a enquêté sur les activités des autres. Les gens le forcent à avoir des pensées défendues en lui faisant des gestes. Ils font naître en lui des associations d'idées qui lui donnent des pensées perverses. Il est contraint de les exprimer par des mouvements des lèvres ou des mains et de révéler ainsi aux autres ses tendances infantiles. Il interprète et comprend les autres, il comprend leur corps et leurs pensées, et de la même manière son corps et ses pensées sont compris par eux. Leurs gestes et ses gestes, leurs pensées et ses pensées communiquent sans entraves. Les gens normaux, eux aussi, voudraient comprendre les gestes et les pensées d'autrui, et voudraient que les autres comprennent leurs gestes et leurs pensées. Les mouvements expressifs de ce patient sont une communication. Nous pouvons supposer que, très généralement, nous adressons ainsi des communications aux autres.

3. *Remarques préliminaires sur la relation entre images du corps.*

On retrouve dans un grand nombre de psychoses les mêmes observations qui, dans le cas que je viens d'exposer, sont particulièrement significatives. J'ai cité dans *Seele und Leben* (p. 78) un autre cas : le patient était persuadé qu'on avait pris une photo de son corps et que cette photo était conservée dans une ville lointaine à la demande d'un inspecteur. Il suffisait de présenter un objet ou une pensée à cette photo pour que cet objet ou cette pensée lui parvienne. Inversement, ses pensées entraient dans la photo. De cette façon l'inspecteur arrivait à savoir si le patient était ou non un pervers. D'après Tausk, toutes les machines symbolisent le corps. La photo du patient est une sorte de machine. Elle est comme l'image du patient dans un miroir, une partie de lui-même qui est hors de lui. Il y a une communauté entre ma photo, mon image dans le miroir et moi-même. Mais les humains, mes semblables, qui sont hors de moi, ne sont-ils pas aussi une image de moi?

Dans la sphère de la perception, une expérience simple nous rappellera une communauté entre le corps et son image extérieure. Je m'assieds devant un miroir, à trois mètres environ. Je tiens ma pipe dans ma main et je regarde dans le miroir. Je serre très fort mes doigts sur la pipe et je sens très nettement la contraction de mes doigts. Mais si je regarde intensément le reflet de ma main dans le miroir, j'arrive à sentir nettement la même contraction à la fois dans mes vrais doigts et dans ceux qui sont à trois mètres de moi, dans le miroir. Même si j'oriente ma pipe de façon qu'elle me cache la main, j'arrive encore à sentir, bien qu'avec une certaine difficulté, la pression de mes doigts sur la pipe dans le miroir. C'est donc que la sensation n'est pas seulement dans ma vraie main mais aussi dans la main du miroir. On peut dire que mon modèle postural est aussi présent dans mon image reflétée. Et mon image n'a pas seulement des qualités optiques, elle reçoit mes sensations tactiles. Le modèle postural de mon corps se trouve dans une image qui est hors de moi. Mais chaque être humain n'est-il pas comme une image de moi? On constate ici encore l'importance de la sphère optique dans le modèle postural du corps. Nous retrouvons cette dépendance du corps à l'image, que nous avons étudiée dans l'expérience de Stratton, et dans l'expérience du dédoublement d'un doigt dans la vision double.

On ne peut attribuer à la projection le phénomène qu'illustre l'expérience du miroir. La sensation éprouvée dans le miroir est aussi immédiate et originale que celle qui est éprouvée dans la main réelle. Il est plus que probable qu'il se passe quelque chose de semblable quand on regarde le corps des autres, surtout si l'on considère combien peu déjà l'expérience optique diffère, selon qu'elle concerne l'image du corps propre ou l'image du corps des autres. On pourra rapprocher de l'expérience qui précède les importantes recherches de Landis et de son équipe. Landis a découvert que l'expression des émotions est très souvent mal comprise. Il prend des photos de personnes en proie à une forte émotion. Les sujets à qui il montre ces photos les interprètent très souvent de travers. Ces erreurs proviennent de ce que ces photos ne sont que des extraits artificiellement isolés d'une situation globale. L'émotion ne peut être séparée de la série des mouvements qui la traduisent, et l'objet qui provoque l'émotion fait lui aussi partie de la situation émotionnelle globale. Ce test montre bien que nous ne comprenons les situations émotionnelles que dans leur globalité, et non quand elles sont fragmentées, même si, pour en revenir à ces photos, l'instantané a saisi le moment le plus intense de l'émotion (Landis tire de ses expériences des conclusions très proches des miennes).

Il y a aussi toute une série d'intéressantes recherches faites par David Levy, qui donnent une idée des étroits rapports qui lient le corps de chacun à tous les autres corps.

David Levy a étudié la curiosité des enfants pour le corps. Tous les enfants testés montraient des signes de maladie physique. Aux questions posées, toutes d'ordre esthétique, de nombreuses réponses montraient une curiosité ou une sensibilité particulière pour une partie du corps, considérée comme inférieure aux autres. Voici quelques-uns des résultats de ces expériences : beaucoup d'enfants n'aiment pas le crâne; il a une drôle de forme, il est gros, il est long, il est plat. Ils s'intéressent beaucoup aussi aux questions de longueur et de force, par exemple la longueur des doigts. De toutes les parties du corps, c'est à celles qui sont visibles qu'ils sont le plus sensibles. Beaucoup d'enfants de moins de douze ans n'aiment pas l'idée qu'il y a des poils sur le corps; l'un d'eux ne les admet que sur le visage; un autre n'a rien contre les poils, à condition qu'ils soient très clairs.

Ce qui nous intéresse surtout, c'est que la sensibilité qu'éveille chez l'enfant telle découverte qu'il fait sur telle partie de son corps, le rend particulièrement attentif à la même partie du corps sur les autres. Un jeune garçon dont les mamelons étaient rentrés était particulièrement curieux des seins des femmes. Mais le matériel fourni par Levy montre aussi clairement que c'est en observant les autres et en les écoutant que les enfants découvrent des choses sur leur propre corps. Si ses parents observent beaucoup son corps, ses égratignures, ses écorchures, ses cicatrices, etc., l'enfant devient très intéressé par son corps; leurs conversations sur la santé, sur l'aspect physique des gens, ou encore sur les maladies qui surviennent dans la famille, peuvent aussi augmenter considérablement l'intérêt que l'enfant porte à son corps [1].

Donc, l'intérêt particulier que l'on a pour telle ou telle partie de son corps rend curieux de ces mêmes parties du corps chez les autres. Notons bien que l'intérêt pour les autres et l'intérêt pour soi suivent des chemins parallèles. J'ai observé un amputé de la main qui, immédiatement après l'amputation, s'était pris d'un intérêt exagéré pour tout le monde et n'importe qui. Mais cet intérêt débridé se modéra rapidement, en même temps qu'il s'habituait au fait d'être amputé. L'intérêt qu'un individu porte à son corps a quelque chose de commun avec l'intérêt que les autres lui portent. Pour apprécier à sa juste valeur le matériel fourni par Levy, il faut naturellement faire entrer en ligne de compte qu'il ne traite pas de changements primaires dans le modèle pos-

1. Dans un autre article, Levy étudie ces mêmes attitudes en fonction des problèmes individuels des enfants.

tural du corps, mais seulement de la curiosité à l'égard du corps et des modifications adaptives qu'elle entraîne; la curiosité intellectuelle et émotionnelle des adultes à l'égard du corps enfantin joue aussi son rôle.

Nous ne devons pas oublier que l'image posturale du corps, bien qu'elle soit avant tout une expérience sensorielle provoque des attitudes de type émotionnel qui sont inséparables de l'expérience sensorielle. C'est à ces deux sources que se forme le jugement que chacun porte sur son propre corps, comme aussi sur le corps des autres. Nous avons d'abord une impression sensorielle du corps de l'autre. Cette impression sensorielle passe ensuite par le filtre de notre intérêt émotionnel pour les diverses parties de ce corps, et enfin chacune de ces parties fait l'objet d'un jugement. Mais même cette subdivision en trois étapes ne rend pas toute l'importance de l'image du corps. Exactement comme sa propre image du corps ne prend pour l'individu pleine signification que par le mouvement et par la fonction, laquelle s'exprime à son tour par les sens, le mouvement de l'image du corps de l'autre, ses changements concernant la fonction, ses visées concernant l'action, en renforcent la signification.

Le cas d'hallucinose alcoolique rapporté plus haut nous ouvre encore une autre perspective. Mouvement et fonction de l'image du corps sont, après tout, étroitement associés aux buts et aux tendances de l'individu, et de même, chez les autres, ils expriment leur personnalité. Image du corps et émotions sont très étroitement associées et, tout comme mon image du corps exprime ma vie émotionnelle et ma personnalité, le corps de l'autre ne signifie pleinement quelque chose pour moi qu'en tant qu'il est le corps d'une personnalité autre que la mienne. La perception que nous avons du corps de l'autre et des émotions qu'il exprime est aussi primaire que la perception que nous avons de notre propre corps et de nos émotions, qu'il exprime. Le corps propre, comme toutes les remarques qui précèdent le montrent, ne diffère pas, dans le champ de la perception sensorielle, du corps des autres. Très souvent, c'est grâce aux tendances libidinales des autres qui sont dirigées sur nous, que nous découvrons notre propre image du corps libidinale. De même que nous avons rejeté l'idée d'*Einfühlung*, il nous faut rejeter ici l'idée que l'individu parviendrait à la connaissance du corps des autres et de leurs émotions en projetant son corps et ses émotions sur la personnalité d'autrui. Ce qui est vrai, c'est qu'il existe un courant permanent d'échanges mutuels entre l'image du corps de chacun et l'image du corps de tous les autres. Ce que nous avons vu chez les autres, nous pouvons le découvrir en nous. Ce que nous avons découvert en nous, nous pouvons le voir chez les autres.

4. *L'érythrophobie (peur de rougir) comme exemple de névrose sociale.*

S. L., qui a trente-trois ans, rougit et transpire dès qu'il se trouve en présence des gens; ou bien il se dit seulement qu'il va certainement rougir et transpirer, et cette idée le remplit de panique. Cette peur compromet ses rapports sociaux et lui fait redouter de rencontrer qui que ce soit. Ses « complexes » remontent à sa petite enfance. Il était très grand pour son âge et il avait peur que les gens ne s'étonnent de voir ce grand garçon jouer avec des tout petits. Mais ses troubles véritables ne se manifesteront que plus tard, vers treize ans, quand ses poils commenceront à pousser et qu'il découvrira la masturbation. Il s'imagine alors que c'est la masturbation qui fait pousser les poils et que, par conséquent, les gens n'ont qu'à le regarder pour savoir qu'il se masturbe. Il a peur aussi que ses érections se voient.

Outre cette peur de rougir et de transpirer, il a des obsessions : l'idée qu'il serait capable d'étrangler les gens, de leur jeter des bouteilles à la tête. Cette peur concerne en particulier sa femme. Mais il a peur aussi de faire du mal à sa petite fille de cinq ans, et peur également, au cinéma, de faire du mal aux gens qui sont assis devant lui. Il considère sa propension à rougir et à transpirer comme un signe de faiblesse et de féminité. Il voudrait être fort, il voudrait être un homme. Son développement sexuel a été très lent. Poussé par son frère, il avait de temps en temps des rapports sexuels avec une jeune fille pour qui il ne sentait aucune affection. Depuis qu'il est marié, c'est sa femme qui le pousse à remplir son devoir conjugal. Son activité sexuelle dans le mariage n'est pas seulement limitée; il évite et refuse les caresses préliminaires; au moment où il a commencé sa première analyse il n'avait encore jamais vu sa femme nue. Il lui est souvent arrivé de se sentir attiré par d'autres femmes, mais il n'a jamais fait aucune tentative pour les séduire. Il a quelque intimité avec sa belle-sœur, pour qui il éprouve de l'attirance, mais cela ne va jamais plus loin qu'un flirt en paroles et quelques rares caresses.

Avant d'être analysé par moi, il l'a été pendant un an

par un autre analyste envers lequel il a développé un très fort transfert positif. Cet analyste était pour lui un idéal de force masculine, il l'admirait à l'extrême. Son état s'était amélioré considérablement, surtout pendant l'été; il l'a passé avec sa belle-sœur, et, cette fois, il s'est permis avec elle un peu plus de privauté. Mais, dès son retour au foyer, ses difficultés ont recommencé et, avec l'assentiment de son analyste, il a arrêté l'analyse et essayé de s'en tirer seul. Mais, très vite, il a senti le besoin d'une nouvelle aide.

Il m'a choisi cette fois parce qu'il a entendu dire que j'ai la voix haut perchée. Il en a conclu que je devais être plus féminin que l'autre analyste et par conséquent mieux fait pour lui. Ce détail nous mène immédiatement au problème central de sa névrose — sa relation à son père. Son père, parti d'une situation assez modeste, a fait une brillante carrière. Il a, avec un associé, lancé une usine, dans laquelle le patient est employé. Ce père s'est toujours montré irascible et distant. Le patient dit qu'il n'a jamais reçu de lui dans sa vie un seul encouragement ou compliment; il lui faisait tout le temps des reproches et lui disait qu'il n'arriverait jamais à rien. Le patient n'a jamais été battu, mais, depuis sa plus tendre enfance (ses souvenirs remontent à la quatrième année environ), toujours grondé et terrorisé. C'était surtout le regard plein de colère de son père qui lui faisait peur. Au niveau conscient, il est clair pour lui qu'il hait son père. Mais c'est, à ses yeux, un homme très viril : couplée à cette haine, il y a une admiration énorme pour le père, restée plus ou moins inconsciente mais qui est ressortie dans l'analyse.

Ce qui compliquait la situation du patient, c'était qu'il avait deux frères aînés. Le plus âgé en particulier, qui avait sept ou huit ans de plus, était brutal et tyrannique. Il était violent, emporté, et une fois avait voulu se pendre parce qu'on lui refusait quelque chose qu'il réclamait; il mourut de tuberculose. Alors que les deux aînés résistaient ouvertement au père, le patient cherchait à se faire aimer de lui, en se montrant obéissant, en se pliant à ses désirs. Il faisait aussi tout ce qu'il pouvait pour plaire à sa mère — il l'aidait dans les travaux du ménage, il lavait le plancher, etc. Mais, en même temps, il se traitait d'hypocrite. Il nourrissait au fond de lui un fort sentiment de révolte contre son père et contre ses frères. Puisqu'il pouvait se faire pliant, obéissant, c'était pour lui la preuve qu'il était passif, féminin, et cette idée le révoltait. Dans les débuts de l'analyse, il rêve qu'un détective ou un gangster demande à la demoiselle des Postes qui s'occupe des télégrammes de lui livrer le texte d'un télégramme secret. Ses associations sur ce rêve ont donné ce qui suit : les détectives, les policemen, les gangsters sont courageux; il ne veut rien avoir à faire avec ces gens-là; il associe ses deux analystes à ce genre de personnages; étant enfant, il s'intéressait beaucoup aux téléphones; il aimait jouer à téléphoner, il appelait un camarade qui habitait de l'autre côté de la rue; il s'identifie à la demoiselle des Postes; il veut que personne ne sache qu'il se masturbe; il a peur que les gens n'apprennent quelque chose sur son compte. Sa propension à s'identifier aux femmes semble provenir de fortes tendances anales : vers cinq-six ans, il avait très peur d'être vu quand il allait à la selle. Très tard au cours de l'analyse lui est revenu un vague souvenir : il a dû un jour mettre des bouts d'allumettes dans l'anus d'un camarade; mais il n'en est pas certain; c'est peut-être de son propre anus qu'il s'agissait. Sa mère était une personne très pudique, et elle lui disait de toujours bien faire attention à ne pas se montrer sans vêtements. Dans ses plus anciens souvenirs, il voit des mères en train de tenir leur enfant pendant qu'il fait ses besoins; ces souvenirs remontent à ses trois ou quatre ans. Il a aussi le souvenir d'un banc sous lequel il y a un étron. Composantes anales et féminité sont chez lui étroitement associées. Vers huit ans il jouait « au papa et à la maman » avec une petite voisine, et son rôle était surtout de donner la fessée à la fillette. A la même époque, il voit un jour le docteur mettre un thermomètre dans l'anus de son frère pour prendre sa température et, à partir de là, ses tendances anales ont trouvé à s'exprimer d'une façon nouvelle et plus marquée : dès qu'il commence à se masturber, il imagine que le docteur est en train de prendre la température d'une femme et qu'il renifle l'odeur du thermomètre. Par la suite, il inventera sur ce thème une pratique : il se met le thermomètre dans l'anus comme le docteur faisait à la femme; ensuite il cache son phallus entre ses cuisses et se regarde dans la glace, il se voit en femme et en même temps il s'imagine qu'il est couché auprès d'une femme et qu'il a avec elle un coït. Parfois il s'agit de l'épouse de l'associé de son père. Dans les relations sexuelles avec sa femme, le contact avec l'anus joue un grand rôle. Quand il a appris par ses camarades comment se pratique le coït, il avait à peu près dix ans. Il se disait qu'il n'avait pas vraiment envie de faire ces choses. Il dormait dans le même lit que ses deux aînés; il ne voulait jamais dormir au milieu, il avait peur d'avoir une érection et qu'ils ne s'en aperçoivent. Mais lui-même n'essayait pas de savoir si ses frères avaient ou non des érections. Toute sa vie il a toujours eu peur d'avoir des érections, craignant qu'on ne s'en aperçoive.

Il a de fortes tendances sadiques dirigées contre le père. Il lui arrivait de l'imaginer couché dans son cercueil et il avait peur que ses pensées n'aient un effet maléfique sur son père. Par contre, ses impulsions agressives sont immédiates quand elles sont dirigées contre sa femme, son enfant et les gens qui, au cinéma, sont assis devant lui. Ces pensées le font souffrir. Au niveau conscient, il voudrait être l'ami de tout le monde. Il n'ose pas se montrer froid avec les gens, il craint qu'on ne se venge de lui. Il est très difficile, dans l'analyse, de lui faire sortir un seul mot qui trahirait un transfert négatif. Il craint que l'analyste (le père), ne se venge. La mort lui fait peur, il ne voudrait pas voir un mort; il pense qu'il ne pourrait plus jamais en chasser l'image de son esprit. Il a peur de regarder dans les glaces la nuit — il pourrait y voir des morts. Il n'aimerait pas du tout qu'il y ait une mort dans la maison qu'il habite. Il est obsédé par l'idée qu'il est capable, un jour, d'étrangler quelqu'un.

Étant enfant, il avait un cauchemar : une certaine matière allait sortir de sa bouche et l'enrober complètement; cette matière deviendrait dure et l'étoufferait. Il avait d'autres peurs, centrées sur sa bouche; peur de se mettre quelque chose de sale dans la bouche; peur des bêtes mortes et même peur des excréments. Toutes ces idées prenaient une forme compulsive.

Proche de ses premières peurs et expériences anales, on trouve la peur d'être vu en train de déféquer. Dans quelques associations, il pense qu'il aurait aimé voir sa mère et d'autres personnes aux cabinets. Dans sa petite enfance, il a vu sa mère sur le siège. A six, sept et huit ans, il urinait en commun avec ses camarades. Une fois, ils avaient joué « à la maison qui brûle » et il avait uriné sur un camarade pour éteindre l'incendie. C'est peu après que le processus de refoulement s'était déclenché et, avec lui, la peur particulièrement forte que ses érections ne se voient. C'est à cet âge aussi qu'il a commencé à avoir des « complexes » sur sa taille. Ses camarades l'appelaient « la grande perche », ce qui le mettait en colère. Il aurait voulu passer inaperçu, mais il était persuadé que tout le monde l'observait. Il croyait que c'était parce qu'il se masturbait qu'il avait du poil au menton. Même en cours d'analyse, il se sent particulièrement gêné quand il va se faire raser chez le coiffeur. Il accorde une grande importance à son visage. Il trouve qu'il a le nez trop long. Il aime se regarder dans la glace et observer ses gestes. Il scrute attentivement les gens; il a l'impression qu'on le regarde, qu'on pense qu'il est minable, qu'on se moque de lui, il ne peut plus dire un mot, il rougit et transpire. Il aurait aimé être orateur. Il admire les gens qui sont à l'aise avec les autres et qui ont la parole facile. Il aurait aimé aussi être représentant de commerce, placier en assurances, ou encore acteur. Il ne peut pas supporter d'entendre les gens tourner un acteur en ridicule; il trouve que c'est très mal de leur part. Les acteurs et le théâtre reviennent souvent dans ses rêves. En voici un exemple :

« J'étais au théâtre, j'étais assis au premier rang, la pièce commençait et l'acteur principal était un jeune homme d'environ dix-huit ans. Il était très foncé de peau. Il me disait que la pièce ne me plairait pas et me demandait de monter sur la scène, ce que je faisais. J'étais surpris de pouvoir le faire sans crainte et si facilement. Ensuite, le jeune homme faisait des tours de prestidigitation et me faisait flotter dans l'air horizontalement autour de la scène et dans la salle. Il n'y avait pas de truquage, il ne m'avait pas hypnotisé. Dans le public il y avait mon beau-frère et ma belle-sœur. Après, j'étais revenu sur la scène et les gens riaient. Je pensais qu'ils riaient de moi mais je n'étais pas trop mal à l'aise, parce que je leur tournais le dos. Je sortais un vieux chapeau de ma poche, je ne savais pas à qui il appartenait et je le demandais à l'acteur. Après, l'acteur demandait à quelqu'un dans la salle de monter sur la scène et de bien regarder ce qu'il allait faire. Je restais sur la scène, puis je m'en allais et j'avais oublié mon chapeau, alors je retournais le chercher. »

Dans ce rêve, son désir d'attirer l'attention, d'avoir des contacts avec tout le monde vient au premier plan. En même temps, perdre son chapeau, c'est la peur de la castration. Dans la vie, quand les gens le regardent, il a peur qu'ils ne lui fassent du mal (castration). Ils prennent avantage sur lui en le regardant. Il dit d'ailleurs qu'il se sent plus à l'aise quand il est dans le noir.

Il aimerait avoir de la compagnie; son idéal, c'est d'avoir le plus d'amis possible mais il est tellement inhibé que, ceux qu'il a, il ne va jamais les voir.

Ses yeux lui font mal, pleurent dès qu'il regarde une lumière un peu vive; il a une sensation bizarre entre les deux yeux. Le fait de regarder a pour lui une grande signification relationnelle, qu'il désire et qu'il redoute, et qui est associée à l'idée de danger (castration). La transpiration, l'aspect extérieur, les gestes, la façon de parler l'intéressent énormément chez les autres. Il est perpétuellement en train d'observer, et se sent perpétuellement observé. Il est très fortement conscient de son aspect extérieur : ses cheveux, sa barbe, sa taille. Dans ses rapports avec les autres, il a toujours peur qu'on ne prenne avantage sur lui.

Le patient est dominé par la peur que lui inspire son père : d'être vu, d'être regardé par lui. Il ressort très clairement dans l'analyse que cette peur est une peur d'être castré par le père, de devenir féminin du fait de la colère du père. Mais il n'y a pas seulement cette peur, il y a aussi le souhait primaire d'être passif, d'être un objet d'amour passif pour le père. Nous avons l'habitude de considérer les faits de cet ordre, qui se retrouvent dans presque toutes les analyses, du point de vue de la situation libidinale du patient. Mais nous ne devrions pas négliger de considérer que ces phénomènes nous placent aussi devant un fait social très important. En général on n'accorde guère d'attention aux faits qui déterminent la relation sociale. Celle-ci, pourtant, n'est pas seulement une relation entre deux personnalités, elle est aussi et toujours une relation entre deux corps. Toute relation sociale pose donc la question de l'image du corps. Nous devons nous demander : qu'est-ce que l'image du corps de ce père? C'est surtout du regard de son père que le patient a peur. Naturellement ce regard est en même temps une expression chez le père et aussi une expression dans l'image du corps du père. Il y a aussi ses actes : le fait qu'il gronde et repousse son fils; mais, pour le patient, cela devient l'expression même de la virilité. Nous voici maintenant devant la question : que signifie la virilité dans ce contexte? Nous avons des raisons de croire que la virilité signifie quelque chose qui a rapport avec le physique du père, en particulier avec son sexe. Ce dernier point n'apparaît pas très clairement dans l'analyse de ce patient. Mais je pourrais citer, par exemple, le cas d'un patient, souvent battu brutalement par son père, chez qui quantités d'idées concernant le sexe du père et son grand nez jouaient un rôle capital.

Les rapports érotiques sont, on le voit, des rapports entre deux corps, et dépendent à la fois de notre attitude à l'égard de notre propre corps et de notre attitude à l'égard du corps des autres. Rappelons à ce propos que c'est souvent en observant le corps des autres que nous découvrons notre propre corps.

Notre patient a eu, pour première peur, celle d'être vu en train de déféquer. On peut dire que la défécation est une attitude où l'on est à la fois actif et passif. Dans cette posture, cet enfant avait, semble-t-il, peur de sa propre passivité. L'analyse ne donne aucune indication qui permette de dire si la peur de la castration avait précédé ou non cette peur. J'ai des raisons de penser que oui, mais il se peut qu'il y ait eu, antérieure au complexe de castration, une surestimation de la zone anale, qui n'a été que secondairement renforcée par la peur de la castration. En même temps l'analité signifiait être passif, prendre la place de la mère dans la relation au père. La peur de la castration doit nécessairement entraîner un surcroît d'intérêt pour les actions et expressions du père et de ses substituts, et, partant, une intensification des rapports émotionnels avec les personnes de l'entourage : l'attitude tyrannique des deux frères ne pouvait qu'accentuer les traits psychologiques que nous venons de relever.

Le jour où le patient voit introduire un thermomètre dans l'anus de son frère, il est déjà préparé à répondre à cette expérience par une intensification de ses tendances anales. Remarquons là encore que quelque chose qui concerne le corps d'un autre intensifie chez un individu les tendances qui concernent son propre corps; et qu'au surplus il y a dans l'image du corps, entre zones érogènes homologues, chez deux individus distincts, des rapports fort étroits. Un de mes patients, souffrant de névrose obsessionnelle, ressentait quand il était petit, chaque fois que sa mère lui donnait un lavement, un plaisir sexuel dans la zone anale, et il s'imaginait que sa mère le ressentait également. Pour en revenir à notre patient, le seul fait d'avoir lui-même un thermomètre dans l'anus le mettait dans une situation passive et féminine; aussi cachait-il son sexe entre ses cuisses. Par cette pratique, il créait une situation à la fois caractéristique et complexe : il était, d'abord, lui-même; il était, aussi, le docteur qui prend la température par l'anus; en même temps, il jouait le rôle d'une femme dont le docteur prend la température; enfin, il était une femme subissant le coït, et au surplus une autre personne couchée à côté de lui, qui était encore lui, et qui pénétrait cette femme. On ne saurait trouver une meilleure illustration du fait que dans l'image posturale d'un seul et même individu s'introduisent et s'entremêlent quantité d'autres images posturales qui sont celles d'autres individus. Mais, pour qu'il en soit ainsi, il faut que chacune de ces images posturales ait été perçue et construite à l'avance. Ce qui nous intéresse ici, ce n'est pas tant d'examiner ce qu'on appelle identification à la personnalité d'autrui, que de pouvoir suivre le processus par lequel le modèle postural du corps d'un individu se mêle à d'autres modèles posturaux sous l'influence d'un besoin érotique. Ce patient se projetait hors de son corps et en même temps introduisait les autres dans son corps. Il vivait à la fois en dehors et à l'intérieur de son corps, mais celui-ci était amalgamé à d'autres corps. Tout ceci fait apparaître sous un nouveau jour le problème philosophique fondamental des rapports du Moi et du monde extérieur.

5. *La relation sociale entre images du corps. La distance sociale.*

Nous nous trouvons maintenant devant une série de questions : qu'est-ce que le corps propre et qu'est-ce que le corps d'autrui? Lequel est perçu le premier? Ou bien sont-ils perçus tous les deux en même temps? Selon les dogmes psychanalytiques, on dira que l'enfant connaît d'abord son corps. Mais toute la présente étude indique clairement que, au moins sur des points très importants, notre corps n'est pas plus près de nous que ne l'est le monde extérieur. Les impressions optiques que nous avons de notre corps, qui sont si importantes dans la formation de l'image du corps, ne sont en aucune façon différentes des impressions optiques que nous avons du corps des autres. Ce n'est pas, comme certains le disent (Lipps), en projetant notre corps dans le monde extérieur que nous acquérons une connaissance du corps de l'autre et de son image; mais rien ne justifie non plus la thèse opposée, selon laquelle c'est en introjectant l'image du corps d'autrui que nous acquérons la connaissance de notre propre corps. L'image du corps n'est pas le produit d'une appropriation du corps des autres, même compte tenu du fait que nous pouvons en introduire des parties dans notre propre modèle postural. Ce n'est pas non plus par identification à l'image du corps d'autrui que nous connaissons le nôtre, bien que là encore des identifications puissent nous servir à enrichir notre image du corps. Nous ne sortirons pas de ce dilemme à moins de poser que notre propre image du corps et l'image du corps des autres sont deux données d'expérience primaire et qu'elles sont dès le départ très étroitement associées. Nous accaparons des parties des images du corps des autres, et nous projetons des parties de notre image du corps ou celle-ci tout entière dans les autres. Il y a des échanges mutuels permanents entre notre image du corps et celle de chacune des personnes qui nous entourent, échanges qui peuvent jouer entre les parties ou entre les totalités.

Il est certain, donc, qu'il existe d'emblée des liens entre toutes les images du corps. Reste à savoir de quelle manière la distance dans l'espace influence ces échanges permanents.

Il est certain qu'il y aura moins d'échanges entre deux corps situés à une grande distance l'un de l'autre. La proximité dans l'espace augmente au contraire les possibilités d'interrelation entre les images du corps et plus encore, naturellement, le contact direct de deux corps. Il nous faut donc considérer aussi le contact sexuel entre deux corps du point de vue de la distance. Plus deux corps se rapprochent, plus la distinction optique devient difficile et plus grande sera la possibilité d'une fusion complète et d'une reconstruction complète de l'image du corps de chacun. N'oublions pas non plus que tout attouchement donné ou reçu produit immédiatement, comme on l'a vu dans les première et deuxième parties de ce livre, des changements dans la structure de l'imago du corps. Le facteur de distance spatiale est d'abord un facteur optique, ensuite un facteur tactile[1]. Outre ce facteur de distance spatiale, chacune de nos émotions concernant l'autre rapproche son image du corps de la nôtre.

Il y a donc aussi un facteur de distance affective. Il y est souvent fait allusion dans le langage : on dit d'une personne avec qui on est affectivement lié qu'on se sent « proche d'elle ». Nous pourrions, pour décrire ces relations entre deux images du corps, employer la métaphore du champ magnétique, dont les lignes de force partent dans toutes les directions.

Mais il ne faudrait pas en conclure que la distance métaphorique est la même pour toutes les parties du corps. Les parties qui ont un intérêt érotique sont celles qui sont les plus proches les unes des autres. Cela est vrai non seulement pour un même corps, mais pour plusieurs images du corps entre elles. On pourrait dire que les rapports entre images du corps se nouent plus particulièrement par les zones érogènes. C'est à dessein que j'emploie ce mot de « rapports », qui a un double sens; les rapports sexuels constituent certainement une fusion très complète de deux images du corps, et s'il nous est jamais donné une psychologie des rapports (nous en sommes loin), elle sera certainement fondée sur la relation des images du corps dans le rapport sexuel.

Pour en revenir à notre patient, le point qui, dans ses fantasmes masturbatoires, reliait les diverses images du corps et les attachait les unes aux autres était certainement l'anus, étant donné la structure psychosexuelle globale du patient. Mais l'observation nous en dit davantage. Ce patient n'avait

1. Dans un gag bien connu, deux comédiens s'emmêlent les jambes et font semblant de ne plus pouvoir reconnaître lesquelles leur appartiennent.

pas seulement une image du corps quand il se masturbait, il en avait au moins quatre, et qui, en quelque sorte, n'étaient pas fusionnées mais plutôt additionnées. On peut avoir autant d'images du corps qu'on a de pièces de vêtement sur le dos. On peut être entortillé dans plusieurs images du corps. Elles ne peuvent s'unifier, mais elles peuvent former une somme. Il y aurait donc deux types principaux de relations entre images du corps : l'un où l'individu unifie totalement son image du corps et celle des autres, l'autre où les différents constituants de l'image du corps ne sont pas intégrés en un tout. Dans la réalité ces deux types ne seront jamais nettement distincts; il y aura toujours, dans des proportions diverses, addition et intégration. Notre patient a éprouvé très tôt la peur qu'on ne s'aperçoive qu'il se masturbe. Fait remarquable, sa barbe naissante lui paraissait un signe de masturbation sur lequel les autres ne pouvaient se méprendre. Il y a là un déplacement du bas vers le haut, de la région génito-anale au visage. Cette peur que la masturbation ne soit visible sur le visage est tout à fait typique. Les images du corps ne sauraient exister isolément. Nous désirons qu'il y ait relation entre la nôtre et celle de tous les autres, et ce désir concerne particulièrement toutes les activités sexuelles et leur expression dans l'image du corps. La masturbation est spécifiquement sociale. C'est un acte par lequel nous tentons d'attirer à nous les images du corps des autres, et surtout leurs parties génitales. Le sur-moi s'oppose à cette tendance, il la refoule et elle réémerge dans une autre partie de l'image du corps. Il semble que le visage ait, de ce point de vue, une fonction signifiante toute spéciale. Cheveux et poils lui confèrent des caractères sexuels secondaires très évidents. (On sait que la chevelure est un symbole sexuel assez répandu. Une de mes patientes qui, au cours de rapports sexuels, avait résisté à son partenaire, de sorte que celui-ci avait éjaculé hors du vagin, s'endort sitôt après et, en rêve, gronde sa servante qui vient de renverser un coûteux flacon de brillantine.) Mais les gens qui se masturbent croient que ce sont surtout leurs yeux qui les trahissent : le désir de voir est transformé en peur d'être vu.

Ainsi, nos yeux et les yeux des autres deviennent instrument principal des rapports entre les images du corps. Nos yeux nous garantissent au premier chef la possibilité d'établir une relation sociale avec une autre personne. Notons que notre patient, qui a si grand-peur que les autres ne le voient, se plaint d'une sensation bizarre entre les deux yeux, et de ne pouvoir regarder le soleil sans pleurer. Ceci, une fois de plus, nous rappelle le rôle capital de la sphère optique dans la construction de l'image du corps.

Dans une phase plus tardive de son évolution, le patient a peur de transpirer et de rougir. Rougir est, chose bien connue en psychanalyse, un substitut de l'érection. Nous n'avons peut-être pas encore assez souligné le caractère extrêmement social de la masturbation et de l'érection, et combien l'image du corps d'autrui tout autant que la nôtre s'y trouve concernée. Notre patient fait tout pour cacher ses érections et son pénis (phénomène très commun chez les névrosés). La rougeur qui « monte » au visage est elle aussi un déplacement, mais qui, cette fois, ne se situe pas seulement au niveau psychique : il y a aussi changement somatique. C'est dire que des processus qui concernent l'image du corps peuvent aussi modifier le corps lui-même. Le visage, notons-le, devient maintenant pour le patient le centre de son image du corps, ce qui attire sur lui l'attention de tous. Il est devenu l'instrument qui lui sert à rapprocher de lui les images du corps des autres. Tout le monde le regarde, le voit, l'épie. Il s'agit de la même attention qui, selon son désir, devait tout d'abord être portée sur ses excréments et ses érections.

Nous touchons ici certainement à un phénomène très typique qui éclaire la psychologie du mouvement expressif en général. Tout changement dans l'expression, qu'il ait pour origine des changements vaso-moteurs ou des changements d'attitude, devient aussi immédiatement un changement dans les relations sociales. Chaque expression ou changement d'expression est toujours adressé à l'entourage et a pour fonction de le rapprocher de nous. Il n'y a pas d'expression qui n'ait de destinataire réel ou imaginaire, et le fait de rougir (dans le cas de notre patient, le fait aussi de transpirer) ne fait qu'illustrer de façon éloquente un principe qui vaut pour presque toute activité humaine.

Le visage a, naturellement, une place particulière dans l'ensemble de l'image du corps : c'est la partie la plus expressive du corps, et celle qui est visible pour tout le monde. Nous communiquons au moyen de nos visages et il y a aussi une signification psychologique dans le fait que la bouche, l'un des principaux organes de communication, est au milieu du visage. Quand notre patient rougit, c'est comme s'il disait : « Tu vois, j'ai une érection, défécation, sois excité avec moi et viens plus près de moi. » C'est une méthode pour se rapprocher davantage des gens qu'il ne saurait le faire autrement. Par ce détour, il intensifie le lien social, et diminue la distance entre lui et les autres. Il n'est pas surprenant que cette satisfaction illicite ne soit pas tolérée par le système moïque et déclenche un mécanisme de défense. Le patient, maintenant, évite les gens et en a peur. Il a peur qu'en trahissant ses émotions, son visage ne se livre sans défense aux autres; il a peur d'être castré par eux. Être vu signifie être l'objet d'une agression sexuelle et être castré. Au niveau conscient, le patient a peur que les autres ne prennent avantage sur lui. D'un autre côté, il a le désir d'aider les autres le plus qu'il peut. Il ne veut de mal à personne, parce qu'il redoute leur vengeance. Il voudrait avoir le plus possible d'amis et être aussi près que possible du plus de gens possible. Il est très éloigné de ce but, plus éloigné finalement que quiconque. Mais, au moins, il est tout près des autres dans le fantasme.

On comprendra que, dans ces conditions, il s'intéresse extrêmement à son image du corps. Son aspect, sa taille, les vêtements qu'il porte, tout cela est très important pour lui. Il finit par n'avoir plus qu'un seul but : attirer l'attention de tous les gens qu'il rencontre. Tous ses désirs seraient exaucés s'il pouvait être acteur.

Il serait intéressant d'étudier à la lumière de ce qui précède la situation spéciale de l'acteur. Alors qu'il est le centre émotionnel de l'attention d'un grand nombre de personnes, qui attirent sur elles son image du corps, l'acteur reste pourtant séparé de toutes ces personnes par une barrière invisible mais insurmontable. Il n'y a aucun moyen de rapprochement entre lui et les spectateurs. Le spectateur s'identifie à l'acteur, mais l'acteur ne peut, lui, s'identifier au spectateur. Il est à la fois près et loin des autres. C'est un homme qui se donne beaucoup de mal, dans son extérieur et dans ses paroles, pour attirer les autres à lui. Le cas de l'acteur pourrait peut-être nous apporter des indications nouvelles sur les tendances narcissiques. Dans le cas de l'acteur comme dans le cas de ce patient, on voit que l'attitude d'autrui entre beaucoup plus en ligne de compte dans l'intérêt narcissique pour soi-même, qu'on ne le suppose généralement.

Le résultat de la névrose de notre patient, c'est qu'il est toujours plus isolé, toujours plus renfermé et préoccupé de lui-même, et qu'il ne se soucie nullement des autres. Leur individualité n'a plus guère d'importance pour lui : ils sont uniquement des images du corps, sans personnalité propre. En quelque sorte, la relation normale de l'individu à d'autres images du corps vécues comme expression de personnalités distinctes s'est changée chez lui en une relation indiscriminée et globale. Les êtres humains ne sont plus pour lui autre chose que menace ou approbation. Il s'est effectivement bâti une relation plus étroite avec les autres, mais cette relation a perdu sa qualité d'individualité. Il rougit, mais n'importe qui peut le faire rougir. Notons que ce sont surtout les gens qu'il connaît déjà qu'il a particulièrement peur de rencontrer. Notons aussi que, comme tous les gens qui souffrent d'érythrophobie, ce qu'il ne veut surtout pas, c'est que les autres s'en aperçoivent. Il n'ose confier à personne ses difficultés. Citons encore un trait, lui aussi commun à un grand nombre de cas de ce genre : ils ont toujours peur qu'on les regarde, et pas seulement qu'on les regarde mais aussi qu'on fasse des réflexions sur leur compte, et qu'on se moque d'eux.

Pour tenter de tirer des remarques qui précèdent quelques principes plus généraux, nous pouvons déjà poser les propositions suivantes : 1° Une image du corps n'est jamais isolée, elle est toujours encerclée par les images du corps des autres. 2° La relation d'une image du corps aux autres dépend d'un facteur de distance spatiale et d'un facteur de distance affective. 3° C'est par leurs zones érogènes que les images du corps se rapprochent le plus, et se lient le plus étroitement. 4° Le déplacement des zones érogènes se reflète aussi dans la relation sociale aux images du corps des autres. 5° Les changements érotiques dans l'image du corps sont toujours des phénomènes sociaux et sont accompagnés par des phénomènes correspondants dans l'image du corps des autres. 6° L'image du corps est, par essence, sociale : jamais isolée, toujours accompagnée par celle des autres. 7° L'image du corps d'un individu et celle des autres ne sont pas dans un rapport de dépendance; elles sont sur le même plan et l'une ne peut être expliquée par l'autre. 8° Il y a un échange mutuel permanent entre les différentes parties de notre image du corps et celles des images du corps des autres. Il y a projection et appropriation. Mais la totalité de l'image du corps d'un autre peut aussi être assimilée (identification), et de même un individu peut expulser son image du corps dans sa totalité. 9° L'image du corps d'un autre, ou certaines de ses parties, peuvent être intégrées complètement dans celle d'un individu et former avec elle une unité; ou bien elles peuvent être ajoutées et ne former avec elle qu'une simple somme. 10° Comme nous l'avons vu à maintes reprises le modèle postural du corps n'est pas statique, il change continuellement selon les circonstances vécues. Nous l'avons considéré comme une construction de type créatif : il est construit, dissous, reconstruit. Dans ce processus continuel, les processus d'identification, d'appropriation et de projection jouent un rôle important. Une fois l'image du corps élaborée en fonction de nos besoins et tendances, elle n'en reste pas pour autant inerte; il y a un flux et reflux permanent et chaque cristallisation est immédiatement suivie d'un stade plastique à partir duquel de nouvelles constructions et de nouveaux efforts sont possibles selon la position affective de l'individu. Au surplus, il n'y a pas seulement ce changement continuel dans notre propre image du corps, mais aussi dans sa relation spatiale et affective aux images du corps des autres. La relation sociale entre images du corps n'est pas une *Gestalt* fixe, mais un processus de formation d'une *Gestalt*, une *Gestaltung*, un processus de construction, de création, dans l'image sociale.

Le cas qui nous a occupé dans les pages précédentes nous a déjà montré combien ces formulations nous rapprochent du problème de la paranoïa, dans laquelle sont bouleversées les relations de l'individu aux autres. Schulte dit de la paranoïa qu'elle est un trouble dans la *Wirbildung* (changement dans l'expérience du Nous). Stockert a étudié en particulier les névroses de contact, dans lesquelles il range le bégaiement. Mais ce qui, pour nous, est plus important, c'est la place capitale du corps dans le Nous, sans jamais oublier que le Nous n'est pas une unité rigide, mais le résultat d'une permanente création dirigée et orientée dans le sens des intérêts affectifs.

J'ai récemment examiné une patiente qui avait tué son mari d'un coup de fusil parce qu'il la rendait jalouse. Elle me dit qu'elle n'avait voulu que le menacer afin d'obtenir de lui une confession. S'il avait avoué qu'il la trompait, elle aurait été soulagée. Elle s'imaginait par ailleurs que les amis de son mari lui étaient hostiles. A l'hôpital, où très vite on put observer des symptômes paranoïaques, toutes les personnes de l'entourage lui parurent bientôt soit particulièrement hostiles, soit particulièrement amicales. Il y a à la fois exagération de ses sentiments sociaux et diminution de ce que nous sommes convenu d'appeler la distance sociale. Du point de vue de ses émotions, les individus se rapprochent d'elle. L'observation proprement dite n'a pas montré de changement visible dans le modèle postural du corps, mais d'après notre expérience psychanalytique, et en particulier d'après notre connaissance de la jalousie, nous pouvons supposer que ces attitudes à l'égard des corps des autres sont pour le moins dans l'arrière-plan psychique[1].

Nous venons de traiter de la distance sociale entre images

1. Pour Spinoza, la jalousie consiste en la pensée obsédante qu'il y a un rapport quelconque entre les excrétions d'une autre personne et l'objet aimé.

du corps. Les sociologues parlent maintenant des préjugés raciaux et autres préjugés entre groupes différents en termes de distance sociale (Folsom, p. 316). Mais il est évident qu'au sens où nous avons employé ce terme, la distance sociale est fondée sur la réaction émotionnelle et qu'il n'importe nullement que cette réaction émotionnelle soit d'amour ou de haine. Dans les deux cas elle rapproche l'autre de nous. Au sens où l'entendent les sociologues, la distance sociale est celle que mettent entre deux personnes la haine et le préjugé, et cette distance sociale serait d'autant plus grande que la haine et le préjugé seraient plus forts. Je tiens donc à souligner que, pour nous, la distance sociale diminue toutes les fois qu'il y a une forte réaction émotionnelle et le fait que cette réaction soit positive ou négative n'y change rien. Bogardus a conçu une méthode de mesure de la distance sociale : on demande au sujet s'il accepterait qu'un membre de tel ou tel groupe particulier soit introduit : 1° dans son étroite parenté, par le mariage; 2° dans son club ou son association, en tant qu'ami personnel; 3° dans sa rue, en tant que voisin; 4° dans son lieu de travail, en tant que collègue; 5° dans son pays, en tant que compatriote; 6° dans son pays également, mais en tant que touriste ou visiteur seulement; 7° enfin, voudrait-il qu'il soit purement et simplement expulsé du pays?

Il est clair que, pour nous, la distance sociale est en partie mesurable par la question : jusqu'à quel point voudrions-nous que le corps de l'autre se rapproche de nous? Mais il est clair aussi que le concept de distance sociale ne prend son plein sens que quand l'on considère le modèle postural du corps d'un individu dans ses rapports avec le modèle postural du corps des autres.

6. *L'imitation et l'image du corps.*

En psychologie sociale on parle souvent de l'imitation et du rôle important qu'elle joue dans l'élaboration de la structure sociale. Tarde, en particulier, fonde toute sa psychologie sociale sur les lois qui régissent l'imitation. Il emploie le même mot pour désigner trois processus : l'imitation *a*) de convictions, *b*) de sentiments, *c*) d'actions. L'imitation conduit l'enfant de la vie instinctive d'un animal à un mode de vie autodéterminé et autodirigé. Elle peut agir dans un sens compétitif. Les qualités qui distinguent des autres chaque groupe social sont créées par l'imitation : ainsi du langage, de la religion, des convictions politiques et morales, aussi bien que des habitudes qui concernent la nourriture, le vêtement, l'habitat, le divertissement, toutes les activités de routine qui constituent la majeure partie de la vie des hommes. Mais l'imitation peut être aussi un facteur de progrès. En tant que tel, elle opère de deux façons : d'une part, elle répand dans tout le groupe les idées et les pratiques inaugurées par ceux de ses membres qui sont exceptionnellement doués; d'autre part, elle répand les idées et les pratiques d'un groupe à l'autre (c'est ainsi, du moins, que MacDougall résume les idées de Tarde). Selon Tarde toujours, l'imitation des convictions prime l'imitation des mouvements expressifs, l'imitation des buts prime l'imitation des méthodes pour les atteindre. A son avis, la croyance religieuse précède l'exercice du culte. Une personne qui en imite une autre dans sa façon de s'habiller et de se distraire a, auparavant, adopté ses sentiments et ses désirs. L'imitation irait donc, selon Tarde, de l'intérieur vers l'extérieur, en même temps qu'elle irait de l'inférieur au supérieur : les nations vaincues imitent les vainqueurs; la noblesse imite la Cour.

MacDougall n'emploie pas le terme « imitation », quand il y a induction des émotions. Il décrit la façon dont se répandent dans le troupeau la peur et l'impulsion de fuite qu'elle déclenche : beaucoup d'animaux grégaires, quand ils sont en alerte, émettent le cri caractéristique de la peur; il suffit que le cri soit émis par l'un des membres du troupeau ou de la horde pour que s'éveille immédiatement l'impulsion de fuite chez tous ceux qui entendent le cri; le troupeau, la horde, la couvée tout entière fuit comme un seul corps. La sympathie humaine a des racines dans une spécialisation similaire : une capacité instinctive à être impressionné. L'induction sympathique de l'émotion et du sentiment peut être observée chez les enfants à un âge trop tendre pour qu'on puisse supposer qu'ils comprennent la signification des expressions qui provoquent leurs réactions... La vue d'un visage souriant, d'une expression de plaisir, déclenche un sourire chez le nourrisson. Le rire est contagieux, de même que les pleurs, et ce fait, bien qu'il ne s'agisse pas ici d'expression véritablement instinctive, nous fournit l'exemple le plus connu d'induction sympathique d'un état affectif. L'adulte a, lui aussi, des réactions de sympathie de cette sorte. Un visage réjoui nous rend plus gais. « Bref, chacune des grandes émotions primaires qui a son expression corporelle caractéristique et évidente semble capable d'être excitée par la voie de sa réponse sympathique immédiate. » Des actions imitatives de cette sorte (qui ne sont pas de véritables imitations) sont observables chez tous les animaux grégaires, et sont les seules dont la majorité des animaux semblent capables. Elles se manifestent à plus grande échelle dans les foules humaines, et sont la source principale des excès auxquels souvent elles se livrent.

Mais qu'est-ce qu'un acte d'imitation véritable? Il se produit quand la présentation visuelle du mouvement d'un autre a le pouvoir d'évoquer la représentation d'un mouvement similaire dans le corps, laquelle, comme toute représentation motrice, tend à se réaliser immédiatement dans un mouvement. Nombre des mouvements imitatifs des enfants entrent dans cette catégorie. Qu'une personne attire par un geste l'attention d'un enfant, il l'observe avec curiosité et, sans tarder, imite son geste. Cette sorte d'imitation peut être en partie volontaire et, en cela, elle empiète sur la troisième catégorie d'imitation : l'imitation délibérée, volontaire et consciente. MacDougall mentionne entre autres types d'imitation celle que les très jeunes enfants font des mouvements qui n'expriment ni un sentiment ni une émotion. Pour lui, comme pour Allport et Folsom, l'imitation n'est pas un instinct. Ce détail est intéressant surtout en ce qui concerne MacDougall, car il emploie le terme d' « instinct » plutôt librement, pour désigner quantité d'activités diverses. Mais c'est à Watson et à son approche behavioriste que le terme d' « instinct » doit d'avoir perdu beaucoup de sa dimension magique. Décrire les attitudes et les actions nous intéresse plus que classifier ce qui est instinctif et ce qui ne l'est pas. Si le terme « instinct » signifie qu'il existe des actions qui ne dépendent pas de la situation globale et qui se développent automatiquement et d'une façon rigide, alors il n'y a pas d'instincts. Si le terme « instinct » désigne une action de caractère primitif qui ne peut varier qu'assez faiblement, alors il existe des instincts. Je ne vois donc pas pourquoi l'on ne pourrait pas parler d'un instinct d'imitation dans tous les cas où MacDougall parle d'imitation d'actions et d'induction sympathique des émotions.

D'après Bühler, l'enfant imite ce qu'il entend. Il peut imiter ses propres bruits et son propre babillage. Il n'est pas aisé de déterminer à quel moment du développement commencent ses premières imitations des autres. On ne peut que poser qu'il y a véritablement imitation lorsqu'on réussit à obtenir d'un enfant en lui parlant qu'il produise un son similaire à celui qu'on a émis. Les Stern ont observé des imitations de ce genre chez leurs propres enfants dès la première année. D'autres enfants ne les découvrent que beaucoup plus tard et pendant la deuxième et la troisième année; en tout cas, il est certain que l'enfant devient très expert dans l'art de répéter tout ce qu'il entend, d'être un véritable écho de tout ce qui se dit et de tous les sons naturels qu'il entend autour de lui. Il lui est, semble-t-il, beaucoup plus facile, dans les débuts, d'imiter ses propres sons que ceux qui ne viennent pas de lui, et, pour ceux-là, ce n'est très souvent qu'après des exercices prolongés que l'enfant parvient à répéter par imitation des combinaisons de sons qu'il a pourtant auparavant émises spontanément [1]. La pathologie du cerveau nous apprend qu'il existe un type d'imitation qui réussit si les besoins internes l'exigent et qui, autrement, échoue. C'est un fait qu'on observe fréquemment chez les aphasiques.

Les émotions de toutes sortes déclenchent chez les autres des réactions correspondantes. Le fait est particulièrement évident pour le rire, les pleurs et le bâillement. Mais même là, Allport et Folsom semblent nier qu'il y ait imitation. Allport, en particulier, fait valoir qu'il est très difficile de provoquer une réaction imitative chez un enfant de moins de dix-huit mois; que quand enfin on l'obtient, on peut l'expliquer par les réflexes conditionnés; que beaucoup de réactions en apparence imitatives sont dues au fait que beaucoup de personnes réagissent de la même façon au même stimulus; enfin que, pour imiter un geste d'adresse, il faut beaucoup s'exercer avant de pouvoir le copier parfaitement.

Folsom pense que le bâillement par contagion est en réalité une réponse conditionnée. « A maintes reprises dans le passé, l'air chaud, les discours prolongés nous ont fait bâiller et, en même temps, nous avons vu les autres bâiller comme nous. La vue du bâillement du voisin est devenu un stimulus conditionné qui désormais déclenche automatiquement notre propre bâillement. Mais le seul stimulus inconditionnel reste l'air chaud ou le discours prolongé. » Je ne pense pas cependant que nous soyons autorisés à nous livrer à des interprétations aussi contournées. Tout simplement, l'émotion des autres et sa manifestation introduisent en nous cette même émotion, qui par conséquent déclenche une manifestation très semblable. Mais Allport a tout à fait raison de souligner que cette imitation n'est pas un instinct, une force aveugle. A coup sûr, l'imitation, comme toute autre activité, dépend de la situation globale, et l'individu dans sa totalité a toujours des mobiles qui s'inscrivent dans cette situation générale. L'imitation

1. Cependant, Preyer cite le cas d'une petite fille qui pouvait imiter correctement dès neuf mois le son d'une note de piano.

instinctive et l'imitation voulue sont pour l'essentiel identiques. Nous résumerons cette idée en disant qu'un organisme fait, dans toutes ses expressions, acte de création.

Mais qu'est-ce exactement qui se passe quand on voit une expression du visage ou tout autre mouvement expressif, ou même quand on est témoin d'une action délibérée? Il y a toujours une personne qui agit, cela fait partie de la structure de l'expérience; et quand nous imitons une action isolée, une expression isolée, n'est-ce pas plutôt que nous imitons une autre personne dans ses actions et dans ses expressions? Nos propres émotions, celle des autres, leurs expressions, ne sont jamais isolées. Dans le langage de la psychologie de la *Gestalt*, chaque expression du visage et des autres parties du corps est une configuration, une *Gestalt*. Dans *Alice au pays des Merveilles*, le chat de Cheshire disparaît et seul reste son sourire. Cette notation est juste dans la mesure où la *Gestalt* du sourire peut être présente même si aucune partie du visage n'est perçue. Mais le sourire sera toujours lié à une image du corps, et il sera lié aussi à la personnalité. Ce peut être la personnalité d'un être humain, ce peut être celle d'un animal, mais il faut que ce soit de quelque être vivant doté d'une image du corps. Les facteurs optiques et kinesthésiques qui président à la construction de notre modèle postural du corps, collaborent aussi grandement à notre construction du modèle postural du corps des autres. Il serait encore mieux de dire que mon image du corps et l'image du corps des autres sont d'emblée très étroitement liées l'une à l'autre. Et il en va de même entre mes actions et celles des autres. Quand j'imite les faits et gestes d'une autre personne, je ne fais que mettre en évidence un facteur sous-jacent, partie commune à toutes les images du corps. Il s'agit d'un facteur fondamentalement sensoriel. Les tendances émotionnelles lui sont attachées, elles utilisent la construction sensorielle de l'image du corps. Il y a, naturellement, pour déterminer ce que nous voulons imiter chez un autre, tout le riche monde des motivations et des tendances.

MacDougall semble dire à peu près la même chose, à propos des actes imitatifs de type idéo-moteur simple. « Chacun de nous, si son attention est fortement concentrée sur les mouvements d'un autre, a tendance à faire lui-même, au moins à ébaucher chacun de ses mouvements; c'est ce qui se produit quand on observe un coup difficile au billard, les reprises d'équilibre d'un funambule, le balancement rythmique d'un danseur. Ces mouvements imitatifs semblent dus au fait que la vue des mouvements d'un autre a le pouvoir de susciter en nous la représentation d'un mouvement similaire de notre propre corps, laquelle, comme toutes les représentations motrices, tend à se réaliser immédiatement dans le mouvement. »

Il ne me reste qu'à souligner une fois de plus que les mouvements sont toujours liés à l'image du corps et qu'ils sous-tendent toutes les lois concernant l'image du corps que nous avons déjà dégagées. Nous comprenons mieux maintenant l'induction sympathique des émotions. Le fait de rire est assurément commun à tous. Il est d'emblée l'affaire du groupe social, de même que le cri d'alarme, même si l'alarme est sans objet. On a tort d'appeler cela induction. Les émotions sont par essence liées aux expressions, et par essence liées aux émotions des autres. Nous percevons l'image du corps des autres, nous percevons leurs expressions, qui expriment des émotions, et les émotions sont des émotions de personnes. Ce sont là des données primaires; elles ne sont pas consécutives à la construction de notre modèle postural du corps et j'ai montré en détail combien celui-ci dépend de ce que nous voyons et des expériences que nous tirons des autres.

Nous sommes donc très loin des suppositions de Lipps concernant l'*Einfühlung*. L'*Einfühlung* est, selon Lipps, la projection des sentiments dans une autre personne ou dans un autre objet : « Le geste de menace de l'autre déclencherait en moi l'instinct d'imitation et, par cette imitation j'éprouverais la menace et je la projetterais dans l'autre. Il est vrai qu'il existe des tendances à l'imitation et qu'elles sont de type très primitif. C'est ce que l'on constate chez les enfants et aussi chez les adultes... On peut accorder à Lipps qu'il existe un instinct d'imitation. On peut très bien l'observer en pathologie. Il y a des hallucinés qui répètent tout ce qu'ils entendent. D'autres qui ont des hallucinations optiques et font ce qu'ils voient, et même deviennent l'image vivante de ce qu'ils voient. On peut dire, d'une manière générale, que toute représentation, toute expérience sensorielle apporte avec elle une tendance à l'action, et distinguer ici deux possibilités : soit que nous agissions comme si nous voulions être nous-même la représentation perçue, soit que nous agissions contre cette représentation, la reconnaissant comme objet. Il est certainement très important pour nous de connaître ces tendances à l'imitation et à la coaction [1]. « Mais il est peu probable que nous puissions jamais de cette manière arriver à reconnaître la personnalité de l'autre, parce que, quand

1. Schilder, *Medizinische Psychologie*, Berlin, 1924.

j'imite instinctivement, c'est encore moi, moi-même, qui ai ces expériences, et il reste encore à trouver comment ces expériences peuvent devenir les expériences d'un autre... L'*Einfühlung* ne nous fait pas franchir le cercle du moi, et nous devons finalement en venir à l'idée qu'il existe un mode autonome de connaissance des moi et des personnes extérieurs. » Il ne me reste qu'une chose à ajouter, c'est que la personnalité de l'autre est basée sur son image du corps.

Imitation est un terme qui nous vient de la psychologie descriptive. Il se rapporte à la vie psychique pleinement consciente. Les efforts de Tarde et d'autres pour approfondir quelque peu la structure formelle de l'imitation et ses motivations, restent superficiels, du fait qu'ils négligent de considérer la vie psychique inconsciente. Je rappellerai que, selon Freud, les processus psychiques dans le système de l'inconscient ont des caractéristiques particulières. Réalité et représentation n'y sont pas séparées l'une de l'autre; il s'y produit des phénomènes de figuration, de condensation et de déplacement. L'investissement psychique d'une représentation peut être transféré sur une représentation similaire, qui en devient alors le symbole. Les expériences inconscientes ne sont pas seulement conservées dans le présent, elles y deviennent aussi agissantes. Alors que notre pensée consciente ne supporte pas les contradictions et cherche à unifier les tendances contradictoires, les tendances qui sont dans l'inconscient ne sont jamais en contradiction. En ce sens, assurément, aucune certitude, aucune assurance, aucun rapport logique ne sont importants dans la pensée inconsciente. Freud parle d'un système de l'inconscient pour désigner ce mode particulier d'activité psychique. Il pense que les processus psychiques de cette sorte ne sont généralement pas dans le champ de la conscience éveillée, mais qu'ils peuvent, en certaines circonstances, parfois y parvenir. Mais ils conservent alors les caracrères spécifiques du système de l'inconscient. Chez l'enfant, le primitif et le schizophrène, par exemple, les processus inconscients parviennent dans le champ de la conscience éveillée. Je vais plus loin; je ne pense pas qu'il y ait aucun processus psychique qui n'ait accès à la conscience. Je ne pense pas non plus que l'on puisse parler d'un inconscient psychique, si inconscient signifie : qui ne peut être conscient.

7. *De l'identification.*

Il existe de nombreux processus psychiques qui restent dans l'arrière-plan de la conscience sous forme de pensées, d'atmosphères, de *Bewustheiten* (Ach), et en tant que germes de pensées et de représentations. La psychologie moderne, et en particulier les expériences sur la pensée de Külpe et de son école, nous éclairent sur cet arrière-plan psychique. Les germes de pensée sont des directions que nous mettons à l'épreuve et qui acquerront leur pleine signification dans le développement subséquent des processus de pensée. J'ai, pour désigner cet arrière-plan psychique, choisi le mot « sphère ». Les processus psychiques dans la sphère montrent certainement les qualités que Freud attribue à son système de l'inconscient. Sa découverte du système de l'inconscient est assurément très importante. Mais je pense pour ma part que les processus dans la sphère restent aussi dans le champ de la conscience éveillée. En développant cette notion de sphère, j'ai voulu aussi montrer qu'il y a un développement continu dans le processus de pensée. Les processus de pensée sont au départ, dans la sphère, un schéma général, un simple diagramme. Sous la pression d'une situation actuelle à laquelle nous voulons nous adapter, nous extrayons du réservoir de nos expériences celles qui s'adaptent à cette situation. Il y a un travail d'essai continuel dans le développement des processus de pensée. Ils sont de ce point de vue des constructions, et comme tels, guidés par notre système de tendances et de désirs, qui sont dirigés sur un secteur précis de la réalité. Une psychologie qui ignore le système de l'inconscient, ou la sphère, restera nécessairement incomplète et superficielle. Freud a déjà montré dans son livre sur l'*Interprétation des rêves* que beaucoup de faits dits d'imitation peuvent être entendus de façon plus profonde. Il en donne une interprétation plus poussée dans son livre sur la *Psychologie collective*.

« Lorsqu'une jeune élève de pensionnat reçoit de celui qu'elle aime en secret une lettre qui éveille sa jalousie et à laquelle elle réagit par une crise d'hystérie, quelques-unes de ses amies, au courant du fait, subiront, pour ainsi dire, la contagion psychique et auront une crise à leur tour. Le mécanisme auquel nous assistons ici est celui de l'identification, rendue possible par l'aptitude à se mettre dans une certaine situation ou par la volonté de s'y mettre. Les autres peuvent également avoir une intrigue amoureuse secrète et, sous l'influence du sentiment de leur culpabilité, accepter la souffrance que cette faute comporte. Mais il serait inexact d'affirmer que c'est par sympathie qu'elles s'assimilent le symptôme de leur amie. Au contraire, la sympathie naît seulement de l'identification, et nous en avons la preuve dans le fait qu'une contagion ou imitation de ce genre se produit également dans des cas où il existe entre deux personnes données moins de sympathie encore qu'entre des amies de pension. L'un des moi a perçu dans l'autre une importante analogie sur un certain point (dans notre cas il s'agit d'un degré de sentimentalité également prononcé) : il se produit aussitôt une identification portant sur ce point et, sous l'influence de la situation pathogène, cette identification aboutit au symptôme qui s'est manifesté dans le moi imité. L'identification par le symptôme fournit ainsi l'indication du point de rencontre des deux moi, point de rencontre qui devait, au fond, rester refoulé[1]. »

J'ai peu de chose à ajouter à cette description, devenue classique, sinon que je préférerais utiliser le terme d'appropriation dans les cas où l'individu ne veut pas prendre la placo de l'autre, mais seulement adopter une partie de ses émotions, de ses expériences ou de ses actes. Mais, dans l'exemple de Freud, une partie de l'image du corps de l'autre est aussi adoptée. L'appropriation passe par l'image du corps. Ses mobiles peuvent rester inconscients. Nous avons par conséquent affaire à une imitation qui repose sur des mobiles inconscients.

Mais qu'est-ce que l'identification au sens strict? L'individu s'identifie à des personnes de son entourage, réelles ou imaginaires, et exprime son identification dans des symptômes, soit action, soit fantasmes. Il joue un rôle, il s'enrichit des expériences de l'autre sans savoir qu'il le fait[2]. Quand nous nous identifions, c'est à des personnes que nous admirons et pour lesquelles nous éprouvons des sentiments amoureux. Au cours du développement de la sexualité infantile, le petit garçon admire son père et voudrait prendre sa place. Il peut s'agir d'un souhait conscient, mais souvent il ne sera pas clairement conçu. L'enfant ne le trahira qu'en adoptant les gestes, les habitudes, les manies de son père; ils deviennent les symptômes de son identification. S'il n'a pas conscience de son désir de prendre la place de son père, il peut très bien ne sentir aucun changement dans sa personnalité consciente. L'imitation reste là encore dans l'inconscient. Mais ce n'est pas tant d'imiter l'autre que de prendre sa place qu'il s'agit; et, ceci étant, il faut bien que l'identification soit dans l'inconscient, sinon, comment expliquer que l'on puisse s'identifier à plusieurs personnes à la fois. Or, nous savons que le petit garçon n'a pas seulement tendance à s'identifier à son

1. On aura compris, d'après ce que j'ai dit plus haut, que je ne puis suivre Freud quand il dit que la sympathie naît de l'identification.
2. Cf. mon livre sur l'homosexualité.

père, bien que celle-ci prédomine; il a aussi tendance à s'identifier à sa mère. Cette dernière tendance peut devenir dominante dans les cas d'homosexualité. Mais le petit garçon peut aussi, et en même temps, s'identifier à sa nurse, à son oncle, aux domestiques, à quiconque l'intéresse. L'identification permet à un seul individu de jouer le rôle de quantité de personnes à la fois. Nous savons que ce n'est pas là seulement une possibilité, c'est un fait typique, et que l'on retrouve à tous les stades du développement psychique. Nous nous identifions à l'objet de notre amour, quoique incomplètement, car si nous le faisions complètement, l'objet d'amour du monde extérieur deviendrait superflu et n'existerait plus. Une identification complète à la mère conduit le garçon à l'homosexualité : il est lui-même la femme, il n'a plus besoin d'une autre. Une identification complète au père le mènera à une hétérosexualité indépendante. Les processus d'identification les plus importants se produisent dans la petite enfance, avant la cinquième année, mais ils ne cessent jamais pendant toute la vie. Il y a une intrusion « inconsciente » continuelle de la personnalité des autres dans la nôtre; rapprochement, mélanges, fusions plus ou moins complètes du point de vue de la conscience, il y a toujours échanges continuels entre les personnalités et, pouvons-nous ajouter, entre images du corps. J'ai montré plus haut que quand nous adoptons la personnalité et l'image du corps des autres, nous pouvons alors essayer de nous débarrasser de notre propre personnalité et image du corps et de les projeter dans les autres. J'ai pu observer un homosexuel, qui s'identifiait à sa mère, et choisissait ses partenaires en tant que représentants de sa propre personnalité avant qu'il s'identifiât à sa mère. Cette identification lui permet maintenant d'attirer sur lui-même les mêmes sentiments qu'il vouait à sa mère; et, en projetant sa propre personnalité dans ses partenaires il s'assure pour lui-même l'apport d'amour qu'autrefois il donnait à sa mère.

Freud souligne à juste titre que toute identification est en fin de compte ambivalente. Le petit garçon ne veut pas seulement être comme son père, il veut aussi prendre sa place et devenir le père lui-même. L'identification complète est destitution de l'objet d'amour, comme on le voit clairement dans l'exemple de l'homosexuel cité plus haut. Mais on peut ajouter à ceci que, pas plus que l'imitation consciente n'assure une fusion complète des images du corps, au niveau conscient, l'identification ne fusionne complètement les personnalités. Elles conservent toujours une certaine indépendance; et des parties de l'image du corps de l'un se cantonnent dans l'inconscient de l'autre. Nous savons maintenant que des parties du père et de la mère incorporées peuvent conserver leur indépendance. La voix de la conscience est la voix du père dont l'image est restée partiellement indépendante. Nous devons aussi garder à l'esprit le fait que l'image du corps inconsciente est construite par additions qui ne mènent pas à unification complète. Nous traitons ici de relations entre totalités qui ne perdent pas complètement leur indépendance.

On peut se demander jusqu'où peut aller la tendance à l'identification. Markuszewicz rapporte le cas d'un enfant qui vient de perdre un petit chat qu'il aimait beaucoup. Bientôt, il se conduit et se meut comme un chat et dit qu'il est lui-même le petit chat. Ferenczi a fait une observation similaire : un petit garçon de trois ans et demi s'identifie si fort à un coq qu'il prend l'habitude de pousser le cri du coq et qu'il n'a plus d'intérêt que pour la basse-cour. Nous ne nous attarderons pas sur la signification analytique de cette identification qui a été clairement interprétée par Freud. Nous voulons seulement souligner que la plasticité du modèle postural du corps est telle qu'il peut avoir quelque chose de commun avec celui des animaux.

Il est passionnant de suivre les prolongements lointains de l'identification. Ils partent des mammifères, s'étendent à tout ce qui est vivant, de là aux plantes et, au-delà encore, jusqu'au monde inanimé, celui surtout qui est mouvement. Or, le monde est avant tout mouvement. Le repos n'est qu'un mode particulier du mouvement. Il peut y avoir identification entre nous et le monde; de là naît un sentiment d'unité avec le monde. Mais, en même temps, le monde reste autre. C'est un objet, sur lequel nous dirigeons nos actions.

Nous touchons ici au problème de fond de l'identification. Quel type d'action s'appuie sur l'identification? En dernière analyse, ce ne peut être que l'action qu'une autre personne dirige sur le monde; la direction et l'action propres à l'individu lui-même restent fondamentales. Les actions sont dirigées sur des objets, et l'identification vient parfois aider ces actions dans leur orientation vers l'objet. L'identification n'est pas, par conséquent, comme Freud l'a dit, la forme la plus ancienne et la plus originaire de l'investissement. Notre investissement affectif primaire est dirigé sur les objets. Avant de s'identifier à son père, le petit garçon s'intéresse à lui comme objet. Il est vrai qu'il lui faut construire son propre corps à partir d'un matériel très semblable à celui dont il dispose pour construire le corps de son père. Il aura donc tendance à assimiler globalement tout ce matériel et à répondre à toute action de l'autre par une action identique de sa part. Mais, ceci étant posé, cette tendance n'est pas plus primitive que la tendance à agir sur les objets. Freud se contredit en assurant que, quand il y a identification, l'agressivité à l'égard de la personne à laquelle on s'identifie est réprimée, de sorte qu'on épargnera cette personne et qu'on l'aidera. Mais quand il y a agression, n'y-a-t-il pas déjà relation d'objet? Agression et identification ne sont-elles pas au moins sur le même plan? Voici un autre passage de Freud qui contient la même contradiction.

« L'étude des identifications qui sont, par exemple, à la base de l'organisation du clan, conduit Robertson Smith à la conclusion surprenante que cette organisation se fonde sur la reconnaissance d'une substance commune (*Kinship and Marriage*, 1885) et que, par conséquent, un repas pris en commun suffit à la créer. Ce trait nous permet d'associer une telle identification à la toute première histoire de la famille humaine telle que je l'ai présentée dans *Totem et Tabou.* »

Si c'est un repas qui crée cette substance commune, il faut que joue, dans ce repas, un fort intérêt primaire. Bien sûr, le repas est un substitut du père; il s'agit du besoin de tuer et dévorer le père. Mais il y a au moins la tendance primaire dirigée sur l'objet, puis l'acte de manger (identification).

Hoff et moi-même sommes arrivés à cette conclusion, fondée sur des études neurologiques, qu'il existe deux types d'action, l'un basé sur l'identification, l'autre sur les réactions à l'égard de l'objet. Il n'est pas possible d'affirmer que l'un est plus primitif que l'autre. On pourrait même dire qu'à bien des points de vue, ce pourrait être le deuxième type, les réactions à l'égard des objets, qui serait le plus archaïque [1].

1. Toute fonction d'un organisme est liée à une direction de l'organisme vers le lieu où la fonction s'exerce. Le corps tout entier est orienté vers le stimulus. Cette orientation, réaction primitive de réception ou de défense, dépend du tonus musculaire. Mais l'état tonique de notre corps ne conditionne pas seulement la réaction de l'organisme, il conditionne nos expériences, la structure de notre monde en temps, en espace et en qualité; nos actes conscients et aussi nos pensées. Jusque-là, nous sommes parfaitement d'accord avec Goldstein. Mais il n'y a pas de doute que les changements dans le seul tonus induit ne sont qu'un aspect des possibilités motrices de l'organisme. Outre ces réactions massives, qui se produisent surtout sur une moitié du corps, il y en a de plus spécifiques, qui reposent sur cette fonction primitive. A ce groupe appartiennent toutes les réactions de saisir, de prendre, d'avaler, telles qu'elles apparaissent dans les réflexes de préhension primitifs; également le réflexe de succion qui apparaît avec certaines lésions du cerveau. Mais à ce groupe aussi appartiennent toute une série de réflexes de défense primitifs. On peut à bon droit opposer au tonus induit toutes les fonctions qui ont leurs centres dans le système striopallidaire et dans le faisceau pyramidal, tous les mouvements rapides d'attitude, les automatismes primaires de C. et O. Vogt, et l'acte volontaire au sens étroit du terme. On peut admettre qu'à chaque perception appartient une double série d'actions motrices — les

Dans le cas de Gamper, le tronc cérébral subsistant, la capacité de saisir et de sucer subsiste également; dans l'anencéphalie de Trömner, la capacité de saisir subsiste également; mais il n'y a aucune trace de mouvements imitatifs. De même, dans l'étude des organismes primitifs, nous rencontrons peu d'évidence d'une identification pure et d'actions basées sur elle. Certes, une étude approfondie prouverait sans doute que la tendance à l'identification et les mouvements basés sur elle sont tout aussi primitifs que les mouvements dirigés sur les objets. Je considère que nous avons ici affaire à deux types originaires. Nous ne possédons pas dans l'état actuel de nos connaissances de faits qui puissent avoir valeur de preuve pour étayer cette thèse; mais ceux que nous possédons prouvent en tout cas catégoriquement que le type d'action par identification n'est pas plus primitif que le type objectal. Les êtres humains agissent dans le monde, d'emblée. Autrement dit, ils sont agissants par rapport aux objets, qu'ils les attirent ou qu'ils les repoussent. Mais aussi forte que puisse être la tendance à agir sur le monde, il y a aussi la tendance à unifier l'image du corps à toutes les autres images du corps. Nous avons ici affaire à des tendances qui sont à la fois fondamentales et en conflit.

Nous pourrions même tenter de pousser plus loin la discussion. Le petit garçon, nous l'avons vu, veut devenir comme son père et sa mère en s'identifiant à eux. Il veut avoir la même puissance qu'eux, les mêmes droits et la même capacité de conquérir le monde. L'identification devient ainsi, c'est un point que j'ai développé ailleurs, essentiellement une méthode pour acquérir plus de possibilités d'agir sur le monde. J'ai déjà, comme Freud, attiré l'attention sur l'idée que s'identifier signifie prendre en soi l'autre objet et, pour ma part, j'interpréterais ceci comme une action dirigée sur le monde extérieur. S'il en est bien ainsi, l'identification nous servirait donc à agir dans le monde. Quand il y a conflit entre l'identification et l'action dirigée sur les objets, il ne s'agit pas d'un conflit entre éléments se situant sur un même plan mais d'un conflit entre le monde et l'outil, qui est devenu trop important. Mais, même s'il en est ainsi, l'identification et l'imitation ne peuvent

cinétiques et les toniques, ces dernières étant certainement les plus primitives. Les fonctions cinétiques se placent à de nombreux niveaux. On peut distinguer deux types importants, l'un qui est dirigé vers les objets (type objectal), l'autre qui imite les mouvements des objets (type identificatoire). La réaction tonique semble uniquement de type objectal; l'identification et l'imitation n'y jouent apparemment pas un rôle important.

être dérivées des actions dirigées sur les objets. L'identification reste une tendance humaine innée, primaire.

Freud utilise son concept d'identification spécialement pour l'étude de la psychologie collective à laquelle, comme Le Bon, Sighele et Tarde, il s'intéresse particulièrement. Il pose que la relation entre l'hypnotiseur et l'hypnotisé peut être considérée comme une foule à deux. L'hypnotisé s'identifie à l'hypnotiseur. Nous pouvons ajouter que dans cette identification l'image du corps a aussi son rôle à jouer. Mais on ne peut dire si l'image du corps de l'hypnotiseur, dans sa pleine extension, vient s'établir dans l'hypnotisé. Nous aurons plus loin à nous demander si l'image du corps ne serait pas beaucoup plus primitive que le corps réel tel qu'il est perçu. Mais nous ne pouvons décider de cette question sans en savoir plus sur la relation entre l'esprit et le corps. Il ne peut y avoir aucun doute, les identifications sont fondamentales pour la société humaine. Mais elles ne sont pas le seul fondement des relations humaines, pas plus qu'elles ne sont le seul type de relation entre images du corps. Soulignons-le, une fois que nous avons élaboré l'image du corps d'autrui comme expression de sa personnalité, corps et personnalité sont identiques au regard de notre action; toutes les relations humaines se placent au niveau des corps. Identification et imitation ne sont qu'un aspect, important certes, de ces relations humaines dont les formes sont multiples. Il est vrai que tout individu est fondamentalement social, mais ceci n'est dû qu'en partie à l'identification. Les individus voient les autres individus et les autres corps comme indépendants d'eux. La citation qui va suivre ne contient donc, on va le voir, qu'une part de vérité.

Boukharine (cité par Kornilow), marxiste bien connu, décrit de la façon suivante cette dépendance de l'homme à sa condition sociale; il dit : « Si, dans le processus de développement, nous considérons les individus isolés, nous voyons qu'essentiellement, comme une saucisse est bourrée de viande hachée, ils sont bourrés des influences qui viennent de leur environnement. Un homme est élevé dans une famille, dans la rue, à l'école, il parle un langage qui est le produit du développement social. Il pense avec les idées qui ont été élaborées par les générations qui l'ont précédé. Il voit autour de lui d'autres gens qui lui montrent leur façon de vivre. Il voit devant lui toute une ordonnance de la vie. Et tout ceci l'influence à chaque seconde de son existence. Comme une éponge, il absorbe continuellement de nouvelles impressions. A partir de ce matériau il se construit en tant qu'individu.

Tout individu par conséquent est social au fond de l'âme. Tout individu est un conglomérat d'influences sociales étroitement nouées. »

Il semble que l'appréciation de l'image du corps des autres ne soit pas très développée chez les animaux, mais nous ne possédons sur ce sujet qu'un matériel très insuffisant. Köhler a observé que les chimpanzés en groupe peuvent être pris d'une excitation frénétique quand l'un des leurs est attaqué. Ses amis et même le groupe tout entier accourent pour le défendre avec passion. C'est chez les animaux adultes que cette tendance est la plus forte. Mais nous savons trop peu de chose de ces phénomènes pour nous aventurer à parler d'une image sociale chez les animaux. On peut trouver quelques renseignements supplémentaires dans les études d'Alvordos sur la sociologie des animaux. Il est certain en tout cas que les animaux se conduisent à l'égard des membres du groupe ou de l'espèce autrement qu'à l'égard des représentants des autres espèces. Mais tout ce que nous pourrions dire de plus sur ce sujet ne serait qu'hypothèses sans fondement.

8. *La beauté et l'image du corps.*

A. M., vingt-neuf ans, a demandé à être analysé parce qu'il se trouve trop laid et qu'il n'a jamais pu se faire aimer d'aucune jeune fille. Il a eu plusieurs déceptions amoureuses qui l'ont grandement affecté. Il a déjà, deux ans plus tôt environ, commencé une analyse qui a duré à peu près un an. A cette époque, une jeune fille nommée Anne venait de le repousser. Estimant que sa laideur était responsable de ce refus, et comme l'analyse ne lui avait fait aucun bien, il avait décidé de l'abandonner et il s'était fait refaire le nez par un chirurgien esthétique. Il détestait tout particulièrement le nez que lui avait donné la nature; il trouvait que c'était un nez par trop juif. Il n'est plus jamais tombé amoureux depuis sa mésaventure avec Anne. Mais, quelques mois avant de reprendre l'analyse, il s'est pris d'un intérêt profond pour une jeune fille, qui est chrétienne. Au moment où il sollicite une analyse, il s'est déjà persuadé que, cette fois encore, il va essuyer un refus. L'une des raisons qui l'incitent à l'analyse, c'est qu'il ne voudrait plus être repoussé dans ses amours, soit cette fois-ci, soit à la prochaine occasion. C'est un jeune homme de grande taille, avec une tête assez petite, et qui assurément, n'a rien de laid; bien au contraire, il est assez joli garçon. Comme je ne l'ai pas connu avant son opération, il m'est difficile de dire en quel sens elle a pu changer son visage. L'intéressé ne s'explique pas clairement sur ce point; il cite des gens, qui disent qu'avant l'opération son visage avait plus de caractère que maintenant, mais il paraît dans l'ensemble assez content du résultat. De l'avis de son premier analyste, il est effectivement mieux avec son nouveau nez.

Sa situation familiale est la suivante : sa mère a cinquante-deux ans et semble très attachée à lui. Son père est mort dans une crise cardiaque il y a environ sept ans. Il tient de sa mère qu'elle a épousé son père à la suite d'une grave déception sentimentale. Elle a connu un autre homme, celui qu'elle a vraiment aimé, et elle le considérait comme son fiancé, mais celui-ci en a épousé une autre et elle-même a fait un mariage de raison. D'après les dires du patient, depuis son veuvage, sa mère fait tout ce qu'elle peut pour plaire aux hommes, mais n'y parvient pas. Elle est ravie quand elle arrive à attirer sur elle quelque attention masculine et se plaint amèrement quand elle n'y arrive pas. Le patient est persuadé que c'est le même manque de sex-appeal qui a gâché, et sa vie, et celle de sa mère. Il la trouve laide, disgracieuse, et dit que les gens n'ont guère envie de la fréquenter, même les couples mariés. Elle n'obtient de temps en temps d'être invitée par ses amis qu'en lançant elle-même de multiples invitations. De l'avis du patient, le manque de charme physique et la misère morale est comme une malédiction qui pèse sur toute la famille de sa mère.

Il déteste la famille de son père parce que c'est une famille typiquement juive et dont l'extérieur trahit clairement la race. Il y a toujours eu un antagonisme profond entre les deux familles, celle de la mère étant particulièrement opposée au grand-père paternel. Le patient est fils unique, et sa mère a été très malade à sa naissance. Elle en a toujours rendu responsable le médecin de la famille, et surtout son beau-père. Elle a souffert des conséquences de cette maladie pendant des années, elle était souvent alitée et elle s'est rendue plusieurs fois en Europe pour se soigner. Alors qu'elle est maintenant en bons termes avec le médecin qui l'avait soignée à l'époque — et mal soignée, à son avis — elle n'a jamais pardonné sa maladie à son beau-père et à toute la famille de son mari. Elle s'est toujours sentie supérieure à ces gens. Sa maladie n'a duré que quelques années, maintenant elle a recouvré la santé. Mais son mari à son tour est tombé malade pour finalement mourir d'une crise cardiaque. Elle prétend que la vie conjugale avait fini par susciter en elle un profond attachement pour son mari et qu'ils ont connu plusieurs années de bonheur dans l'intervalle de leurs deux maladies. Mais le patient sur ce point conteste les dires de sa mère. Il reste fermement convaincu que la vie de sa mère a été d'un bout à l'autre un échec, parce qu'elle est laide et sans charme. Quand il était petit, il la trouvait belle et admirait surtout sa chevelure.

Le patient conserve très peu de souvenirs de ses premières années. (Il ne lui en est pas revenu non plus dans l'analyse.) Il a quelques vagues réminiscences concernant la maladie de sa mère — il se souvient de cadeaux que son père ramenait de ses voyages d'affaires —, il a aussi le vague souvenir d'une gouvernante allemande qu'il avait vers trois-quatre ans et qui était assez sévère. Ses parents le punissaient rarement. Il n'a que quelques rares souvenirs d'avoir été privé de dessert ou consigné dans sa chambre. Il ressort de l'analyse qu'il avait très probablement un extrême attachement à sa mère et qu'il épousait l'attitude hostile de celle-ci à l'égard du père et du grand-père. Ce dernier, surtout, lui inspirait une hostilité qu'il ne cachait guère et dont il était pleinement conscient. Quand ce grand-père mourut, le patient avait sept ou huit ans. Une série de difficultés dans sa vie l'ont rendu de plus en plus dépendant de sa mère. Il aspire à l'indépendance, néanmoins il habite avec sa mère et lui raconte presque tout. Il lui confie ses mésaventures amoureuses et s'enflamme à ce qui l'enflamme. Elle lui reproche beaucoup de ne s'intéresser qu'à des jeunes filles qui lui restent inaccessibles et menace de se suicider quand elle le voit triste et dépité. Quand elle s'alarme trop, il dit que la vie n'a aucun sens pour lui et, ce faisant, la plonge dans le désespoir. Il lui parle sans arrêt de ses problèmes sexuels, il ne peut s'en empêcher. Elle est très hostile au fait que son fils soit en analyse et a créé des difficultés considérables au cours de la première analyse. Le patient, qui n'a guère de succès dans sa profession, dépend aussi financièrement de sa mère. Il s'est plaint une fois de cette situation, elle lui a donné une très forte somme, qu'il a investie dans son affaire, mais il a presque tout perdu.

Vers quatre ou cinq ans, il a eu une importante relation avec un cousin plus fort, plus âgé et plus indépendant que lui. Ils n'ont pas tardé à inventer des jeux sexuels auxquels d'ailleurs ils ne se livraient pas souvent. Dans ces jeux, le patient était passif. A partir de dix ou onze ans, on l'envoie plusieurs années de suite dans une colonie de vacances. Il a, à cette époque, cessé de se masturber (masturbation associée à des fantasmes concernant le cousin). Alors qu'il était jusqu'à présent unanimement considéré comme un enfant particulièrement doué et intelligent, maintenant ses camarades de la colonie se moquent de lui et le traitent avec mépris. Il ne se révolte pas contre leur attitude, il en souffre beaucoup. Pourtant, il continue à se montrer brillant élève pendant toutes ses années de lycée et il se fait quelques amis intimes. L'amitié joue un rôle important dans toute sa vie; il admire beaucoup ses amis, les trouve plus beaux que lui. Il pense qu'ils ont beaucoup plus de charme que lui et plus de succès dans la vie. Un de ses amis a épousé une jeune fille pour laquelle il a éprouvé lui-même de l'inclination. Tous ses amis se sont mariés avec de belles filles pleines d'attraits, le genre de filles que d'après lui il ne pourra jamais approcher. Il envie énormément ses amis mariés, mais il est persuadé qu'ils n'ont pour lui que mépris et condescendance. En retour, il les déteste plus ou moins ouvertement, mais continue à les rechercher, à avoir besoin d'eux. Il lui faut toujours quelqu'un à qui confier ses difficultés amoureuses.

L'analyse a montré que ses rapports avec ses amis perpétuent ceux qu'il a eus dans l'enfance avec son cousin, et qu'il a à leur égard la même attitude passive et masochiste. Il semble que son attitude masochiste, même antérieurement à l'épisode avec son cousin, dérive et se soit nourrie de la maladie de sa mère, personne apparemment très portée à se plaindre. Il y avait donc non seulement une relation sexuelle érotique, probablement génitale, mais aussi la tendance à s'identifier à elle et à donner son admiration, non pas au père qui, comme le grand-père, était l'objet d'une haine liée au complexe d'Œdipe, mais à l'homme que sa mère avait aimé et qui l'avait rejetée.

Les composantes anales dans cette relation apparaissent déjà au premier plan dans la relation au cousin. Au surplus, sa mère lui donnait souvent des lavements, qui lui faisaient grand-peur. Ces souvenirs remontent à la quatrième année. Il est, par conséquent, passif à l'égard de sa mère mais il est aussi passif à l'égard de l'homme qu'elle est censée aimer, et c'est par ces deux voies qu'il s'identifie à sa mère. On ne sera pas surpris d'apprendre que, avant sa première analyse, ses fonctions intestinales étaient très irrégulières. Il a un fort dégoût pour tout ce qui est sale, l'odeur des excréments, l'odeur de pourriture et l'odeur de cadavre. L'idée du sang menstruel et de l'odeur du corps féminin après le coït suffit à le dégoûter. La vue d'une femme se rendant aux toilettes le révulse. Il a en horreur l'expression « ça pue ». Il est horrifié quand il entend parler de cancer, d'opération, d'amputation.

Il déteste d'avance tout ce qui risque de troubler la symétrie du corps ; il a peur des monstres que l'on exhibe dans les foires.

Il redoute énormément d'avoir un jour à subir lui-même une opération ou une amputation. Étant enfant, il a vu le sexe de son père qui lui a paru trop gros. Quelques années plus tard, l'idée lui est venue que c'était son sexe à lui qui était trop petit ; mais cette pensée lui a été suggérée par certaines questions posées par un médecin. Il a été plusieurs fois saisi d'une grande frayeur à l'idée qu'on pourrait lui couper le pénis. Il est évident que le complexe de castration est chez lui fortement développé. L'épisode infantile correspondant n'a pas été remémoré ; il n'a pas non plus été possible d'en faire une reconstruction. Associé au complexe de castration, on peut noter aussi le sentiment, parfois, d'être creux à l'intérieur. Enfant, il éprouvait un fort sentiment de culpabilité parce qu'il se masturbait, et il redoutait beaucoup d'être découvert. Il est sujet à des réactions de peur très violentes, qui sont probablement associées à des expériences précoces non remémorées ; sans doute était-il grondé très fort quand on le surprenait à quelque jeu sexuel.

Comme il a une horreur toute particulière des opérations, il se demande comment on peut leur survivre. A sept ou huit ans il a été opéré de l'appendicite ; il s'est débattu quand on a voulu l'endormir, il a eu très peur, il était sûr de ne jamais se réveiller. Il pense souvent à la mort : ce serait un moyen facile de régler ses problèmes. Il parle beaucoup de suicide, mais s'il se suicidait sa mère en mourrait. Il a des fantasmes où sa mère et lui se suicident en commun. (Ce serait l'union ultime et parfaite, et en même temps une autopunition pour la relation illicite.) Ce désir de suicide n'empêche pas qu'il est très prudent pour traverser la rue. Il a peur de se faire écraser. Il se complaît dans un fantasme où il se voit mourir à trente et un ans.

(Son père s'est marié à trente et un ans. Ce fantasme de mort est un souhait de mort dirigé contre le père dont il voudrait prendre la place.)

Il a des fantasmes fortement sadiques contre ceux qui le maltraitent. Il a été renvoyé d'un emploi qu'il occupait dans le commerce parce que des clients le trouvaient antipathique : il a souhaité les voir morts. Quand il a appris que l'un d'eux avait fait faillite et qu'un autre avait été abandonné par sa femme, il en a été ravi. Il a aussi des fantasmes où il tue son employeur d'un coup de revolver. Vers dix ans, il a été très impressionné par une affaire de meurtre. Étant amoureux et jaloux, il nourrit des fantasmes où il tue et défigure son rival.

Mais il va plus loin. Il imagine que la jeune fille dont il est amoureux se donne à l'homme qui, d'ailleurs, était son fiancé, puis est abandonnée par lui et se noie. Il se voit tuant le fiancé à l'enterrement de la demoiselle. Sa relation à cette personne était profondément ambivalente. Il est en analyse quand elle l'éconduit définitivement. Il fait le rêve suivant :

« Je sortais de chez moi en compagnie de R. *(la jeune fille)*. Un pervers nous arrêtait au passage. C'était comme s'il nous avait jeté un sort. Il formait une silhouette sombre. Il voulait peut-être me tuer et faire quelque chose avec elle *(viol)*. J'étais rempli d'horreur et, avec une grande frayeur, je lui demandai de me laisser partir, et ensuite de la laisser partir aussi. Je courais ramasser des pierres. Nous jetions des pierres dans les fenêtres pour demander de l'aide. Ensuite un taxi passait et nous lui faisions des signes pour qu'il nous prenne. Le taxi ne s'arrêtait pas, le chauffeur avait l'air d'un mort. Nous tombions tous les deux dans la boue. »

La première partie de ce rêve montre la peur de la castration et de la mort associée au désir sexuel. Dans la seconde partie du rêve, l'idée du pacte de suicide avec la mère revient. Le suicide commun signifie en même temps une relation sexuelle illicite qui est interdite et laide. Il aime les poèmes qui parlent d'amoureux allant ensemble à la mort. D'un autre côté, il a peur que dans ses accès de colère, sa mère ne lui fasse du mal et ne se fasse du mal à elle-même.

Il boit et fume énormément, et pense qu'alcool et tabac finiront par le tuer; c'est un compromis entre sa peur de mourir et son désir de vivre.

Ses souhaits de mort et sa tendance au suicide se manifestent aussi fortement chaque fois qu'il essuie un échec dans sa vie amoureuse. Dans ces moments-là, il pense qu'il est un zéro, qu'il n'est même pas vivant, il se maudit d'être laid. Il a souvent eu ce sentiment qu'il n'est pas vivant. Les souvenirs qu'il garde de son enfance lui semblent irréels. Son idéal, c'est la beauté parfaite. Il ne pense qu'en termes de beauté. Pour lui les humains se classent en fonction de leur physique. Il pense qu'il faut être un bel homme pour avoir une belle femme. La beauté est, en quelque sorte, l'idée centrale de sa vie. Ce qu'il veut, c'est épouser une vraie beauté, et en même temps il est persuadé qu'il n'y parviendra jamais. Il a peur de mourir avant d'avoir atteint son but. Il a grand désir de se marier, mais c'est toujours avec de belles filles, dont il ne peut ignorer le refus. Il est fermement convaincu qu'il faut se marier très jeune. Il est terriblement déçu de ne pas être encore marié, et admire ses amis qui le sont. Le mariage semble être pour lui le seul et unique but dans la vie. Il pense qu'il a déjà perdu huit ou neuf années de sa vie. Il redoute la concurrence des autres hommes, il se sent incapable de soutenir la compétition. Ce n'est pas un hasard si, pour son malheur, tous ses amis sont particulièrement beaux garçons et s'ils réussissent dans leur vie amoureuse et conjugale. Il défend ce point de vue avec ardeur en employant des arguments intellectuels. Il considère qu'il n'est doué en rien, mais il sait raisonner et il en est très fier. C'est par là que ressort son narcissisme. Il est très difficile de lui faire abandonner le raisonnement pour l'association libre, et par conséquent très difficile aussi d'obtenir un transfert qui permettrait de sonder plus profondément sa personnalité. Il tente d'utiliser l'analyste comme ami et comme conseiller dans ses difficultés amoureuses.

Dans ces conditions, l'analyse est certainement restée incomplète. Mais ce n'est pas le point de vue purement analytique qui dans ce cas nous intéresse : c'est le problème de la beauté par rapport à l'image du corps. Il est clair que, pour ce patient, beauté signifie beauté corporelle. Freud écrit dans *Malaise dans la civilisation :*

« La science de l'esthétique étudie les conditions dans lesquelles on ressent le "beau", mais elle n'a pu apporter aucun éclaircissement sur la nature et l'origine de la beauté; et comme il advient toujours dans ce cas, elle s'est abondamment dépensée en phrases aussi creuses que sonores destinées à masquer l'absence de résultats. Malheureusement c'est sur la beauté que la psychanalyse a le moins à nous dire. Un seul point semble certain, c'est que l'émotion esthétique dérive de la sphère des sensations sexuelles; elle serait un exemple typique de tendance inhibée-quant-au-but. Primitivement, la "beauté" et le "charme" sont des attributs de l'objet sexuel. Il y a lieu de remarquer que les organes génitaux en eux-mêmes, dont la vue est toujours excitante, ne sont pourtant presque jamais considérés comme beaux. Par contre, un caractère de beauté s'attache, semble-t-il, à certains signes sexuels secondaires. »

Nous devons souligner que l'excitation sexuelle et le sentiment de beauté qui en dérive doivent par conséquent avoir un lien avec le modèle postural du corps. Rien, dans le cas du jeune homme dont je viens de parler, ne nous aide à savoir ce que c'est que la beauté. Lui-même restait sur ce chapitre très vague et confus. Mais, ce qui est remarquable, c'est qu'il n'ait vu la beauté que sur le corps des autres, jamais sur le sien. On notera que ses pulsions sexuelles étaient fortes, mais que son activité sexuelle restait assez limitée. A l'âge de la puberté, il a eu quelques rapports sexuels incomplets avec une servante. Mais comme elle était mariée, il eut vite peur que le mari ne découvre leur jeu et ne le tue. Il était d'ailleurs honteux de cette aventure peu flatteuse. Il en avait eu par la suite quelques autres, épisodiques, deux ou trois avant d'entrer en analyse, et n'en avait jamais tiré de plaisir particulier. Il n'avait guère de curiosité sexuelle. En entrant en analyse, il n'avait encore que des notions limitées et d'ailleurs erronées sur le sexe féminin. Il n'osait jamais s'imaginer couchant avec une personne dont il fût vraiment amoureux. Mais il avait parfois des rêves sur ce thème. L'analyste l'ayant forcé à avoir des contacts sexuels, il avait alors tendance à détacher cet aspect de la sexualité de son autre vie sexuelle. Il n'avait d'ailleurs jamais ressenti d'excitation sexuelle en présence des femmes dont il était vraiment amoureux.

Les philosophes de l'esthétique ont tous relevé qu'il n'y a pas d'intérêt immédiat dans le plaisir esthétique, et ils voient dans ce détachement l'un des traits importants de l'attitude esthétique. Ceci peut être vrai d'un point de vue purement descriptif, mais quand il s'agit de la beauté du corps humain, on voit aussitôt que l'intérêt esthétique y est certainement étroitement associé à l'intérêt sexuel, et par conséquent à un besoin très urgent et très réel. La beauté du corps humain ne suscite pas immédiatement les désirs, mais elle contient en elle le germe de développement des désirs. Dans le champ de l'esthétique pure, nous réprimons le besoin immédiat. L'individu sent qu'il peut contrôler ses désirs, qu'il n'est pas forcé de les suivre. J'ai écrit ailleurs : « Ce n'est que tard, on le sait, qu'on a découvert la beauté du paysage, et l'on peut dire que les valeurs esthétiques sont à l'origine l'apanage du monde animé. Ceci est pour nous très important car la beauté du corps humain est en rapport manifeste avec la sexualité. Il est clair que l'influence esthétique disparaît quand le désir sexuel devient trop fort, et l'on doit en conclure que l'objet esthétique provoque les désirs, mais que ces désirs sont prématurément inhibés et interrompus; de sorte que le plaisir esthétique, bien qu'il apporte repos et détente, ne satisfait pas pleinement les désirs et reste, par conséquent, distant de l'objet. Nous pouvons rester dans l'attitude esthétique tout en pensant au sort des êtres qui nous entourent. Mais nous n'aurons jamais une appréciation esthétique d'un événement tragique si nous ne sommes pas, intérieurement, "distanciés" par rapport à cet événement. Nous n'aurons jamais de plaisir esthétique concernant nos propres expériences, qu'à condition de les dépersonnaliser, de les placer devant nous comme s'il s'agissait des expériences d'un étranger. »

L'objet esthétique apporte donc une promesse et une semi-satisfaction des désirs; la satisfaction ni l'aboutissement ne peuvent être atteints, du fait que, dans l'expérience esthétique, plus d'un désir cherche à s'exprimer et à se satisfaire. L'effet esthétique consiste dans le fait que des désirs y sont provoqués, mais non satisfaits. Les expériences esthétiques sont inachevées et, même, ne sauraient être achevées. Quand Schopenhauer dit que l'essence de l'esthétique est dans l'abolition de la volonté et de la tension, il a donc raison en partie. L'objet esthétique tire sa qualité de l'accumulation de l'énergie pulsionnelle. Dans le plaisir esthétique il y a un libre jeu des désirs et point de responsabilité consécutive.

Mais il est certain que le plaisir esthétique est vide s'il ne vise pas, au-delà de lui-même, à une possibilité d'action dans la pleine responsabilité que toute action entraîne. Quand Platon, dans *La République*, n'accorde qu'une estime limitée à l'art et à la beauté de l'objet isolé, il exprime par là le sentiment d'insatisfaction que laisse le plaisir esthétique qui ne se dépasse pas.

Notons que dans le cas du jeune homme dont nous venons de parler, la surestimation de la valeur de la beauté féminine résulte de processus psychiques très complexes. La maladie de sa mère et sa haine pour son père ont suscité en lui des idées de beauté qui sont dressées contre le père. Il voudrait prendre la place de son père qu'il trouve laid, mais il a peur en même temps de ne pas en être capable. La laideur du père auquel il s'identifie, plus tard le fait que ce père est malade, faible, mal aimé de sa femme, ont intensifié chez le patient la peur de la castration, et la crainte de se voir assigner un rôle inférieur. Tous ces éléments l'ont acculé à s'identifier à sa mère malade. Cette attitude passive et masochiste est renforcée par les lavements que sa mère lui donne. L'homosexualité anale passive qu'éveille le cousin est une conséquence naturelle de la situation infantile antérieure. Le complexe d'Œdipe devient dans ses ramifications le moteur du développement de son idéal de beauté.

Notons la force des composantes anales — la peur en particulier que lui inspirent la pourriture, les excréments, la mort et la décomposition. Comme la castration est atteinte à la régularité du corps, il a peur de tout ce qui peut en altérer la symétrie. Adorer la beauté, c'est donc chez lui, pour résumer, avoir le désir : de prendre la place du père, d'être différent de lui et supérieur à lui, de ne pas être castré, de ne pas être passif, de ne pas être contraint de prendre la place de la mère malade, de ne pas se laisser subjuguer par son analité, de ne pas être analement passif. Il est évident que tant de facteurs vont l'handicaper dans sa recherche de la beauté et rendre vains ses efforts pour se rapprocher de l'objet aimé.

Ce cas nous donne un aperçu des raisons pour lesquelles l'adoration de la beauté est opposée à l'action. L'attitude du patient à l'égard de la beauté des autres — adoration — est étroitement associée à son attitude à l'égard de sa propre image du corps — dépréciation. On comprend donc pourquoi la chirurgie esthétique n'a pas amené de grands changements dans sa conduite et ne lui a pas apporté plus de succès. Notre corps est, nous l'avons dit, une image, et il est construit en nous à partir de nos attitudes instinctuelles. Un changement physique dans son aspect ne peut donc avoir qu'un aspect limité. Certes, une opération esthétique peut éventuellement non seulement changer le corps mais aussi l'image du corps. Nous pouvons partir d'elle pour refaire notre image du corps. Nous pouvons nous regarder dans le miroir et projeter en nous son reflet. Nous pouvons aussi étudier les changements dans l'attitude des autres et les transférer sur notre image du corps. Mais toutes ces pratiques, qui n'ont pas le pouvoir de changer l'attitude psychique de l'individu, n'auront pas sur l'image d'influence décisive. On comprend aussi pourquoi les interventions de chirurgie esthétique ont parfois des conséquences catastrophiques : c'est qu'elles peuvent réveiller quantité d'activités prégénitales sous-jacentes.

Nous ne devons pas sous-estimer l'importance de la beauté et de la laideur physiques, dans la vie humaine. La beauté peut être une promesse de complète satisfaction et y mener. Notre propre beauté ou laideur figurera non seulement dans l'image que nous avons de nous-même mais aussi dans celle que les autres ont de nous, et qui nous sera renvoyée. Beauté et laideur, à coup sûr, ne sauraient être des catégories chez un individu isolé; ce sont des phénomènes sociaux, et d'une importance capitale. Ils règnent sur les activités sexuelles dans les relations humaines, et non seulement sur les activités hétérosexuelles manifestes, mais aussi sur les activités homosexuelles, qui occupent une place très importante dans la structure sociale. Notre patient est très fortement subjugué par la beauté de ses amis qui sont, à son avis, plus favorisés que lui. Notre propre image du corps et les images du corps des autres, leur beauté et leur laideur peuvent devenir le pivot de nos activités sexuelles et sociales. Nous nous complaisons dans l'idée que nous possédons des moyens d'appréciation absolue de la beauté. Une étude objective des idées que se font de la beauté du corps humain les diverses sociétés montre assez qu'il n'en est rien. Il nous suffit de franchir les frontières de notre culture pour voir chanceler notre idée du beau. Il nous est parfois impossible de trouver beau ce qui l'est pour les primitifs. Même, il n'est pas facile de comparer les idées du beau chez les différentes races humaines pour en tirer une loi générale. Nous comprenons mal qu'en estropiant les pieds de leurs femmes, les Chinois les rendaient à leurs yeux plus belles. Et point n'est besoin d'aller si loin; nous comprenons mal maintenant que le corset baleiné ait pu être un instrument de beauté. Les tatouages, les lèvres distendues, quantité d'autres procédés qui modifient le visage, et à nos yeux, le défigurent, sont aux yeux des primitifs des moyens de l'embellir.

L'étude des désirs et des pulsions peut nous éclairer sur les changements qui sont apportés au corps dans les diverses sociétés. L'idéal de la beauté et la mesure de la beauté dans une société seront toujours l'expression de la situation de la libido dans cette société; cette situation est nécessairement vouée au changement. Je ne voudrais pas donner l'impression d'adhérer à une conception relativiste de la beauté. Les structures libidinales sont certes régies par des lois, mais ce sont les manifestations de ces structures qui changent, selon la situation sociale globale, et, partant, la manifestation du beau change aussi.

Les images du corps et leur beauté ne sont pas des entités rigides. Nous construisons et reconstruisons sans cesse notre propre image du corps et, de même, celle des autres; il y a un échange mutuel de parties, ou, en d'autres termes, une socialisation continuelle des images du corps. Il existe une phase dans le courant continu des désirs libidinaux, une phase où nous sentons qu'aucune action responsable immédiate, qu'elle soit sociale ou sexuelle, ne nous est imposée, où l'action peut rester à l'état de germe inabouti, ou encore de jeu. C'est ce qui fait que la beauté est traître. Nous sommes, en dernière analyse, incapables de percevoir sans agir. Nous sommes incapables de garder une attitude purement perceptive, sans action. L'action n'est pas quelque chose qui s'ajoute à la réception passive des expériences qu'apporte le monde; action et réception sont une unité inséparable. Il n'y a pas de jeu qui soit pur jeu, il y a toujours dans le jeu une part de responsabilité; nous aimons nous flatter de l'illusion que nous pouvons nous dispenser d'agir et que si nous agissons, nous pouvons le faire sans compromettre nos derniers retranchements. Mais nous savons au fond de nous-mêmes que la véritable beauté de la vie est dans son inexorabilité et son sérieux. C'est un peu ce qu'exprime Platon dans *La République* (Platon, *La République*, liv. V) :

« Voici donc, repris-je, de quelle façon je fais la distinction et la séparation entre ceux, d'une part, dont tu parlais tout à l'heure, les amateurs de spectacles, ceux qui aiment à faire du travail de métier et à s'occuper d'affaires, et ceux, de l'autre côté, [*b*] que concerne notre propos et auxquels seuls conviendrait justement le titre de philosophes. — Comment l'entends-tu? dit-il. — Ceux sans doute, répliquai-je, qui aiment à entendre et qui sont amateurs de spectacles, recherchent la beauté des voix, des couleurs, des formes et tout ce dans la fabrication de quoi entrent de tels éléments, mais le beau tout seul, leur pensée est incapable, aussi bien d'en avoir vu la nature que de l'avoir recherchée. — C'est encore ainsi qu'il en est en effet, dit-il. — Or, maintenant, ceux qui sont capables d'aller vers le beau tout seul, de le voir en lui-même, ne seraient-ils pas rares? [*c*] — Ah! je crois bien! — Mais celui qui admet l'existence d'objets beaux, n'admettant pas, d'autre part, celle d'une beauté qui n'est que beauté, qui, dans le cas où on le guiderait à la connaissance de celle-ci, serait incapable de suivre, penses-tu que sa vie soit un rêve, ou une vie réelle? Examine : rêver ne consiste-t-il point en ceci, que, soit dans le sommeil, soit à l'état de veille, on tient ce qui ressemble à quelque chose, non pour ressemblant à ce dont il a l'air, mais pour identique à lui? — Moi du moins, voilà, répondit-il, le cas où je dirais qu'on rêve! — Mais quoi? celui qui, inversement tient pour une réalité un beau qui n'est pas cela, [*d*] qui est capable d'apercevoir, et ce beau qui n'est pas beau, et les objets qui en participent; qui ne tient, ni les objets qui en participent pour être lui, ni lui pour être ces objets qui en participent, celui-là aussi, à son tour, penses-tu que sa vie soit une vie réelle, ou bien un songe? — Une vie réelle, je crois bien! dit-il. »

La beauté absolue se situe au-delà de la beauté réalisée.

Nous n'avons encore considéré que le corps au repos. Mais, en rester là serait par trop schématiser le problème. Ce n'est pas par hasard que nous avons, jusqu'à présent, considéré la beauté de la forme plus que la beauté de la fonction. Dès que nous quittons l'état de repos pour le mouvement, il nous est beaucoup plus difficile de rester dans l'attitude que Kant nommait *interesseloses Wohlgefallen*. Nous sommes immédiatement animés d'une plus grande énergie. Il est vrai que la construction de notre image du corps, et de celle des autres, est toujours édification de quelque chose de statique, qui sera après coup dissous. Nous ramenons sans cesse le corps à des positions primaires, positions de repos relatif, alors que nous négligeons les positions intermédiaires, et même le mouvement en tant que tel. Pour emprunter une comparaison à la physique, disons que nous ne nous intéressons guère à ce qui se passe dans le champ, dans le flux, mais que nous nous intéressons, plus ou moins, aux quanta, c'est-à-dire aux unités cristallisées du modèle postural. Nous devrions pourtant nous rendre compte que nos images du corps, ne sont pas seulement des images de corps au repos mais aussi des images de corps en mouvement. Mais la beauté est spécialement associée à l'image du corps au repos. C'est ce qui explique que les photographies instantanées nous étonnent si souvent. Nous formons de l'être humain en mouvement des reconstructions qui obéissent aux mêmes lois que l'image du corps.

On admet que le principal objet de l'art, c'est le corps humain. Joachim Winckelmann dit, dans son *Erinnerung über die Betrachtung der alten Kunst:* « Le plus haut sujet de l'art pour l'homme pensant, c'est l'homme, ou seulement son extérieur, et l'artiste a autant de difficultés à explorer l'extérieur de l'homme que le sage en a à explorer l'intérieur. Et le sujet le plus difficile, c'est la beauté, aussi paradoxal que cela puisse paraître. Mais la beauté à proprement parler n'est pas assujettie au nombre et à la mesure. » « Si l'on me demandait de déterminer l'aspect sensuel de la beauté, je n'hésiterais pas à le construire pièce par pièce en empruntant chacune d'elles aux plus beaux êtres humains que je pourrais trouver ici même où j'écris. Mais je me limiterais au visage; le temps me manquerait pour en faire plus. »

Winckelmann s'est étendu sur la principale caractéristique des sculptures grecques, faite, d'après lui, de simplicité noble et de grandeur dans la posture comme dans l'expression. « Comme les profondeurs de la mer restent calmes dans les plus grandes tempêtes, l'expression des statues grecques montre une âme grande et déterminée en dépit de toutes les passions. Plus l'attitude du corps est calme, plus elle a de pouvoir pour décrire et exprimer le caractère véritable de l'âme. Dans toutes les postures qui dévient par trop de l'état de repos, l'âme n'est pas donnée telle qu'elle est en réalité, mais forcée et chargée. Plus reconnaissable et caractéristique est l'âme dans les passions violentes; mais elle est grande et noble dans l'état d'unité et de repos. » *(Gedanken über die Nachahmung der Griechischen Werke in der Malerei und Bildhauerkunst.)*

On sait combien Winckelmann a pu influencer la théorie de Gœthe et de Schiller sur l'art. C'est la théorie classique basée sur l'image du corps au repos. On sait aussi que dans toutes les époques romantiques et baroques, ce n'est plus le repos qui intéresse mais le mouvement. On y exprime surtout les passions et les états qui mettent l'image du corps en danger de dislocations. Ces époques font bon marché de l'idée abstraite de la beauté; les artistes s'intéressent davantage aux phases de changement dans le modèle postural qu'aux états de repos, où il est compact et stable. Il serait intéressant de chercher ce qui a pu conduire Winckelmann à voir dans l'art grec l'art même du calme et du repos. Les recherches modernes laissent penser que Winckelmann s'est trompé sur l'esprit de l'art grec; il n'a pas su voir avec quelle passion déchaînée cet art s'efforce de traduire l'expression et le mouvement. On peut supposer que Winckelmann s'efforçait pour sa part d'échapper à de violents désirs sexuels et qu'il chercha refuge dans le monde de la beauté, qui devint pour lui, repos. Il semble qu'il ait souffert de son homosexualité, autant que Schopenhauer a pu souffrir de son hétérosexualité. L'Art était pour Schopenhauer une méthode pour échapper à ces oppresseurs que sont la volonté et la vie et pour trouver refuge dans une inaction relative.

La sculpture naturellement ne tient pas compte de la coloration du corps humain. Mais il est certain que la couleur a une énorme importance dans l'image du corps. On pourrait penser qu'il est très simple de connaître la couleur du corps humain; pourtant, rien n'est plus changeant, plus insaisissable. Elle varie déjà considérablement avec la configuration du corps, avec la lumière; mais intervient au surplus le jeu des mouvements, toujours changeant, qui donne à la surface du corps une vie supplémentaire. Il y a aussi les variations continuelles du teint que modifient l'afflux sanguin et l'absorption d'eau. Mais tout ceci ne suffit pas à expliquer pourquoi la couleur du corps humain ne cesse de nous surprendre. C'est une couleur que les peintres n'auront jamais fini d' « attraper ». Nus et baigneurs posent au peintre cet éternel problème. Leur perplexité est la même que la nôtre, qui sommes toujours si surpris des couleurs que nous dévoile la nudité. On pourrait dire que ceci est dû à nos habitudes sociales, qui veulent que le corps soit couvert. Mais la couleur du visage ne nous est pas moins mystérieuse; il suffit de contempler au stade les milliers de visages qui nous entourent pour s'en émerveiller.

Nous retrouvons, dans la connaissance de la couleur du corps, les mêmes difficultés que nous avons rencontrées pour en construire le modèle postural. Il faut, pour le comprendre, garder à l'esprit combien nombreuses sont les tendances libidinales qui sont attachées à l'image de notre corps. Et notre incertitude concernant les couleurs du corps, comme notre curiosité jamais défaillante pour le corps, soulignent le caractère dynamique de notre connaissance du corps humain et des images du corps. Il serait passionnant de reprendre toute l'histoire de la peinture pour étudier les diverses visions qu'aux différents âges on avait du corps humain, et en particulier de sa couleur. Toutes ces interprétations différentes d'un même objet reflètent autant de changements dans les attitudes de l'homme à l'égard de son corps et de sa couleur, et autant de stades dans le développement libidinal. Nous ne connaissons pas mieux notre corps que nous ne connaissons celui des autres : s'il en était autrement, nous n'aurions pas tant d'appétence pour le miroir. L'intérêt que nous portons au miroir trahit la labilité de notre modèle postural, le caractère incomplet de nos données immédiates, la nécessité où nous sommes de fournir un perpétuel effort de construction pour élaborer l'image de notre corps.

9. *La variabilité de l'image du corps.*

Ce que nous appelons beauté, c'est avant toute autre, la beauté du corps humain. Toute spéculation sur l'idée de beauté rencontrera donc nécessairement sur son chemin les problèmes que pose l'image du corps. Mais j'ai montré que l'image du corps varie aisément, et qu'elle tire ses éléments non seulement des humains mais aussi des animaux. Nous savons que le primitif se sent en profonde communion avec tout ce qui est animé. Mais n'y a-t-il pas un stade où l'homme voit des images du corps partout ? N'y a-t-il pas un stade où l'âme aussi bien que l'image du corps sont pratiquement mêlés au monde ? N'y a-t-il pas une phase animiste dans le développement humain ? Il existe par exemple entre nous et nos semblables des rapports d'identification entre personnes du même sexe, et aussi entre personnes de sexe opposé. Ces identifications savent triompher des différences de sexe, d'âge et de race. Nous pourrions même, conduits par nos déductions, aller plus loin, dire que tous ces individus extérieurs à nous-mêmes nous sont nécessaires pour construire l'image de notre propre corps. Une fois que nous avons construit notre corps, nous le répandons dans le monde et le mêlons aux autres. Mais il ne faudrait pas voir là un processus collectif. Il n'y a pas d'image du corps collective; ce qui est vrai c'est que chacun construit son image du corps dans le contact avec les autres. Mais il est vrai aussi que dans cette construction nous ne cessons de prendre et de donner, de sorte que beaucoup d'éléments de l'image du corps sont communs chez des individus qui ont l'habitude de se rencontrer, de se voir, et qui ont entre eux des rapports affectifs. Lévy-Bruhl a interprété ces faits comme relevant de la loi de participation, et des représentations collectives primitives :

« J'inclinerais à dire que, dans les représentations collectives propres à la mentalité primitive, les objets, êtres, phénomènes peuvent être, aussi incompréhensible que cela soit pour nous, eux-mêmes et autre chose qu'eux-mêmes. D'une manière qui n'est pas moins inconcevable, ils projettent, et reçoivent, des pouvoirs mystiques, des qualités morales, des influences, qui les rendent capables de se ressentir eux-mêmes, en dehors d'eux-mêmes, sans stabilité apparente.

« En d'autres termes, l'opposition entre l'un et le multiple, le même et l'autre, etc., n'impose pas à la mentalité primitive la nécessité d'affirmer l'un des termes aux dépens de l'autre. Cette opposition n'a qu'un intérêt secondaire. Elle est parfois perçue, mais fréquemment elle ne l'est pas. Elle disparaît parfois totalement devant la communauté mystique de la substance et des entités, communauté qui, pour notre mode de pensée, ne saurait être conçue sans absurdité. Par exemple, les Trumai (tribu du nord du Brésil) disent qu'ils sont des animaux aquatiques — les Bororos (une tribu voisine) se vantent d'être des Aras rouges (Perroquets). Cela ne signifie pas simplement que les Aras sont des Bororos métamorphosés, et doivent être traités comme tels; il s'agit de quelque chose d'entièrement différent. Les Bororos, selon Von den Steinen (qui, d'abord réticent, dut se rendre à leurs déclarations explicites), donnent sérieusement à entendre qu'ils sont, au moment où ils parlent, des Aras, exactement comme si une chenille déclarait être un papillon. Ce qu'ils cherchent à exprimer par là, c'est une identité actuelle, c'est qu'ils peuvent réellement être les deux. Il y a des êtres humains, et dans le même temps des oiseaux au plumage écarlate. Toutes les communautés à forme totémique admettent de telles représentations collectives, impliquant des identités identiques entre les membres du groupe totémique et leur totem. »

Pour pouvoir saisir la véritable signification de la participation, il nous faut étudier les lois d'identification; et ce qui nous intéresse particulièrement ici, c'est d'étudier l'identification du point de vue du schéma corporel. Si nous examinons attentivement la manière dont, entre diverses personnes, communiquent les images du corps, nous verrons qu'il existe non point une image collective du corps mais une collection des diverses images du corps. Cette collection n'est pas clairement consciente. Dans la terminologie psychanalytique, on parlerait d'identification inconsciente. Je préfère pour ma part parler d'arrière-plan de la conscience ou de la « sphère ». Les identifications sont éprouvées dans la sphère. Je n'approfondirai pas ici la question de savoir si l'inconscient collectif de Jung existe ou n'existe pas. Je me bornerai à préciser que, de mon point de vue, la conception de Jung est erronée dans la mesure où elle implique une identité réelle dans l'inconscient de personnes différentes. Il est vrai, plus on pénètre profondément dans la structure de la personnalité, plus on trouve de ressemblances entre les individus, et plus important est le rôle de la projection et de l'identification. On ne peut nier que l'uniformité des actions et des sentiments croît à mesure que se font jour des couches plus profondes de la personnalité. Admettons donc que ces couches profondes sont le lieu de perpétuelles identifications et projections. Mais il reste que, même là, c'est une personnalité qui s'exprime. Il n'existe pas d'inconscient collectif qui puisse être compris comme une entité; mais ce qui existe, ce sont de profondes similarités entre les individus au niveau des couches profondes de la personnalité, similarités qu'accentuent tous les dons et emprunts qui se font par projection et identification.

Mais laissons ce problème général; ce sont les rapports entre images du corps qui nous intéressent ici. Posons d'abord que chaque image du corps, bien qu'elle soit en étroite interrelation avec les autres, conserve une individualité. Le passage de Lévy-Bruhl que je viens de citer montre clairement que l'homme ne s'identifie pas seulement à ses semblables, mais aussi aux animaux; de même, des tribus primitives se croient les descendantes de certaines plantes et par conséquent s'identifient à ces plantes. Mais nous avons pu déjà mesurer toute la plasticité du modèle postural du corps : elle permet des identifications multiples, et même avec des formes qui sont très éloignées de l'image du corps pleinement développée. Mais ce pouvoir d'identification, si étendu soit-il, s'arrête-t-il pourtant au monde vivant, ou bien peut-il se porter sur tout ce qui bouge? Il se peut que les primitifs voient la vie dans tout ce qui bouge, et que le monde soit pour eux, avant tout, mouvement. Beaucoup d'anthropologues admettent que certaines peuplades primitives croient que les puissances en œuvre dans l'univers sont des puissances psychologiques. Tylor écrit dans *Primitive Culture* (vol. I, p. 428-429; 4e éd., 1903) :

« Tout se passe comme si les hommes, à un degré peu élevé de culture, étaient profondément impressionnés par deux sortes de problèmes; en premier lieu, qu'est-ce qui fait la différence entre le corps vivant et le cadavre? Qu'est-ce qui cause la veille, le sommeil, la transe, la maladie, la mort? En second lieu, quelles sont les formes humaines qui apparaissent dans les rêves et les visions? C'est à partir de ces deux groupes de phénomènes que, probablement, les anciens, les sages des tribus, sont parvenus à cette première et claire conclusion, que tout homme possède deux choses : sa vie et son fantôme. Tous deux sont évidemment en étroite relation avec le corps, la vie le rendant capable de sentir, de penser et d'agir, le fantôme comme son image, ou second lui-même. Tous deux, également, sont perçus comme séparables du corps, la vie pouvant se retirer et le laisser insensible ou mort, le fantôme pouvant apparaître à distance. La seconde conclusion... tout bonnement la combinaison de la vie et du fantôme. Puisque tous deux appartiennent au corps, pourquoi n'appartiendraient-ils pas également l'un à l'autre, et ne seraient-ils pas la manifestation d'une seule et même âme? Voilà qui, en tout cas, correspond à la conception actuelle de l'âme ou de l'esprit chez les primitifs; elle peut se définir ainsi : une image humaine transparente, sans consistance, une sorte de vapeur, un voile, une ombre; cause de la vie et de la pensée dans l'individu qu'elle anime, possédant en propre la conscience individuelle et la volonté de son propriétaire corporel, passé ou présent; capable de quitter le corps, d'apparaître de place en place; le plus souvent impalpable et invisible, mais aussi douée de pouvoirs physiques, en particulier d'apparaître aux hommes, éveillés ou endormis, comme un fantôme séparé du corps, dont il a l'aspect; continuant à exister et à apparaître aux hommes après la mort de ce corps; capable d'entrer dans le corps des autres hommes, de les posséder, d'y agir — et non seulement dans le corps des hommes, mais dans celui des animaux, et même dans les choses... Telles sont les doctrines qui répondent de la façon la plus satisfaisante possible à la claire évidence des données des sens, interprétées par une philosophie primitive rationnelle et harmonieuse. »

Un point de vue similaire est celui de Frazer, *The Worship of Nature* (vol. I, p. 6) :

« Lorsque l'homme a commencé à réfléchir sérieusement à la nature des choses, il a, comme il était presque inévitable, cherché une explication dans une analogie avec ce qu'il connaissait le mieux, autrement dit ses pensées, ses sentiments, ses émotions. Sa démarche l'a donc amené à attribuer à toutes choses, et pas seulement aux animaux, mais aussi aux plantes et aux objets inanimés, un principe de vie identique à celui dont il était lui-même conscient : ce principe que, faute de pouvoir mieux le nommer, nous avons coutume d'appeler âme. Cette philosophie primitive est généralement connue sous le nom d'animisme. C'est une interprétation sur le mode infantile, de l'univers à partir de l'humain. Mais nous ne savons pas si, avant celle-ci, l'homme n'a pas fait d'autres tentatives pour résoudre l'énigme du monde. La géologie et l'archéologie ne cessent de faire reculer toujours plus loin dans le passé l'apparition de l'homme sur la terre; il a, en tout cas, une longue histoire. Il se peut qu'avant de former l'hypothèse animiste, l'homme ait tenté sous beaucoup d'autres formes de deviner la vérité, formes qu'il aurait l'une après l'autre rejetées parce qu'elles ne l'auraient pas satisfait. Tout ce que nous savons, c'est que de nombreuses peuplades ont, dans le passé, adopté l'hypothèse animiste et que, de nos jours encore, nombre de gens continuent à la tenir pour vraie. »

Cependant une orientation nouvelle de l'anthropologie a, depuis, rejeté le point de vue de Tylor. Pour Preuss, la magie est antérieure aux théories animistes. Vierkandt exprime le même point de vue de la façon suivante : « Les interventions magiques n'ont pas au départ besoin de faire appel à l'assistance d'êtres surnaturels. Elles ne se fient qu'à la puissance de celui qui les pratique, et qui est lui-même convaincu qu'il peut obtenir le résultat qu'il désire. Tout ce qui, dans les interventions magiques, représente une assistance directe ou indirecte d'êtres surnaturels n'est que secondaire. La représentation d'êtres surnaturels, en particulier la croyance en des esprits non incarnés, prouve que la philosophie dite animiste est postérieure aux pratiques de la magie et procède d'elles. Il y a eu un stade préanimiste de la religion. »

Lévy-Bruhl avance des idées du même ordre. Dans un autre ouvrage, j'ai montré que chez les psychotiques du groupe des schizophrénies et paraphrénies, l'idée de magie prévaut — et une magie qui n'a rien à voir avec l'âme ou l'esprit. Mais, ceci dit, il reste que les puissances en œuvre dans l'univers sont, répétons-le, pour le primitif, des puissances psychologiques. J'ai écrit : « Les notions qui, chez les peuples primitifs, se rapportent à la substance magique d'Orenda, Manna et Wakan sont étroitement associées à l'idée d'énergie de la nature. Tout ce qui inspire peur et adoration s'appelle Wakan. Si l'idée de forces agissantes séduit si fort l'esprit humain, c'est que ces forces signifient quelque chose pour l'individu. » On ne peut étudier la magie primitive sans voir qu'elle est associée à des parties spécifiques du corps, et en particulier à celles qui ont une signification libidinale. Dans le même ouvrage, je cite un cas où l'influence magique est attribuée aux *Wünschelchen* (les « créatures-du-souhait »), qui sont longs de quinze centimètres, qui peuvent s'introduire dans votre poche sans que vous vous en aperceviez et qui, de là, s'enfoncent dans la jambe de votre pantalon. Ils atteignent les parties et les percent avec une aiguille. Il est évident que ces créatures symbolisent la puissance magique du phallus; autrement dit, la puissance magique est associée à certaines parties de l'image du corps. Nous dirons donc que l'animisme suppose une image du corps complète, alors que la puissance magique et les pratiques magiques sont associées à un modèle postural incomplet ou insuffisamment développé. Ce point de vue justifierait donc en partie les théories animistes. La volonté, la puissance d'attraction de la volonté, les forces psychiques agissantes sont, par leur nature profonde, liées à l'image du corps, et en particulier aux parties de l'image du corps qui ont une signification libidinale particulière. Mais guidés par le matériel que nous fournit l'ethnologie, nous devons reporter notre attention sur le problème de l'âme. Nous avons vu que l'image du corps ne reste pas confinée dans les limites du corps. Elle les transgresse, par exemple dans l'expérience du miroir. L'image du corps se prolonge hors de nous, au point que les primitifs accordent une existence concrète matérielle au reflet dans le miroir : témoin toutes les pratiques de sorcellerie qui utilisent les miroirs.

Il en va de même pour l'ombre portée. « Souvent le sauvage considère son ombre comme un reflet de son âme, ou en tout cas comme une partie vitale de lui-même. Il est donc vulnérable par son ombre, on peut l'atteindre en piétinant, en frappant, en pourfendant son ombre. Et, si jamais on parvient à la lui arracher — et il est persuadé que la chose est possible — il en mourra » (Frazer, *Le Rameau d'or*). « Il arrive que l'âme, aux moments critiques de la vie, soit temporairement déposée ailleurs, en lieu sûr, où elle restera jusqu'à ce que le danger soit passé. »

Nous avons vu, en étudiant le phénomène du fantôme, avec quelle aisance il sort des limites du corps. Je n'irais pas jusqu'à prétendre que ce que nous savons de la physiologie du modèle postural peut suffire à expliquer les croyances des peuples primitifs. Après tout, l'image du corps n'est jamais qu'une partie de l'ensemble des phénomènes vitaux. Mais nous nous attachons, ici, à étudier les faits de ce seul point de vue. La physiologie et la psychologie de l'image du corps constituent, sans aucun doute, le matériau de base des croyances primitives. On a souvent relevé que les rêves sont l'une des sources de la croyance des peuples primitifs aux esprits. Mais, nous l'avons vu, le rêve est aussi un état psychique dans lequel interviennent des changements considérables, tant dans l'image du corps propre, que dans celle des autres. Sachant à quel point l'image du corps est changeante, malléable, vagabonde, nous sommes mieux armés pour comprendre les croyances primitives. Mais n'y a-t-il pas dans notre propre pensée quelque chose de cette pensée primitive, et ne retrouvons-nous pas dans l'esprit du primitif, plus manifestement exposés, des traits qui chez nous subsistent, quoique en arrière-plan?

Ainsi conçue, la magie devient l'influence que les images du corps, complètes et incomplètes, exercent les unes sur les autres. Dans cette perspective, ce que j'ai dit plus haut du paranoïaque qui, souvent, ressent des influences qui lui viennent non seulement du corps des autres mais aussi de son propre corps, prend une dimension nouvelle. Du point de vue psychanalytique, l'image globale du corps symbolise souvent une de ses parties, une partie importante, en particulier les organes génitaux. Si le primitif et le paraphrène sentent que le monde est régi par des substances psychiques, c'est que l'image du corps pousse dans le monde ses ramifications. Dans la pensée primitive, le monde n'est plus qu'interrelations entre images du corps. Nous pouvons parler d'âme et d'animisme quand les images du corps sont, plus ou moins, complètes; dans les autres cas nous parlerons de magie.

Le sentiment d'être possédé a également à voir avec le problème du modèle postural du corps. Un autre corps vient habiter le corps du possédé. Je citerai ici une intéressante observation, de Bender[1] : la possédée avait dans le corps des persécuteurs qui lui parlaient par ses orifices; ils s'étaient introduits par le rectum. Ces persécuteurs étaient son père, sa mère et sa tante. Mais, d'après les dessins de la patiente, ces persécuteurs étaient en réalité des éléments de son corps

1. Parue dans *The Psychoanalytic Review*.

et en particulier ses excréments. La patiente disait d'ailleurs qu'ils sentaient mauvais. Elle disait aussi qu'ils étaient comme de l'éther, de l'électricité, des esprits. Cette observation montre clairement l'ambivalence à l'égard des excréments : on veut à la fois les garder dans le corps et les en expulser. Ils sont des parties de l'image du corps, mais deviennent indépendants. Et, du fait qu'ils ont, un temps, participé de l'image du corps, ils doivent conserver la même valeur que l'image du corps elle-même.

Une dernière remarque, à propos des cadavres. Étant donné que l'image du corps est une création qui n'utilise l'expérience brute que comme un matériau, la mort ne détruit pas pour nous l'image du corps de l'autre. Nous construisons, à partir du mort, l'image du corps d'un vivant. Le fait que l'image du corps et ses parties soient si facilement interchangeables explique que le lien ne soit pas rompu entre la personnalité du mort et chacune des parties de sa personnalité. On a souvent dit que le fait qu'on puisse rêver des morts contribue à la croyance à l'immortalité. J'ai dit aussi que nous construisons le corps de nos semblables un peu comme un tableau imaginaire, comme une image onirique. L'image du corps, telle qu'elle se prolonge, dans le rêve et dans le fantasme, a par conséquent beaucoup de points communs avec celle que nous percevons dans le réel. Et c'est pourquoi les morts ne disparaissent pas de la communauté des vivants : ils y restent tant qu'il y a des membres dans la communauté pour raviver leur image.

Je n'ai jamais cessé de répéter que toute étude psychologique isolée est nécessairement superficielle. L'image du corps n'existe pas en soi, elle est une partie du monde. Et même en admettant qu'à certains stades de développement l'univers tout entier est fait d'éléments corporels, le monde extérieur n'en subsiste pas moins, quoique sous une forme moins structurée; avec l'éveil de la conscience, il deviendra plus distinct. Mais il n'y a pas seulement ce monde extérieur doté d'une structure différente de celle de l'image du corps, il y a aussi la personnalité : tout le monde de la vie psychique, expression d'un moi, d'un sujet. Cependant, il reste vrai que l'image du corps est présente dans toute expérience. Elle est un des aspects de l'expérience globale, qui met en jeu la personnalité (le moi), le corps et le monde. Nous n'avons fait que considérer le corps comme l'une des trois sphères d'expérience qui constituent la vie et l'existence.

Et nous n'avons fait aussi que suivre l'image du corps dans le domaine de la perception comme dans ceux de la sociologie et de l'esthétique, tout en restant pleinement conscient de l'aspect fragmentaire de notre recherche. C'est un point qu'il convient une fois de plus de souligner au moment d'aborder le domaine de la morale. Les lois morales ne peuvent trouver d'application sur les humains que par le truchement de leur corps. De sorte que les phénomènes moraux sont eux aussi étroitement associés aux images du corps. Ce n'est pas une simple figure de style, nous l'avons vu dans cet ouvrage, que de dire qu'on ne souffre jamais seul. Les lois d'identification et de communication entre images du corps font de la douleur et de la souffrance de chacun l'affaire de tous. On serait tenté de parler ici de contagion psychique, mais ce terme ne saurait contenir tous les faits que nous avons relevés.

Ce qui vaut pour la souffrance vaut pour la joie. Les émotions qui, dans le modèle postural du corps, trouvent à s'exprimer dans le tonus, dans la motilité, dans le système vaso-végétatif, passent nécessairement d'un individu aux autres. A la base de nos manifestations de solidarité et de bonté à l'égard des autres, il y a notre propre désir d'être nous-mêmes protégés et satisfaits. Si l'émoi devant la faim et la misère de nos semblables est en nous une tendance primaire et immédiate, c'est que les images du corps ont entre elles des communications profondes. Il n'y a pas de raison de négliger, comme le fait Freud, ces tendances primaires concernant les autres. Elles varient en même temps que les distances affective et spatiale qui séparent notre image du corps de celle des autres. Certes nous avons sans doute aussi des tendances destructives et agressives dirigées contre le corps des autres, du seul fait que, dans l'image du corps, notre propre corps est lui aussi perpétuellement déchiré, détruit, puis récréé pour être détruit à nouveau. Mais il n'y a pas de raison de penser que, de ces deux groupes de tendances opposées, les unes priment les autres. Il y a toujours en œuvre des forces constructives, même dans les phases où c'est la destruction qui occupe le devant de la scène.

Notons enfin bien ceci : notre image du corps n'existe, avec toutes les possibilités que nous lui avons reconnues, que parce que notre corps n'est pas isolé. Il est nécessairement un corps parmi d'autres corps. Nous n'existons pas sans les autres. Il n'y a pas de sens dans le mot moi quand il n'y a pas un tu. Nous ne faisons pas que tolérer l'existence des autres; elle est pour nous une nécessité interne. Nous pouvons sentir le besoin de les détruire, mais nous avons aussi une tendance à les protéger, à les construire. Nous ne sommes pas seulement intéressés à notre propre intégrité, mais tout autant à l'intégrité des autres. Exactement comme l'intégrité de notre corps et sa conservation est une valeur morale, la conservation du corps des autres est, elle aussi, une valeur morale. Mais l'image du corps n'est pas seulement détruite ou déformée par la douleur physique, la maladie, les mutilations, elle peut l'être aussi par toutes les insatisfactions et troubles libidinaux. Nous en déduirons qu'il existe une loi morale qui nous impose non seulement de préserver dans son intégrité la forme du corps de l'autre, telle que nous la percevons avec nos sens, mais aussi de préserver ou de restaurer sa structure libidinale, dont le bon fonctionnement peut seul lui assurer (et nous assurer) un modèle postural pleinement développé et harmonieux.

C'est là naturellement ne considérer qu'un des aspects des choses, ne traiter le problème que du point de vue de l'image du corps. Il n'y a pas d'image du corps sans une personnalité, mais le plein développement de la personnalité de l'autre et de ses valeurs n'est possible que par la médiation du corps et de l'image du corps. Le fait que l'image du corps de l'autre soit préservée, construite, élaborée, c'est le signe, le signal, le symbole de la valeur de sa personnalité. Par cette voie, la psychologie de l'image du corps pourrait mener à un système éthique et moral. La douleur, la joie, la destruction, la mutilation, la mort de chacun concernent tous ceux qui sont près de lui, mais il y a aussi un lien de nature magique qui unit les plus proches aux plus éloignés, et qui de là se prolonge jusque dans l'animal, dans la plante et dans le monde inanimé.

Il serait, par conséquent, erroné de dire : « Ne fais pas de mal aux autres, sinon, par identification, tu souffriras. » Nous avons le même intérêt, direct et sans médiation, à ce que l'autre ne souffre pas, à ce que son image du corps ne soit pas détruite, que nous avons à ne pas souffrir, à ce que notre image du corps ne soit pas détruite. Nous voulons aider les autres; nous avons des intérêts primaires, les concernant, qui ne nous sont pas moins chers que les intérêts qui nous concernent. Nous agissons librement à l'égard de nos semblables. Il y a des liens profonds entre nos actions et nos intérêts à l'égard de nous-mêmes et nos actions et intérêts à l'égard des autres. La préservation de l'image du corps de l'autre est une valeur éthique en soi. Il est vrai qu'une autre tendance cherche aussi la destruction de l'image du corps de l'autre comme elle cherche la destruction de la nôtre. Mais, détruire, est-ce autre chose qu'un moyen de construire à neuf? Ce qui, après tout, est le sens même de la vie.

CONCLUSION

On ne trouve guère, dans les premiers traités de psychologie, que des descriptions des sensations; on les classe en sensations externes, comme l'ouïe et la vue, et en sensations internes. Mais les volumineux ouvrages de Wundt et de Titchener, par exemple, ne font jamais mention du corps comme entité, comme unité; dans le présent ouvrage, au contraire, c'est ainsi que nous l'avons considéré. Nous sommes en cela plus proches des philosophes, de Scheler en particulier, qui met tout l'accent sur l'unité du corps, tout en estimant nécessaire de distinguer du corps tel que nous le percevons par nos sensations externes, le corps qui nous est donné par une conscience interne qui n'est pas en œuvre dans l'appréhension de l'inanimé. Il utilise pour désigner ce corps interne le mot allemand *Leib*. Pour lui, le *Leib* est indépendant des sensations que nous donnent les organes internes; il est différent de toutes les sensations isolées et différent de tout autre objet. Scheler dit encore que le corps *(Leib)* nous est toujours donné comme un tout doté d'une ébauche de structure plus ou moins vague; et, enfin, qu'il est présent dans toutes les sensations organiques. Je ne saurais accepter cette différenciation entre le *Leib*, fait de sensations internes, et le corps, qui nous est donné par les sensations externes et qui serait autre chose. Il n'y a qu'une seule unité, c'est le corps, qui a une surface et une substance lourde qui le remplit. Mais il est vrai que le corps, dans ce sens, est toujours présent; il n'est pas le produit de sensations, il est coordonné aux sensations qui n'acquièrent leur sens définitif qu'en référence à son unité; celle-ci est l'une des unités fondamentales de notre expérience.

Il est de la nature de ces données *a priori* de notre expérience qu'il y ait d'autres unités identiques à l'unité du corps propre, et finalement qu'il y ait aussi des unités hors de ce corps, qui sont, au moins pour la conscience pleinement développée, différentes de l'unité que forme le corps. Certes, on peut douter que ces unités inanimées soient des données du vécu le plus primitif; mais on ne peut douter qu'elles soient en tout cas des données de l'expérience pleinement développée. Il y a un monde, en partie animé, en partie inanimé, il y a notre corps et finalement il y a une personnalité en étroite et précise relation avec le corps. Ces structures sont données au départ. Aucune analyse ne peut remonter plus loin qu'elles et il serait vain d'essayer de les dissoudre en un agrégat de parties simples. Les trois catégories spécifiques sont : monde, corps et personnalité. C'est l'une des fonctions principales de la philosophie et de la psychologie de déterminer les relations de ces catégories entre elles.

Il est vrai que le monde n'est pas une unité au sens où le corps et la personnalité sont des unités. La structure du monde est beaucoup plus lâche, moins intriquée, que la structure du corps. Le monde comme totalité a beaucoup de parties qui sont des unités séparées comme, par exemple, les autres humains, les animaux, les objets. Il y a aussi beaucoup de *Gestalten* autour de nous.

Une psychologie de l'expérience aurait à déterminer la relation de ces *Gestalten* entre elles et la *Gestalt* du corps de chacun. Il aurait été vain d'entreprendre cette tâche si la structure de cette *Gestalt*, qui a certainement une profonde importance pour la compréhension des processus vitaux, ne nous ouvrait pas une perspective sur les *Gestalten* en général. La théorie pose que les *Gestalten* existent tout bonnement dans le monde extérieur. Elles sont déjà présentes dans les objets de la physique. Elles passent de là à l'appareil perceptif, par exemple par la voie de la sphère optique.

Dans la sphère optique se développent des processus physiologiques qui correspondent immédiatement à l'expérience psychique de la *Gestalt*. La question de savoir s'il existe des *Gestalten* physiques, issues immédiatement de la nature du système nerveux, pose un problème que Köhler appelle le problème de Wertheimer : « *Als Wertheimer Problem soll kurz die Frage nach solchen physischen Gestalten bezeichnet werden, welche aus der Natur des Nervensystems abzuleiten, also jedenfalls in ihm möglich sind, und welche den Eigenschaften phänomenaler Gestalten entsprechen.* » Selon Köhler, les *Gestalten* physiques qui naissent dans le système nerveux et y prennent une signification psychophysique doivent êtres analogues ou posséder des qualités parallèles à celles des *Gestalten* de l'expérience phénoménale. « Nous considérons que le contraste entre monde physique et conscience, et en particulier entre fonctions nerveuses et phénomènes est généralement exagéré. »

« *Müssen wir uns sagen, dass der Gegensatz von physischer Welt und Bewusstsein, besonders aber der von nervosen Geschehen und Phänomenen, gewöhnlich etwas übertrieben dargestellt wird.* » Et Köhler conclut : « *Denn was innen ist, ist aussen* » (ce qui est interne est aussi externe). D'où : « *Wir sahen, dass phänomenale Gestalten nächste Verwandte in bestimmten anorganisch-physikalischen Gebilden haben, und finden jetzt, dass gestaltete Geschehens — oder Zustandsarten im optischen Sektor des Nervensystems, am denen wir die Eigenschaften jener anorganischen Vorbilden voraussetzen, in wesentlichen Zügen mit der Konstitution des zugehörigen optisch-phänomenalen oder Gesichtsfelder übereinstimmen dürften.* »

« Nous avons découvert que ce à quoi les *Gestalten* phénoménales sont le plus étroitement apparentées, c'est à certaines structures physiques inorganiques. Et nous découvrons maintenant que des formations et des états dans le secteur optique du système nerveux auquel nous attribuons les qualités de ces exemples inorganiques, coïncident probablement dans leurs traits essentiels avec la constitution des champs optiques phénoménaux visuels correspondants. » Mais Köhler a vivement critiqué la théorie de Woodworth : « Trouvant qu'il existe une configuration hors de l'organisme, on suggère qu'elle le traverse en quelque flux continu, de sorte que point n'est besoin d'un stade non figuré dans la réponse de l'organisme. »

Il y a des tendances innées à former des *Gestalten;* il y a une tendance à percevoir les *Gestalten* dans leur prégnance; il y a une tendance à percevoir des cercles; il y a une tendance à compléter les *Gestalten* incomplètes. Il y a des *Gestalten* bonnes et de mauvaises (*gute* et *schlechte Gestalten*). Toutes ces expériences phénoménologiques sont basées sur le processus physique en œuvre, et sur la configuration des processus dans le secteur optique. Que l'angle droit soit une « bonne *Gestalt* » et l'angle de 80° une « mauvaise *Gestalt* » n'a rien à faire avec l'expérience. Les *Gestalten* sont données par leur valeur propre et non par l'expérience. Quand un chimpanzé finit par découvrir qu'il peut atteindre une banane située hors de sa cage en employant un bâton ou une branche d'arbre, il s'agit là d'*insight*, de la création d'une nouvelle *Gestalt*. Cette nouvelle configuration s'installe quand la tension interne a acquis une force insurmontable. C'est une réorganisation des expériences, non un simple apprentissage. Il y a aussi des tendances internes au développement des *Gestalten*, et des tendances dans la *Gestalt* à la dissolution pour des raisons internes. Sander parle d'émergence de la forme. Si par exemple on présente à un observateur une figure linéaire irrégulière interrompue, éclairée sur fond noir, d'abord rapetissée à l'extrême puis qui grandit graduellement jusqu'à atteindre ses proportions normales, l'expérience provoquera souvent chez l'observateur, en même temps qu'une intense participation émotionnelle, un processus d'émergence d'une forme qui semble issue des ensembles lumineux continus. Au début, l'observateur voit monter des figures généralement circulaires qui, comparées à la figure terminale, s'en distinguent en ce qu'elles sont plus uniformes, plus compactes et plus régulières, et qui ne se rapprochent de la figure finale irrégulière que par étapes.

« ...Nous pouvons décrire la tendance de la substructure psychophysique que nous sommes en train de considérer. C'est une tendance aux contours fermés, au compact, bref à la régularité géométrique, à la symétrie, à l'atténuation des courbures, au parallélisme, à une conformité aussi générale que détaillée aux axes spatiaux primaires, la verticale et l'horizontale; tendance finalement à un optimum de configurations au niveau de la signification géométriquement primitive, non connotative, purement esthétique. » Mais Sander entend aussi que des processus internés sont égalcment en œuvre, dans lesquels l'activité générale de l'individu est plus ou moins négligeable.

Comparons ces théories de la psychologie de la *Gestalt* aux expériences de l'image du corps. Il est vrai qu'il y a une expérience immédiate de quelque chose que nous appelons le corps ou l'image du corps. Mais cette première expérience est incomplète, et elle est loin d'être distincte; et même pour ce modèle postural très primitif, le contact avec la réalité extérieure est indispensable, et l'expérience modifie déjà l'image du corps la plus primitive qu'on puisse imaginer. Mais l'expérience n'est pas acceptée de façon passive; certaines de ses parties sont prises puis rejetées. L'image du corps est construite et, comme dans toute construction, il y a un travail d'essai continuel pour sélectionner les éléments qui conviennent au plan et conviennent à l'ensemble. L'individu essaiera d'avoir toujours plus d'impressions parce qu'il veut arriver à des formations précises. La *Gestalt* sera construite non dans un courant continu d'expériences, mais par couches et niveaux différenciés, toute nouvelle couche contenant un nouvel élément de structuralisation ou d'organisation. Le mouvement et l'action sont nécessaires à ce développement. A cette construction sont utilisées non seulement les expériences actuelles, mais aussi les expériences du passé, et la fonction de la mémoire est de tenir des matériaux prêts pour une nouvelle organisation. La mémoire, l'apprentissage et l'expérience sont fondés sur ce fait psychologique fondamental que les expériences passées ne disparaissent pas de notre esprit, et qu'elles peuvent par conséquent être utilisées pour de nouvelles organisations. Les psychologues de la *Gestalt* ont essayé de prouver que seul le processus d'organisation est important. Mais ils ont négligé le fait que la mémoire et l'apprentissage sont des conditions fondamentales pour que soit possible l'organisation.

La psychologie de la *Gestalt* tient peu de compte de la valeur et de l'importance de l'attention. D'un autre côté, Köhler parle de la réorganisation du champ de l'expérience sous la pression d'une situation donnée. Mais qu'y a-t-il d'autre dans l'attention que le fait d'être dirigée vers une situation par des besoins affectifs? Une telle direction, qu'elle soit le fait de la situation elle-même ou seulement des besoins internes aura nécessairement une influence énorme sur l'organisation (cf. mon livre : *Medizinische Psychologie*). L'attention et l'action ne sont pas très différentes l'une de l'autre. L'individu s'oriente activement vers l'acquisition de données concernant le monde et son propre corps, et la connaissance du corps est le résultat d'un effort continuel. Il n'est pas de développement postural du corps qui ne soit dû qu'à des facteurs internes. Certes le phénomène de maturation joue son rôle; nous ne savons pas exactement quand il prend fin, mais la maturation n'est pas un développement mécanique. Le développement est guidé par l'expérience, l'apprentissage par essais et erreurs, l'effort et la tentative. C'est seulement par ces voies que nous pouvons parvenir à la connaissance organisée de notre corps.

Il existe des tendances à compléter l'image du corps, mais elle ne peut rester complète sans un effort renouvelé; il y a d'ailleurs tout aussi bien des tendances opposées : à la dissolution de l'image du corps. Quand nous fermons les yeux et nous tenons aussi immobiles que possible, l'image du corps tend à se dissoudre; elle est le résultat d'un effort et ne peut être complètement maintenue quand l'effort cesse. Elle n'est jamais une structure achevée, jamais statique; il y a toujours des tendances destructives. En même temps que changent les situations physiologiques — ce qui se produit continuellement —, de nouvelles structurations doivent se faire.

J'admettrais volontiers que ce qui est vrai pour l'image du corps est aussi vrai pour les *Gestalten* en général. Je considère que les conceptions de la psychologie de la *Gestalt* sont trop statiques et ne tiennent pas compte des incessantes activités psychiques. L'image du corps n'est pas uniquement fondée sur les associations, la mémoire et l'expérience : elle l'est aussi sur les intentions, les buts volontaires et les tendances. Il est maintenant presque généralement admis que la conception associationniste n'est qu'une construction théorique : les associations n'existent pas dans la réalité; l'esprit n'est jamais une simple ardoise. Il y a toujours des processus d'organisation et de réorganisation des expériences actuelles, selon les besoins de la personnalité totale. On peut parler à la rigueur d'associations quand ces processus actifs ont été réduits au minimum; mais comme ils ne peuvent jamais disparaître complètement, il n'existe pas d'association véritable. Nous avons trouvé des tendances constructives et destructives dans la structure psychophysiologique de la perception de la *Gestalt* humaine, mais on trouve le même principe dans la vie affective et libidinale qui est nécessairement reliée à toute perception et en particulier à l'image du corps. Une fois posé que, comme j'en ai la conviction, la vie affective est le noyau des expériences psychiques et l'expression immédiate des forces de vie, nous devons nous attendre que les principes que nous avons découverts concernant les perceptions se reproduisent dans la vie affective sous une forme plus distincte. Et, effectivement, nous y retrouvons la tendance à renouveler les expériences, à les compléter, à construire la structure libidinale totale, et finalement la tendance à détruire ce qui vient d'être créé afin de créer et reconstruire à neuf; et tous ces développements sont l'expression d'attitudes changeantes de la personnalité, et de sa motilité. La personnalité est confrontée avec des situations de vie variées qui rendent nécessaires de nouvelles adaptations. Les situations vitales induisent des attitudes affectives qui déterminent à leur tour la construction, et de la partie libidinale de l'image du corps, et de sa partie sensorielle.

Dans un article sur les complexes, j'ai développé les points suivants : 1° Tout complexe a, à la base, des attitudes instinctives qui sont induites par les facteurs de cohésion dans la situation vécue et par la constitution libidinale. 2° Ces situations sont très typiques. D'elles sont issus, par exemple, le complexe d'Œdipe, le complexe de castration et le complexe de l'intégrité du corps et de son démembrement. 3° Les complexes connaissent toujours de nouveaux développements. Sur la base de complexes primitifs, des complexes nouveaux s'édifient. Dans un complexe nouvellement développé subsiste des éléments du précédent. Finalement, tout complexe chez un adulte est une attitude nouvelle basée sur les attitudes primitives qui subsistent comme parties de l'ensemble que forme le nouveau complexe. 4° Les parties subsistantes d'un complexe tendent à reconstituer le complexe dans son entier. 5° La structure architectonique d'un complexe qui remonte au premier âge est dépendante des pulsions et des désirs, qui n'agissent que rarement dans la pleine lumière de la conscience. L'attention volontaire (par attention, j'entends le facteur dynamique de l'attitude instinctive, et non son résultat : la qualité de précision qu'elle confère à l'expérience) n'a qu'une importance limitée. 6° Le développement final d'un complexe dépend des expériences et attitudes de l'individu, par conséquent de l'expérience. 7° Les lois qui se dégagent de l'étude expérimentale de la mémoire, et de la pensée, sont les mêmes que celles qu'on voit se dégager de l'étude des attitudes vitales plus complexes et concrètes. Les problèmes que posent les *Gestalten* peuvent par conséquent être étudiés par la méthode psychanalytique, aussi bien que ceux que posent les complexes.

J'ai développé ces différents points dans une étude consacrée aux problèmes de la vie affective, des complexes au sens analytique. Ces expériences, de grande charge affective, détermineront nos actions et nos sentiments même si elles ne sont pas pleinement conscientes. Cette étude m'a conduit également à reconnaître qu'il existe des entités qui se situent dans la constitution physiologique et dans la réalité immédiate des situations, des facteurs que l'on est fondé à appeler : *Gestalten.* Ceci signifie que l'enfant s'inscrit nécessairement dans une situation dans laquelle il est, d'un point de vue libidinal, et du point de vue des pulsions en général, sous la dépendance de l'adulte. La structure psychophysique de l'enfant développera nécessairement des attitudes psychiques spéciales. Nous pouvons voir dans cette situation, et dans l'attitude libidinale qui en est le complément, une unité relativement rigide qui doit être considérée comme un tout. Les différentes parties de cette unité sont étroitement liées les unes aux autres ou, pour reprendre l'expression de Bühler et de G. E. Müller, elles sont de puissants facteurs de cohésion interne dans cette situation.

Mais même des situations aussi typiques doivent varier en même temps que varient les situations. Nous savons par exemple que le complexe d'Œdipe prend une forme différente chez les enfants qui vivent dans les communautés de type matriarcal (Malinowski). Mais il est évident que le développement, et les lois qui gouvernent ces complexes — lesquels, tout compte fait, ne sont rien d'autre que des *Gestalten*, au niveau de la signification et de l'affectivité — dépendent de l'expérience et des situations actuelles. Wertheimer, Köhler, Koffka et Lewin ont tendance à négliger le fait que les organismes et les individus sont toujours en lutte, qu'ils ne cessent d'établir de nouveaux contacts, dont chacun apporte un changement. La conception de la théorie de la *Gestalt* est trop statique. Elle néglige les facteurs dynamiques, et ceux-ci ne peuvent être compris qu'en fonction des problèmes immédiats et concrets de la personnalité.

Cette étude cependant ne s'est pas donné pour but de rassembler un matériel pour ou contre la théorie de la *Gestlat;* son objectif n'était pas critique mais constructif. J'ai voulu savoir comment les êtres humains parviennent à la connaissance de leur propre corps, et cette recherche a été entreprise avec l'idée qu'en explorant la sphère psychologique de cette connaissance du corps propre nous apprendrions quelque chose des lois de la psychologie et de la physiologie.

L'expérience que nous avons de notre propre corps repose sur des impressions optiques et des impressions tactiles. Le modèle postural du corps peut, par conséquent, être perturbé par les lésions qui détruisent ou altèrent les sensations tactiles et par celles qui détruisent ou altèrent les sensations optiques. Il semble que les lésions corticales aient, de ce point de vue, plus de résonance que les lésions des autres parties du système nerveux. Mais le modèle postural du corps peut aussi être perturbé par des lésions corticales qui pourtant n'amènent pas de troubles immédiats dans la sphère tactile et optique. Il s'agit donc bien dans ces cas de perturbation directe du modèle postural du corps, causée par les lésions corticales. C'est probablement dans la région pariéto-occipitale que se situe cette zone, dont l'atteinte retentit immédiatement sur le modèle postural du corps. L'appareil cortical est nécessaire à l'intégration et à l'utilisation finale des influx afférents [1]. Ce qui ne signifie pas que les lésions périphériques

1. Je suis d'accord avec Köhler lorsqu'il soutient que les influx ne sont pas simplement conduits, de façon non spécifique, à travers l'appareil périphérique, mais qu'il existe déjà des qualités et des configurations spécifiques dans le monde extérieur, que les voies de conduction elles-mêmes sont aussi spécifiques.

n'ont pas de retentissement sur le modèle postural du corps. Il ne peut y avoir de modèle postural qu'avec un apport suffisant de données fournies par l'appareil périphérique. Celui-ci est par conséquent, de ce point de vue, aussi important que l'appareil central. Quand on traite du système nerveux, il faut se garder de trop opposer le centre et la périphérie : ils forment, en fin de compte, une unité.

Head a fait ressortir l'importance de la posture, et pose par conséquent le problème du modèle postural du corps. Certainement, pour que nous puissions construire notre image du corps, il nous faut savoir où se trouvent nos différents membres. Mais, outre cela, il nous faut aussi avoir une possibilité de repérer la position des différentes parties de notre corps les unes par rapport aux autres. La localisation des sensations sur la peau ne nous est probablement pas donnée de façon immédiate; mais elles sont qualitativement différentes les unes des autres. La connexion finale entre ces points sur la surface du corps qui sont qualitativement différents les uns des autres, est le fait de l'expérience optique et de l'activité, par laquelle nous effectuons une continuelle localisation, en touchant ou en faisant jouer nos muscles. Même la localisation tactile d'un attouchement isolé n'est pas une donnée immédiate du monde extérieur à notre conscience; il faut la « travailler », y parvenir par un effort actif d'expérimentation. Une lésion organique peut rendre cet effort difficile ou vain. Toute la constitution du corps participe de cette structuration et cette expérimentation primitive. Les points symétriques du corps sont physiologiquement reliés, mais cette relation n'est qu'une illustration particulière des lois qui gouvernent la relation entre les différentes localisations des sensations corporelles.

Les recherches sur l'alloparalgie et l'alloesthésie semblent montrer que la connexion des points symétriques du corps est assurée par des éléments du système nerveux sympathique aussi bien que par des éléments du système cérébro-spinal. Le processus de coordination et d'utilisation des données des différents sens et leur corrélation, la production du signe local d'un attouchement *(Localzeichen)*, forment un ensemble qui ne dépend pas du raisonnement conscient.

La structure de l'image du corps au sens purement physiologique repose dans une large mesure sur des processus qui restent à l'arrière-plan de la conscience. C'est là que se construit activement l'image du corps. Mais si, comme il est certain, une partie de cette construction est complètement hors du champ de la conscience, elle est aussi représentée par des processus psychiques conscients et « inconscients ». L'expérience de l'illusion japonaise nous montre de quelle manière, avec quelle méthode compliquée et quelles tentatives répétées, nous parvenons à nous repérer par rapport à notre corps; de petits mouvements d'essai nous apportent de nouvelles impressions tactiles, qui nous aident à déterminer petit à petit la localisation du point touché.

Les recherches d'Anton Babinski sur l'anosognosie nous apportent d'autres indications sur la structure du modèle postural du corps. Les patients atteints d'anosognosie ne se rendent pas compte de leur paralysie, ou même oublient complètement un des côtés de leur corps, le côté atteint. Et dans ce dernier cas, une partie des sensations peut être transférée sur l'hémicorps opposé, le côté sain. Ce transfert peut être, mais pas nécessairement, associé aux influx moteurs. Il peut y avoir « oubli » des impressions d'une moitié du corps ou non-perception totale d'une moitié du corps sans qu'il y ait transfert des influx sur l'hémicorps opposé. Il s'agira alors d'un mécanisme du type dit purement psychique. Mais il peut aussi s'agir de mécanismes organiques. Dans le dernier cas, ce peut être un mécanisme général, dit de « Korsakoff », ou encore un mécanisme provoqué par une lésion focale. Le refoulement organique peut donc entraîner une non-perception de l'hémiplégie, ou un abandon total d'un côté du corps; il peut aussi perturber, par des illusions et des distorsions, la perception de ce côté. La majorité de ces cas présente des troubles de la sensibilité qui indiquent une lésion grave des relais centraux. Mais il y a toujours un trouble dans le mécanisme pariétal spécial, dont l'intégrité est indispensable à la localisation tactile dans le modèle postural du corps. La pleine connaissance du modèle postural de notre corps dépend de l'intégrité de tous ces mécanismes.

Tout phénomène de la sphère psychophysiologique — et tout ce qui se passe dans le corps en relève — met en jeu une multiplicité de facteurs. Le système nerveux est construit par niveaux d'intégration. Les niveaux supérieurs sont ceux qui sont les plus étroitement reliés aux couches psychiques, et qui ont le plus de ressemblance avec les mécanismes de la sphère psychique. Aux niveaux inférieurs, les mécanismes que nous avons appelés mécanismes de refoulement organique sont eux aussi sur bien des points semblables aux mécanismes psychiques, mais aucun processus psychique, pas plus conscient qu'inconscient, ne leur est associé. Chez l'individu normal, tous ces mécanismes sont intégrés et forment une unité. Dans les cas pathologiques, une partie de ces mécanismes prend le dessus et domine l'ensemble.

Les diverses parties du modèle postural du corps sont différemment reconnues selon les besoins de l'individu. La ligne médiane du corps a une importance toute particulière. Les rapports entre la gauche et la droite sont des rapports dans le modèle postural.

Les perceptions dans tout le champ psychologique n'ont d'autre fonction que de servir de point de départ aux actions. Le modèle postural du corps, la connaissance des membres et de leur position relative les uns par rapport aux autres est nécessaire pour que puisse s'amorcer le moindre mouvement. Il en va de même pour toutes les actions que nous dirigeons sur notre corps. Quand cette connaissance n'est pas suffisante à l'amorce d'un mouvement, l'individu la perfectionnera par des mouvements d'essai; une connaissance sans mouvement est toujours incomplète. L'espace propre à notre corps a des qualités particulières qui le caractérisent, mais il faut au surplus une connaissance spatiale de l'arrangement de ses différentes parties, pour qu'un mouvement qui vise une partie distincte du corps puisse aboutir.

C'est dans le phénomène du fantôme, que connaissent les mutilés qui ont perdu un membre de façon plus ou moins soudaine, que le modèle postural s'exprime de la façon la plus nette. L'attitude du mutilé à l'égard de son fantôme montre qu'il voudrait recréer l'intégrité de son corps. Quand il y a paresthésie de type périphérique, le travail de reconstruction qui crée le fantôme est facilité. La structure physiologique du fantôme et du modèle postural du corps en général est très semblable aux structures psychologiques dont dépendent l'unité du corps et son intégrité. Ce sont des facteurs psychologiques qui déterminent la forme finale que prendra le fantôme, et qui inversement peuvent décider que telle ou telle partie du corps sera désormais non perçue.

Dans les cas d'hystérie et dans les cas dits d'allochirie, l'élément psychogène des émotions, dans son impact sur le modèle postural du corps, entraîne des phénomènes très semblables à ceux du refoulement organique. Pour construire le modèle postural de notre corps, nous n'avons pas seulement besoin des renseignements que nous apportent nos mouvements actifs volontaires et semi-volontaires; l'état tonique général du corps y est également engagé. C'est surtout le tonus des réflexes posturaux et de redressement qui influe sur le modèle postural du corps, et de lui dépend que le modèle soit correct ou distordu. Mais, sous l'influence de cette labilité, des attitudes changeantes et de cette variété des influx, le modèle postural du corps risquerait de perdre sa qualité de « modèle », de devenir protéique, s'il n'y avait les postures primaires. Ces postures sont motrices aussi bien que sensorielles. Il y a une tendance à ne pas tenir compte de tout ce qui dévie de ces postures primaires. Les postures primaires sont des créations et des constructions qui nous étayent, nous permettent d'opposer une structure ferme aux variations des situations externes.

Le modèle postural ne nous donne pas seulement un bâti de notre corps, il nous en donne aussi la surface, à l'aide surtout des renseignements qu'apportent les impressions optiques; et il y a encore dans le modèle postural une perception de ce qui se passe dans l'intérieur du corps. Là, c'est avant tout une substance lourde que nous sentons, et de la même manière que nous sentons toute autre masse. Toutes les autres sensations sont transférées très près de la peau. Notre appréciation des masses et des poids varie avec le tonus musculaire.

Il est indubitable que toute irritation du nerf vestibulaire entraînera une modification, et du tonus, et du modèle postural. Le fait est très net dans les mouvements giratoires, très net aussi dans les déplacements verticaux dans les deux sens (ascenseur rapide). Ces mouvements entraînent des dissociations dans la substance lourde du modèle postural du corps; une partie de la substance franchit les frontières du corps et crée un fantôme. Le nerf vestibulaire contribue à assurer l'unité du modèle postural, et en particulier unit la substance lourde à la partie optique du corps.

La douleur a toujours un effet sur le modèle postural du corps; une lésion cérébrale peut l'en dissocier, mais en règle générale la douleur y induit des distorsions. Un nombre considérable de facteurs somatiques jouent dans le modèle postural du corps, mais celui-ci reste une unité, qui contient différentes parties plus ou moins importantes ou nécessaires.

On peut dégager quelques traits généraux dans la façon dont le corps propre est éprouvé : ce n'est certainement pas une unité donnée, mais une unité qui se fait. Il y a quatre niveaux généraux qui continuellement interfèrent. Le premier est le niveau purement physiologique (le sympathique, les nerfs périphériques, la moelle). Nous ne savons pas encore quels sont les processus psychologiques liés à ce niveau. Un second niveau est en rapport avec les activités focales dans le cerveau; c'est un mécanisme proprement physiologique, mais qui a continuellement des répercussions dans la conscience. Les cas de non-perception d'un des côtés du corps se situent à ce niveau. Un troisième est celui des activités organiques générales liées à la région corticale : c'est ce mécanisme, par exemple, qui est atteint dans la maladie de Korsakoff. Ce niveau est organique au sens le plus général du terme, mais il s'agit d'une vie organique étroitement apparentée à la vie psychologique. Le second niveau avait dans la conscience une plus forte réflexion, tandis qu'à ce troisième niveau, c'est d'une compréhension, du point de vue psychologique, qu'il s'agit. Le processus organique s'y présente comme un processus psychologique figé. Enfin il y a un quatrième niveau, celui des processus qui se passent dans la sphère psychique, mais exercent une influence dans la sphère somatique. Répétons-le, il y a une interaction continuelle entre ces quatre niveaux du modèle postural du corps.

Cette formulation a une portée qui dépasse le problème particulier du modèle postural du corps. On peut supposer que toute la vie psychophysiologique est bâtie de cette façon par niveaux, semblables à ceux que nous venons de dégager, et que l'interaction de ces divers niveaux est caractéristique de la vie organique. Certes, cette idée n'est pas une nouveauté. Elle inspire en grande partie les travaux de Jackson, et aussi de Head. Par ailleurs, on n'aurait sans doute pas de peine à montrer qu'il n'existe pas seulement quatre niveaux comme ceux que je viens de dégager pour le modèle postural du corps, mais infiniment plus[1]. Je me garderai bien de le nier. Mais, dans la présente étude, ce sont ces quatre niveaux qui nous intéressent. Les auteurs n'ont jusqu'à présent considéré ces niveaux que du point de vue de la neurologie organique, sans tenir compte de leur implication psychologique. Seul Adolphe Meyer a pris en considération l'intégration psychophysiologique. Nous avons aussi affaire à des niveaux physiologiques et psychophysiologiques différents. Faut-il admettre que le niveau physiologique qui n'a pas de répercussions dans la conscience est vraiment le niveau de base, celui dont les autres sont issus? Il me semble que cette idée serait totalement fausse. Il est généralement admis qu'il existe des activités organismiques qui sont d'emblée des activités psychiques. Dans l'organisme supérieur, il y a des activités psychiques primaires, qui accèdent en partie à la conscience. Elles ont les caractères de la pensée logique et de l'intention délibérée. Mais beaucoup d'autres de ces activités primairement psychiques se situent dans

1. Orton a distingué trois niveaux dans la fonction corticale.

l'arrière-plan de la conscience, elles ont, en bref, un caractère symbolique ou « sphérique ». Elles entrent dans la catégorie de l' « inconscient » de Freud. Mais il reste qu'elles sont toutes des expériences psychiques. Elles sont du quatrième niveau, psychique et cortical, et c'est là que se situent les activités primaires de la psyché.

Quand certaines des fonctions organiques perdent leur accès immédiat à la conscience, nous avons affaire plus ou moins à un processus de transformation de l'attitude psychique en une attitude purement physiologique, ce processus ayant pour but de faire un instrument de quelque chose qui a été d'abord une fonction. Je ne pense pas, par conséquent, que le premier niveau soit en aucune façon « premier » par rapport au second, au troisième et au quatrième. Si l'on veut concevoir une construction, il est certainement plus simple de dériver la fonction physiologique de la fonction psychique que l'inverse. Nous savons déjà que la fonction psychique d'exercice et d'adaptation entraîne un changement dans la fonction du système nerveux central et dans les muscles. Il est généralement admis que c'est la fonction qui crée la forme. Il est vrai que la forme, une fois créée, peut à son tour avoir une influence sur la fonction; mais il est pour le moins probable que forme et fonction sont nécessairement tributaires l'une de l'autre, et que la fonction est nécessairement psychique, au moins en partie. C'est sans doute un des traits essentiels de la vie organique, que ces niveaux d'intégration qui s'influencent et s'interpénètrent.

Pour comprendre le développement du modèle postural du corps il faut chasser l'idée que le niveau physiologique est primitif, et que le niveau psychologique en serait une complexification secondaire; il faut s'efforcer de comprendre le modèle postural du corps d'un point de vue purement psychologique. Dans le modèle postural primitif, il y a un manque de différenciation des parties séparées, une prédominance des impressions de poids. C'est comme un sac rempli dont les contours sont mal définis, et qui se différencie par le contact continuel avec le monde extérieur. La motilité est un facteur dominant dans ce développement. Comme le montre l'étude des fantômes, le modèle postural enfantin n'est jamais complètement abandonné. Il y a différentes couches d'images du corps qui sont incorporées dans le corps. Même l'investigation qui se dit purement physiologique montre que le modèle postural du corps n'est pas rigidement défini; le simple contact d'un objet suffit à le modifier et le modèle postural des individus de son entourage agit sur lui. L'espace, s'il a des qualités d'un autre ordre, a aussi celles que lui confère le modèle postural. La gauche et la droite, le bas et le haut, sont, dans l'espace, des prolongements du modèle postural du corps.

Jusqu'à présent, nous avons traité de la partie somatique du modèle postural du corps ou en d'autres termes, de la façon dont il est perçu. Mais il est clair que même la perception du modèle postural du corps ne mène pas à une entité rigide et clairement définie. Il n'y a rien de défini dans la perception, rien de statique; mais un effort continuel pour atteindre une image statique et pour bâtir une structure à partir de quelque chose qui est perpétuellement mouvant.

Il me paraît important de souligner la réalité de ces considérations en ce qui concerne l'aspect perceptif de l'image du corps. Le corps, qui nous semble si proche de nous, si bien connu de nous, si assuré, devient dans cette perspective une possession bien incertaine. Des études comme celle-ci coupent l'herbe sous le pied des philosophes dont les spéculations visent à donner pour base à l'expérience de la vie la seule connaissance du corps, ou, pis encore, les sensations. J'ai montré que les sensations ne signifient rien tant qu'elles ne sont pas reliées au modèle postural du corps.

Les expériences sur l'appareil vestibulaire (déplacements giratoires et verticaux) et les observations sur les amputés (fantôme) ont montré que tout corps contient en lui-même, en surplus, un fantôme (peut-être le corps lui-même est-il un fantôme). Naturellement, ce qui dans le corps est fantôme se manifestera encore plus clairement dans les rêves, qui, comme les fantasmes, sont particulièrement labiles. L'étude du modèle postural du corps s'est jusqu'à présent bornée à un seul de ses aspects, l'aspect perceptif. C'est, pourrait-on dire, dans une certaine mesure le corps du point de vue du moi dans la nomenclature psychanalytique. D'après ma propre terminologie je dirais : le corps du point de vue du moi-perception. Il est certain que des besoins affectifs se manifestent aussi dans la perception pure et dans l'action qui la suit. Il y a toujours quelque émotivité associée à la perception en tant que telle. Mais nous savons qu'outre les simples perceptions et les actions qu'elles déterminent, il existe une puissante vie libidinale : je veux parler des structures libidinales ou, dans une terminologie plus générale, des pulsions et des désirs.

Dans le travail qui met en forme le modèle postural, la vie affective joue un rôle considérable. Sous l'influence des émotions, la valeur relative des différentes parties du corps entre elles et leur différenciation changera, dans le sens des tendances libidinales. Ce changement peut se manifester à la surface du corps, il peut aussi en concerner les parties internes. Il peut y avoir changement dans l'apparence subjective de la peau, perte de sensation pour telle ou telle partie du corps, oubli d'un membre ou même de tout un côté du corps.

Il peut y avoir changement dans la perception du poids du corps, variation dans la densité de la substance lourde du corps. Elle peut devenir comme une écume, et même se creuser de bulles, ou au contraire se condenser dans les parties internes du corps. La structure libidinale se manifestera dans les accentuations diverses portées sur telle ou telle partie du modèle postural, et il en apparaîtra quelque chose dans leur forme. Ce qui se passe dans une partie du corps peut être transposé dans une autre partie. La cavité que forment les organes génitaux féminins peut apparaître comme cavité dans d'autres parties du corps. L'organe sexuel masculin peut se transposer comme raideur (comme un bâton), dans quelque autre partie. Nous parlons alors de transposition d'une partie du corps sur une autre.

Une partie du corps peut en symboliser une autre. Cette substitution ne se fait que quand elle trouve dans le corps quelque justification naturelle : le nez et toutes les protubérances du corps peuvent devenir le symbole du phallus. Tous les orifices et cavités du corps sont librement interchangeables. Le vagin, l'anus, la bouche, les oreilles, et même les narines se rassemblent en un groupe : les orifices. Le corps tout entier n'est, tout compte fait, qu'orifices, cavités et protubérances. Dans l'hypocondrie, les échanges d'organes qui se font sur le plan symbolique entraînent des sensations dans le corps. La substitution symbolique peut donc déterminer des sensations dans un organe ou des attitudes concernant cet organe. Notre attitude à l'égard des diverses parties de notre corps peut être dans une large mesure déterminée par l'intérêt que les autres lui accordent. En élaborant notre image du corps, nous tenons compte des expériences que nous tirons des actions et attitudes des autres; il peut s'agir de paroles ou d'actions qui concernent notre corps, mais ce que nous pouvons saisir de l'attitude d'autrui à l'égard de son propre corps nous influence aussi grandement. Les maladies qui provoquent des interventions particulières du malade sur son corps (démangeaisons) jouent aussi un grand rôle sur le modèle postural; de ce point de vue, les expériences de la petite enfance ont une importance toute spéciale. Mais, ceci dit, nous ne cessons jamais toute la vie d'accumuler les expériences et d'explorer notre corps.

Nous pouvons prendre des parties du corps des autres et les incorporer dans notre image du corps, c'est ce qu'on appelle l'appropriation. Mais nous pouvons aussi changer complètement de rôle, prendre le rôle des autres, nous identifier à eux, et ceci peut induire ùne attention et une attitude particulière à l'égard de certaines parties de notre corps.

L'unité émotionnelle du corps ne peut être maintenue que, passé le complexe d'Œdipe, quand des relations à un objet total se sont pleinement instaurées. Quand les tendances sado-masochiques sont prédominantes, il y a rupture du modèle postural du corps. La douleur psychogène est l'une des manifestations des tendances sado-masochiques, qui modifient l'attention concernant l'organe qui est au centre de l'attitude sado-masochique. Dans l'hypocondrie, nous avons affaire à une transposition des organes génitaux, et de leurs investissements libidinaux, sur d'autres parties du corps. Cette transposition peut se produire à la surface, ou dans les parties internes du corps. Les organes génitaux sont sentis comme isolés et non reliés à la personne.

Chez les neurasthéniques, on trouve une attitude sadique-anale à l'égard d'autres personnes et, partant, une rupture du modèle postural du corps. L'angoisse associée à des tendances sado-masochiques peut entraîner un démembrement profond de tout le corps. Dans la dépersonnalisation, ces tendances sado-masochiques luttent contre la génitalité, et les relations objectales entraînent l'élimination non seulement des organes génitaux, mais aussi d'autres parties du modèle postural qui les symbolisent.

L'identification et l'appropriation jouent un rôle considérable dans l'élaboration de l'image du corps. Quand un changement dans l'image du corps symbolise l'organe sexuel, c'est bien souvent de l'organe d'une autre personne — considérée comme personnalité globale — qu'il s'agit. La rupture du modèle postural semble moins violente dans les cas d'hystérie. Dans la psychose, au contraire, il subit des changements considérables, selon la gravité de la rupture dans la structure libidinale. Le sadisme violent des mélancoliques entraîne une dissolution presque complète de la structure libidinale du modèle postural du corps, avec pour conséquences des actes qui concrétisent dans la réalité cette dissolution. On peut donc bien dire que c'est la vie affective et libidinale qui donne au modèle postural du corps sa forme achevée. Aucune autre structure ne peut nous apporter autant de lumières sur la vie affective et son influence sur la perception des objets.

Le changement dans les attitudes libidinales est étroitement associé aux expériences vécues de l'individu, et ne peut être compris que sous cet angle. Les attitudes à l'égard de la situation vécue, de l'histoire vécue intime, agissent sur le modèle postural lui-même en en accentuant telle partie, ou bien sur la façon dont il est perçu en liaison avec les sensations qui y sont ressenties; en tout cas elles agiront en fin de compte sur le corps lui-même. Le modèle postural du corps n'est pas purement et simplement quelque chose de psychique qui s'ajoute à la structure matérielle du corps, c'est aussi une entité physiologique avec des conséquences physiologiques qui ont une action sur les fonctions des organes, et peut-être aussi sur leur forme et sur leur croissance. La conversion passe par le modèle postural du corps. Ces changements peuvent se situer au niveau des images, des pensées, des actions volontaires ou involontaires et, finalement, ils deviennent des changements vaso-moteurs et vaso-végétatifs dans l'organe. La conversion repose sur les facteurs constitutionnels, sur la constellation somatique qui se reflète dans le modèle postural du corps, et sur l'organisation libidinale qui lui donne sa forme définitive.

Le problème de la maladie organique ne peut être compris que sous l'angle du modèle postural du corps. Un symptôme peut être organique ou psychogène, il est toujours lié au modèle postural. Il devient ainsi possible d'étudier de quelle façon le modèle postural peut, tant du point de vue organique que psychogène, se prêter à une transposition symbolique, sous la forme d'un trouble fonctionnel dans un organe particulier. La maladie organique et le trouble psychogène aboutissent de la même façon à la souffrance; celle-ci s'exprime nécessairement dans le modèle postural du corps. La souffrance morale mène à une manifestation somatique, la maladie somatique mène à une souffrance morale.

Les problèmes moraux et les conflits libidinaux de la névrose se situent au centre de la personnalité et de là se répandent en sa périphérie, et dans le modèle postural du corps. Le trouble psychogène a nécessairement un caractère centrifuge. Il s'exprime dans un symptôme névrotique ou même dans un changement anatomique, par un processus psychique centrifuge. A l'inverse, dans la maladie organique, le processus naît à la périphérie et entraîne des changements dans les attitudes centrales. Le processus organique est par conséquent centripète du point de vue de la psychologie du Moi central et du modèle postural du corps. La différence entre une maladie organique et une maladie psychogène est uniquement une différence dans la direction psychique.

En allant plus loin, nous en venons à penser que l'une des caractéristiques fondamentales de la vie psychique réside dans le changement continuel de l'éprouvé concernant le centre imaginaire du moi. Il y a une circulation continuelle des expériences dans les deux directions, centrifuge et centripète. Le modèle postural du corps peut être attaqué de l'extérieur comme de l'intérieur. Les conflits libidinaux modifient continuellement l'image du corps. Il y a assimilation et projection; tendance à maintenir l'image du corps dans ses limites, tendance à la répandre et l'étendre; tendance à maintenir ensemble toutes ses parties, tendance à les disséminer dans le monde. Les forces internes les plus profondes de l'esprit humain, unification et partition, intégration et différenciation, trouvent leur manifestation immédiate dans le modèle postural du corps, qui est à la fois la création et le créateur des tendances constructives et destructives.

Mouvement et expression appartiennent aux phases destructives dans le processus d'évolution continuel du modèle postural du corps. Déjà dans la sphère perceptive on enregistre une étroite interrelation entre les modèles posturaux de différentes personnes. Mais c'est dans la sphère affective et libidinale qu'ils sont les plus étroitement liés. Toutes les fois que se manifeste un intérêt particulier pour telle partie du corps d'autrui, existe le même intérêt pour la même partie du corps propre. Toute anomalie d'une partie du corps concentre l'intérêt sur la partie correspondante dans le corps des autres. La vie sociale est basée sur les interrelations entre modèles posturaux. La nudité et la pudeur sont étroitement liées à l'importance sociale des images du corps. C'est la présence des autres qui fait que la rougeur du visage et la timidité sont si pénibles à endurer. Les irritations sexuelles changent le modèle postural du corps, non seulement en lui-même mais aussi dans sa signification sociale. L'identification et l'appropriation unissent notre image du corps aux images du corps des autres qui cependant conservent une relative indépendance.

Une image du corps est toujours d'une certaine façon la somme des images du corps de la communauté, en fonction des diverses relations qui y sont instaurées. Les rapports avec les images du corps des autres sont déterminés par les facteurs de distance spatiale et de distance affective. C'est dans les zones érogènes que les images du corps sont le plus proche les unes des autres; là, elles se mêlent très étroitement.

Le déplacement des zones érogènes se reflète dans la relation sociale aux autres images du corps; les changements érotiques dans l'image du corps sont toujours des phénomènes sociaux et s'accompagnent de phénomènes correspondants dans l'image du corps des autres.

Notre propre image du corps et l'image du corps des autres ne sont pas dans un rapport de primauté l'une par rapport à l'autre; elles sont, de ce point de vue, à égalité, et l'une ne peut être expliquée par l'autre. Il y a un échange continuel entre des parties de notre image du corps et l'image du corps des autres : projection et appropriation. Mais il peut y avoir aussi identification aux autres, et c'est alors l'image du corps des autres, tout entière, qui sera « prise »; ou encore, l'image du corps peut être expulsée tout entière. Les images du corps des autres et leurs parties peuvent être intégrées dans l'image du corps propre et former avec elle une unité, ou lui être simplement ajoutées et ne former alors avec elle qu'une somme. Il existe une image sociale du corps. Ces processus d'échanges entre individus peuvent les rendre partiellement identiques, mais ils restent des échanges entre individus. Quand un individu a socialisé son image posturale, elle n'en reste pas moins sienne. Il n'existe pas d'image posturale de la communauté, pas de nous à l'égal d'un moi.

La psychologie sociale reste toujours une psychologie de l'individu dans le contexte social. La vie sociale suscite en nous la tendance à nous identifier aux autres. L'imitation en est un aspect. L'identification est d'abord : identification des images du corps. Mais la vie sociale ne repose pas seulement sur l'identification, mais aussi sur les actions, et, dans celles-ci, l'autre conserve pleinement son caractère d'objet. Il y a deux tendances en conflit, l'une qui par identification absorbe les autres, et l'autre, non moins forte, qui a besoin que les autres restent des objets indépendants. Il y a là une antinomie sociale dont les répercussions vont très loin.

La beauté est un phénomène social. Le corps humain, son modèle postural est l'objet premier de la sculpture et de la peinture. L'objet beau excite les tendances sexuelles sans les satisfaire, mais en même temps chacun peut en jouir. La beauté devient ainsi action en suspens, et il est compréhensible que l'idéal classique ne cherche pas à exprimer l'émotion forte et le mouvement violent. La beauté est aussi abandon d'une propriété personnelle au bénéfice de tous : elle est donc elle aussi un phénomène d'une grande portée sociale.

La morale également repose sur notre appréciation des autres en tant qu'êtres humains dotés de corps humains. Les lois morales sont fondées sur les tendances à l'identification et à la projection, sur notre besoin interne que les autres existent et plus encore qu'ils soient satisfaits, intégrés et en pleine possession d'un modèle postural harmonieux. La même tendance interne à détruire et construire, que nous dirigeons sur notre propre personnalité, doit également être présente et active, concernant les autres. L'autre « soi » n'est pas une projection du « soi » propre, pas plus que celui-ci ne se réduit à une identification au « soi » étranger. C'est par une expérience primaire que nous nous éprouvons, dans un monde où existent d'autres personnalités, d'autres corps en dehors de nous.

Le moi et le tu ne sont pas possibles l'un sans l'autre. Notre image du corps n'est pas possible sans l'image du corps de l'autre, mais leur création est le fait d'un échange continuel. Telles sont les grandes lignes de l'organisation humaine et de l'organisation de la vie en général, que suggèrent les faits. On peut dire d'eux qu'ils sont des faits *a priori*. Moi, toi, personnalité, corps, monde sont des entités séparées, mais entre elles se place le processus psychologique permanent qui fait varier le lien entre le moi et le monde, entre le moi et l'image du corps, entre les images du corps des divers individus. Le schéma *a priori* : la vie comme coquille vide, et la symbolisation de ses conditions générales, ne prend vraiment son sens que si la vie n'est pas comprise comme une connotation philosophique générale, mais comme un processus actuel d'expériences variées et de situations vécues. J'incline à croire que la méthode purement philosophique est insuffisante pour rendre compte des faits multiples et variés de l'expérience. Et même les données *a priori*, nous ne pouvons les comprendre qu'à travers la diversité des expériences et la réalité des faits. Naturellement, les retours aux faits réels et aux données empiriques contiennent un danger : à partir d'eux il est difficile de formuler des lois et des règles générales. Les faits échappent toujours aux propositions générales, et les propositions générales n'épuisent pas la multiplicité des expériences. La méthode phénoménologique est insuffisante pour rendre compte de la multiplicité des faits; seule la méthode empirique, qui retourne aux situations vécues, aux tendances libidinales et affectives, permettra de formuler des propositions qui, au moins, cerneront de plus près la multiplicité des tendances et des pulsions dans l'organisation psychologique et physiologique de l'homme. Ma présente étude paraîtra donc à certains entachée d'empirisme, mais la méthode empirique est préférable à la pure spéculation; elle nous oblige infailliblement à nous rendre compte que même notre propre corps est au-delà de notre appréhension immédiate, et elle nous souffle les paroles mêmes de Prospero dans *La Tempête :* « Nous sommes de l'étoffe dont les rêves sont faits; et notre petite vie est entourée d'un songe. » Toute présentation d'une image du corps qui serait une entité isolée restera nécessairement incomplète. Un corps est toujours l'expression d'un moi et d'une personnalité et il est dans le monde. On ne peut donner aux problèmes que pose le corps une réponse même préliminaire sans devoir, du même souffle, s'attaquer aux problèmes que posent la personnalité et le monde.

APPENDICE

Observations de lésions organiques générales

1. *Polyesthésie et transfert de sensations de la gauche sur la droite dans un cas de lésion pariétale et capsulaire.*

Barbara M., née en 1880, hospitalisée au service neurologique de l'Université de Vienne, pas d'antécédents familiaux; pas d'antécédents personnels particuliers; mais syphilis en 1911. Ictus apoplectique le 7 février 1931. Le 10 février, d'après le dossier d'un autre hôpital, hémiparésie du côté droit avec analgésie et anesthésie homolatérale. Paralysie faciale associée. La langue, déviée à droite, est difficilement déplacée vers la gauche. Déviation des yeux en haut et à gauche. Myosis avec abolition des réflexes photomoteurs. Signes de Babinski, Oppenheim, Gordon, positifs à droite. Abolition des réflexes rotulien et achilléen. Parole hésitante. Somnolence et bâillements fréquents. Le reste de l'examen est normal. B. W. négatif. Le 11 février, légère raideur de la nuque. Le 19, spasmes du pied droit. Le 28, forte transpiration du bras droit. Le 1er mars, la malade tourne la tête à droite. Le 3 mars, la sensibilité à la douleur et au toucher est meilleure. Le 9 avril, l'hémiplégie régresse, les réflexes rotulien et achilléen sont plus vifs à droite qu'à gauche. La sensibilité est pratiquement normale.

Entre-temps, la malade a reçu plusieurs traitements. J'ai pu faire des examens très complets sur cette patiente dont l'état est resté sans changement jusque vers la fin de cette longue observation. Examen somatique normal. Le B. W. dans le sang et dans le liquide céphalorachidien est positif. Nonne-Apelt positif. Deux lymphocytes. Sur le plan neurologique : parésie du facial inférieur à droite; la langue tirée à droite.

Réflexe vélo-palatin normal; pas de trouble de la déglutition. Parole normale. Mouvements oculaires normaux. Pas de nystagmus. Les pupilles réagissent mal à la lumière, mais bien à l'accommodation. Réflexe cornéen normal; champ visuel, fond d'œil, ouïe, appareil vestibulaire, odorat et goût, normaux; l'épaule droite tombe. Il s'agit d'une parésie typique sévère. Au bras droit, la posture est typique. Mais l'hypertonie est très limitée bien que de type pyramidal. La paralysie prédomine à l'extrémité du membre, elle est plus discrète au niveau de la racine. Les réflexes ostéo-tendineux du bras sont plus vifs à droite qu'à gauche. L'examen de la coordination est impossible. Parésie des muscles du tronc. Réflexes cutanés abdominaux présents des deux côtés. Aux membres inférieurs forte pronation du pied droit; l'hypertonie pyramidale est discrète, il existe même une petite hypotonie. Pas d'ataxie, pas d'adiadocokinésie. Quand la malade essaie de marcher, son épaule droite penche en avant; elle ne peut marcher même avec des béquilles. Pas de troubles sphinctériens.

La sensibilité montre les troubles suivants : douleur spontanée dans la région de l'œil droit. Parfois cette douleur diminue; il y a paresthésie, ou même disparition totale momentanée. Sens de la posture : la malade répond rapidement à l'incitation du côté gauche. Quand on lui demande de reproduire avec son côté gauche des mouvements passifs de son côté droit, elle commet des erreurs énormes. L'exploration du sens de la posture d'un segment de membre montre des troubles plus importants au niveau des extrémités qu'à la racine, où elle est bien moindre. On a parfois l'impression que la malade sent les déplacements de sa main et de son pied, mais qu'elle n'en perçoit pas clairement la direction.

Elle a des hallucinations fréquentes; elle croit par exemple qu'on a bougé ses doigts paralysés, quand il n'en est rien. Des mouvements passifs imprimés aux articulations des doigts de la main gauche, provoquent souvent, après un retard de quatre à dix secondes, les mêmes sensations, mais plus faibles, dans la main droite.

La sensibilité sur le côté droit du corps se résume de la façon suivante : nette disposition aux hallucinations concernant le côté droit; les sensations de l'hémicorps gauche sont transférées, après un court intervalle, à droite sur le point symétrique, sous forme de sensation analogue.

Sensibilité thermique : la sensation au froid est conservée, la sensation à la chaleur est abolie sur le côté droit.

La sensibilité à la douleur, profonde et superficielle, est

conservée. La malade est moins sensible à droite à l'excitation faradique. Même sensibilité des deux côtés à l'irritation de la peau par grattage. Le chatouillement est senti à droite comme un attouchement. Pallesthésie, sensibilité à la pression profonde, estimation des poids : identiques des deux côtés. Erreurs grotesques pour la localisation du toucher à droite; seuls les effleurements très légers sont localisés correctement. Quand on touche la malade près du sein droit, elle sent l'attouchement : premièrement à l'épaule, puis après quatre à dix secondes, au coude, troisièmement à la racine du membre inférieur, quatrièmement sur la face dorsale du pied. Mais les deuxième, troisième et quatrième sensations sont moins vives et moins précises que la première. Cette polyesthésie est constante sur le côté droit. Mais assez souvent il y a, pour un stimulus, non pas quatre mais deux sensations. Polyesthésie également quand le stimulus est appliqué sur le côté gauche : apparaissent d'abord, plus faibles, des sensations sur le point symétrique du côté droit, ensuite une autre sensation, plus distale. La sensation à droite n'est pas toujours absolument symétrique de celle qui est éprouvée à gauche. Un attouchement sur la main gauche peut provoquer à droite une sensation au même niveau, mais sur le tronc.

Les piqûres déclenchent le même phénomène que les attouchements. Une piqûre sur la cuisse droite provoque une sensation de piqûre mal localisée qui est suivie d'une sensation de toucher. Une piqûre sur la cuisse gauche entraîne une sensation de piqûre plus faible sur la cuisse droite en un point approximativement symétrique. Bien que la localisation des piqûres et attouchements sur le côté droit soit généralement faible, il arrive à la malade de localiser correctement sur ce côté; par exemple, une piqûre du gros orteil droit. Les erreurs de localisation sont variables en importance et en direction. Parfois elles ne sont que de quelques centimètres, mais d'autres fois la malade localisera un attouchement au tronc, sur le pied ou le visage, et contralatéralement. Les erreurs augmentent la fatigue. Aux moments où la malade souffre dans la région de l'œil droit, elle localise sur son visage tous les attouchements. Les sensations thermiques à gauche sont généralement transférées à droite sans changement qualitatif. Un attouchement à gauche avec un verre chaud est senti d'abord à gauche, puis, à peu près symétriquement, et un peu moins chaud, à droite. Il en va de même pour les sensations de froid et les pallesthésies. La malade sent aussi dans sa main droite les objets que l'on place dans sa main gauche. Parfois, les sensations de froid et de chaud à gauche se transforment en sensations de pression à droite. Les attouchements du sein droit sont généralement bien localisés. Quand on touche le bras droit de la malade avec une étoffe rugueuse ou une brosse, que l'on peut même promener sur une grande surface de peau, la malade ne sent qu'un unique attouchement ou une piqûre. On peut encore promener son doigt sur la peau, tracer des lignes qui peuvent avoir vingt centimètres, elle ne sentira qu'un attouchement en un point. Parfois, si l'on décrit avec le doigt un tracé montant, elle sent un tracé descendant. Par contre, sur le bout des seins, la malade localise correctement. Quand on imprime un mouvement sur la peau, la malade dit, très souvent, qu'on vient de faire bouger les jointures de ses doigts. Toutes les sensibilités sont transférées de la gauche à la droite et sont polyesthésiques. La seconde sensation est toujours une sensation de toucher quand il y a eu une sensation sur le côté droit.

La patiente ne reconnaît pas la position dans l'espace de ses membres droits; par contre, elle est parfaitement capable de désigner un point sur son tronc. La polyesthésie rend impossible l'examen de la discrimination successive. L'irritabilité vaso-motrice est accrue à droite. Pas d'impression particulière de plaisir et de déplaisir concernant ce côté. Un traitement prolongé au salvarsan fera régresser les hallucinations spontanées. Les sensations du côté gauche ne sont plus maintenant qu'incomplètement transférées sur le côté droit, bien que les phénomènes n'aient pas changé pour l'essentiel. Le trouble de la localisation est toujours prédominant, quoique les réponses soient plus souvent correctes.

2. *Méconnaissance d'une hémiplégie droite.*

Harriet C., quarante-huit ans, pas d'antécédents familiaux particuliers. La malade a eu sa ménopause il y a environ un an. La sœur dit qu'elle a eu une pneumonie en décembre 1930; elle s'en est bien remise, mais, le 28 décembre 1931 survient une attaque, et on ne la découvre chez elle que trois ou quatre jours plus tard. Au début, sa parole n'était pas claire, mais elle pouvait lire dans son livre de prières sans difficulté. Elle répétait qu'elle avait une fracture ou une luxation. La patiente est une personne excentrique, un peu bizarre, extrêmement dévote et prude. Elle est hospitalisée le 8 mars 1932 au Service psychiatrique de l'hôpital Bellevue. Elle déclare : « J'ai eu une attaque, je suis tombée et je n'ai pas pu me

relever; je sais très bien où je me trouve, je suis à Bellevue. »
Le 9 mars elle dit : « Je suis paralysée du bras droit et de la jambe droite; c'est à la suite des fractures que je me suis faites en tombant le 27 décembre; je venais juste de rentrer chez moi quand c'est arrivé. J'allais très bien, ma santé ne me donnait aucun souci; je ne travaille pas mais je classe des fiches dans une banque, et ils me donnent un peu d'argent. »

Cette malade était insuffisamment nourrie. Tachychardie. Pas de souffle cardiaque. Examen pulmonaire, négatif. Examen abdominal, négatif. Analyse chimique du sang, normale. Pas d'albumine dans les urines. B. W. dans le sang et le liquide céphalorachidien, négatif. Dosage des globulines, normal; numération globulaire, normale. Benjoin colloïdal, normal. L'examen neurologique montre une paralysie faciale droite, pas de nystagmus, regard fixe, pas de déviation de la langue, pas d'hémianopsie. La parole est légèrement hésitante. Les pupilles sont légèrement irrégulières, symétriques; réflexes photomoteurs, normaux; accommodation, normale. La patiente est incapable de bouger ses extrémités inférieure et supérieure droites. Les extrémités sont en flexion. Abolition du réflexe cornéen. Les réflexes sont très exagérés à droite, avec clonus de la rotule et trépidation épileptoïde du pied. Signes de Babinski et Rossolimo : positifs sur le côté droit. Les réflexes cutanés abdominaux sont abolis sur le côté droit. Hoffmann positif à droite. La position de la main droite est atypique : la main est à plat, comme une main de singe : légère flexion des articulations proximales et extension des articulations distales des doigts.

La patiente est sensible aux mouvements passifs au niveau des articulations. Elle montre des troubles sensoriels graves sur l'hémicorps droit, y compris l'hémiface, pour les attouchements, piqûres et variations de température. Le sens de la posture est pratiquement aboli pour la main et le pied. Il est également perturbé au coude. Les mouvements de l'épaule, du genou et de la hanche sont par contre appréciés au moins en partie.

En poursuivant l'examen, je m'aperçois que, quand je la touche quatre fois sur le côté droit de la main, elle ne sent que trois, deux ou un attouchement. Si je la pique plusieurs fois au même point, elle sent les piqûres étalées suivant une courbe. Si je trace une croix sur sa peau, elle ne sent qu'un point touché. La localisation est difficile. La discrimination est également perturbée. La contracture spastique augmente au cours de l'observation, particulièrement au bras, mais n'est jamais très marquée. La malade est volubile.

Elle cligne rarement des paupières. Le visage dans son ensemble donne une impression de rigidité.

La malade est bien orientée dans l'espace; l'orientation dans le temps est un peu moins correcte. Elle se trompe sur les personnes, croit reconnaître des gens qu'elle ne connaît pas, prend des étrangers pour des gens de sa famille.

Le 10 mars, elle dit : « Je connais déjà tous les gens qui sont là, je les ai tous déjà vus quelque part. Pas celle-là, ni celle-là, mais, en général, je les connais tous. Nous sommes en 1932, au mois de mars. Mes sœurs m'ont pris tout ce que j'avais : il ne me reste plus rien. Mais c'est parce que je suis pieuse. J'ai vu des lumières et des éclairs sur les murs. J'en voyais déjà avant de venir ici, et depuis que je suis ici, j'en ai vu. En ce moment même, il y a quelque chose de bizarre sur le mur. »

Le 12 mars, la malade dit : « Cette main-là n'est pas à moi, cette cheville-là n'est pas à moi, elle n'est pas placée comme l'autre, elle ne se rattache à rien. » Mais quand je lève son bras paralysé, elle dit : « C'est mon bras droit; il a quelque chose qui ne va pas; il ne veut pas rester dans cette position-là. On m'a dit d'abord que c'était une fracture, mais ce n'est pas vrai. Mon genou non plus, ne veut pas se placer comme l'autre. Je ne sais plus rien. Quand ils m'ont trouvée, ils m'ont dit que je ne guérirais pas, que j'étais paralysée. » De son bras droit encore, elle dit : « Ça n'a pas l'air d'être le mien. Je pense que c'est le mien, mais je n'en suis pas sûre. Et ma jambe, je n'arrive pas à me dresser dessus. Quand ils m'ont dit que c'était une attaque je les ai crus, mais maintenant je pense qu'il y a quelque chose de déboîté quelque part, à ma cheville ou à mon genou. » Quand je lui demande de faire un mouvement avec le bras droit, elle dit qu'elle ne peut pas. Elle n'a pas de difficulté à nommer les doigts de sa main droite. Son regard se porte aussi facilement à droite.

Le 16 mars, elle dit : « J'ai eu des drôles de sensations dans la main, elle avait une drôle de forme, maintenant ça passe. » (Cette main, est-elle à vous?) « Ça n'a pas l'air, elle est trop grosse, trop gonflée, je n'ai pas l'impression que c'est à moi, non. » (Où est votre bras?) « Je ne sais pas. Vous devez l'avoir quelque part, vous seriez bien gentil de me le rendre. » (Ces doigts, sont-ils à vous?) « Je ne sais pas; ils sont tellement gonflés... » (Ceci, est-ce votre visage?) « Il est paralysé aussi. » (Peut-être est-ce votre bras, mais paralysé?) « Non, il ne s'est jamais conduit comme ça avant. » (Ceci, est-ce votre jambe?) « Elle ne veut pas que je marche dessus, elle m'a l'air bien bizarre. » (Mais est-ce votre jambe?) « Je ne sais pas. » La patiente contemple maintenant ses deux mains et dit : « Non, celle-là ne ressemble pas à l'autre. Je ne pense pas que ce soit à moi. » Quand je lui demande de se lever, elle dit : « Avec cette main-là je ne peux pas me lever toute seule. » (Racontez-moi ce qui s'est passé.) « J'ai eu une attaque chez moi, depuis je ne suis pas bien. Le docteur a dit que je suis folle. »

C'est surtout son bras droit que la patiente a du mal à reconnaître. Quant aux doigts, elle dit : « Comme ils sont gros, comme ils sont enflés! Là, alors, je ne m'y reconnais plus. Peut-être que ce doigt-là est à moi, mais il est tellement plus gros que l'autre... » Pourtant, la perception optique apparaît normale même à l'examen tachystoscopique. La perception des couleurs est bonne. Pas de difficulté à la lecture pourvu que les caractères soient assez gros. Jugement et raisonnement normaux. Pas de trouble caractérisé de la mémoire. Le test de Wells donne un quotient de mémoire de 91 (la normale est cotée à 100). Dans le test de complètement de Healy, qui demande une bonne perception optique, la patiente donne des résultats très légèrement au-dessous de la moyenne pour les adultes.

Cette malade présente une hémiplégie qui est due soit à une embolie, soit à une thrombose. Les troubles qui affectent la sensibilité et la motilité suggèrent une lésion sous-corticale étendue. La volubilité de la malade, de légers troubles de la parole, son attitude générale à l'égard du côté droit de son corps suggèrent une atteinte au niveau cortical. Cette attitude à l'égard du côté droit du corps est l'un des aspects intéressants de ce cas. Il arrive très souvent que la malade ne reconnaisse pas pour sienne sa main droite ou bien qu'elle lui paraisse changée, enflée. Il est exact, d'ailleurs, que la paralysie a légèrement modifié l'aspect de la main, mais ce serait plutôt dans le sens d'une légère atrophie [1].

Remarquons bien que cette patiente n'a pas de troubles optiques et que sa mémoire est bien conservée, hormis une légère difficulté à former de nouvelles associations. Il est vrai qu'elle se trompe sur le compte des gens, qu'elle croit reconnaître des étrangers, etc. Mais cela ne suffit pas à expliquer ses doutes constants quand il s'agit de reconnaître son bras

1. On s'intéresse depuis peu aux atrophies causées par des lésions du lobe pariétal. On peut hasarder l'hypothèse que ce qui dans un cas se traduit par des troubles atrophiques se traduit dans d'autres cas par des impressions d'étrangeté concernant le corps, qui paraît changé.

droit. Ce trouble provient nécessairement de la lésion focale... Il s'agit ici d'un cas de méconnaissance d'un côté du corps. Autre fait remarquable, c'est à l'égard de son côté droit que la malade réagit de cette façon. Elle n'a jamais été gauchère et il n'y a pas de gaucher dans sa famille. Il est clair que le signe de Babinski n'est pas un signe absolu; il y a des exceptions, celles des patients qui réagissent d'une manière anormale à l'égard du côté droit de leur corps. Remarquons enfin que la malade n'a pas seulement l'illusion que sa main droite et les doigts de sa main droite sont enflés; elle se plaint aussi souvent d'une fracture de la main droite ou de la jambe droite. Nous avons ici une tendance organique à des illusions localisées.

3. *Méconnaissance du côté gauche du corps et changements dans l'attitude posturale, dans un cas de tumeur cérébrale.*

Michael F., né en 1882, admis dans le service psychiatrique du docteur Mattauschek, de Vienne, le 13 novembre 1925.

Depuis sa neuvième année, le malade s'est davantage servi de son bras gauche que de son bras droit. Il a eu, à l'époque, une luxation de l'épaule droite. Depuis la guerre de 1914, à la suite d'un choc dû aux bombardements et d'une intoxication par les gaz, il a des attaques avec perte de la conscience et tremblement des membres. Avant son admission à l'hôpital, il était déprimé, obscurci, perdu. Il se plaignait de migraines. Il avait l'impression que les gens le regardaient bizarrement. Une fois hospitalisé, il se montre indifférent, songeur, sans aucune spontanéité. Tendance à la persévération. Pas d'aphasie ni de signes objectifs, à part une mydriase. Le 15 novembre, il est confus et délire au sujet de sa femme. Il mouille son lit. Il reste de longs moments complètement muet. Il a plusieurs attaques, tout son corps est secoué de tremblements mais il ne perd pas connaissance. Pendant ces attaques les pupilles sont dilatées. Babinski positif des deux côtés, et incontinence d'urine. Au début de l'attaque, abduction et flexion de l'avant-bras. Flexion également de la main et des doigts. Après l'attaque, la pupille gauche reste sans réaction. Le réflexe cornéen est diminué à droite. Le 16 novembre, les globes oculaires sont brouillés, injectés, saillants. Un certain degré d'exsudation. Les veines sont turgescentes. Wassermann dans le sang et le liquide cérébro-spinal : négatif. La pression est de 265 mm. La radio montre une hypertension intracrânienne.

Le 20 novembre, la conscience est obscurcie mais le malade conserve un intérêt pour ce qui l'entoure. Ses réponses aux questions qu'on lui pose sont retardées. Il est vague et la mémoire fonctionne difficilement. Le 29 novembre, atteinte marquée de la sensibilité du trijumeau à droite, et le masséter est plus faible à droite. Également, trouble de la sensibilité du bras droit et de la jambe droite. La spontanéité est accrue. Étant donné que la ventriculographie montre une oblitération du ventricule du côté droit, on procède à une trépanation de la région temporo-pariétale droite; il y a une résistance diffuse au niveau du ventricule. Le 22 février, le malade montre toujours la même attitude psychique. La rétention mémorielle est faible, l'orientation est légèrement troublée; le malade dit qu'on aurait dû l'opérer, et ce faisant, il montre sa verge. Il a l'impression que quelque chose comprime ses yeux. Sa démarche est balancée. En mars, baisse de l'acuité visuelle, surtout à droite. Une atrophie secondaire se développe au cours des mois suivants. Il est incapable de compter des doigts à deux mètres de distance avec le seul œil droit. L'œil gauche n'est sensible qu'à la lumière très vive. De retour chez lui, il plonge très vite dans un état de grande excitation. Il a l'impression que tout le monde l'observe, il menace sa femme. On le traite à la radiothérapie, sans résultat, mais il en est tranquillisé.

Le 26 avril 1926, retour à l'hôpital avec crise tonique en flexion au niveau du membre supérieur gauche. La parole est lente. Dans les phrases-tests, le malade omet des mots ou des syllabes. Au cours des semaines qui suivent, les troubles de l'orientation dans l'espace et le temps vont en empirant. Le malade est confus et délirant. En mai, il tombe continuellement à la renverse alors qu'il a l'impression de pencher vers l'avant. Parésie constante à la marche. Le malade ne peut placer une jambe devant l'autre. Il considère son bras droit et sa jambe droite comme ses extrémités gauches et vous serre la main avec la main gauche en prétendant qu'il vous tend la droite. Il est incapable d'imiter une position quelconque d'un membre avec le membre opposé. Il localise assez bien sur le visage. Il reste encore une hémi-hypoesthésie pour le côté droit. Le masséter droit est toujours inerte. Signe de Babinski quelquefois positif à droite, pas de parésie, l'hypoesthésie du côté droit n'est pas très prononcée. Il est généralement capable de distinguer ce qui est pointu de ce qui est émoussé, mais très souvent il ne perçoit pas les mouvements passifs de ses deux jambes. Quand ses jambes sont en flexion, il lui arrive très souvent de croire qu'elles sont en extension. Il confond constamment la gauche et la droite. La stéréognosie est assez bonne. Il n'y a pas d'apraxie pour les gestes de la main qui signifient menace, salutation, adieu. Très forte maladresse dans la manipulation des objets. Quand il essaie de marcher, ses jambes semblent coller au plancher. Il croise souvent une jambe sur l'autre.

On procède alors à un examen plus poussé de sa motilité. Nombreux mouvements spontanés du bras droit. Le malade se gratte la tête et se frotte. Le corps a tendance à tomber vers la gauche. Le tronc s'affaisse vers la gauche. Le bras droit est raidi, en particulier l'index de la main droite, en flexion. Quand on demande au malade de se redresser, il penche encore plus à gauche. Il croise la jambe gauche sur la droite. Quand on lui demande de tendre les deux bras devant lui, le bras gauche s'abaisse. Il tient les yeux fermés. (Qu'avez-vous fait de votre jambe?) « Quelle jambe? Rien du tout. » La main gauche fait alors un mouvement spontané en direction de la jambe droite. Il n'a pas de difficultés particulières à montrer sa langue. Il peut serrer le poing, mais il ne peut pas ouvrir sa main gauche. Quand on lui demande de l'ouvrir, il dit : « Quelle main? je ne la ferme pas », et la main se ferme encore plus, ce qu'il nie vigoureusement. Il montre correctement le pouce et le petit doigt de la main droite. Il peut aussi montrer son pouce gauche. Mais quand je lui demande de me montrer son petit doigt de la main gauche, il répète mes mots et me montre le petit doigt de la main droite. Je répète ma demande, il me montre son nez avec la main droite. (Montrez votre bras gauche.) Il lève le bras droit et prétend que c'est le gauche. (Où est votre bras droit?) Il désigne son côté gauche et dit que c'est son bras droit. (Où est votre jambe gauche?) Il se touche la cuisse droite avec la main droite. Je répète ma question, il dit : « Il faut que je réfléchisse. » (Où est votre bras gauche?) Il lève le bras droit et désigne du doigt son côté gauche; en même temps, il lève la jambe droite et esquisse un mouvement pour la croiser sur la gauche. (Où est votre œil gauche?) « Il doit être dans ma tête. » (Montrez-le-moi.) « Je ne sais pas trop où il est. » Il montre son œil droit et la base de son nez avec ses deux mains. Quand je lui demande de me montrer son oreille droite avec son bras droit, il s'exécute correctement. J'immobilise maintenant le bras droit du malade et je lui demande de me montrer son oreille. Il fait de vains efforts pour libérer son bras droit, fait passer plusieurs fois sa jambe droite à gauche et dit : « Laissez-moi bouger ma main. » Je lui demande de se frotter le nez avec son pouce droit. Il s'exécute correctement et à plusieurs reprises, mais en même temps sa main gauche se rapproche du nez. Il prend sa main gauche dans sa main droite et les approche toutes deux de son nez. Quand je lui demande de montrer son bras gauche, il se touche le nez avec la main droite. (Où est votre main gauche?) « Qui? Je ne l'ai pas, c'est vous qui l'avez », et il persiste à se toucher le nez avec la main droite. Il sait dire combien il a d'oreilles et d'yeux. Je place un objet dans sa main gauche : (Qu'avez-vous dans la main gauche?) Il regarde sa main droite et dit : « Rien. » (Qu'avez-vous dans la main droite?) Il lève le bras gauche, dit : « Rien », mais fait passer l'objet (une paire de ciseaux) de sa main gauche dans sa main droite. (Qu'avez-vous dans la main?) « Une corne à chaussure. » (Dans quelle main?) « Maintenant, dans la main droite »; mais il met l'objet dans sa main gauche. Il fait continuellement des mouvements avec la jambe droite. Il la fléchit à la hanche et la croise sur la gauche. (Que faites-vous en ce moment?) « Je sentais quelque chose dans ma jambe gauche. »

Je le pique à plusieurs endroits de la main gauche et de la main droite; au début, il localise correctement. Mais par la suite, quand je le pique sur le côté droit, il dit : « Vous m'avez piqué sur le côté droit », mais il montre vaguement son côté gauche. (Montrez-moi le côté gauche de votre corps.) Il me montre à plusieurs reprises son côté droit. Je le pique à gauche, il dit et répète que je l'ai piqué à droite. Mais, en même temps, très souvent, il se gratte à l'endroit exact où je l'ai piqué. Je le pique au genou gauche, il désigne correctement l'endroit piqué, mais il dit que c'est son genou droit. Je lui pique le genou droit, il dit : « C'est le même. » Je lui demande de tendre ses deux bras devant lui, il fait des mouvements circulaires avec le bras droit; le bras gauche dévie en dedans et fléchit au coude. Il saisit souvent sa main droite dans sa main gauche. Quand on lui tourne passivement la tête vers la droite, la jambe droite qui est croisée sur la gauche fléchit à la hanche; en même temps, le corps a une forte tendance à dévier vers la droite. Quand on tourne la tête du malade vers la gauche, la jambe gauche amorce son mouvement familier de croisement. Si le malade remet en place sa jambe gauche, c'est la jambe droite qui se croise sur la gauche. La main gauche tombe souvent en posture cataleptique. Après une série d'attouchements douloureux sur le côté gauche, qu'il localise correctement, je le pique avec une aiguille sur la poitrine à droite. Il dit que je l'ai piqué à droite mais montre son côté gauche. Le malade vient de croiser spontanément sa jambe droite vers la gauche. Je lui demande alors où est sa jambe droite (elle est donc à gauche), et il me montre sa jambe gauche. Je lui demande alors : « Où est votre jambe gauche? » Il dit : « Ma jambe gauche est entre mes jambes. »

Au cours des semaines qui suivent, intensification des épisodes délirants, mais le patient est encore orienté par moments. Le 20 juin, le tronc est presque entièrement dévié vers la gauche, alors que la tête et les extrémités gauches sont tournées vers la droite. La jambe gauche est généralement croisée par-dessus la droite, mais le malade prend parfois la position contraire. Le bras gauche se lève parfois spontanément. Le bras droit est fléchi au coude et au poignet. Les doigts sont allongés et le bras est en pronation. De temps en temps la tête penche lentement vers la gauche. Il y a encore une hyperkinésie du bras droit (le malade se gratte, se frotte). Le bras gauche est akinésique. Il y a des mouvements légers et fréquents dans le genou droit. L'hypertonie provoque fréquemment des arrêts de la manœuvre « doigt-sur-le-nez » et de la manœuvre « talon-sur-le-genou ». La rotation passive de la tête vers la gauche provoque une déviation du tronc vers la gauche, la jambe droite se croise par-dessus la gauche. La rotation passive de la tête vers la droite n'amène pas un croisement inverse des jambes. (Où est votre main gauche?) Bien. (Votre pouce droit?) Bien. (Votre pouce gauche?) Bien. (Votre index gauche?) Bien. Mais ensuite il confond complètement la gauche et la droite. (Où est votre oreille droite?) Bien. (Où est votre oreille gauche?) Bien.

Les piqûres sur le côté droit sont localisées à peu près correctement. Quant aux piqûres sur le côté gauche, le malade dit qu'il les sent à droite, mais désigne correctement le point piqué. Pour le visage, il nomme correctement le côté piqué. Quand on le pique dans la région de la cuisse gauche, le malade esquisse des mouvements de frottement. D'abord il dit qu'il a été piqué à la cuisse gauche, puis il dit que c'était à la cuisse droite, puis change d'avis encore une fois. Je lui demande où est sa main gauche, il me montre la droite. Il désigne nommément sa jambe gauche et sa jambe droite sans se tromper. Je le pique à la main gauche, il dit que je l'ai piqué à la main droite. Il nomme et désigne sa main droite presque toujours sans se tromper. Je lui redemande où est sa main gauche, il me montre à nouveau sa main droite. Il croise la jambe droite sur la jambe gauche et je le pique au genou droit. Il me montre sa main gauche tout en disant que je l'ai piqué à la main droite. Il localise correctement au toucher les piqûres sur sa main droite, mais il a tendance à orienter sa main gauche vers sa main droite. Une fois, à la demande: Où est votre main gauche?, il désigne avec la main droite l'endroit où sa main gauche était quelques instants auparavant. Parfois le malade désigne correctement du doigt l'endroit du genou gauche où il a été piqué. Mais il prend alors parfois, verbalement, ce genou gauche pour le genou droit. Au cours de l'examen, le malade tourne parfois la tête spontanément vers la gauche et le tronc dévie du même côté. Le bras gauche s'affaisse alors généralement. Mais quand je demande au malade de tourner la tête vers la gauche, il la tourne vers la droite. Je lui demande de saisir son pouce gauche avec sa main droite, il est complètement désemparé et dit : « Ce n'est pas possible avec la main gauche. » Je lui demande de me montrer sa main gauche, il me montre la droite, mais, quand je répète ma demande, il agite sa main gauche sous mon nez. Je lui demande de saisir son pouce gauche, il s'empare de mon index et dit : « Maintenant j'ai mes deux pouces. » Je lui demande de me montrer son genou gauche, il saisit son genou droit avec sa main droite et dit : « Je n'ai pas de genou à droite. » Quand je réitère ma demande, il dit : « Je n'en ai pas; s'il vous plaît, montrez-le-moi. » Je lui touche alors le genou gauche; il y porte sa main droite, et en même temps touche de sa main gauche son genou gauche. Quand je lui demande de montrer son oreille gauche, il montre d'abord son oreille droite avec sa main droite; ensuite, il réussit. En général, la main gauche a tendance à traverser la ligne médiane.

Le 24 juin, le malade devient de plus en plus comateux. Il meurt le 30 juillet 1926. L'autopsie montre une tumeur du cerveau avec infiltration des deux lobes frontaux et du corps calleux. Des tumeurs envahissent tout le système ventriculaire. Diagnostic histologique : gliome.

Beaucoup de questions restent en suspens dans cette observation. L'état du malade n'a pas permis un examen plus poussé. Il était aveugle quand l'allochirie s'est installée. Il y avait aussi certainement des troubles de l'orientation générale. Ce qui est certain en tout cas, c'est que le patient avait une connaissance très incomplète de son côté gauche. Il avait du mal à montrer tel ou tel point de ce côté. Très souvent il montrait à la place le point correspondant à droite, ou bien il était complètement désemparé. Piqué ou touché à gauche, il répondait très souvent qu'il l'avait été à droite.

Le trait important dans ce cas, c'est le grand nombre de phénomènes moteurs associés à l'achirie. Il y avait une akinésie prononcée de la main gauche; le patient n'aimait pas s'en servir. Il y avait une tendance marquée du pied gauche à croiser le pied droit, et du bras gauche à dévier en dedans. Manifestement, dans l'attitude tonique du patient opérait une tendance générale à transférer le côté gauche de son corps sur le côté droit. Particulièrement remarquable de ce point de vue est le croisement de la jambe gauche sur la jambe droite. Il y avait aussi une exagération des réflexes toniques du cou. Il est certain que l'alloesthésie et la perte de l'orientation concernant la gauche et la droite du corps étaient étroitement associées à ses tendances motrices. J'attirerai ici encore l'attention sur le fait que la tête et le corps du patient étaient généralement tournés vers la droite. Quand on lui demandait de montrer la jambe droite il montrait la jambe gauche qui était croisée sur la droite et quand on lui demandait où se trouvait sa jambe gauche, il disait : « Je l'ai entre mes jambes. »

L'éxagération des réflexes du cou sont pour Hoff et moi-même évocateurs d'un syndrome pariéto-occipital. Ils s'accompagnent de tendances du corps à pivoter autour de l'axe longitudinal. Cette déviation commence souvent par le croisement des jambes. Dans ces trois observations les patients n'étaient pas conscients de croiser leurs jambes, de dévier leur corps. Gerstmann a observé la même chose pour un cas qui, à l'autopsie, a montré une lésion pariéto-occipitale.

L'autopsie, dans le cas que je viens de décrire, n'a pas révélé de façon précise le siège de la lésion, du fait que la tumeur envahissait tout le système ventriculaire en même temps que les lobes frontaux.

BIBLIOGRAPHIE GÉNÉRALE

ABRAHAM, K., *Œuvres complètes*, trad. fr. en 2 vol., Payot, Paris, 1966.

ACH, N., *Über die Willenstätigkeit und das Denken*, Göttingen, 1905.

ACHELIS, J. D., "Der Schmerz", *Ztschr. f. Psychol.*, 2e part., 1925, *56*, 31.

ADLER, A., *Der nervöse Charakter*, Wiesbaden, 1912; trad. fr. : *Le Tempérament nerveux*, Payot, Paris, 2e éd., 1948.

. *Studie über Minderwertigkeit von Organen*, 2e éd., Munich, *Bergmann*, 1927.

ADLER, A., et HOFF, H., "Beitrag zur Lehre vom Phantomgliede", *Monatsschr. f. Psychiat. u. Neurol.*, 1930, *76*, 80.

ALEXANDER, F., *Psychoanalyse der Gesamtpersönlichkeit*; trad. angl. : *Analysis of the Total Personality*, New York, 1930.

ALBRECHT, O., "Drei Fälle mit Anton's Syndrom", *Arch. f. Psychiat.*, 1918, *59*, 883.

ALLERS, R., "Zur Pathologie des Tonuslabyrinths", *Monatsschr. f. Psychiat. u. Neurol.*, 1909, *26*, 116.

ALLERS, R., et SCHEMINSKY, F., "Über Aktionsströme bei Muskeln bei motorischen Vorstellungen", *Arch. f. d. ges. Physiol.*, 1926, *212*, 169.

ALLPORT, F. H., *Social Psychology*, Boston, 1924.

ALVERDES, F., "Über vergleichende Soziologie", *Ztschr. f. Volkspsychol. u. Soziol.*, 1925, *1*.

Tiersoziologie, Leipzig, 1925.

ANTON, G., "Über die Selbstwahrnehmung der Herderkrankungen des Gehirns durch den Kranken bei Rindenblindheit und Rindentaubheit", *Arch. f. Psychiat.*, 1900, *32*, 86.

"Beiderseitige Erkrankung der Scheitelgegend des Grosshirnes", *Wien. klin. Wchschr.*, 1899, *12*, 1193.

BAUER, J., et SCHILDER, P. F., "Über einige psychophysiologische Mechanismen funktioneller Neurosen", *Deutsche Ztschr. f. Nervenheilk.*, 1919, *64*, 279.

BENARY, W., "Studien zur Untersuchung der Intelligenz bei einem Fall von Seelenblindheit", *Psychol. Forsch.*, 1922, *2*, 209.

BENDER, L., et SCHILDER, P. F., "Encephalopathia alcoholica", *Arch. Neurol. and Psychiat.*, 1933, *29*, 990.

BERINGER, K., *Der Meskalinrausch*, Berlin, 1927.

BERNFELD, S., *Psychologie des Säuglings*, 1925; trad. angl. : *The Psychology of the Infant*, New York, 1929.

BETLHEIM, S., "Säuglingsreflexe bei Apraxie", *Jahrb. f. Psych. u. Neurol.*, 1924, *43*, 226.
"Zur Lehre vom Phantom", *Deutsche Ztschr. f. Nervenheilk.*, 1926, *90*, 271.
BETLHEIM, S., et HARTMANN, H., "Über Fehlreaktionen bei der Korsakoffschen Psychose", *Arch. f. Psychiat.*, 1924, *72*, 278.
BIBRING-LEHNER, G., "Über die Beeinflussung eidetischer Phänomene durch labyrinthäre Reizung", *Ztschr. f. d. ges. Neurol.*, 1928, *112*, 496.
BOGARDUS, E. S., *The New Social Research*, New York, 1926.
BONNHOEFFER, K., "Zur Klinik und Lokalisation des Agrammatismus und der Rechts-Links Desorientierung", *Monatsschr. f. Psychiat. u. Neurol.*, 1923, *54*, 11.
BONNIER, P., "L'aschematie", *Revue Neurol.*, 1905, *13*, 605.
BOZIC, D., et VUJIC, V., "Die Zweiteilung des Körpers in der Wahnidee", *Monatsschr. f. Psychiat. u. Neurol.*, 1930, *77*, 114.
BREED, F. S., et SHEPARD, J. R., "Maturation and Use in the Development of an Instinct", *Journ. Animal Behavior*, 1913, *3*, 274.
BROMBERG, W, et SCHILDER, P. F., "On Tactile Imagination and Tactile After-effects", *J. Nerv. and Mental Dis.*, 1932, *76*, 133.
BROWN, T. G., et STEWART, R. M., "On Disturbances of Sensations in Cerebral Lesion", *Brain*, 1916, *39*, 348.
BRUNNER, H., et HOFF, H., "Das Nebelsehen bei Labyrinthreizung", *Ztschr. f. d. ges. Neurol.*, 1929, *120*, 796.
BÜRGER-PRINZ, H., et KAILA, M., "Über die Struktur des amnestischen Symptomenkomplexes", *Ztschr. f. d. ges. Neurol.*, 1930, *124*, 553.
BÜHLER, K., *Die geistige Entwicklung des Kindes*, 4e éd., Jena, 1924.
CANNON, W. B., *Bodily Changes in Pain, Hunger, Fear and Rage*, 2e éd., New York, 1929.
CLAPARÈDE, E., "Note sur la localisation du moi", *Arch. de Psychol.*, 1924, *19*, 172.
COMAR, G., "L'autoreprésentation des organes", *Rev. Neurol.*, 1901, *9*, 490.
CURSCHMANN, H., "Beiträge zur Physiologie und Pathologie der kontralateralen Mitbewegungen", *Deutsche Ztschr. f. Nervenheilk.*, 1906, *31*, 1.
DEUTSCH, F., "Der gesunde und der kranke Körper", *Internat. Ztschr. f. Psychoanal.*, 1926, *12*, 493.
"Biologie und Psychologie der Krankheitsgenese", *Internat. Ztschr. f. Psychoanal.*, 1933, *19*.
DEWEY, J., *Reconstruction in Philosophy*, New York, 1920.
DIX, W. K., *Körperliche und geistige Entwicklung eines Kindes*, 4 tomes, Leipzig, 1911-1923.
DUSSER DE BARENNE, J. G., "Zur Kenntnis der Alloaesthesie", *Monatsschr. f. Psychiat. u. Neurol.*, 1913, *34*, 523.
EHRENWALD, H., "Anosognosie und Depersonalisation", *Nervenarzt*, 1931, *4*, 681.
"Störung der Selbstwahrnehmung der Menstruation und der Blasenfunktion bei einer Kranken mit Hirntumor", *Ztschr. f. d. ges. Neurol.*, 1928, *118*, 224.
"Verändertes Erleben des Körperbildes mit konsekutiver Wahnbildung bei linksseitiger Hemiplegie", *Monatsschr. f. Psychiat. u. Neurol.*, 1930 *75*, 89.
EIDELBERG, L., "Quantitative Untersuchungen der Lagebeharrung", *Monatsschr. f. Psychiat. u. Neurol.*, 1926, *61*, 101.

EISINGER, K., et SCHILDER, P. F., "Über Träume bei Labyrinthläsionen", *Monatsschr. f. Psychiat. u. Neurol.*, 1929. *73*, 314.
ENGERTH, G., "Zeichenstörungen bei Patienten mit Autotopagnosie", *Ztschr. f. d. ges. Neurol.*, 1933, *143*, 381.
FEDERN, P., "Narcissism in the Structure of the Ego", *Internat. J. Psychoanal.*, 1928, *9*, 401.
"Beiträge zur Analyse des Sadismus und Masochismus", I, "Die Quellen des männlichen Sadismus", *Internat. Ztschr. f. Psychoanal.*, 1913, *1*, 29.
"Ego Feelings in Dreams", *Psychoanal. Quarterly*, 1932, *1*, 511.
"The Reality of the Death Instinct", *Psychoanal. Rev.*, 1932, *19*, 129.
"Einige Variationen des Ichgefühls", *Internat. Ztschr. f. Psychoanal.*, 1926, *12*, 263.
"Das Ich als Object und Subject des Narzissismus", *Internat. Ztschr. f. Psychoanal.*, 1929, *15*, 393.
FENICHEL, O., *Perversionen, Psychosen, Charakterstörungen*, Vienne, 1931. *Hysterien und Zwangsneurosen*, Vienne, 1931.
FERENCZI, S., *Hysterie und Pathoneurosen*, Leipzig, 1919.
"Ein kleiner Hahnemann", *Internat. Ztschr. f. ärzt. Psychoanal.*, 1913, *1*, 240.
FISCHER, M. H., *Die Regulationsfunktion des menschlichen Labyrinthes und die Zusammenhänge mit verwandten Funktionen*, Munich, 1928.
"Über Gleichgewicht und Gleichgewichtsstörungen", *Zbl. f. d. ges. Ophthalmol.*, 1926, *17*, 209.
FISCHER, M. H., et WODAK, E., "Beiträge zur Physiologie des menschlichen Vestibularapparates", *Arch. f. d. ges. Physiol.*, 1924, *202*, 523.
FLACH, A., "Zur Psychologie der Ausdrucksbewegung", *Internat. Tagung für angewandte Psychopath.*, Berlin, 1931, pp. 202-209.
FLÜGEL, J. C., "Symbolik und Ambivalenz in der Kleidung", *Internat. Ztschr. f. Psychoanal.*, 1929, *15*, 306.
Psychology of Clothes, London, 1930.
FOLSOM, J. K., *Social Psychology*, New York, 1931.
FÖRSTER, O., "Die Schussverletzungen der peripheren Nerven und ihre Behandlung", *Berlin. klin. Wchschr.*, 1915, *52*, 823.
"Die Leitungsbahnen des Schmerzgefühles, usw.", *Beitr. zur klin. Chir.*, 1926, 136, tirage à part, p. 360.
FÖRSTER, O., et GAGEL, O., "Die Vorderseitenstrangdurchschneidung beim Menschen", *Ztschr. f. d. ges. Neurol.*, 1932, *138*, 1.
FORSTER, E., "Selbstversuch mit Meskalin", *Ztschr. f. d. ges. Neurol.*, 1930, *127*, 1.
FRAZER, Sir J. G., *Man, God and Immortality*; trad. fr. : *L'Homme, Dieu et l'Immortalité*, P. Geuthner, Paris, 1928.
The Golden Bough., 3ᵉ éd., 12 vol.; trad. fr. : *Le Cycle du rameau d'or*, P. Geuthner, Paris, 1925-1935.
The Belief in Immortality and the Worship of the Dead, 3 vol., Londres, 1913-1924.
FREUD, S., *Zur Einführung des Narzissismus.* (*Pour introduire le narcissisme*, 1914), G. W. X., pp. 138-170.
Trois essais sur la théorie de la sexualité, trad. fr., Gallimard, Paris.
Totem et Tabou, trad. fr., Payot, Paris.
Introduction à la psychanalyse, trad. fr., Payot, Paris.
Inhibition, Symptôme et Angoisse, trad. fr., P. U. F., Paris.
Le Moi et le Ça, trad. fr., Payot, Paris.
Malaise dans la civilisation, trad. fr., Denoël, Paris.

FREY, M. von, *cf.* Stein et Weizsäcker.
FRIEDLÄNDER, H. F., "Die Wahrnehmung der Schwere", *Ztschr. f. Psychol. u. Physiol. der Sinnesorgane*, 1920, *83*, 129.
FRÖBES, J., *Lehrbuch der experimentellen Psychologie*, t. I, Fribourg, 1917.
GALLINEK, A., "Untersuchungen am Phantom", *Arch. f. Psychiat.*, 1931, *95*, 760.
"Über die Entstehung des Phantomgliedes", *Deutsche Ztschr. f. Nervenheilk.*, 1931, *122*, 38.
GAMPER, E., "Bau und Leistungen eines menschlichen Mittelhirnwesens (Beobachtungen auf einem Falle von Arrhinencephalie)", *Ztschr. f. d. ges. Neurol.*, 1926, *102*, 154; *104*, 49.
"Zur Frage der Polioencephalitis haemorrhagica", *Deutsche Ztschr. f. Nervenheilk.*, 1928, *102*, 122.
GELB, A., "Die psychologische Bedeutung pathologischer Störungen der Raumwahrnehmung", *Bericht über den IX. Kongress für experimentelle Psychologie am 21-25 April 1925, in München*, Leipzig, 1926. pp. 23-80.
GELB, A., et GOLDSTEIN, K., "Über Farbennamenamnesie...", *Psychol. Forsch.*, 1925, *6*, 127.
"Über den Einfluss des vollständigen Verlustes des optischen Vorstellungsvermögens auf das taktile Erkennen", *Ztschr. f. Psychol.*, 1919, *83*, 1.
GERSTMANN, J., "Fingeragnosie und isolierte Agraphie", *Ztschr. f. d. ges. Neurol.*, 1927, *108*, 152.
"Zur Symptomatologie der Herderkrankungen in der Übergangsregion der unteren Parietal- und mittleren Okzipitalhirnwindung", *Deutsche Ztschr. f. Nervenheilk.*, 1930, *116*, 46.
GERSTMANN, J., HOFF, H., et Schilder, P. F., "Optisch-motorisches Syndrom der Drehung um die Körperlängsachse", *Arch. f. Psychiat.*, 1925, *76*, 766.
GERSTMANN, J., et KESTENBAUM, A., "Monokuläres Doppeltsehen bei cerebralen Erkrankungen", *Ztschr. f. d. ges. Neurol.*, 1930, *128*, 42.
GESELL, A. L., "Maturation and Infant Behaviour Pattern", *Psychol. Rev.*, 1929, *36*, 307.
GESSLER, H., et HANSEN, K., "Über die suggestive Beeinflussbarkeit der Wärmregulation in der Hypnose", *Deutsches Archiv. f. klin. Medizin*, 1927, *156*, 352.
GOLDSTEIN, K., "Das Kleinhirn", *Bethe's Handbuch der normalen und pathologischen Physiologie*, 1927, t. X, pp. 1-96.
"Über die gleichartige funktionelle Bedingtheit der Symptome bei organischen und psychischen Krankheiten", *Monatsschr. f. Psychiat. u. Neurol.*, 1925, *57*, 191.
"Über die Abhängigkeit der Bewegungen von optischen Vorgängen", *Monatsschr. f. Psychiat. u. Neurol.*, 1923, *54*, 141.
"Über den Einfluss unbewusster Bewegungen resp. Tendenzen zu Bewegungen auf die taktile und optische Raumwahrnehmung", *Klin. Wchschr.*, 1925, *4*, 294.
"Veränderungen über des Gesamtverhaltens bei Hirnschädigung", *Monatsschr. f. Psychiat. u. Neurol.*, 1928, *48*, 217.
"Über Störungen des Gewichtschätzens bei Kleinhirnkranken...", *Deutsche Ztschr. f. Nervenheilk.*, 1924, *81*, 68.
GOLDSTEIN, K., et GELB, A., "Zur Psychologie des optischen Wahrnehmungs und Erkennungsvorganges", *Ztschr. f. d. ges. Neurol.*, 1918, *41*. 1.

Goodenough, F. L., *Measurements of Intelligence by Drawings;* trad. fr. : *L'Intelligence d'après le dessin. Le test du bonhomme*, P. U. F., Paris, 1957.

Grünbaum, A. A., "Über Apraxie", *Zbl. f. d. ges. Neurol.*, 1930, *55*, 788.

Gurewitch, M., "Über das interparietale Syndrom bei Geisteskrankheiten", *Ztschr. f. d. ges. Neurol.*, 1932, *140*, 593.

Hansen, K., et Gessler, H., "Uber die suggestive Beeinflussbarkeit der Wärmregulation in der Hypnose", *Deutsch. Arch. f. klin. Med.* 1927, *156*, 352

Hansen, K., *Berichte über den 1. und 2. Kongress f. Psychotherapie*, Leipzig.

Hartmann, H., *Die Orientierung*, 1902.

"Ein Fall von Depersonalisation", *Ztschr. f. d. ges. Neurol.*, 1922, *74*, 593.

"Halluzinierte Flächenfarben und Bewegungen", *Monatsschr. f. Psychiat. u. Neurol.*, 1924, *56*, 1.

Hartmann, H., et Schilder, P. F., "Körperinneres und Körperschema", *Ztschr. f. d. ges. Neurol.*, 1927, *109*, 666.

"Zur Psychologie Schädelverletzter", *Arch. f. Psychiat.*, 1925, *75*, 287.

Hayworth, D., "The Social Origin and Function of Laughter", *Psychol., Review*, 1928, *35*, 367.

Head, Sir H., "On Disturbances of Sensation with especial reference to the Pain of Visceral Disease", *Brain*, 1893, *16*, 1.

"Aphasia and Kindred Disorders of Speech", *Brain*, 1920, *43*, 87.

Studies in Neurology, 2 vol., Londres, 1920.

Head, Sir H. et Holmes, G., "Sensory Disturbances from Cerebral Lesions", *Brain*, 1911-1912, *34*, 102.

Heilbronner, K., "Zur Frage des motorischen Asymbolie (Apraxie)", *Ztschr. f. Psychol. u. Physiol. d. Sinnesorgane*, 1905. *39*, 161.

"Die aphasischen, apraktischen und agnostischen Störungen", *Lewandowsky's Handbuch der Neurologie*, Berlin, 1910, *1*, 982.

Heilig, R., et Hoff, H., "Psychische Beeinflussung der Organfunktion, insbesondere in der Hypnose", *Zbl. f. ärzt. Psychotherapie*, 1928.

Hempelmann, F., *Tierpsychologie*, Leipzig, 1926.

Henri, V., *Über die Raumwahrnehmung des Tastsinnes*, Berlin, 1898.

Herrmann, G., "Über eine besondere Projektions- und Raumsinnstörung bei Grosshirnläsionen", *Med. Klinik*, 1924, *24*, 9.

"Über eine eigenartige Projektionsstörung bei doppelseitiger Grosshirnläsion", *Monatsschr. f. Psychiat. u. Neurol.*, 1923-1924, *55*, 99.

Herrmann, G., et Pötzl, O., *cf.* Pötzl.

Hess, W. R., "Über die Wechselbeziehungen zwischen psychischen und vegetativen Funktionen", *Schweiz. Arch. f. Neurol.*, 1925, *16*, 32; 285.

Hoepler, E., et Schilder, P. F., "Suggestion und Strafrechtswissenschaft", *Abhandlungen a. d. juristisch-medizinischen Grenzgebiete*, Vienne, 1926.

Hoff, H., "Psychische Beeinflussung der Organfunktion", *Wien. med. Wochenschr.*, 1929, *79*, 932.

Die zentrale Abstimmung der Sehsphäre, Berlin (*Abhandlung aus der Neurologie*, *54*, 1930).

Hoff, H., et Pötzl, O., "Experimentelle Nachbildung von Anosognosie", *Ztschr. f. d. ges. Neurol.*, 1931, *137*, 722.

Hoff, H., et Schilder, P. F., *Die Lagereflexe des Menschen*, Vienne, 1927.

"Über Drehbewegungen um die Längsachse", *Ztschr. f. d. ges. Neurol.*, 1925, *96*, 683.
"Zur Kenntniss der Symptomatologie vestibulärer Erkrankungen", *Deutsche Ztschr. f. Nervenheilk.*, 1928, *103*, 145.
"Verlauf der Lagebeharrung", *Monatsschr. f. Psychiat. u. Neurol.*, 1929, *60*.
HOLMES, G., "The Symptoms of Acute Cerebellar Injuries due to Gunshot Wounds", *Brain*, 1917, *40*, 461.
JAMES, W., *Principles of Psychology;* trad. fr. : *Précis de psychologie*, M. Rivière, Paris, 1921.
Pragmatism; trad. fr. : *Le Pragmatisme*, Flammarion, Paris.
JANET, P. M. F., *L'Automatisme psychologique*, Paris, Alcan, 1889.
Névroses et Idées fixes, t. I, Paris, Alcan, 1898.
JONES, E., "The precise Diagnostic Value of Allochiria", *Brain*, 1907, *30*, 490.
"Die Pathologie der Dyschirie", *Journ. f. Psychol. u. Neurol.*, 1910, *15*, 144.
KANNER, L., et SCHILDER, P. F., "Über Bewegungen an Vorstellungsbildern und ihre Beziehungen zur Pathologie", *Nervenarzt*, 1930, *3*, 406.
"Movements in Optic Images and the Optic Imagination of Movements", *J. Nerv. and Mental Dis.*, 1930, *72*, 489.
KANT, F., et KRAPF, E., "Über Selbstversuche mit Haschisch", *Arch. f. exper. Pathol.*, 1928, *129*, 319.
KATZ, D., "Psychologische Versuche mit Amputierten", *Ztschr. f. Psychol.*, 1920, *85*, 83.
"Zur Psychologie des Amputierten und seiner Prothese", *Beihefte der Ztschr. f. angewandte Psychol.*, *25*, 1921.
KAUDERS, O., "Drehbewegungen um die Körperlängsachse, Halluzinationen im hemianopischen Gesichtsfeld als Folge eines Schädeltraumas", *Ztschr. f. d. ges. Neurol.*, 1925, *98*, 602.
Zur Klinik und Analyse der psychomotorischen Störung, Berlin, 1931 (*Abhandlungen aus der Neurologie*, *64*, tirage à part).
KLEIN, E., et SCHILDER, P. F., "The Japanese Illusion and the Postural Model of the Body", *J. Nerv. and Mental Dis.*, 1929, *70*, 241.
KLEIN, R., "Über Halluzinationen der Körpervergrösserung", *Monatsschr. f. Psychiat. u. Neurol.*, 1928, *67*, 78.
"Über die Empfindung der Körperlichkeit", *Ztschr. f. d. ges. Neurol.*, 1930, *126*, 453.
KOFFKA, K., *The Growth of the Mind*, 2e éd., Londres et New York, 1928.
"Some Problems of Space Perception", *Psychologies of 1930*, édité par C. Murchison, Worcester, Mass., 1930, pp. 161-187.
KOGERER, H., "Zur Psychologie des Phantomgliedes", *Ztschr. f. d. ges. Neurol.*, 1930, *126*, 381.
KÖHLER, W., "Ein altes Scheinproblem", *Naturwissenschaften*, 1929, *17*, 395.
Die physischen Gestalten im Ruhe und im stationären Zustand, 1924.
"Some Tasks of Gestalt Psychology", *Psychologies of 1930*, édité par C. Murchison, Worcester, Mass., 1930, pp. 143-160.
The Mentality of Apes, 3e éd., Londres, 1927.
Gestalt Psychology, New York, 1929; trad. fr. : *Psychologie de la forme*, Gallimard, Paris, coll. «Idées ».
KORNILOW, K. H., "Psychology in the Light of Dialectic Materialism",

Psychologies of 1930, édité par C. Murchison, Worcester, Mass., 1930, pp. 243-278.
KRAMER, F., "Alloasthesie und fehlende Wahrnehmung der galähmten Körperhälfte", *Ztschr. f. d. ges. Neurol.*, *Referate*, 1915, *11*, 379.
"Bulbärapoplexie..., mit. Alloästhesie", *Ztschr. f. d. ges. Neurol.*, *Referate*, 1917, *14*, 58.
LANDIS, C., "Studies of Emotional Reactions", "Severe Emotional Upset", *Journ. Comp. Psychol.*, 1926, *6*, 221.
LANDIS, C., et GULLETTE, R., "Studies of Emotional Reactions", 3, "Systolic Blood-pressure and Inspiration-expiration Ratios", *Journ. Comp. Psychol.*, 1925, *5*, 221.
LANDIS, C., GULLETTE, R., et JACOBSEN, C., "Criteria of Emotionality", *Pedagog. Seminar*, 1925, *32*, 209.
LANDIS, C., et SLIGHT, D., "Studies of Emotional Reactions", 6, "Cardiac Responses", *Journ. Gen. Psychol.*, 1929, *2*, 413.
LANGE, J., "Fingeragnosie und Agraphie", *Monatsschr. f. Psychiat.*, 1930, *76*, 129.
LASHLEY, K. S., *Brain Mechanisms and Intelligence*, Chicago, 1929.
LE BON, G., *Psychologie des foules*, Paris, Alcan., 1908.
LEIBOWITZ, O., "Über einige kontralaterale Wirkungen des Fussohlenreizes", *Deuts. Ztschr. f. Nervenheilk.*, 1926, *95*, 123.
LEIDLER, R., et LOEWY, P., "Der Schwindel bei Neurosen", *Monatsschr. f. Ohrenheilk.*, 1923, *57*, 21, 103, 192, 278, 347.
LEVY, D. M., "A Method of Integrating Physical and Psychiatric Examination", *Amer. Journ. Psychiat.*, 1929, *9*, 121.
"Body Interest in Children and Hypochondriasis", *Amer. Journ. Psychiat.*, 1932, *12*, 295.
LÉVY-BRUHL, L. *Les Fonctions mentales dans les sociétés inférieures*, P. U. F., Paris, 1951.
LIEPMANN, H., "Das Krankheitsbild der Apraxie...", *Monatsschr. f. Psychiat. u. Neurol.*, 1900, *8*, 15, 102, 182.
Über Störungen des Handelns bei Gehirnkranken, Berlin, 1905.
Drei Aufsätze aus dem Apraxiegebiet, Berlin, 1908.
"Apraxie", *Ergeb. der. Med. (von Brugsch)*, 1920, *1*, 516.
LOTMAR, F., "Zur Pathologie des Kleinhirns", *Monatsschr. f. Psychiat. u. Neurol.*, 1908, *24*, 217.
LOTZE, R. H., *Medizinische Psychologie*, Leipzig, 1852.
LUQUET, G. H., *Les Dessins d'un enfant*, Paris, 1913.
LURIA, A. R., "Die moderne russische Physiologie und die Psychoanalyse", *Internat. Ztschr. f. Psychoanal.*, 1926, *12*, 40.
MACDOUGALL, W., *Social Psychology*. 22e éd., Londres, 1931.
"The Hormic Psychology", *Psychologies of 1930*, édité par C. Murchison, Worcester. Mass., 1930, pp. 3-36.
MAGNUS, R., *Körperstellung*, Berlin, 1924.
MALINOWSKI, B., *Sex and Repression in Savage Society*, Londres, 1926; trad. fr. Payot, Paris.
MANN, L., "Kriegsneurologische Fälle", *Berlin. klin. Wchschr.*, 1915, *52*, 823.
MARTIN, L. J., "Zur Lehre von den Bewegungsvorstellungen", *Ztschr. f. Psychol.*, 1910, *56*, 401.
MARKUSZEWICZ, R., "Beitrag zum autistischen Denken bei Kindern", *Internat. Ztschr. f. Psychoanal.*, 1920, *6*, 248.
MATTHAEI, R., "Nachbewegungen beim Menschen", *Arch. f. d. ges. Physiol.*, 1924, *204*, 587.
MAYER, C., et REISCH, O., "Über die Widerstandsbereitschaft des Bewegungsapparates", *Deuts. Ztschr. f. Nervenheilk.*, 1928, *102*, 28.

Mayer-Gross, W., "Ein Fall von Phantomarm nach Plexuszerreissung", *Nervenarzt*, 1920, *2*, 65.
Mayer-Gross, W., et Stein, H., *Pathologie der Wahrnehmung, Bumke's Handbuch der Geisteskrankheiten*, I, 1re partie, Berlin, 1928.
"Veränderte Sinnestätigkeit im Meskalinrausch", *Deuts. Ztschr. f. Nervenheilk.*, 1926, *88*, 112.
Meyer, E., "Empfindungstäuschungen im Bereiche amputierter Glieder", *Arch. f. Psychiat.*, 1923, *68*, 251.
Minkowsky, E., "Etude psychologique", *Journ. de Psychol.*, 1923, *20*, 543.
Mohr, F., "Psychophysische Verursachung und Behandlung des Schmerzes", *Verhand. deutsch. Gesellsch. f. inn. Med.*, 1927, XXXIXe Congrès, 88.
Morgan, C. Lloyd, *Emergent Evolution*, Londres, 1923.
Mott, F. W., "Results of Hemisection of the Spinal Cord in Monkeys", *Phil. Trans. Roy. Soc. Lond.*, 1892, *183*, 1.
Müller, G. E., "Zur Analyse der Gedächtnistätigkeit und des Vorstellungsverlaufes", *Ztschr. f. Sinnesphysiol.*, 1911, Ergänzungsband *5*, 1re partie.
Komplextheorie und Gestalttheorie, Göttingen, 1923.
Nemlicher, L. J., et Sinegubko, L. L., "Zum Bilde der subkortikalen ("vegetativen") Epilepsie. Gleichzeitig zur Frage der Entstehung der Makroparästhesien", *Monatsschr. f. Psychiat. u. Neurol.*, 1931, *79*, 165.
Nunberg, H., "Über Depersonalisationszustände im Lichte der Libidotheorie", *Internat. Ztschr. f. Psychoanal.*, 1924, *10*, 17.
Obersteiner, H., "On Allochiria, a peculiar Sensory Disorder", *Brain*, 1882, *4*, 153.
Oppenheim, H., "Zur Kriegsneurologie", *Berlin. klin. Wchschr.*, 1914, *51*, 1853.
"Bemerkung zur Alloparalgie", *Neurol. Zentralbl.*, 1916, *35*, 866.
Owre, A., "Reflexes of Spinal Automatism", *Acta Psychiat. et Neurol.*, 1926, *1*, 260.
Parker, S., et Schilder, P. F., "Das Körperschema im Lift", *Ztschr. f. d. ges. Neurol.*, 1930, *128*, 777.
Piaget, J., *Le Jugement et le raisonnement chez l'enfant*, Delachaux et Niestlé, Neuchâtel et Paris, 1945.
Pick, A., *Beiträge zur Pathologie und pathologische Anatomie des Zentralnervensystems. XIV. Über Störungen der Tiefenlokalisation infolge cerebraler Erkrankungen*, Berlin, 1898.
Hirnpathologische Untersuchungen, 1898.
Über Störungen der Orientierung am eigenen Körper. Arbeiten aus der deutschen psychiatrischen Klinik, Prague, Berlin, 1908.
"Zur Pathologie des Bewusstseins vom eigenen Körper", *Neurol. Zentralblatt*, 1915, *34*, 257.
Die neurologische Forschungsrichtung in der Psychopathologie, Berlin, 1921.
"Störung der Orientierung am eigenen Körper", *Psychol. Forsch.*, 1922, *1*, 303.
Pikler, J., "Über die Angriffspunkte des Willens am Körper", *Ztschr. f. Psychol.*, 1929, *110*, 288.
Pinéas, H., "Mangel an Krankheitsbewusstsein und seine Variationen als Symptom organischer Erkrankungen", *Deutsch. Ztschr. f. Nervenheilk.*, 1926, *94*, 238.
"Ein Fall von räumlicher Orientierung mit Dyschirie", *Ztschr. f. d. ges. Neurol.*, 1931, *133*, 180.

PÖTZL, O., "Experimentell erregte Traumbilder", *Ztschr. f. d. ges. Neurol.*, 1917, *37*, 278.

"Über die Herderscheinungen bei Läsion des linken unteren Scheitellappens", *Med. Klinik*, 1923, *19*, 7.

"Über die räumliche Anordnung der Zentren in der Sehsphäre des menschlichen Grosshirns", *Wien. klin. Wchschr.*, 1918, *31*, 745.

Zur Klinik und Anatomie der Worttaubheit, Berlin, 1919.

Die Aphasielehre vom Standpunkt der klinischen Psychiatrie, I. *Die optisch-agnostischen Störungen*, Vienne, 1928.

"Über das Syndrom bei Herderkrankungen der Scheitelhinterhauptslappen", *Med. Klinik*, 1924, *20*, 10.

PÖTZL, O., et HERRMANN, G., *Die optische Alloaesthesie*, Berlin, 1928 *(Abhandlungen aus der Neurologie, 46)*.

PÖTZL, O., et HERMANN, G., *Über die Agraphie*, Berlin, 1926 *(Abhand. aus der Neurol.*, t. XXXV).

PÖTZL, O., et REDLICH, E., "Demonstration eines Falles bilateraler Affection der Occipitallapen", *Wien. klin. Wchschr.*, 1911, *24*, 517.

PREUSS, K. Th., "Der Ursprung der Religion und Kunst", *Globus*, 1904-1905, *86*; *87*.

PREYER, T. W., *Die Seele des Kindes*, Leipzig, 1882.

REDLICH, E., et BONVICINI, G., *Über das Fehlen der Wahrnehmung der eigenen Blindheit bei Hirnkrankheiten*, Leipzig, 1908.

"Weitere klinische und anatomische Mitteilungen über das Fehlen der Wahrnehmung der eigenen Blindheit bei Hirnkrankheiten", *Neurol., Zentralb.*, 1911, *30*, 227.

REICH, W., *Die Funktion des Orgasmus*, Vienne, 1927; trad. fr. : *La Fonction de l'orgasme*. L'Arche, Paris.

REIK, T., *Wie man Psychologe wird*, Vienne, 1927.

RIESE, W., "Über die sogenannte Phantomhand der Amputierten", *Deuts. Ztschr. f. Nervenheilk.*, 1928, *101*, 270.

ROHEIM, G., "Das Selbst", *Imago*, *7*, 1, 142, 310, 348, 453.

ROMBERG, M. F., *Lehrbuch der Nervenkrankheiten*, Leipzig, 1857.

ROSENBERG, M., "Zur Pathologie der Orientierung nach rechts und links", *Ztschr. f. Psychol.*, 1912, *61*, 25.

ROSS, N., "The Postural Model of the Head and the Face", *Journ. Gen. Psychol.*, 1932, *7*, 144.

ROTHSCHILD, F. S., "Über Links und Rechts", *Ztschr. f. d. ges. Neurol.*, 1930, *124*, 451.

SADGER, I., "Über Depersonalisation", *Internat. Ztschr. f. Psychoanal.*, 1928, *14*, 315.

SANDER, F., "Structure, Totality of Experience and Gestalt", *Psychologies of 1930*, édité par C. Murchison, Worcester, Mass., 1930, pp. 118-204.

SCHELER, M., *Der Formalismus in der Ethik und die Materiale Wertethik*, 2 tomes, Halle, 1913-1916.

SCHILDER, P. F., *Selbstbewusstsein und Persönlichkeitsbewusstsein*, Berlin, 1914.

Wahn und Erkenntnis, Berlin, 1918.

"Projektion eigener Körperdefekte in Trugwahrnehmungen", *Neurol. Zentralbl.*, 1919, *38*, 300.

"Über Halluzinationen", *Ztschr. f. d. ges. Neurol.*, 1920, *59*, 169.

"Studien über Bewegungsstörungen, III", *Ztschr. f. d. ges. Neurol.*, 1920, *61*, 203.

"Über Identifizierung auf Grund der Analyse eines Falles von Homosexualität", *Ztschr. f. d. ges Neurol.*, 1920, *59*, 217.

"Über Gedankenentwickelung", *Ztschr. f. d. ges. Neurol.*, 1920, *59*, 250.
"Über elementare Halluzinationen des Bewegungssehens", *Ztschr. f. d. ges. Neurol.*, 1923, *80*, 424.
"Einige Bemerkungen zu der Problemsphäre; Cortex, Stamganglien—Psyche, Neurose", *Ztschr. f. d. ges. Neurol.*, 1922, *74*, 1.
Seele und Leben, Berlin, 1923.
Medizinische Psychologie, Berlin, 1924.
"Zur Lehre von der Hypochondrie", *Monatsschr. f. Psychiat. u. Neurol.*, 1924, *56*, 142.
"Probleme der klinischen Psychiatrie", *Med. Klinik*, 1925, *21*, 77.
Psychiatrie auf psychoanalytischer Grundlage; trad. angl. : *Psychoanalytic Psychiatry*, Washington, 1928, *Nervous and Mental Disease Monographs*, 50.
"Notiz über Gewichtsschätzungen", *Ztschr. f. d. ges. Neurol.*, 1927, *109*, 676.
"Zerstückelungsmotiv", *Allgem. ärztl. Ztschr. f. Psychotherap*, 1928, *1*, 23.
"Kurze Bemerkung über die Mittellinie", *Nervenarzt*, 1928, *1*, 23.
"Psychische Symptome bei Mittel- und Zwischenhirnerkrankung", *Wien. klin. Wchschr.*, 1927, *40*, 1147.
"Eine neue Tasttäuschung und ihre Beziehung zum Körperschema", *Ztschr. f. Sinnesphysiol.*, 1929, *60*, 284.
"Posture, with Special Reference to the Cerebellum", *Arch. Neurol. and. Psychiat.*, 1929, *22*, 1116.
"Zur Kenntnis der Psychosen bei chronischer Encephalitis epidemica", *Ztschr. f. d. ges. Neurol.*, 1929, *118*, 327.
"Über Komplexe", *Berichte über d. XI. Kongr. f. exper. Psychol.*, 1930, pp. 136-150.
"The Somatic Basis of the Neurosis", *Journ. Nerv. and. Ment. Dis.*, 1929, *70*, 502.
"Vestibulo-Optik und Körperschema in der Alkoholhalluzinose", *Ztschr. f. d. ges. Neurol.*, 1930, *128*, 784.
"The Unity of the Body, Sadism and Dizziness", *Psychoanal., Rev.*, 1930, *17*, 1.
"Organic Problems in Child Guidance", *Mental Hygiene*, 1931, *15*, 480.
"Über Neurasthenie", *Internat. Ztschr. f. Psychoanal.*, 1931, *17*, 368.
"Fingeragnosie, Fingerapraxie, Fingeraphasie", *Nervenarzt*, 1931, *4*, 625.
"Notes on the Psychopathology of Pain in Neurosis and Psychosis", *Psychoanal. Rev.*, 1931, *18*, 1.
Schilder, P. F., et Kauders, O., *Hypnosis*, Washington, 1927 (*Nervous and Mental Disease Monographs*, 46).
Lehrbuch der Hypnose, Berlin, 1926; trad. angl. : *Hypnosis*, New York, 1927.
Schilder, P. F., et Stengel, E., "Schmerzasymbolie", *Ztschr. f. d. ges. Neurol.*, 1928, *113*, 143.
"Das Krankheitsbild der Schmerzasymbolie", *Ztschr. f. d. ges. Neurol.*, 1930, *129*, 250.
Schlesinger, B., "Zur Auffassung der optischen und konstruktiven Apraxie", *Ztschr. f. d. ges. Neurol.*, 1928, *117*, 649.
Scholl, K., "Das raümliche Zusammenarbeiten von Auge und Hand", *Deuts. Ztschr. f. Nervenheilk.*, 1926, *92*, 280.

"Sensomotorische Einstellungen", *Deuts. Ztschr. f. Nervenheilk.*, 1924, *83*, 318.
"Vom Zielen und Zeigen", *Ztschr. f. d. ges. Neurol.*, 1925, *87*, 217.
Schulte, H., "Versuch einer Theorie der paranoischen Eigenbeziehung und Wahnbildung", *Psychol. Forsch.*, 1924, *5*, 1.
Schultz, J. H., *Das autogene Training*, Leipzig, 1932; trad. fr. : *Le Training autogène.*, P. U. F., Paris, 1958.
Searl, M. N., "A note on Depersonalisation". *Internat. J. Psychoanal.*, 1932, *12*, 329.
Selling, L. S., "An Experimental Investigation of the Phenomenon of Postural Persistence", *Arch. Psychology*, *18*, nº 118.
Sherrington, C. S., *Integrative Action of the Nervous System*, New York, 1906.
Skramlik, E. von., "Lebensgewohnheiten als Grundlage von Sinnestäuschungen", *Naturwissenschaften*, 1925, *117*, 134.
"Varianten zur aristotelischen Täuschung", *Arch. f. d. ges. Physiol.*, 1923, *201*, 250.
"Über die Beeinflussung der Tastwahrnehmungen durch Innervationsantriebe", *Klin. Wchschr.*, 1923, *3*, 967.
"Über Tastwahrnehmungen", *Ztschr. f. Sinnesphysiol.*, 1925, *56*, 256.
Skworrzoff, K., "Doppelgänger-Halluzinationen bei Kranken mit Funktionsstörungen des Labyrinths", *Ztschr. f. d. ges. Neurol.*, 1931, *133*, 762.
Smith, W. Robertson, *Kinship and Marriage in Early Arabia*, Cambridge, 1885.
Sollier, P., *Les Phénomènes d'autoscopie*, Paris, 1905.
Spiegel, E., "Hirnrinden-Erregung (Auslösung epileptiformer Krämpfe) durch Labyrinthreizung", *Klin. Wchschr.*, 1931, *10*, 1723.
Stärcke, A., *Psychoanalyse und Psychiatrie*, Vienne, 1921 (suppl. 4, *Internat. Ztschr. f. Psychoanal.*).
Stein, H., *cf.* Mayer-Gross, W.
Stein, H. et Weizsäcker, V. von., "Zur Pathologie der Sensibilität", *Ergeb. der Physiol.*, 1928, *27*, 657.
Stengel, E., "Zur Klinik und Pathophysiologie des postenzephalitischen Blickkrampfes", *Monatsschr. f. Psychiat. u. Neurol.*, 1928, *70*, 305.
"Über taktile Bewegungs- und Scheinbewegungswahrnehmung bei Störung der Oberflächensensibilität", *Deuts. Ztschr. f. Nervenheilk.*, 1927, *99*, 31.
Stockert, F. G. von., "Klinik und Aetiologie der Kontaktneurosen", *Klin. Wchschr.*, 1929, *8*, 76.
Stratton, G. M., "Some Preliminary Experiments on Vision without Inversion of the Retinal Image", *Psychol. Rev.*, 1896, *3*, 611.
"Vision without Inversion of the Retinal Image", *Psychol. Rev.*, 1897, *4*, 314.
Straus, E., "Das Zeiterlebnis in der endogenen Depression und in der psychopathischen Verstimmung", *Monatsschr. f. Psychiat. u. Neurol.*, 1928, *68*, 640.
Sträussler, E., "Über sensibile Störungen bei Schussverletzungen peripherer Nerven, die sogennante "Alloparalgie", *Ztschr. f. d. ges. Neurol.*, 1919, *50*, 1.
Tarde, J. G., *Les Lois d'imitation*, Paris, 1911.
Les Lois sociales, Paris, 1913.
Tausk, V., "Über die Enstehung des Beeinflussungsapparates in der Schizophrenie", *Internat. Ztschr. f. Psychoanal.*, 1919, *5*, 1.

TRÖMNER, E., "Reflexuntersuchungen an einem Anencephalus", *Journ. f. Psychol. u. Neurol.*, 1928, *35*, 194.
TROTTER, W., *Instincts of the Herd in Peace and War*, Londres, 1916.
TYLOR, E. B., *Primitive Culture*, 6e éd., 2 vol., Londres, 1920.
UEXKÜLL, J. von, *Theoretical Biology* (International Library of Psychology), 1927.
VIERKANDT, A., *Naturvölker und Kulturvölker*, Leipzig, 1896.
"Die Anfänge der Religion und Zauberei", *Globus*, 1910, *92*.
VOLKMANN, A. W., "Über den Einfluss der Übung auf das Erkennen räumlicher Distanzen", *Ber. u. d. Verhand. der k. sächs. Akad. der Wiss. Leipzig*, 1858, *10*, 38.
WATSON, J. B., *Behaviorism*, éd. revue, New York et Londres, 1930.
WEIZSÄCKER, V, von., "Über einige Täuschungen in der Raumwahrnehmung bei Erkrankungen des Vestibularapparates", *Deuts. Ztschr. f. Nervenheilk.*, 1919, *64*, 1.
"Über eine systematische Raumsinnstörung", *Deuts. Ztschr. f. Nervenheilk.*, 1924, *84*, 179.
"Reflexgesetze", *Bethe's Handbuch der norm. u. path. Physiol.*, Berlin, 1927, t. X, pp. 35-102.
"Einleitung zur Physiologie der Sinne", *Bethe's Handbuch der norm. u. path. Physiol.*, Berlin, 1926, t. XI, pp. 1-67.
"Kasuistische Beiträge zur Lehre vom Funktionswandel...", *Deuts. Ztschr. f. Nervenheilk.*, 1931, *117-9*, 716.
"Körpergeschehen und Neurose", *Internat. Ztschr. f. Psychoanal.*, 1933, *19*, 16.
"Über neurotischen Aufbau bei inneren Erkrankungen", *Verhand. Gesellsch. Deutsche Nervenarzt*, 1925, p. 168.
WERNICKE, C., *Grundriss der Psychiatrie*, 2e éd., Leipzig, 1906.
WERTHEIMER, M., "Experimentelle Studien über das Sehen von Bewegungen", *Ztschr. f. Psychol. u. Physiol. der Sinnesorgane*, 1912, *61*, 161.
"Untersuchungen zur Lehre von der Gestalt", I, *Psychol. Forsch.*, 1921, *1*, 47; II, *Psychol. Forsch.*, 1923, *4*, 301.
WHEELER, R. H., *The Laws of Human Nature*, Londres, 1931.
WILSON, S. A. K., "On Decerebrate Rigidity in Man and the Occurrence of Tonic Fits", *Brain*, 1923, *43*, 220.
WOOSTER, M., "Certain Factors in the Development of a new Spatial Co-ordination", *Psychol. Monographs*, 1923, *32*, n° 146.
WUNDT, W., *Physiologische Psychologie*, 2e éd., t. II, Berlin, 1910.
ZADOR, J., "Meskalinwirkung bei Störungen des optischen Systems", *Ztschr. f. d. ges. Neurol.*, 1930, *127*, 30.
"Meskalinwirkung auf das Phantomglied", *Monatsschr. f. Psychiat. u. Neurol.*, 1930, *77*, 71.
ZUCKER, K., et ZADOR, J., "Zur Analyse der Meskalinwirkung am Normalen", *Ztschr. f. d. ges. Neurol.*, 1930, *127*, 15.

INDEX DES NOMS PROPRES

INDEX DES SUJETS

TEL

Volumes parus

1. Jean-Paul Sartre : *L'être et le néant.*
2. François Jacob : *La logique du vivant.*
3. Georg Groddeck : *Le livre du Ça.*
4. Maurice Merleau-Ponty : *Phénoménologie de la perception.*
5. Georges Mounin : *Les problèmes théoriques de la traduction.*
6. Jean Starobinski : *J.-J. Rousseau, la transparence et l'obstacle.*
7. Émile Benveniste : *Problèmes de linguistique générale, I.*
8. Raymond Aron : *Les étapes de la pensée sociologique.*
9. Michel Foucault : *Histoire de la folie à l'âge classique.*
10. H.-F. Peters : *Ma sœur, mon épouse.*
11. Lucien Goldmann : *Le Dieu caché.*
12. Jean Baudrillard : *Pour une critique de l'économie politique du signe.*
13. Marthe Robert : *Roman des origines et origines du roman.*
14. Erich Auerbach : *Mimésis.*
15. Georges Friedmann : *La puissance et la sagesse.*
16. Bruno Bettelheim : *Les blessures symboliques.*
17. Robert van Gulik : *La vie sexuelle dans la Chine ancienne.*
18. E. M. Cioran : *Précis de décomposition.*
19. Emmanuel Le Roy Ladurie : *Le territoire de l'historien.*
20. Alfred Métraux : *Le vaudou haïtien.*
21. Bernard Groethuysen : *Origines de l'esprit bourgeois en France.*
22. Marc Soriano : *Les contes de Perrault.*
23. Georges Bataille : *L'expérience intérieure.*
24. Georges Duby : *Guerriers et paysans.*
25. Melanie Klein : *Envie et gratitude.*
26. Robert Antelme : *L'espèce humaine.*
27. Thorstein Veblen : *Théorie de la classe de loisir.*
28. Yvon Belaval : *Leibniz, critique de Descartes.*
29. Karl Jaspers : *Nietzsche.*
30. Géza Róheim : *Psychanalyse et anthropologie.*

31. Oscar Lewis : *Les enfants de Sanchez.*
32. Ronald Syme : *La révolution romaine.*
33. Jean Baudrillard : *Le système des objets.*
34. Gilberto Freyre : *Maîtres et esclaves.*
35. Verrier Elwin : *Maisons des jeunes chez les Muria.*
36. Maurice Merleau-Ponty : *Le visible et l'invisible.*
37. Guy Rosolato : *Essais sur le symbolique.*
38. Jürgen Habermas : *Connaissance et intérêt.*
39. Louis Dumont : *Homo hierarchicus.*
40. D. W. Winnicott : *La consultation thérapeutique et l'enfant.*
41. Sören Kierkegaard : *Étapes sur le chemin de la vie.*
42. Theodor W. Adorno : *Philosophie de la nouvelle musique.*
43. Claude Lefort : *Éléments d'une critique de la bureaucratie.*
44. Mircea Eliade : *Images et symboles.*
45. Alexandre Kojève : *Introduction à la lecture de Hegel.*
46. Alfred Métraux : *L'île de Pâques.*
47. Émile Benveniste : *Problèmes de linguistique générale, II.*
48. Bernard Groethuysen : *Anthropologie philosophique.*
49. Martin Heidegger : *Introduction à la métaphysique.*
50. Ernest Jones : *Hamlet et Œdipe.*
51. R. D. Laing : *Soi et les autres.*
52. Martin Heidegger : *Essais et conférences.*
53. Paul Schilder : *L'image du corps.*
54. Leo Spitzer : *Études de style.*
55. Martin Heidegger : *Acheminement vers la parole.*
56. Ludwig Binswanger : *Analyse existentielle et psychanalyse freudienne (Discours, parcours et Freud).*
57. Alexandre Koyré : *Études d'histoire de la pensée philosophique.*
58. Raymond Aron : *Introduction à la philosophie de l'histoire.*
59. Alexander Mitscherlich : *Vers la société sans pères.*
60. Karl Löwith : *De Hegel à Nietzsche.*
61. Martin Heidegger : *Kant et le problème de la métaphysique.*
62. Anton Ehrenzweig : *L'ordre caché de l'art.*
63. Sami-Ali : *L'espace imaginaire.*
64. Serge Doubrovsky : *Corneille et la dialectique du héros.*
65. Max Schur : *La mort dans la vie de Freud.*
66. Émile Dermenghem : *Le culte des saints dans l'Islam maghrébin.*
67. Bernard Groethuysen : *Philosophie de la Révolution française,* précédé de *Montesquieu.*
68. Georges Poulet : *L'espace proustien.*

69. Serge Viderman : *La construction de l'espace analytique.*
70. Mikhaïl Bakhtine : *L'œuvre de François Rabelais et la culture populaire au Moyen Âge et sous la Renaissance.*
71. Maurice Merleau-Ponty : *Résumés de cours (Collège de France, 1952-1960).*
72. Albert Thibaudet : *Gustave Flaubert.*
73. Leo Strauss : *De la tyrannie.*
74. Alain : *Système des beaux-arts.*
75. Jean-Paul Sartre : *L'Idiot de la famille, I.*
76. Jean-Paul Sartre : *L'Idiot de la famille, II.*
77. Jean-Paul Sartre : *L'Idiot de la famille, III.*
78. Kurt Goldstein : *La structure de l'organisme.*
79. Martin Heidegger : *Le principe de raison.*
80. Georges Devereux : *Essais d'ethnopsychiatrie générale.*
81. J.-B. Pontalis : *Entre le rêve et la douleur.*
82. Max Horkheimer / Theodor W. Adorno : *La dialectique de la Raison.*
83. Robert Klein : *La forme et l'intelligible.*
84. Michel de M'Uzan : *De l'art à la mort.*
85. Sören Kierkegaard : *Ou bien... Ou bien...*
86. Alfred Einstein : *La musique romantique.*
87. Hugo Friedrich : *Montaigne.*
88. Albert Soboul : *La Révolution française.*
89. Ludwig Wittgenstein : *Remarques philosophiques.*
90. Alain : *Les Dieux* suivi de *Mythes et Fables* et de *Préliminaires à la Mythologie.*
91. Hermann Broch : *Création littéraire et connaissance.*
92. Alexandre Koyré : *Études d'histoire de la pensée scientifique.*
93. Hannah Arendt : *Essai sur la Révolution.*
94. Edmund Husserl : *Idées directrices pour une phénoménologie.*
95. Maurice Leenhardt : *Do Kamo.*
96. Elias Canetti : *Masse et puissance.*
97. René Leibowitz : *Le compositeur et son double (Essais sur l'interprétation musicale).*
98. Jean-Yves Tadié : *Proust et le roman.*
99. E. M. Cioran : *La tentation d'exister.*
100. Martin Heidegger : *Chemins qui ne mènent nulle part.*
101. Lucien Goldmann : *Pour une sociologie du roman.*
102. Georges Bataille : *Théorie de la religion.*
103. Claude Lefort : *Le travail de l'œuvre : Machiavel.*
104. Denise Paulme : *La mère dévorante.*
105. Martin Buber : *Judaïsme.*

106. Alain : *Spinoza.*
107. Françoise Collin : *Maurice Blanchot et la question de l'écriture.*
108. Félicien Marceau : *Balzac et son monde.*
109. Ludwig Wittgenstein : *Tractatus logico-philosophicus,* suivi de *Investigations philosophiques.*
110. Michel Deguy : *La machine matrimoniale ou Marivaux.*
111. Jean-Paul Sartre : *Questions de méthode.*
112. Hannah Arendt : *Vies politiques.*
113. Régis Debray : *Critique de la Raison politique ou L'inconscient religieux.*
114. Jürgen Habermas : *Profils philosophiques et politiques.*
115. Michel de Certeau : *La Fable mystique.*
116. Léonard de Vinci : *Les Carnets, 1.*
117. Léonard de Vinci : *Les Carnets, 2.*
118. Richard Ellmann : *James Joyce, 1.*
119. Richard Ellmann : *James Joyce, 2.*
120. Mikhaïl Bakhtine : *Esthétique et théorie du roman.*
121. Ludwig Wittgenstein : *De la certitude.*
122. Henri Fluchère : *Shakespeare, dramaturge élisabéthain.*
123. Rémy Stricker : *Mozart et ses opéras.*
124. Pierre Boulez : *Penser la musique aujourd'hui.*
125. Michel Leiris : *L'Afrique fantôme.*
126. Maître Eckhart : *Œuvres (Sermons-Traités).*
127. Werner Jaeger : *Paideia (La formation de l'homme grec).*
128. Maud Mannoni : *Le premier rendez-vous avec le psychanalyste.*
129. Alexandre Koyré : *Du monde clos à l'univers infini.*
130. Johan Huizinga : *Homo ludens (Essai sur la fonction sociale du jeu).*
131. Descartes : *Les Passions de l'âme* (précédé de *La Pathétique cartésienne* par Jean-Maurice Monnoyer).
132. Pierre Francastel : *Art et technique aux XIXe et XXe siècles.*
133. Michel Leiris : *Cinq études d'ethnologie.*
134. André Scobeltzine : *L'art féodal et son enjeu social.*
135. Ludwig Wittgenstein : *Le Cahier bleu et le Cahier brun* (suivi de *Ludwig Wittgenstein* par Norman Malcolm).
136. Yves Battistini : *Trois présocratiques (Héraclite, Parménide, Empédocle)* (précédé de *Héraclite d'Éphèse* par René Char).
137. Étienne Balazs : *La bureaucratie céleste (Recherches sur l'économie et la société de la Chine traditionnelle).*
138. Gaëtan Picon : *Panorama de la nouvelle littérature française.*

139. Martin Heidegger : *Qu'est-ce qu'une chose ?*
140. Claude Nicolet : *Le métier de citoyen dans la Rome républicaine.*
141. Bertrand Russell : *Histoire de mes idées philosophiques.*
142. Jamel Eddine Bencheikh : *Poétique arabe (Essai sur les voies d'une création).*
143. John Kenneth Galbraith : *Le nouvel État industriel (Essai sur le système économique américain).*
144. Georg Lukács : *La théorie du roman.*
145. Bronislaw Malinowski : *Les Argonautes du Pacifique occidental.*
146. Erwin Panofsky : *Idea (Contribution à l'histoire du concept de l'ancienne théorie de l'art).*
147. Jean Fourastié : *Le grand espoir du XXe siècle.*
148. Hegel : *Principes de la philosophie du droit.*
149. Sören Kierkegaard : *Post-scriptum aux Miettes philosophiques.*
150. Roger de Piles : *Cours de peinture par principes.*
151. Edmund Husserl : *La crise des sciences européennes et la phénoménologie transcendantale.*
152. Pierre Francastel : *Études de sociologie de l'art.*
153. Gustav E. von Grunebaum : *L'identité culturelle de l'Islam.*
154. Eugenio Garin : *Moyen Âge et Renaissance.*
155. Meyer Schapiro : *Style, artiste et société.*
156. Martin Heidegger : *Questions I et II.*
157. G. W. F. Hegel : *Correspondance I, 1785-1812.*
158. G. W. F. Hegel : *Correspondance II, 1813-1822.*
159. Ernst Jünger : *L'État universel* suivi de *La mobilisation totale.*
160. G. W. F. Hegel : *Correspondance III, 1823-1831.*
161. Jürgen Habermas : *La technique et la science comme « idéologie ».*
162. Pierre-André Taguieff : *La force du préjugé.*
163. Yvon Belaval : *Les philosophes et leur langage.*
164. Sören Kierkegaard : *Miettes philosophiques — Le concept de l'angoisse — Traité du désespoir.*
165. Raymond Lœwy : *La laideur se vend mal.*
166. Michel Foucault : *Les mots et les choses.*
167. Lucrèce : *De la nature.*
168. Elie Halévy : *L'ère des tyrannies.*
169. Hans Robert Jauss : *Pour une esthétique de la réception.*
170. Gilbert Rouget : *La musique et la transe.*

171. Jean-Paul Sartre : *Situations philosophiques.*
172. Martin Heidegger : *Questions III et IV.*
173. Bernard Lewis : *Comment l'Islam a découvert l'Europe.*
174. Émile Zola : *Écrits sur l'art.*
175. Alfred Einstein : *Mozart (L'homme et l'œuvre).*
176. Yosef Hayim Yerushalmi : *Zakhor (Histoire juive et mémoire juive).*
177. Jacques Drillon : *Traité de la ponctuation française.*
178. Francis Bacon : *Du progrès et de la promotion des savoirs.*
179. Michel Henry : *Marx I (Une philosophie de la réalité).*
180. Michel Henry : *Marx II (Une philosophie de l'économie).*
181. Jacques Le Goff : *Pour un autre Moyen Âge (Temps, travail et culture en Occident : 18 essais).*
182. Karl Reinhardt : *Eschyle. Euripide.*
183. Sigmund Freud : *Correspondance avec le pasteur Pfister (1909-1939).*
184. Benedetto Croce : *Essais d'esthétique.*
185. Maurice Pinguet : *La mort volontaire au Japon.*
186. Octave Nadal : *Le sentiment de l'amour dans l'œuvre de Pierre Corneille.*

Ouvrage reproduit
par procédé photomécanique.
Impression S.E.P.C.
à Saint-Amand (Cher), le 2 décembre 1991.
Dépôt légal : décembre 1991.
Premier dépôt légal : novembre 1980.
Numéro d'imprimeur : 2815.
ISBN 2-07-022481-3./Imprimé en France.

54815